現代日本語訳

法華経

正木 晃

春秋社

はじめに

なぜ、いま、法華経なのか

本書は、仏教にかんする予備知識や素養がまったくなくても、読めばすぐに理解できる法華経の現代日本語訳です。

では、なぜ、いま、法華経のわかりやすい現代日本語訳が必要なのか。法華経の現代語訳はこれまでにいくつも出版されているのに、なにをいまさら、とお考えの方もいらっしゃることでしょう。まず初めに、この問いにお答えします。

ひとことでいうなら、キリスト教の聖書と同じレベルをめざしたからです。欧米のキリスト教徒の家庭には聖書があって、悲しいとき、苦しいとき、嬉しいとき、なにかにつけて開いて読み、人生の糧とします。日本人にとって、聖書に匹敵する書物があるとすれば、法華経のほかにはありえないとわたしは考えています。

だからこそ、いま流通しているキリスト教の聖書と同じくらい、わかりやすい訳文にしたかったのです。残念ながら、これまでに出版された法華経の日本語訳は、正確さを追求するあまり、読者にたいする配慮は少なからず軽視されてきたきらいがあります。その結果、わかりやすさという点では、聖書の日本語訳にとうていかないません。学問研究の成果を問うという意味では、それで良いのかもしれませんが、人生の糧となるべき書物という意味では、おおいに問題があります。

本書で原典としたのは、鳩摩羅什《くまらじゅう》がサンスクリット（梵語）から漢訳した妙法蓮華経《みょうほうれんげきょう》です。その理由は、日本で聖徳太子以来、ずっと読み継がれてきた法華経が、鳩摩羅什訳本だったからです。最澄も日蓮も道元もみな、鳩摩羅什訳の法華経を読み、法華経こそ最高の経典という認識のもとに、それぞれ教理や教学をきずきあげてきたのです。

日本の歴史をふりかえるとき、法華経の影響は絶大です。日本には、法華経以外にも、たとえば華厳経や大日経、あるいは維摩経や般若心経などが、続々ともたらされました。しかし、日本仏教にあたえた影響という点において、法華経をしのぐ経典はありません。

そして、いまもなお、法華経は日本人の心に大きな影響をあたえつづけています。それは、日本の宗教界をみわたせば、一目瞭然です。法華経を聖典とあおぐ伝統教団と新宗教教団をあわせれば、その信者数は、他の追随をまったくゆるさないのです。

法華経の影響は、宗教界に限りません。美術から文学から、それこそ日本人の生活全般にわたって、大きな影響をおよぼしてきました。平家納経の中心が法華経で占められていることは、あらためて指摘するまでもありません。昨今、なにかと話題の琳派の芸術家たち、すなわち本阿弥光悦や俵屋宗達や尾形光琳なども、あるいは長谷川等伯も、狩野家の人々もみな、法華経の信奉者でした。近代文学の分野では、宮澤賢治という傑出した存在が法華経の熱烈な信者でした。この歴史的な事実はけっして無視できません。

ちなみに、法華経は生まれ故郷のインドではさして重要視されなかったようです。インド仏教の忠実な後継者とされるチベットでも、法華経の地位はさほど高くありませんでした。中国では隋の時代に、天台智顗という天才が現れて、法華経を最高の経典と評価しましたが、その影響は長くは続きませんでした。お隣の朝鮮半島でも法華経にたいする関心はあまり見られません。

つまり、法華経は日本でのみ、これほど尊崇されてきたのです。その理由はいまだ明らかになっていません。この点にかんして、わたしは日本の社会が、他の地域に比べれば、かなり早い段階から仏教の民衆化がすすんでいたせいではないか、と考えています。とにかく正しい信仰さえもてば、誰でもいつかは如来になれると説く経典は、法華経をおいてはありません。こういう身分や階級を超越する教えが、民衆にうけないはずはありません。しかも、たとえ話も巧みかつ豊富ですから、たとえ知識や教養がなくてもわかりやすく、他の経典よりずっと親しみやすいといえます。

翻訳の基本姿勢

すでに述べたとおり、法華経の現代語訳はこれまでも、鳩摩羅什訳本から、あるいはサンスクリット本から、いくつも出版されてきました。しかし、訳者の方々には申し訳ないのですが、読んですぐに理解できる現代語訳はありませんでした。

最大の原因は、仏教にかんする予備知識や素養がなければ理解できないような難しい用語が、いわば野放しにされてきたことにあります。具体例をあげれば、四聖諦《ししょうたい》とか空《くう》とか三十二相《さんじゅうにそう》八十種好《はちじゅっしゅごう》という用語です。もちろん、巻末などに注釈が付いているので、それを読めばよいのですが、いちいちページをめくって注釈を読むのはけっこう面倒です。しかも、その注釈がわかりやすいとは限りません。省略されてしまっている例も少なくありません。

そこで本書では、そういう難しい用語を、発言者がみずからわかりやすく説明するかたちで、文中に組み入れてしまいました。法華経はおおむねブッダの説法という設定ですから、たとえば四聖諦という用語が登場するときは、原文には書いてありませんが、ブッダが「四聖諦とはこういうことだよ」と説明するようにしたのです。

また、摩睺羅伽《まごらが》や乾闥婆《けんだつば》みたいに、どう読んだらよいのかすら、よくわからない言葉には、初出のときにふりがなを付けるとともに、その意味を説明するようにしています。

そんなことは翻訳の邪道だとおっしゃる方があるかもしれません。当然の指摘です。

ところが、最近、まことに興味深い事実があきらかにされました。鳩摩羅什がとっくの昔に、同じことをしていたのです。つまり、通常の翻訳ならば、括弧をつかってそのなかに言葉をおぎない、自分の解釈をしめすところを、鳩摩羅什は括弧をつかわずに自分の解釈をしめしていたのです。そして、鳩摩羅什訳が名訳とされ、どの訳者の訳本よりもひろく読まれてきた理由の一端は、まちがいなくそこにあったのです。

今回の翻訳では、わたしも鳩摩羅什の方法にならいました。

さらに、だれがそういう発言をしているのかを、はっきりさせました。ようするに、主語を明示したのです。もう少し具体的にいうと、鳩摩羅什訳ではただ「世尊」とか「如来」としか書かれていない場合、釈迦牟尼如来とか日月燈明如来というふうに、主語を特定しました。

この点は案外、軽視されてきましたが、経典を正しく理解するためには絶対に欠かせない要素です。現代文でもそうであるように、だれがだれに向かって話をしているのか、つまり主語と目的語の関係が簡単にわからなければ、文字どおり、お話になりません。

人名をはじめ、固有名詞は、原則として、これまでの伝統にしたがい、漢字で表記しています。カタカナで表記したほうがわかりやすいという考え方もありますが、ことこの点にかんしては、日本人が長らく慣れ親しんできた伝統を重視しました。

解説について

また、本書では、第I部の訳文のあとに、第II部として「解説」を付けました。各品（各章）ごとに、これほど詳しい解説を付けることは、これまでの訳書ではなかったとおもいます。わざわざこういうことをした理由は三つほどあります。

一つ目は、法華経を深く理解するためには、訳文のなかに記した説明だけでは十分ではないからです。いいかえると、やはりそれなりの知識や情報が欠かせないからです。虚心坦懐に読めばよい、という意見はごもっともですが、現実にはそれだけでは無理があります。そこで、最低限、これくらいは必要とおもわれる知識や情報を提示しています。

二つ目は、こういう角度から法華経を読むと、いままで見えなかったことが見えるようになるかもしれない、読みとれなかったものが読みとれるかもしれない、という提案をしたいからです。ようするに、こういう読み方もあるのだ、とうけとっていただければ、良いのです。

三つ目は、法華経研究の最前線において、衝撃的な事実がつぎつぎにあきらかになりつつあるからです。それらにまつわる知識や情報を抜きにして、少なくとも二十一世紀の法華経理解はもはや不可能です。

本来ならば、まず訳文を読んでいただき、全部を読み終わってから、解説に進んでいただくのが筋ですが、各品ごとに同時並行で読んでいただいても、全然かまいません。解説だけでも一冊の読みものとして成立するようにつとめましたので、使い方は読者におまかせします。

現代日本語訳

法華経……目次

第II部　解　説――293

現代日本語訳

法華経

第Ⅰ部　法華経全訳

1 序《じょ》品《ほん》

わたしはこのように聞いたのです。

無限の時間のなかのあるとき、釈迦牟尼如来《しゃかむににょらい》は王舎城《おうしゃじょう》の霊山《りょうぜん》に、一万二千人の出家僧たちといっしょにおられました。これらの者たちはみな、自分自身の救いだけを求める阿羅漢《あらかん》でした。かれらは、すでにありとあらゆる汚れを滅し尽くして、もはや煩悩はなく、自分との戦いに勝利して、煩悩をすべて克服し、すぐにでも涅槃《ねはん》の境地に入ることができる者たちでした。

その名前は、つぎのとおりでした。阿若憍陳如《あにゃきょうじんにょ》（アージュニャータ・カウンディヌヤ）、大迦葉《だいかしょう》（マハー・カーシャパ）、優楼頻螺迦葉《うるびんらかしょう》（ウルヴィルヴァ・カーシャパ）、伽耶迦葉《がやかしょう》（ガヤー・カーシャパ）、那提迦葉《なだいかしょう》（ナディー・カーシャパ）、舎利弗《しゃりほつ》（シャーリプトラ）、大目犍連《だいもっけんれん》（マハー・マウドガリヤーヤナ）、摩訶迦旃延《まかかせんねん》（マハー・カートヤーヤナ）、阿泥楼駄《あぬるだ》（アニルッダ）、劫賓那《こうひんな》（カッピナ）、憍梵波提《きょうぼんはだい》（ガヴァーン・パティ）、離婆多《りはた》（レーヴァタ）、畢陵伽婆蹉《ひつりょうかばしゃ》（ピリンダ・ヴァッチャ）、薄拘羅《はくら》（バックラ）、摩訶拘絺羅《まかくちら》（マハー・カウシュティラ）、難陀《なんだ》（ナンダ）、孫陀羅難陀《そんだらなんだ》（スンダラ・ナンダ）、富楼那弥多羅尼子《ふるなみたらにし》（富楼那《ふるな》＝プールナ・マイトラーヤニー・プトラ）、須菩提《しゅぼだい》（スブーティ）、阿難《あなん》（アーナンダ）、羅睺羅《らごら》（ラーフラ）。このように、多くの人々によく知られた偉大な阿羅漢たちばかりでした。

そのほかにも、煩悩をまだ克服できずまだ学ぶべきことが残っている者と、煩悩をすでに克服できてもはや学ぶべきことが何もない者が、あわせて二千人いました。

釈迦牟尼如来の育ての母である摩訶波闍波提《まかはじゃはだい》（憍曇弥《きょうどんみ》、マハー・プラジャーパティー）尼が、六千人の従者といっしょにおいでになりました。羅睺羅の母、つまり釈迦牟尼如来の妻であった耶輸陀羅《やしゅだら》（ヤショーダラー）尼が、従者といっしょにおいでになりました。

そこには、自分自身よりも他者の救いを優先する大乗仏教を実践する菩薩《ぼさつ》が八万人いました。かれらは、このうえなく正しい悟りをもとめてしりぞくことなく、正法を記憶してまもり魔を退散させる聖なる呪文（陀羅尼）も得ていました。説教や雄弁の力ももっていて、あともどりすることのない真の教えを説きあかしていました。百千もの膨大な数の如来たちを供養し、それらの如来のもとでさまざまな善根を積みかさね、いつも如来たちから「すばらしい！」とほめたたえられていました。慈しみの心を全身に満ちあふれさせ、如来の智恵をよく理解し、おおいなる智恵に通暁していました。悟りの領域に到達し、その名声は全宇宙にとどろき、百千もの膨大な数の生きとし生けるものを、救ったのでした。

その名前は文殊師利《もんじゅしり》菩薩、観世音《かんぜおん》菩薩、得大勢《とくだいせい》菩薩、常精進《じょうしょうじん》菩薩、不休息《ふくそく》菩薩、宝掌《ほうしょう》菩薩、薬王《やくおう》菩薩、勇施《ゆうぜ》菩薩、宝月《ほうがつ》菩薩、月光《がっこう》菩薩、満月《まんがつ》菩薩、大力《だいりき》菩薩、無量力《むりょうりき》菩薩、越三界《おっさんがい》菩薩、跋陀婆羅《ばつだばら》菩薩、弥勒《みろく》菩薩、宝積《ほうしゃく》菩薩、導師《どうし》菩薩といい、八万人の菩薩たちをひきつれていました。

また、仏教に帰依し、仏教の守護神となった帝釈天《たいしゃくてん》（インドラ）が、二万の配下の神々をひきつれて、同席していました。

仏教を邪悪なる者たちから守る役割をはたす名月天《みょうがってん》、普香《ふこう》天、宝光《ほうこう》天、ならびに四天王《してんのう》が、一万の配下をひきつれて、同席していました。

世界を創造して支配し、シヴァ神ともよばれる自在天《じざいてん》（イーシュヴァラ）と大自在天《だいじざいてん》（マヘーシュヴァラ）が、三万の神々をひきつれて、同席していました。

この世界（三千大千世界）の主である梵天《ぼんてん》（ブラフマン）が、尸棄《しき》（頭頂に冠毛のある者＝シキン）大梵、光明《こうみょう》大梵とともに、二千の配下の神々をひきつれて、同席していました。

仏教を守護する八大龍王《はちだいりゅうおう》も同席していました。その名前は難陀《なんだ》（ナンダ）龍王、跋難陀《ばつなんだ》（ウパ・ナンダ）龍王、娑伽羅《しゃから》（サーガラ）龍王、和修吉《わしゅうきつ》（ヴァースキ）龍王、徳叉迦《とくしゃか》（タクシャカ）龍王、阿那婆達多《あなばだった》（アナヴァタプタ）龍王、摩那斯《まなし》（マナスヴィン）龍王、優鉢羅《うはつら》（ウトパラカ）龍王といい、それぞれが百千の配下をひきつれていました。

美しい声で歌うことで名高い緊那羅《きんなら》（キンナラ）王も、四人が同席していました。その名前は法緊那羅王、妙法《みょうほう》緊那羅王、大法《たいほう》緊那羅王、持法《じほう》緊那羅王といい、それぞれが百千の配下をひきつれていました。

美しい音楽をかなでることで名高い乾闥婆《けんだつば》（ガンダルヴァ）王も、四人が同席していました。その名前は楽《がく》乾闥婆王、楽音《がくおん》乾闥婆王、美《み》乾闥婆王、美音《みおん》乾闥婆王といい、百千の配下をひきつれていました。

戦いの神として名高い阿修羅《あしゅら》（アスラ）王も、四人が同席していました。その名前は婆稚《ばじ》阿修羅王、佉羅騫駄《からけんだ》阿修羅王、毗摩質多羅《びましったら》阿修羅王、羅睺《らご》阿修羅王といい、それぞれが百千の配下をひきつれていました。

煩悩を食らうことで名高い迦楼羅《かるら》（ガルダ）王も、四人が同席していました。その名前は大威徳《だいいとく》迦楼羅王、大身迦楼羅王、大満迦楼羅王、如意迦楼羅王といい、それぞれが百千の配下をひきつれていました。

マガダ国の頻婆娑羅《びんばしゃら》（ビンビサーラ）王の妃で、夫とともにブッダに帰依していた韋提希《いだいけ》（ヴァイデーヒー）夫人の息子の阿闍世《あじゃせ》（アジャータ・シャトゥル）王も、百千の配下をひきつれて、同席していました。

これらの者たちは、釈迦牟尼如来の両足を頭にいただいて礼拝してから、それぞれの席にもどり、そろってすわりました。

それから、世にも尊きお方は、出家僧と尼僧と男女の在家修行者たちにかこまれ、供養され、うやまわれ、尊ばれ、讃歎されながら、菩薩たちのために、大乗仏教の経典をお説きになりました。その経典の名前は『無量義教菩薩法仏《むりょうぎきょうぼさつほうぶつ》所護念《しょごねん》』、すなわち「かぎりなく尊い教えであり、菩薩たちへの教訓であり、ありとあらゆる如来たちが支持しているもの」といいました。

この経典を説き終わると、釈迦牟尼如来は結跏趺坐《けっかふざ》し「無量義処三昧《むりょうぎしょさんまい》」、すなわち「かぎりなく尊い教えの基盤とよばれる瞑想」にお入りになり、体も心もまったく動揺しない状態となりました。

すると、その瞬間、天から曼陀羅華《まんだらけ》と大曼陀羅華と曼珠《まんじゅ》沙華《しゃげ》と大曼珠沙華が、釈迦牟尼如来をはじめ、そこにつどっていた者たちのうえに、雨のように降りそそぎました。

そして、大地が六種類の震動を起こしたのでした。

そのとき、そこにつどっていた出家僧、尼僧、男女の在家修行者、神々、龍、夜叉《やしゃ》、乾闥婆、阿修羅、迦楼羅、緊《きん》那羅《なら》、摩睺羅伽《まごらが》、人間、人間以外のもの、あまたの小国の王、転輪聖王《てんりんじょうおう》たちは、かつてなかった体験をして、大喜びし、手を合わせて、一心に釈迦牟尼如来を仰ぎ見たのでした。

すると、釈迦牟尼如来は眉間の白毫《びゃくごう》から光をお放ちになり、東の方向にある一万八千の世界を、下は最低の無間《むけん》地獄《じごく》から、上は最上の有頂天《うちょうてん》（色究竟天《しきくきょうてん》）まで、くまなく照らし出したのです。

そこにつどっていた者たちは、それぞれの世界で、神々、人間、阿修羅、畜生《ちくしょう》、餓鬼《がき》、地獄の六種類の生きとし生けるものがいるのを見ました。それぞれの世界で、いま活動している如来たちを見ましたし、如来たちが説く教えを聞きましたし、出家僧や尼僧や男女の在家修行者たちが、さまざまな修行にはげんで、悟りを開くのを見ました。

さらに、菩薩たちが、いろいろないきさつ、いろいろな理解、いろいろなすがたかたちにもとづいて、菩薩の修行にはげんでいるのを見ました。また、如来たちが涅槃に入るのを見ましたし、如来たちが涅槃に入ったのち、遺骨をまつって、七宝でつくられた仏塔が建立されるのを見ました。

そうこうしているうちに、弥勒菩薩がこう思いました。

「いま、世にも尊きお方は、神通力を駆使されて、すばらしい奇跡を実現された。なぜ、こういうすばらしい奇跡を実現されたのだろうか。いま、尊敬されるべき如来は、瞑想に入っておられる。したがって、お尋ねするわけにはいかない。こういう想像を絶した奇跡を、いったいだれに尋ねたらよいのだろうか。だれなら、ちゃんと答えてくれるだろうか」

弥勒菩薩は、またこうも思いました。

「この文殊師利菩薩王子は、過去世において、数かぎりない如来たちに親しくおつかえし、供養された経歴をおもちだ。きっと、このようなすばらしい奇跡を見たはずだ。かれに尋ねてみよう」

同じように、出家僧、尼僧、男女の在家修行者、神々、龍、鬼神たちも、みな、こう思いました。

「釈迦牟尼如来が放たれた光によって実現した奇跡が、いったい何を意味するのか。だれに尋ねたら、良いのだろうか」

そのとき、弥勒菩薩は自分の心にある疑念を晴らすために、また出家僧、尼僧、男女の在家修行者、神々、龍、鬼神たちの心中を見抜いて、文殊師利菩薩に尋ねました。

「どういうわけで、こういうすばらしい奇跡が実現したのでしょうか。釈迦牟尼如来が大光明を放って、東の方向にある一万八千の世界を照らされると、あまたの如来たちの世界がどうなっているのかを見ることができましたが……」

こう言うと、弥勒菩薩は、この問いをもう一度、詩句に託して唱えました。

文殊師利菩薩さん。世にも尊きお方はなぜ、眉間の白毫から大光明を放って、世界を照らし出されたのでしょうか。

曼陀羅華や曼珠沙華を雨のように降らせ、栴檀の良い香りのする風を吹かせ、ここにつどう者たちの心を喜ばせたのでしょうか。

これらの行為のおかげで、大地は清められました。

しかも、世界全体が六種類の震動を起こしました。

そのせいで、出家僧も尼僧も男女の在家修行者たちもみな、よろこんでいます。

体も心もまことに快調で、未曾有《みぞう》の体験をさせていただきました。

釈迦牟尼如来の眉間から放たれた光明が、東の方向にある一万八千の世界を照らし出すと、そこはみな金色の世界でした。

下は無間地獄から上は有頂天まで、さまざまな世界のなかの地獄・餓鬼・畜生・阿修羅・人間・神々が生き死にするようす、善き行為と悪しき行為、その結果としてもたらされる果報の良し悪しを、ここからすべて見ることができました。

また、神聖なる指導者にして人間界の獅子である如来たちが、このうえなく正しい経典をお説きになっておられました。

まことに清らかでやさしいお声で、億万もの膨大な数の菩薩たちを教えさとしておられました。

そのお声は、梵天の声のように響きわたり、だれでもぜひ聞きたいとおもわせました。

それぞれの世界で、このうえなく正しい真理をお説きになるにあたり、いろいろな体験談やたとえ話をつかって、仏法をわかりやすくお説きになり、生きとし生けるものすべてを悟らせるのを見ました。

苦しみにさいまなれ、老い、病にかかり、死ぬことを恐れる人には、涅槃の境地をお説きになって、苦から解き放たれました。

福徳にめぐまれ、過去世において如来を供養した体験があり、すぐれた真理を求める人には、縁覚の道をお説きになりました。

仏子すなわち菩薩となって、さまざまな修行にはげみ、このうえない智恵を求める人には、菩薩の道をお説きになりました。

文殊師利菩薩さん。わたしがここにいて、見たり聞いたりしたことは、このように千億もの膨大な数にのぼります。

このようにあまりに多いので、今回は少しだけに絞って、お話しします。

わたしはあの世界にいる、ガンジス河の砂の数にひとしい数の菩薩たちが、さまざまないきさつから、悟りを求めるすがたを見ました。

あるいは、布施行を実践するにあたり、金、銀、珊瑚《さんご》、真珠、摩尼宝珠《まにほうしゅ》、シャコガイの玉、瑪瑙《めのう》、ダイアモンドでつくられた宝物、男女の使用人、乗り物、宝で飾られた輿《こし》などを、この善業のおかげで、悟りを得られるようにと期待を込め、よろこんでお布施し、欲界《よっかい》と色界《しきかい》と無《む》色界《しきかい》において最上の乗り物として、如来たちがほめたたえる悟りへの乗り物に乗りたいとねがっていました。

あるいは、宝物で飾り立てられた四頭立ての馬車、花々で飾られた手すりや軒飾りをお布施する菩薩を見ました。

また、菩薩が自分の体の肉や手足、妻や子をお布施して、このうえない悟りを求めるのを見ました。

菩薩が自分の頭や両眼はもちろん、身体全部を、よろこんでお布施して、如来の智恵を求めるのを見ました。

文殊師利菩薩さん。諸国の王たちが、如来がおられるところをたずねて、このうえない悟りを求めて、豊かな国土も宮殿も臣下も妻妾も捨て、髭も髪も剃りあげて、出家僧が身につける服を着ているのを見ました。

菩薩が出家僧になって、たった一人で、だれもいない場所に住み、楽しそうに経典をとなえているのを見ました。

菩薩が勇気をふるって精進し、深い山奥に入り、悟りについて、つらつら考えているのを見ました。

菩薩が欲望を絶って、人っ子一人いないところに住み、深い瞑想に明け暮れて、五つの神通力を獲得したのを見ました。

菩薩が瞑想に入って、手を合わせ、一千回も一万回も詩句をとなえて、ありとあらゆる真理の王である如来をほめたたえているのを見ました。

菩薩が深い智恵と堅固な意志にもとづいて、如来たちに質問をし、その答えをことごとくおぼえて忘れないのを見ました。

如来の子である菩薩が、瞑想と智恵をともに体得し、数かぎりないたとえ話を駆使して、多くの者たちのために真理を説き、いかにも楽しげに説法して、あまたの菩薩たちを教化し、悪魔たちの軍勢を打ち破って、真理の大太鼓を打ち鳴らしているのを見ました。

菩薩が心静かに沈黙をまもり、神々や龍王たちにあがめられても、舞い上がったりしないのを見ました。

菩薩が林のなかに住み、光を放って地獄に堕ちた者たちの苦しみを救い、悟りへとみちびくのを見ました。

如来の子である菩薩が、まったく眠らずに、林のなかを、経典をとなえながら歩き、悟りを求めているのを見ました。

菩薩が戒律をまもって、立派な態度をたもちつつ、宝珠のように清らかに行動して、悟りを求めているのを見ました。

如来の子である菩薩が、忍耐の力を発揮して、悟ってもいないのに悟ったと思い上がった人々からバカにされ、ののしられ、むち打たれても、堪え忍んで、ひたすら悟りを求めているのを見ました。

菩薩がもろもろの娯楽をやめ、愚かな仲間から離れて、智恵ある人と親しくまじわり、心の乱れをひたすらとりのぞき、山林で瞑想して、億万年ものあいだ、悟りを求めつづけているのを見ました。

菩薩が品数の多いお食事、ならびに百種類にもおよぶ薬を、如来や出家僧たちにさしあげているのを見ました。

菩薩がひじょうに高価な、あるいは高価すぎて値段がつけられないような最上級の衣服を、如来や出家僧たちにさしあげているのを見ました。

菩薩が千万億種類もの栴檀《せんだん》と宝玉でつくられたお寺、ならびに最高級の寝具をたくさん、如来や出家僧たちにさしあげているのを見ました。

菩薩がいろいろな果実がたくさんなっている清らかな果樹園、ならびに沐浴用の泉や池を、如来や出家僧たちにさしあげているのを見ました。

そして、このような多種多様でとてもすぐれたお布施を、よころんでささげて飽くことなく、この布施行をとおして、悟りを求めるのを見ました。

菩薩が迷いの世界から悟りへといたる方法を、いろいろなかたちで説いて、生きとし生けるものを、数かぎりなく教えさとすのを見ました。

菩薩がこの世のありとしあるものはすべて、有るのでもなければ無いのでもなく、ちょうど虚空《こくう》のようなものだと見抜いたのを見ました。

如来の子である菩薩が、心になにひとつ執着する対象がなく、この認識のもとに、このうえなく正しい道を求めるのを見ました。

文殊師利菩薩さん。菩薩が、如来が入滅されたのち、その遺骨を供養していました。

如来の子である菩薩が、遺骨を納めた仏塔を、ガンジス河の砂の数ほども建立し、国土を飾っていました。

その仏塔の高さは三万五千メートル、底辺は一辺が一万四千メートル四方で、千本の旗がひるがえっていました。

また、宝珠で織り上げた幔幕《まんまく》があって、宝石でつくられた鈴の音が響きわたっていました。

そこでは、あまたの神々や龍や人間や人間以外の者たちが、香華《こうげ》をささげ、音楽をかなでて、絶えず供養しつづけていました。

文殊師利菩薩さん。如来の子である菩薩たちが、如来の遺骨を供養するために、仏塔を荘厳に飾り立てたおかげで、国土はおのずから美しく輝きわたっていました。それは、あたかも天上界の樹木が、花を満開にするときのようでした。

如来が一条の光を放たれたとき、わたしをはじめ、ここにつどっていた者たちは、この国土が、ありとあらゆる意味でまことに美しいことを見ました。

如来たちの神通力や智恵は、比類ありません。

一条のきよらかな光を放って、数かぎりない国土を照らし出されました。

わたしたちはそれをまのあたりにして、未曾有の体験を得ました。

如来の子である文殊師利菩薩さん。お願いですから、みんなの疑問を晴らしてください。

出家僧も尼僧も男女の在家修行者たちも、みなそろって、あなたとわたしに注目しています。

世にも尊きお方は、なぜ、この光明を放たれたのでしょうか。

如来の子である文殊師利菩薩さん。この疑問を晴らして、みんなをよろこばせてください。

いかなる目的から、釈迦牟尼如来はこの光明を放たれたのでしょうか。

釈迦牟尼如来が菩提樹のもとに坐して体得されたこのうえない真理を、お説きになろうとしているのでしょうか。

釈迦牟尼如来は、菩薩たちに、あなたがたは将来かならず悟りを開くだろう、と予言されようとしているのでしょうか。

あまたの仏国土がさまざまな宝玉で飾られているようすを明らかにされ、あまたの如来たちのおすがたをお見せになったのは、なみたいていのことではありません。

文殊師利菩薩さん。よくご覧なさい。出家僧も尼僧も、男女の在家修行者たちも、神々も龍もそのほかの者たちも、あなたがきっと語ってくださるにちがいない、と信じて、あなたを見つめています。

こう言われて文殊師利菩薩は、弥勒菩薩はじめ、そこにつどう者たちすべてにむかって語りはじめました。

「みなさん。わたしたちが想像しているとおり、尊敬されるべき釈迦牟尼如来は、いままさに、偉大な真理を説き、偉大な真理の雨を降らし、偉大な真理の法螺貝を吹き鳴らし、偉大な真理の太鼓を打ち鳴らし、偉大な真理の本質をお述べになろうとしています。

みなさん。わたしは過去世において、如来たちがこれと同じ奇瑞《きずい》をしめされたのを見たことがあります。そのときも、如来たちは、この光を放たれてから、偉大な真理をお説きになりました。

ですから、いま釈迦牟尼如来が光を放たれたのも、同じように、生きとし生けるものすべてに、この世のだれにも信じがたい真理を、説き聞かせ知らしめようとして、このような奇瑞をしめされたにちがいありません。

みなさん。想像することも考えることもできない遠い遠い過去世に、如来がおられました。その名前は日月燈明《にちがつとうみょう》（太陽と月を燈明とする者）といいました。供養されるにふさわしい方（応供《おうぐ》）であり、歴史や時間の制約を超えた智恵の持ち主（正偏知《しょうへんち》）であり、過去世を知り尽くし未来世を知り尽くし煩悩を完全に克服した方（明行足《みょうぎょうそく》）であり、完璧な悟りに到達した方（善逝《ぜんぜい》）であり、聖なる世界のことも俗なる世界のことも知り尽くした方（世間解《せけんげ》）であり、世間の動向にゆるがない最上の智恵と行動の方（無上士《むじょうじ》）であり、穏やかな言葉と厳しい言葉を自在に使い分けて修行者を指導する方（調御丈夫《じょうごじょうぶ》）であり、神々と人間にとって共通の指導者（天人師《てんにんし》）であり、最高の智者（仏《ぶつ》）であり、世の中の人々から尊敬されるべき方（世尊《せそん》）でした。

この如来が、このうえなく正しい真理をお説きになりました。その説法は、はじめも善く、なかほども善く、おわりも善いものでした。一つひとつの言葉に込められた意味はまことに深く、その表現はまことに巧みで、しかも純粋で混じり気がなく、すべてが完璧で、きよらかで、純潔無垢な生き方をあきらかにされたのです。

とにかく自分自身の救いをもとめる声聞をめざす者のためには、それにふさわしい四諦《したい》の真理をお説きになりました。すなわち『この世はすべて苦である。その苦の原因は飽くことなき愛執である。愛執の絶滅こそ、理想の境地である。理想の境地は、八正道《はっしょうどう》の実践によってのみ得られる』と教えさとしました。そして、生老病死《しょうろうびょうし》の苦しみから救い出し、悟りを開かせたのでした。

師なしに悟りを開く辟支仏《びゃくしぶつ》（縁覚《えんがく》）をめざす者のためには、無明《むみょう》・行《ぎょう》・識《しき》・名色《みょうしき》・六処《ろくしょ》・触《そく》・受《じゅ》・愛《あい》・取《しゅ》・有《う》・生《しょう》・老死《ろうし》という十二因縁《じゅうにいんねん》の教えをお説きになりました。。

つまり、こう教えさとしたのです。あらゆる苦の根底には、迷いそのものがある。迷いそのものから、ひたすら何かしようという勢いが生まれる。ひたすら何かしようという勢いから、認識が生まれる。認識から、認識の対象が生まれる。認識の対象から、眼・耳・鼻・舌・皮膚・心という六つの感覚器官が生まれる。眼・耳・鼻・舌・皮膚・心という六つの感覚器官から、認識されたものが生まれる。認識されたものから、好き嫌いとか暑い寒いとかいう感覚が生まれる。好き嫌いとか暑い寒いとかいう感覚から、尽きることのない欲望が生まれる。尽きることのない欲望から、何が何でも欲しいという執着が生まれる。何が何でも欲しいという執着から、人間の行為のすべてが生まれる。人間の行為のすべてから、苦しみに満ちた生命活動が生まれる。苦しみに満ちた生命活動から、年老いて死ぬことが生まれる。

だから、老死を滅するためには、この因果関係を逆転させる必要がある。すなわち、まず苦しみに満ちた生命活動を滅しなければならない。苦しみに満ちた生命活動を滅するためには、人間の行為のすべてを滅しなければならない。このようにして、最後に根本原因の無明を滅したとき、悟りの境地に到達できる。そう、教えさとされたのでした。

自分よりも他者の救いを優先する大乗仏教の修行者である菩薩たちのためには、完璧な施しや恵み、戒律の完璧な順守、完璧な忍耐、完璧な努力、完璧な心の統一、完璧な智恵という六種類の完成（六波羅蜜《ろくはらみつ》）をお説きになりました。そして、このうえなく正しい悟りを開かせ、ありとあらゆる智恵を体得させたのでした。

この日月燈明如来が涅槃に入られたのち、また如来が出現されました。その名前は、同じく、日月燈明といいました。

このようにして、全部で二万の如来たちが、まったく同じ名前の日月燈明という名前をおもちでした。また、これらの如来たちは同じ姓をおもちで、頗羅堕《はらだ》（バーラドヴァージャ＝力ある者）といいました。

弥勒菩薩さん。よくおぼえておきなさい。最初の如来も、最後の如来も、まったく同じ名前の日月燈明といい、十の称号をみなおもちでした。すなわち、供養されるにふさわしい方（応供）であり、歴史や時間の制約を超えた智恵の持ち主（正徧知）であり、過去世を知り尽くし未来世を知り尽くし煩悩を完全に克服した方（明行足）であり、完璧な悟りに到達した方（善逝）であり、聖なる世界のことも俗なる世界のことも知り尽くした方（世間解）であり、世間の動向にゆるがない最上の智恵と行動の方（無上士）であり、穏やかな言葉と厳しい言葉を自在に使い分けて修行者を指導する方（調御丈夫）であり、神々と人間にとって共通の指導者（天人師）であり、最高の智者（仏）であり、世の中の人々から尊敬されるべき方（世尊）だったのです。

　また、その説法は、はじめも善く、なかほども善く、おわりも善いものでした。

　さて、その最後の如来がまだ出家なさっていないとき、八人の王子がおりました。一人目は有意《うい》（智恵）、二人目は善意《ぜんに》（善き智恵）、三人目は無量意《むりょうい》（無限の智恵）、四人目は宝意《ほうい》（宝の智恵）、五人目は増意《ぞうい》（すぐれた智恵）、六人目は除疑意《じょぎい》（疑念をとりのぞく智恵）、七人目は響意《こうい》（響きわたる智恵）、八人目は法意《ほうい》（真理の智恵）という名前でした。

　この八人の王子たちは、比類ない力の持ち主で、一人ひとりが四大洲（勝身《しょうしん》洲・瞻部《せんぶ》洲・牛貨《ごけ》洲・倶盧《くる》洲）を支配していました。

　この王子たちは、父親が出家してこのうえなく正しい悟りをお開きになったと聞き、みなそろって王位を捨て、父親にしたがって出家し、大乗仏教をきわめようと心に決めて、禁欲的な生活を実践し、真理を説く者（法師《ほっし》）となりました。そして、千万もの膨大な数の如来のもとで、さまざまな善根、つまり来世で良い果報をうけるにあたいする行為をたくさん実行したのでした。

　そのとき、日月燈明如来が大乗仏教の経典をお説きになりました。その経典の名前は『無量義教菩薩法仏所護念』、すなわち『かぎりなく尊い教えであり、菩薩たちへの教訓であり、ありとあらゆる如来たちが支持しているもの』といいました。

　この経典を説き終わると、日月燈明如来は結跏趺坐し『無量義処三昧』、すなわち『かぎりなく尊い教えの基盤とよばれる瞑想』にお入りになり、体も心もまったく動揺しない状態となりました。

　すると、その瞬間、天から曼陀羅華と大曼陀羅華と曼珠沙華と大曼珠沙華が、日月燈明如来をはじめ、そこにつどっていた者たちのうえに、雨のように降りそそぎました。そして、大地が六種類の震動を起こしたのでした。

　そのとき、そこにつどっていた出家僧、尼僧、男女の在家修行者、神々、龍、夜叉、乾闥婆、阿修羅、迦楼羅、緊那羅、蛇の頭と人間の体をもつ護法神の摩睺羅伽、人間、人間以外のもの、あまたの小国の王、転輪聖王たちは、かつてなかった体験をして、大喜びし、手を合わせて、一心に日月燈明如来を仰ぎ見たのでした。

すると、日月燈明如来は眉間の白毫から光をお放ちになり、東の方向にある一万八千の世界を、くまなく照らし出したのです。それは、いまわたしたちが見ているあまたの世界とまったく同じでした。

弥勒菩薩さん。よくおぼえておきなさい。そのとき、日月燈明如来のまわりには二十億人の菩薩たちが、真理について聞かせていただこうと心待ちにしていました。

これらの菩薩たちは、光明があまたの世界をくまなく照らし出すのを見て、そのわけを知りたいとねがいました。

菩薩たちのなかに、妙光（すぐれた光）という名前の菩薩がいました。かれは八百人の弟子をひきつれていました。

このとき、日月燈明如来は瞑想を終えて立ちあがり、妙光菩薩のために、大乗仏教の経典をお説きになりました。その経典の名前は『妙法蓮華教菩薩法仏所護念』、すなわち『正しい教えの白蓮とよばれ、菩薩たちへの教訓であり、ありとあらゆる如来たちが支持しているもの』といいました。

経典をお説きになっている六十小劫のあいだ、日月燈明如来はずっとそこにお坐りになったままでした。お聞きしている者たちもまた、六十小劫のあいだ、ずっとそこに坐ったままで、体も心も微動だにしませんでした。なぜなら、説法をお聞きすることは、食事をするわずかな時間としか感じられなかったからです。体が疲れたとか、心に退屈を感じた者は、だれひとりとしていませんでした。

こうして日月燈明如来は、六十小劫をかけて、真理をお説きになったのでした。説き終わって、日月燈明如来は、梵天、悪魔、仏教の出家僧、バラモン教の出家僧、神々、人間、阿修羅たちにむかって、こうおっしゃいました。

『わたしは、本日の真夜中に、完全な涅槃に入るでしょう』

こうお告げになってから、日月燈明如来は、そこにいた徳蔵という名前の菩薩が、将来このうえなく正しい悟りを得るだろうと予言されたうえで、そこにつどう出家僧たちに、おっしゃいました。

『この徳蔵菩薩は、わたしのあとにつづいて、如来になるでしょう。その如来の名前は、浄身《じょうしん》多陀阿伽度阿羅訶《ただあかどあらか》三藐三仏陀《さんみゃくさんぶっだ》（浄身如来応供正偏知）、すなわち「きよらかな身体をもつ如来、供養されるにふさわしい方、歴史や時間の制約を超えた智恵の持ち主」といいます』

こう予言なさったあと、日月燈明如来は真夜中に、完全な涅槃にお入りになりました。

日月燈明如来が入滅されたのち、妙光菩薩は、このうえなくすばらしい法華経をおぼえて、八十小劫のあいだ、人々のために説法しました。日月燈明如来の八人の王子たちはみな、妙光菩薩を師として、修行しました。妙光菩薩は八人の王子たちを教化して、このうえなく正しい悟りにみちびいたのです。八人の王子たちは、百千万億もの膨大な数の如来たちにまごころを尽くしてお仕えし、その結果、みなそろって悟りを開き、如来となりました。そのなかでいちばん最後に悟りを開いたのが、燃燈如来《ねんとうにょらい》でした。

妙光菩薩の八百人の弟子のなかに、求名《ぐみょう》という者がいました。その名前のとおり、名声欲にとらわれていました。また、いろいろな経典を読んだり唱えたりしても、意味が理解できず、忘れてばかりいました。そんなわけで、求名とよばれていたのです。

それでも、この求名菩薩は、あまたの善根《ぜんごん》をはぐくんだおかげで、百千万億もの膨大な数の如来たちにお会いすることができ、まごころを尽くしてお仕えし、うやまい、尊び、讃歎することができました。

弥勒菩薩さん。よくおぼえておきなさい。あのときの妙光菩薩こそ、このわたしなのです。あのときの求名菩薩こそ、あなたなのです。

いま、わたしたちがまのあたりにしている奇瑞は、あのときとまったく同じです。その体験から推測すると、本日の釈迦牟尼如来も、まさに大乗仏教の『妙法蓮華教菩薩法仏所護念』、すなわち『正しい教えの白蓮とよばれ、菩薩たちへの教訓であり、ありとあらゆる如来たちが支持しているもの』をお説きになるはずです」

こう言うと、文殊師利菩薩は、この答えをもう一度、詩句に託して唱えました。

想像もできないほどの劫のかなたの過去世を思いおこせば、如来すなわち両足で立つ者たちのなかで至高のお方がおられました。そのお名前は、日月燈明と言いました。

この世にも尊きお方は、真理をお説きになり、数かぎりない生きとし生けるものを救い、数かぎりない菩薩たちを救って、如来しかもちえない智恵にみちびかれたのでした。

この如来がまだ出家される前にもうけた八人の王子たちは、偉大な聖人が出家されるのを見て、自分たちも出家し、偉大な聖人の指導のもとで、禁欲的な生活をいとなみました。

そのとき、日月燈明如来は大乗仏教の「無量義（かぎりなく尊い教え）」と名づけられた経典を、あまたの人々のために解きあかされたのでした。

この経典を説き終わるやいなや、日月燈明如来は坐っておられた座のうえで足を組み、瞑想にお入りになりました。この瞑想は無量義処、すなわちかぎりなく尊い教えの基盤とよばれる瞑想でした。

天からは曼陀羅華が、雨のように降りかかり、太鼓がだれも打たないのに響きわたり、神々や龍や鬼神たちが、人間界のもっとも尊敬されるべきお方を供養しました。

その瞬間、ありとあらゆる世界が大きく震動しました。日月燈明如来は眉間から光を放たれ、奇跡的な現象があまた起こりました。

この光は、東の方向に位置する一万八千の世界を照らし出したので、そこにいる生きとし生けるものすべての生きざま死にざまが、ありありと見えました。

あまたの世界が、いろいろな宝玉で飾られ、ラピスラズリや水晶で彩られているのを見ました。

これらはすべて、日月燈明如来が放たれた光によって照らし出されたものでした。

また、あまたの神々や人々たち、龍神や夜叉たち、乾闥婆や緊那羅たちが、おのおの自分があがめる如来を供養しているのを見ました。

あまたの如来たちが、なにものにもわずらわされず、悟りをお開きになり、そのお体の色が、まるで黄金の山のように、端正かつ荘厳で、まことにすぐれているようすは、きよらかなラピスラズリのなかに黄金の像が安置されているかのようでした。

世にも尊きお方は、たくさんの出家僧にとりかこまれ、深遠なる真理をお説きになりました。

一つひとつの世界には、声聞たちが無数にいました。如来から放たれた光によって、たくさんの出家僧たちが照らし出されているのが見えました。

あまたの出家僧たちが、山林のなかで精進し、珠玉をまもるように、戒律を完璧にまもっているのを見ました。

ガンジス河の砂の数にひとしい数の菩薩たちが、布施行を実践し、忍耐の力を発揮しているのを見ました。

これらはみな、日月燈明如来が放たれた光のおかげで、見ることができたのです。

あまたの菩薩たちが、さまざまな種類の瞑想に深く入り、体も心も静かな状態にして、微動だにせず、このうえない悟りを求めているようすを見ました。

あまたの菩薩たちが、この世に存在するものすべては、如来の目から見れば、最初からずっと、あるがままに真実のすがたそのものなのだと理解して、それぞれの世界において、真理を説き、悟りを求めているのを見ました。

そのとき、出家僧と尼僧と男女の在家修行者たちは、日月燈明如来がすばらしい神通力を発揮されたのを見て、心が歓喜《かんぎ》に満たされ、互いにこう問いました。

「いったいどんな理由で、こういうことになったのだろうか」

神々も人々もともにあがめたてまつる日月燈明如来は、瞑想を終えて立ちあがり、妙光菩薩をほめたたえて、こうおっしゃいました。

「あなたは世の人々の眼であり、すべての人々から信頼される、真理の保持者なのです。わたしが説いてきた真理を、あなただけが理解しています」

世にも尊きお方は、このようにおっしゃって、妙光菩薩をたいそうよろこばせ、法華経をお説きになりました。

法華経をお説きになっている六十小劫ものあいだ、日月燈明如来は座からお立ちになることはありませんでした。

日月燈明如来がお説きになったこのうえなくすばらしい真理を、この妙光菩薩は、法師つまり真理を語りひろめる者として、ことごとくおぼえてしまいました。

日月燈明如来はこのようにして法華経をお説きになり、聞いていた者たちの心を歓喜で満たしたのち、同じ日に、神々や人々にむかって、こうおっしゃいました。

「この世はあるがままに真実そのものなのだという真理について、わたしはあなたがたに説きました。わたしは本日の真夜中に、涅槃に入るでしょう。あなたがたは一心に精進し、けっして怠ってはなりません。

如来たちにお会いすることは、じつに難しいことなのです。一億劫に、たった一回しかお会いできないのですから」

如来の子どもたちはみな、如来が涅槃に入ると聞き、「如来はなんて早く入滅されてしまったのだろう!」と言って、悲しみにくれました。

もっとも聖なるお方、真理の王である如来は、数かぎりない者たちを元気づけるために、こうおっしゃいました。

「もし、わたしが入滅しても、あなたがたは憂いたり恐れたりする必要はありません。この徳蔵菩薩は、煩悩のないきよらかな境地に到達し、すでに悟りを開いています。わたしの次に如来となるでしょう。その如来の名前は浄身といい、数かぎりない者たちを救うでしょう」

この夜、日月燈明如来が入滅されたときのようすは、ちょうど薪が燃え尽きて火が消えるときのようでした。

遺骨を分け、数かぎりない塔を建立しました。

ガンジス河の砂の数にひとしい数の出家僧と尼僧は、以前にもまして修行に精進し、このうえなく正しい悟りを求めました。

この妙光とよばれる法師は、日月燈明如来の教えをよくおぼえていて、八十小劫のあいだ、法華経をひろめました。

八人の王子たちは、妙光法師に真理への眼をひらかせてもらい、このうえなく正しい悟りを開こうという意志をかため、数かぎりない如来たちにお会いしました。

如来たちを供養し終えると、如来たちの教えどおりに修行し、あいついで悟りを開いては、お互いに「つぎはあなたが如来となるだろう」と予言しあったのです。

そして、最後に神のなかの神、すなわち如来になったのが、燃燈如来でした。

この如来は、聖人たちの指導者として、数かぎりない者たちを救いました。

この妙光とよばれる法師には、一人の弟子がおりました。

いつも怠けてばかりいるくせに、名誉欲だけは強烈でした。

偉い人だと言われたいばかりに、あちらこちらの家を尋ねあるき、ならい覚えたことが身につかず、すぐに忘れてしまうのでした。

こういうわけで、かれは求名とよばれていました。

ここに、さまざまな善行をつみかさねたおかげで、あまたの如来たちにお会いでき、あまたの如来たちを供養して、如来たちの教えどおりに修行し、完璧な施しや恵み、戒律の完璧な順守、完璧な忍耐、完璧な努力、完璧な心の統一、完璧な智恵という六種類の完成（六波羅蜜）を成し遂げ、いま釈迦牟尼如来にお会いし、将来は必ず如来になるだろうと予言されている者がいます。

その者の名前は弥勒菩薩といいます。

この弥勒菩薩によって救われる生きとし生けるものの数は、はかりしれません。

じつは、日月燈明如来が入滅されたあと、怠けてばかりいた求名こそ、いまの弥勒菩薩、つまりあなたなのです。

あのときの妙光法師こそ、いまのわたしなのです。かつてわたしが日月燈明如来を仰ぎ見たときも、光によって起こされた奇瑞は、いまとそっくりでした。ですから、いま、釈迦牟尼如来も、法華経をお説きになろうとしているにちがいありません。

いま、わたしたちが見ている奇瑞は、あのときとそっくりです。

これは、如来たちが方便を駆使しているのです。いま、釈迦牟尼如来が光を放たれたのも、真実がどのようなものであるかを語るためのてだてなのです。

お集まりのみなさん。お願いですから、手を合わせ、心を静めて、お待ちください。

釈迦牟尼如来は、いままさに真理を雨のように降りそそぎ、悟りを求める者を満足させてくださいます。

悟りへの乗り物を三つ求める人々よ。もしも、なんらかの疑いがあるならば、釈迦牟尼如来はそれをことごとく解決し、なんの疑いも残らないようにしてくださるでしょう。

2 方便品《ほうべんぼん》

そのとき、世にも尊きお方は、こころすこやかに、瞑想から普通の状態におもどりになりました。そして、舎利弗に、こうおっしゃいました。

「如来たちの智恵は、すこぶる深遠にして、底知れぬものです。その智恵は、理解しがたく、きわめがたいものです。声聞とよばれ、自分自身の救いだけを求める者たちには、知ることができないものです。辟支仏とよばれ、師なしに悟りを開こうとする者たちには、知ることができないものです。

それはなぜなのか、教えてあげましょう。

如来という存在は、過去世において、百千万億もの多くのさまざまな如来たちにおつかえし、それらの如来たちのもとで、勇気をふるい、全力をあげて、ありとあらゆる修行にはげみ、その名はだれでも知っていました。

こうして如来は、まことに深遠で、それまでだれひとり知らなかった真理を体得し、機会を得てはお説きになるのですが、その真意を理解することはひじょうに難しいのです。

舎利弗さん。わたしは如来となって以来ずっと、いろいろな原因と結果の関係、いろいろなたとえ話を駆使して、多くの者たちに説法してきました。ありとあらゆる方便を駆使して、生きとし生けるものすべてを正しい方向にみちびき、さまざまな執着から解き放ってきました。

それはなぜなのか、教えてあげましょう。

如来という存在は、方便も知見も、最高の状態で、みなそなえています。

舎利弗さん。如来の知見は、じつに広大かつ深遠です。如来は、自分以外の者の幸福をねがう心、自分以外の者の苦しみをとりのぞいてあげたいとねがう心、自分以外の者の幸福を自分の幸福のように喜ぶ心、自分以外の者にたいする平静な心をみなもっています。こだわりも執着もない心をもっています。

また、如来にしかもてない十種類の力をもっています。すなわち、因果の道理にかなっているか、いないかを見抜く力。生きとし生けるもののすべてのおこないとそのむくいを見抜く力。ありとあらゆる種類の瞑想を見抜く力。生きとし生けるものすべての能力の優劣を見抜く力。生きとし生けるものすべてのねがいを見抜く力。生きとし生けるものすべての性質を見抜く力。生きとし生けるものすべてを、ありとあらゆる境遇や境地にみちびくためにはどうすればよいのかを見抜く力。過去世のことを正しく記憶しておく力。生きとし生けるものすべての死と生を見抜く力。煩悩が尽き果てたことを見抜く力。以上の十種類の力を、如来はすべてもっているのです。

さらに、如来にしかもてない四つの自信をもっています。すなわち、自分が正しい悟りを得ているという自信。汚れをことごとく断ち切ったという自信。弟子たちに、修行のさまたげとなる煩悩について、あやまりなく語れるという自信。苦しみに満ちた世界から離脱する方法を、ありのままに説く自信。以上の四つの自信を、如来はすべてもっているのです。

如来は、心を一点に集中して、けっして乱しません。煩悩を完全に断っています。この世に存在するものはことごとく、空《くう》つまり実体をもたず、無相《むそう》つまり平等であり、無《む》願《がん》つまり求めるところはなにもないと体得しています。その結果、際限なく深い境地に到達し、だれも知り得なかった真理を完璧に体得したのです。

舎利弗さん。如来は、状況に応じ、工夫をこらして、さまざまな真理を説きます。その言葉や表現はきわめて柔軟で、聞く者たちの心をとらえて離しません。

舎利弗さん。ようするに、こういうことなのです。質も量もかぎりなくすぐれ、しかもかつてだれひとり知らなかった真理を、如来はことごとく成就されているのです。

やめておきましょう、舎利弗さん。説いても、無駄です。なぜなら、如来が成就された内容は、希有であって、如来以外には理解しがたい真理だからです。如来だけしか、この世のありのままのすがたは見極められないからです。

すなわち、この世にありとしあるものすべての、表面上の形態について、内在する性質について、本体について、内在する力について、内在する力が外にあらわれるときの作用について、結果にまつわる変化の直接的な原因について、結果にまつわる変化の間接的な原因について、直接的な原因と間接的な原因から生じる結果について、その結果がとる具体的なすがたについて、そして以上の九つの要素がいかなる場においても一貫して成立していることについて、如来だけが理解しているのです」

こう言い終わって、世にも尊きお方は、これまで語ってきたことをもう一度、詩句に託してお説きになりました。

真に勇気ある者、すなわち如来たちの数は、はかりしれません。

神々や人々をはじめ、生きとし生けるものすべてにとって、如来はとうてい理解できない存在です。

如来だけがもちうる力、自信、煩悩から解き放たれた悟りの境地、そして如来のさまざまな特性については、如来以外のだれひとり、知ることはできません。

如来たちはみな、先達となる数かぎりない如来たちに指導をうけ、ありとあらゆる修行にはげんだのです。

すこぶる深く、しかも言葉では表現できない真理は、出会いがたく、しかも理解しがたいものです。

わたしは無限に近い時間をかけて、これらの修行をすべて成し遂げました。

そして、ブッダガヤーの悟りの場において、これまでの修行がどのような結果をもたらしたのか、ことごとく納得することができました。

このような偉大なことがらの原因と結果について、この世に存在するものすべての本性と現象について、このわたし、そしてはかりしれぬ宇宙のそこかしこにおられる如来たちはよく知っています。

この真理は教えられません。なぜなら、言葉では言い表せないからです。

如来以外の者たちには、とても理解できません。ただし、菩薩とよばれる大乗仏教の真摯な修行者たちは、例外です。

それ以外は、もろもろの如来たちにまごころを尽くしてお仕えし、ありとあらゆる煩悩を克服し、あと一歩で輪廻転生から解き放たれるところまで到達している者たちであっても、知ることができません。

たとえ、わたしの弟子のなかで智恵第一と称讃される舎利弗に匹敵する者たちが、この世に満ちあふれ、みな心を一つにして想像したとしても、如来の智恵を知ることはできません。

たとえ、わたしの弟子のなかで智恵第一と称讃される舎利弗に匹敵する者たちが、この世のそこかしこに満ちあふれ、さらにあまたの仏弟子たちがくわわって、みな心を一つにして想像したとしても、如来の智恵を知ることはできません。

辟支仏とよばれ、師なしに悟りを開こうとする者たちで、すぐれた智恵をもち、煩悩から解き放たれ、あと一歩で輪廻転生から解き放たれるところまで到達している者たちが、この世のそこかしこに、竹林のようにたくさん満ちあふれ、みな心を一つにして、如来の真実の智恵を、ほとんど無限に近い時間にわたり想像したとしても、ごくわずかな部分すら、知ることはできません。

あらたに仏道をもとめる心を起こしたばかりの菩薩、すなわち大乗仏教修行の初心者で、数かぎりない如来たちにまごころを尽くしてお仕えし、さまざまな教えを了解し、また教えを説くことに巧みな者たちが、この世のそこかしこに、稲や麻や竹や葦のようにたくさん満ちあふれ、みな心を一つにして、すぐれた智恵を総動員して、ガンジス河の砂の数にひとしい劫にわたり、考えつづけたとしても、如来の智恵を知ることはできません。

このうえなく正しい悟りにむかって発心し、絶対にしりぞかない境地に到達した菩薩、すなわち大乗仏教修行の熟達者たちが、ガンジス河の砂の数にひとしい数あつまり、みな心を一つにして追い求めても、如来の智恵を知ることはできません。

もう一度、舎利弗さんに教えておきましょう。

煩悩から解き放たれ、想像することさえできない、すこぶる深遠で、言葉では表現できない真理を、わたしはすでに体得しています。

わたしだけがこの特性を知っています。もちろん、はかりしれぬ宇宙のそこかしこにおられる如来たちもまた、ご存じです。

舎利弗さん。よく覚えておきなさい。さまざまな如来たちがおっしゃることは、みな同じなのです。

だから、如来がお説きになる教えを聞いて、おおいに信仰の力を生み出しなさい。

世にも尊きお方は、いろいろな教えを説いたのちに、必ずや真実の教えを説くのです。

自分自身の救いだけを求める声聞たち、そして師なしに悟りを開こうとする縁覚（辟支仏）たちに、申し上げましょう。

わたしがあなたがたを、生死の苦しみから解き放ち、悟りを開かせたのは、如来の方便の力を駆使して、声聞のため、縁覚のため、菩薩のためというように、おのおのの資質にあわせて、三つの教えを説いたからなのです。それは、あなたがたを、おのおのの境地にたいする執着から解き放つためだったのです。

こう、釈迦牟尼如来が告げたとき、そこにつどっていた者たちのなかに、阿若憍陳如《あにゃきょうじんにょ》をはじめ、煩悩を滅し去った阿羅漢たちが一千二百人がいました。また、声聞の道や辟支仏の道をめざす出家僧、尼僧、男女の在家修行者たちもいました。これらの人々はみな、こう考えました。

「たったいま、世にも尊きお方は、いったいいかなる理由で、こんなに懇切丁寧に、方便についてほめたたえたのだろうか。仏が体得された真理はまことに深遠で、理解しがたく、おっしゃることの真意は把握しがたい。声聞や辟支仏では、思いもおよばない。釈迦牟尼如来は『解脱《げだつ》はたった一つしかない』とおっしゃったが、わたしたちもまた仏がお説きになった真理を体得して、最高の悟りに到達したと確信している。わたしたちには、たったいま、釈迦牟尼如来がおっしゃった言葉の意味が理解できない」

こういう声があがっているとき、舎利弗はそこにつどっていた出家僧や尼僧や男女の在家修行者たちが心に疑いをいだいていることを知り、自分自身もまた釈迦牟尼如来がおっしゃったことが理解できないので、釈迦牟尼如来にむかって、こう問いかけました。

「世にも尊きお方。いかなる理由、いかなる因縁があって、こんなに懇切丁寧に、如来たちの方便を、まことに深遠で微妙で理解しがたい説法を、ほめたたえておられるのですか。わたしは昔からずっと、あなたにまごころを尽くしてお仕えしてまいりましたが、このような話は聞いたことがありませんでした。ここにつどっている出家僧も尼僧も男女の在家修行者たちも、みなそろって疑いの心をいだいております。お願いですから、世にも尊きお方。この点について、解きあかしてください。世にも尊きお方。なぜ、こんなに懇切丁寧に、まことに深遠で微妙で理解しがたい説法を、ほめたたえておられるのですか」

こう言ったあと、舎利弗はもう一度、自分の問いかけを詩句に託して唱えました。


太陽のように聖なるお方よ。あなたは、長いときをへて、いまこのときに、真理をお説きになりました。

ご自身の口から、如来だけがもちうる力、自信、煩悩から解き放たれた悟りの境地など、想像もできない真理を、わたしは体得したとおっしゃいました。

あなたが悟りの場において体得された真理について、問う者はだれひとりおりません。

あなたはご自分が体得した教えは想像もおよばないとおっしゃいましたが、問う者はだれひとりおりません。

だれひとり問いはしませんが、ご自分でお説きになり、ご自分の修行を自画自賛されています。

ご自分が体得された智恵はすこぶる微妙で、如来たちが体得された智恵と同じだとお説きになっています。

煩悩を克服した阿羅漢たち、および涅槃をもとめる者たちは、みな疑惑の網にからめとられております。「如来はなにゆえに、こういうことをお説きになったのか」と。

縁覚の道をもとめる者たちも、出家僧も尼僧も、神々も、さらには乾闥婆などの天龍八部衆も、互いに顔をみあわせて疑問を語りあい、二本の足で立つものたちのなかでいちばん尊いお方を仰ぎ見ています。「これはいったい、どういうことなのですか。ぜひとも説明してください」と願って。

あなたは、声聞たちのなかで、わたし舎利弗こそ、もっともすぐれたものであるとおっしゃいました。そのわたしですら、いくら智恵をしぼっても、疑惑を晴らすことができません。「これは究極の真理なのだろうか。これは正しい修行の道なのだろうか」と。

如来の口からお生まれになったお方よ。わたしたちは合掌し、仰ぎ見て、待っております。お願いですから、このうえなく美しいお声で、ほんとうのことをお話しください。

ここには、神々や天龍八部衆たちが、ガンジス河の砂の数ほどもつどっております。最高の境地をめざす菩薩たちも、八万おります。また、億どころではないくらい多くの国々から、仏教に帰依した王たちも来ております。みな合掌し、敬意をいだいて、修行を完成する道をお聞きしようとしております。

しかし、舎利弗がこう申し上げても、釈迦牟尼如来はこうおっしゃるばかりでした。

「やめなさい。やめなさい。説いても、無駄です。もしも、ほんとうのことを説いたならば、この世にありとしある神々も人々も、みながみな、驚き、疑うでしょう」

舎利弗はもう一度、如来にこう申し上げました。

「世にも尊きお方。お願いですから、お聞きください。お願いですから、お聞きください。なぜかと申しますと、ここにつどっている百千万億×十の五十六乗の者たちは、かつて如来たちにお会いし、生まれつきすぐれた資質にめぐまれ、抜群の智恵の持ち主です。したがって、如来がおっしゃることを聞けば、たちどころにかたく信じるにちがいありません」

こう言うと、舎利弗はいま申し上げたことを確認するために、詩句を唱えました。

真理をきわめることにおいて至高のお方よ。お願いですから、ご遠慮なさらず、真理をお説きください。
ここにつどう数かぎりない者たちは、その真理をきっと信じるにちがいありません。

しかし、釈迦牟尼如来はふたたび、こうおっしゃるばかりでした。

「やめておきなさい、舎利弗さん。もしも、わたしがほんとうのことを説いたならば、この世にありとしある神々も人々も阿修羅たちも、みながみな、驚き、疑うでしょう。そして、自分は悟ったと思い込んでいる出家僧たちは、地獄に堕ちるでしょう」

こう、おっしゃったうえで、釈迦牟尼如来は、ご自分の言ったことをもう一度、詩句に託してお唱えになりました。

やめておこう。やめておこう。説いてはならないのです。
わたしが体得した真理は、微妙で、しかも想像すらできないものなのです。
自分は悟ったと思い込んでいる者たちは、わたしの説法を聞いても、絶対に信じないでしょう。

釈迦牟尼如来がこうおっしゃったのを聞いて、舎利弗はみたび、申し上げました。

「世にも尊きお方。お願いですから、ほんとうのことをお説きください。いま、ここにつどう者たちのなかには、わたしのような者が百千万億もおります。この者たちはみな、過去世においてすでに、如来にまごころを尽くしてお仕えして、教化されております。このような者たちは、あなたの説法を聞けば、きっとかたく信じ、暗い夜も心安らかになり、得るところはすこぶる大きいことでしょう」

こう言うと、舎利弗はいま申し上げたことをもう一度、詩句に託して唱えました。

両足で立つ者たちのなかで至高のお方よ。お願いですから、第一の真理をお説きください。

わたしはあなたさまの長子です。わかりやすくお説きください。

ここにつどう数かぎりない者たちは、その真理をきっと信じるにちがいありません。

如来は過去世において、いくどとなく、このような者たちを教化なさってきました。

みな、心を一つにして、あなたが語る言葉を聞きたいと願っております。

わたしたちは千二百人おります。そのほかにも、如来の説法をもとめる者がおります。

お願いですから、これらの者たちのために、わかりやすくお説きください。

これらの者たちは、あなたさまの教えを聞けば、おおいに満足することでしょう。

すると、世にも尊きお方は、舎利弗に、こうおっしゃいました。

「あなたは三度も丁寧に、わたしにほんとうのことを説け、と願い出ました。それならば、説かないわけにはいかないでしょう。

よく聞いて、よくお考えなさい。あなたのために、わかりやすく説きましょう」

こう、釈迦牟尼如来がおっしゃると、そこにつどっていた者たちのなかから、五千人の出家僧と尼僧と男女の在家修行者が立ち上がり、釈迦牟尼如来にお別れの挨拶をして去っていきました。

なぜかというと、かれらは、過去世におけるじつに悪辣な行為、および思い上がった性格ゆえに、まだ悟ってもいないのに悟ったと思い込み、真理をまだ理解してもいないのに理解していると思い込んでいたからでした。こういう過失があるために、このつどいにとどまっていられなくなったのです。

世にも尊きお方は、それをご覧になっても、なにもおっしゃらず、止めもしませんでした。

かれらが去ってしまうと、釈迦牟尼如来は舎利弗に、こうおっしゃいました。

「ここに残った者たちは、信仰の中核となるべき者たちばかりで、まじめな者たちばかりです。舎利弗さん。あのような思い上がった者たちは、いないほうがよいのです。よくお聞きなさい。わたしはあなたのために説くのですから」

如来がこうおっしゃったのを聞いて、舎利弗は申し上げました。

「どうぞ、お説きください。世にも尊きお方」

この返答をうけて、釈迦牟尼如来は舎利弗に言いました。

「このような最高の真理を、如来たちはこういうかたちでお説きになるのです。こういう機会に出会うことは、優《う》曇華《どんげ》が三千年に一度しか花を咲かせないのと同じで、きわめて希有なことなのです。ですから、舎利弗。あなたがたはかたく信じなさい。如来がかたる言葉に嘘はひとつもありません。

舎利弗さん。如来が、相手の資質にあわせておこなう説法は、その真意をつかみがたいものです。

なぜかというと、わたしは、無数の方便、さまざまな体験談、たとえ話、表現を、じゅうおうに駆使して、真理について述べてきたからです。この真理は、理解力や想像力では絶対に理解できないのです。如来たちだけが、それを知っているのです。

なぜか、教えてあげましょう。如来は、たった一つの大きな仕事を成し遂げるために、この世に出現なさるからです。

具体的にいうと、如来は、この世の生きとし生けるものすべてに、如来の知見を開示し、心身を浄化させるために、この世に出現なさるからです。如来は、この世の生きとし生けるものすべてに、如来の知見を教えるために、この世に出現なさるからです。如来は、この世の生きとし生けるものすべてに、如来の知見を悟らせるために、この世に出現なさるからです。この世の生きとし生けるものすべてを、如来の知見を実現する道にみちびくために、この世に出現なさるからです。

舎利弗さん。以上のことがらが、如来はたったひとつの大きな仕事を成し遂げるために、この世に出現なさるという、具体的な内容なのです」

釈迦牟尼如来はさらに舎利弗に、こうおっしゃいました。

「如来は、ひたすら菩薩を教化されるのです。いろいろな行為は、すべてこの一事のためなのです。ひたすら如来の知見を、この世の生きとし生けるものすべてに、教えさとそうとなさるのです。

舎利弗さん。如来は、たった一つしかない悟りへの乗り物について、この世の生きとし生けるものすべてのために、説くのです。そのほかの二つ目とか三つ目の乗り物など、じつはありはしないのです。

舎利弗さん。はかりしれぬ全宇宙のどこであろうと、如来が説く真理とは、こういうものなのです。

舎利弗さん。過去世に出現した数おおくの如来たちもまた、数かぎりない方便、いろいろな体験談、たとえ話、表現を駆使して、この世の生きとし生けるものすべてのために、真理について、お説きになったのです。これらの説法もことごとく、たった一つしかない悟りへの乗り物についてだったのです。その結果、如来たちの説法を聞いた者たちは、ひとりの例外もなく、悟りをきわめ、ありとあらゆる真理を体得する者となったのです。

舎利弗さん。未来世に、如来たちが出現なさるのも、同じように、数かぎりない方便、いろいろな体験談、たとえ話、表現を駆使して、この世の生きとし生けるものすべてのために、真理について、お説きになるためです。これらの説法もことごとく、たった一つしかない悟りへの乗り物についてなのです。その結果、如来たちの説法を聞く者たちは、ひとりの例外もなく、悟りをきわめ、ありとあらゆる真理を体得する者となるでしょう。

舎利弗さん。現時点において、はかりしれぬ全宇宙のそこかしこに存在する百千万億もの如来の国土にも、それぞれ如来たちがおられて、生きとし生けるものすべてを幸福にし、安楽にしてあげようとつとめています。それらの如来たちも、同じように、数かぎりない方便、いろいろな体験談、たとえ話、表現を駆使して、この世の生きとし生けるものすべてのために、真理について、お説きになっています。それもまた、たった一つしかない悟りへの乗り物についてなのです。その結果、如来たちの説法を聞く者たちは、ひとりの例外もなく、悟りをきわめ、ありとあらゆる真理を体得する者となるのです。

如来は、ひたすら菩薩を教化されるのです。それは、如来の知見を、この世の生きとし生けるものすべてに、教えさとそうとなさるためなのです。この世の生きとし生けるものすべてに、如来の知見を悟らせるためなのです。この世の生きとし生けるものすべてを、如来の知見を実現する道にみちびくためなのです。

舎利弗さん。わたしも、いま、まったく同じことをなそうとしています。この世の生きとし生けるものそれぞれに、いろいろな欲望があり、心深く執着するものがあることを知っているので、かれらの本性にふさわしい方法で、さまざまな体験談やたとえ話や表現や方便の力を駆使して、真理を説くのです。

舎利弗さん。それもまた、たった一つしかない悟りへの乗り物について説き明かし、この世の生きとし生けるものすべてを、ありとあらゆる真理を体得する者にさせるためなのです。

舎利弗さん。全宇宙のどこを探しても、二つ目の乗り物はないのです。まして、三つ目の乗り物など、絶対にありません。

舎利弗さん。如来たちは、五つの汚濁にまみれた世に出現されます。すなわち、時代が戦争や疫病や飢饉などで乱れ、精神が貪欲や激しい怒りなどの悪徳で汚れ、人々の資質が身も心も劣化し、世の中に邪悪な思想や宗教がはびこり、人々の寿命が短くなってしまったときにこそ、如来たちは出現されるのです。

舎利弗さん。時代が戦争や疫病や飢饉などで乱れるときは、人々の心もはなはだ汚れ、とても貪欲で、嫉妬心がひじょうにつよく、善根などどこを探しても見つかりません。そこで、如来たちは方便の力を駆使して、悟りへの乗り物はほんとうはたった一つしかないのに、いや三つあるとお説きになるのです。

舎利弗さん。わたしの弟子のなかで、自分は阿羅漢だ辟支仏だとおもっている者のうち、如来たちがひたすら菩薩だけを教化しようとなさることを、聞きもしなければ、知りもしない者は、もはやわたしの弟子でもなければ、阿羅漢でもなければ、辟支仏でもありません。

さらに、舎利弗さん。これらの出家僧や尼僧たちは、自分はすでに阿羅漢の境地を得て、もう輪廻《りんね》転生《てんしょう》から解脱した、最終的な涅槃の境地に到達していると思い込んでいるので、このうえなく正しい悟りをもとめようとはしないのです。

こういう連中はみな、思い上がった者たちです。なぜかというと、もしも、かれらが阿羅漢の境地を得たという理由で、如来のわたしが説く真理を信じないというのは、まったく道理に合わないからです。

ただし、如来がすでに涅槃に入り、この世にはいないというのであれば、話は別です。なぜかというと、如来がすでに涅槃に入り、この世にはいない状況では、この法華経のような経典をおぼえ、読み、唱えて、その真意を正しく理解できる者は、めったにいないからです。もしも、ほかの如来にお会いできる機会があれば、その如来がお説きになる真理にふれて、かれらも信仰を確立できるからです。

舎利弗さん。あなたがたはわたしの言葉をひたすら信じ、おぼえなさい。如来たちが言うことに、嘘はありません。悟りへの乗り物は、いくつもあるのではなく、たった一つしかないのです」

こうおっしゃると、世にも尊きお方はいまの説法をもう一度、詩句に託して、お説きになりました。

悟ってもいないのに悟ったと思い込んでいる出家僧と尼僧、うぬぼれている在家の男性修行者、信仰のない在家の女性修行者たち。かれらを合計すると、五千人もいます。

犯している罪を自覚せず、戒律を守れず、傷跡を隠している愚かな連中は、すでにこの場からすがたを消しました。

かれらはこのつどいのなかの滓《かす》でした。如来の威徳に耐えられず、去っていったのです。かれらは福徳が少なく、この真理をうけいれることができなかったのです。

あとにのこった者たちは、信仰の中核をになうにたる者たちです。いろいろな意味で、まじめな者たちばかりです。

舎利弗さん。よく聞いておきなさい。如来たちはご自分が得た真理を、数かぎりない方便を駆使して、この世の生きとし生けるものすべてのために、お説きになるのです。

かれらの心のありよう、これまで積んできた修行の成果、さまざまな欲望、前世における善業と悪業を、ことごとく如来は知ったうえで、いろいろな由来話やたとえ話や表現など、方便の力を駆使して、聞く者すべてを満足させるのです。

あるいは、いろいろな経典、詩句、伝説、前世物語、奇跡物語をつかって、お説きになるのです。また、体験談、たとえ話、歌、論議をつかって、お説きになるのです。

生まれつき資質にめぐまれず、劣った教えに満足し、生死に執着し、数かぎりない如来たちのもとで修行にはげむこともなく、さまざまな苦悩にまどわされている者たちのために、如来は涅槃に入ったとお説きになるのです。

わたしはこういうふうに方便を駆使して、如来の智恵を得させようとしているのです。

いままでわたしは、あなたがたがこの世において如来となるだろう、とは説きませんでした。いままで説かなかった理由は、説くべき時が来ていなかったからです。

しかし、いまこそ、説くべき時です。決心して、大乗仏教を説きましょう。

わたしが説く真理は、九つの部分から構成されています。その理由は、生きとし生けるものすべての資質に対応しているからです。その目的は、生きとし生けるものすべてを、大乗仏教にみちびきいれることです。

以上のような事情ゆえに、わたしはこの経典を説くのです。

わたしの弟子のなかに、心がきよらかで、温厚で、また頭が良く、数かぎりない如来たちのもとで修行にはげんだ者たちがいます。これらの弟子たちのために、この大乗仏教の経典を説くのです。

このような者たちが、来世できっと悟りを開くことを、わたしはうけあいます。如来を深く信じ、戒律を守ることを条件に、です。

かれらは如来になれると聞いて、その身はおおいなる喜びに満たされるでしょう。如来はかれらの心のありようをよく知っているので、大乗仏教を説くのです。

声聞であろうと、菩薩であろうと、わたしが説く真理を、わずか一片の詩句というかたちでも聞くことができれば、まちがいなく如来になれるのです。

宇宙のそこかしこにある仏国土のどこであろうと、悟りへの乗り物はたった一つしかありません。二つあることはなく、まして三つもあることはないのです。ただし、如来は、生きとし生けるものすべてを、悟りへとみちびくために、仮に語ることはありますが、それはあくまで方便として、なのです。

如来の智恵を説くために、如来はこの世に出現します。それはこの一事を説こうとするためであって、ほかの二つは真実ではありません。つまり、小乗の教えを説いて、生きとし生けるものを救うことはないのです。

如来は大乗仏教をみずから実践されています。体得された真理にもとづき、瞑想と智慧の力をもちいて、生きとし生けるものすべてをお救いになるのです。

みずから、このうえなくすぐれた大乗仏教の真理を体得したからには、もしも小乗仏教によって、たった一人でもみちびこうとするならば、わたしはけちなやつと非難されても、しかたありません。そういうことは、けっしてありません。だれであろうと、如来にふかく帰依するのであれば、如来はごまかしたり、けちったりすることはありません。

如来はありとあらゆる悪を断っています。したがって、如来はどこにいようと、心に恐れるものはないのです。

わたしは、三十二相をもって身体をかざられ、発する光明によってこの世を照らしています。数かぎりない者たちから尊敬され、この世のあるがままのすがた、あるいはそれを語る教えを、法華経というかたちで刻印するのです。

舎利弗さん。よくおぼえておきなさい。わたしはかつて、こういう誓願を立てました。すなわち、この世の生きとし生けるものすべてを、わたしとまったく同じ境地にみちびき、だれひとり例外にしない、と。

この過去の願いは、いまや完璧に満たされました。この世の生きとし生けるものすべてを、仏道にみちびきいれることができたのです。

だれであれ出会う者に、わたしは仏道を教えさとします。愚かな者は、迷いまどって、うけいれません。こういう者たちは、過去世において修行を積まず、さまざまな欲望のとりことなって、愛欲ゆえに悩み苦しむのです。そういう欲望が原因となって、地獄や餓鬼や畜生に身を堕とし、六道を輪廻して、いつまでも苦しみさいなまれつづけるのです。生まれ変わり死に変わり、輪廻転生をかさねるうちに、ますます事態は悪化し、徳は薄く福は少ない者となって、ありとあらゆる苦しみに押しつぶされるのです。

かれらはあやまった見解の密林に迷いこみ、この世は有る、この世は無いとたがいに主張しあう、六十二の嘘ばかりの見解にとらわれて、そこから抜け出すこともできず、思い上がって、自尊心ばかり高く、心はねじ曲がって、真実はひとかけらもないのです。

こういう者たちは、千万億劫という時間をへても、如来の名を耳にすることもなく、正しい教えを聞くこともありません。

舎利弗さん。だから、わたしは、方便を駆使して、苦しみを滅する道を説き、涅槃に入ったと説いたのです。もちろん、涅槃に入ったと説いたからといっても、ほんとうは涅槃には入っていません。

そもそも、この世に存在するものすべては、如来の目から見れば、最初からずっと、あるがままに真実のすがたそのものなのです。そして、如来の弟子たちは修行を完成し、来世においてきっと如来になれるでしょう。

わたしは、方便の力を駆使して、悟りへの乗り物は三つあると説きました。しかし、ありとあらゆる如来たちがお説きになったとおり、悟りへの乗り物は、ほんとうは一つしかないのです。

いま、ここにつどう者たちは、疑いをお捨てなさい。如来たちがおっしゃる言葉に、嘘はありません。悟りへの乗り物は、たった一つであって、二つはないのです。

数えきれない過去において、涅槃に入られた如来の数は、百千万億にもおよび、とても数えきれません。これらの如来たちもみな、いろいろな体験談やたとえ話をはじめ、ありとあらゆる方便の力を駆使して、この世に存在するものすべてにまつわる真実をお説きになりました。

これらの如来たちもみな、悟りへのたった一つの乗り物についてお説きになり、数えきれないほど多くの者たちを、仏道に導き入れたのでした。また、偉大な方々は、この世にありとしある神々、人々、そのほかの生きとし生けるものが秘める欲望をよく知ったうえで、さらに別種の方便の力を駆使して、最高の真理をお説きになったのでした。

人々のうち、過去世において如来にお会いし、あるいは如来から真理を聞かせていただき、お布施をし、戒律をたもち、忍耐強く修行し、精進し、瞑想し、智恵をもってよく考えるなど、いろいろな福徳を実践した者たちは、ひとりのこらず、悟りを開きました。

如来たちがすでに涅槃に入ってしまったとき、その遺骨を供養するために、万億におよぶ塔を建立し、それらの塔を、金と銀と水晶とシャコガイの玉と瑪瑙とラピスラズリをつかって、清らかにかつ荘厳に装飾した者たちがいました。

また、石材を素材につかって、塔を建立した者たちもいました。栴檀を素材につかって、塔を建立した者たちもいました。沈香を素材につかって、塔を建立した者たちもいました。松の木やそのほかの木材を素材につかって、塔を建立した者たちもいました。レンガや粘土を素材につかって、塔を建立した者たちもいました。

あるいは、荒野のなかに、土をつみかさねて、塔を建立した者たちもいました。遊びで砂をあつめ、仏塔になぞらえた子供たちもいました。

これらの者たちは、ひとりのこらず、悟りを開きました。

如来のために、さまざまな仏像をつくり、彫刻して三十二相をあらわした者たちは、すでに悟りを開きました。あるいは、七宝を素材につかって、仏像をつくった者たちもいました。

真鍮を素材につかって、仏像をつくった者たちもいました。銅とニッケルの合金を素材につかって、仏像をつくった者たちもいました。銅と金の合金を素材につかって、仏像をつくった者たちもいました。錫と鉛の合金を素材につかって、仏像をつくった者たちもいました。鉛を素材につかって、仏像をつくった者たちもいました。錫を素材につかって、仏像をつくった者たちもいました。鉄を素材につかって、仏像をつくった者たちもいました。

木材を素材につかって、仏像をつくった者たちもいました。粘土を素材につかって、仏像をつくった者たちもいました。漆や膠にひたした布を素材につかって、仏像をつくった者たちもいました。

これらの者たちは、ひとりのこらず、悟りを開きました。

百にもおよぶ福徳の相をそなえた如来のすがたを色とりどりに、みずから描いたり、もしくは画家に描かせた者たちも、ひとりのこらず、悟りを開きました。

遊びで、草や木や筆、あるいは指の爪をつかって、仏像を描いた子供もいました。

これらの者たちは、だんだんと功徳を積み、おおいなる慈悲心をわがものとして、ひとりのこらず、悟りを開き、数多くの菩薩たちを教化し、数えきれない者たちを、悟りへとみちびいたのです。

仏塔を建立し、仏像を造立し、仏画を描き、花々や香料や旗印や宝傘をかざって、心を込めて供養した者たちも、ひとりのこらず、悟りを開きました。

あるいは、音楽を演奏させ、鼓や銅の太鼓を打たせ、法螺貝や笙の笛を吹かせ、琴やハープや琵琶を弾かせ、妙なる音楽をかなでさせて供養した者たちも、ひとりのこらず、悟りを開きました。

歓喜の心をいだきながら、大きな声で歌をうたって如来の徳を讃美した者たちも、小さな声で歌をうたって如来の徳を讃美した者たちも、ひとりのこらず、悟りを開きました。

たとえ確固たる信仰心をもたないままであろうと、花をひとつだけ手にもち、如来の像や絵にささげて供養しただけで、やがて数えきれないほど多くの如来たちにお会いできるでしょう。如来の像や絵を礼拝したり、手を合わせたり、あるいは片手だけをあげたり、頭を少しだけ垂れたりして、供養しただけで、やがて数えきれないほど多くの如来たちにお会いできるでしょう。これらの者たちが、このうえない悟りを実現して、生きとし生けるものを数かぎりなく救い、完璧な涅槃に入ることは、ちょうど薪が燃え尽きて、火が消えるのとまったく同じです。

たとえ確固たる信仰心をもたないままであろうと、仏塔のなかに入って、一度でも「如来に帰依いたします」と唱えただけで、その者はすでに悟りに到達したのです。

過去世に出現された如来たちから、あるいは現世に出現されている如来たちから、あるいは未来世に出現されるであろう如来たちから、もしもこの真理を聞くことができれば、ひとりのこらず、悟りを開くことができるのです。

未来世に出現されるであろう如来たちの数は、想像を絶しています。これらの如来たちもまた、方便を駆使して、真理をお説きになるでしょう。どの如来も、数かぎりない方便を駆使して、生きとし生けるものすべてを、如来だけが知りうる煩悩を克服した境地にみちびきいれてくださるでしょう。この真理を聞くことさえできれば、悟りを開けない者は、ひとりもいないのです。

ありとしある如来たちの誓願は、わたしが実践してきた修行の道を、この世の生きとし生けるものすべてが実践できるようにすることなのです。未来世に出現される如来たちは、百千億の数えきれない教えをお説きになるでしょう。しかし、じつはすべて、たった一つしかない悟りへの乗り物についての教えなのです。

両足で立つもののなかでもっとも尊いお方たちは、どのような時代や状況でも、真理はつねに変わらないものであり、悟りを開く根本原因は、縁起の法則にしたがっていることを、よくご存じです。だからこそ、たった一つしかない悟りへの乗り物について、お説きになるのです。

この真理は、絶対に変わらず、この世にゆるぎなきものとして、ありつづけます。菩提樹のもとで得た悟りを、真理への導き手たちは、方便を駆使して、お説きになるのです。

現時点で、神々がまごころを尽くしてお仕えする如来たちは、はかりしれぬ宇宙のそこかしこにおられ、その数はガンジス河の砂の数にひとしいくらいです。これらの如来たちが、この世に出現されるのも、生きとし生けるものすべてを幸福にしてあげたいとねがうからであり、そのためにこそ、このような真理をお説きになるのです。いったん涅槃に入ったようにおもわせたうえで、方便の力を駆使して、いろいろな道をおしめしになるのも、悟りへの乗り物について、教えさとすためなのです。

生きとし生けるものすべての、さまざまなおこない、本心、過去世で積んできた善業と悪業、性質や意欲、精進する力、思考力や感性の良し悪しを、よく知ったうえで、いろいろな体験談やたとえ話や表現をつかい、相手の反応を見ながら、方便を駆使して、お説きになるのです。

わたしも、いままた、同じことをしようとしています。生きとし生けるものすべてを幸福にしてあげたいとねがって、いろいろな説き方を駆使して、悟りへの道を教えさとします。わたしは、智恵の力をつかって、生きとし生けるものの性質や意欲を知ったうえで、方便を駆使して、もろもろの真理を説き、聞くものすべての心を満足させます。

舎利弗さん。よくおぼえておきなさい。わたしが、すべてを見通す如来の眼で、六道を輪廻する生きとし生けるものを観察すると、まことに智恵にとぼしく、福徳に欠けています。輪廻の険しい道にふみ迷い、いつまでたっても苦しみが絶えません。さまざまな欲望にとらわれているすがたは、ちょうどヤクという動物が自分のしっぽに愛着を感じるのとかわりません。愛欲のとりことなって、なにも見えていないのです。偉大な力をもつ如来を求めようともせず、苦しみを断つ真理を求めようともしません。あやまった見解に執着し、苦しみを捨てるつもりが、新たな苦しみをまねきよせています。

こういう状態にある生きとし生けるものすべてのために、わたしはおおいなる慈悲心を起こしたのです。

わたしは菩提樹のもとに坐りました。また、その樹木をあおぎみつつ、ゆっくりと歩をすすめて、瞑想しました。その間、二十一日。こういうことを考え抜きました。

「わたしが体得した智恵は、まことに微妙で、最高のものだ。ところが、生きとし生けるものときたら、思考力も感性もにぶく、快楽に執着し、愚かさで目をふさがれている。こんな連中を、いったいどうやったら救えるのだろうか」。

そのとき、梵天や帝釈天や四天王やシヴァ神をはじめ、百千万にもおよぶ数の神々やその配下たちが、わたしを敬って、手を合わせ、礼拝して、わたしに「真理をお説きください」と請いねがいました。

しかし、わたしはこう思いました。「わたしが悟りのすばらしさをほめたたえても、苦しみにさいなまれている者たちは、この真理を信じることはできないであろう。それどころか、真理を誹謗したために、地獄や餓鬼や畜生の世界に堕ちてしまうにちがいない。だから、真理を解きあかすよりも、さっさと涅槃に入ってしまったほうが、よほどよい」。

そうは思ったものの、過去世に出現した如来たちが方便の力を駆使されたことを思い起こして、こう考えました。「わたしが体得した真理を、悟りへの乗り物は三つあるとして説こう」。

こう思いいたった瞬間、はかりしれぬ宇宙のそこかしこにおられる如来たちが、ことごとくすがたをあらわされ、このうえなくきよらかなお声で、わたしをお褒めくださったのでした。

「すばらしいことです。釈迦族の尊きお方よ。最高の指導者よ。このうえなくすぐれた真理を体得し、過去世に出現した如来たちにならって、方便の力を駆使するとは。

わたしたちもみなそろって、最高の真理を体得しましたが、生きとし生けるものに説くときには、悟りへの乗り物を三つに分けて、説いたものでした。

かれらは、智恵にとぼしい劣った教えをうけいれて、自分が如来になれるといわれても、信じません。そこで、方便を駆使して、悟りへの乗り物を三つに分け、それぞれの果報を説いたのです。もちろん、悟りへの乗り物は三つあると説いても、菩薩たちを悟りへと教えみちびくのが、ほんとうの目的なのです」

舎利弗。よくおぼえておきなさい。聖なる指導者たちから発せられた、じつにきよらかで、言葉では表現できないお声を耳にして、わたしの心も喜びに満たされ、「如来に帰依いたします」と唱えました。

そして、こう思ったのです。「わたしは汚れた時代に生まれあわせたのだ。だから、如来たちが教えさとしてくださったとおりに、わたしもしましょう」。

こう考えた末に、わたしは波羅奈《はらない》（ヴァーラーナシー）にむかいました。

この世に存在するものすべては、あるがままに真実のすがたそのものだという真理は、言葉では表現できません。そこで、わたしは、方便の力を駆使して、父が学友としてわたしにつけてくれた五人の出家僧たちのために、説きました。

これを、転法輪というのです。こうして、涅槃という言葉が生まれ、阿羅漢という言葉も、法という言葉も、僧侶という言葉も、生まれました。

遠い遠い過去からずっと、わたしは涅槃にまつわる真理をあきらかにして、輪廻転生の苦しみを断つことを説いてきました。

舎利弗さん。よくおぼえておきなさい。わたしが仏弟子たちを見ていると、悟りを求める者の数は千万億もの多くに達し、かれらはみな尊敬の心をいだいて、わたしのもとにやってきています。また、かれらはかつて、過去世に出現した如来たちにまごころを尽くしてお仕えし、如来たちが駆使した方便を聞いています。

これを見て、わたしはこう思いました。如来がこの世に出現する目的は、如来の智恵を説くためであり、いままさにその時が来たのだ、と。

舎利弗さん。よくおぼえておきなさい。資質にとぼしく、無知で、ものごとを表面的にしかとらえられず、高慢な者たちは、この真理を信じることができません。

わたしの心は、いまや喜びに満たされ、恐れるものはなにもありません。菩薩たちを相手に、方便をすなおに捨て去って、悟りへといたるこのうえなく正しい道を、ひたすら説きます。

この教えを聞いて、菩薩たちは疑念を、ひとつのこらず晴らしました。一千二百人の阿羅漢たちもまた、ことごとく悟りを開くでしょう。過去・現在・未来の三世に出現する如来たちがなさる説法とまったく同じように、わたしもまた、このように、思惟を超えた真理を説くのです。

如来たちがこの世に出現されることは、きわめて稀で、お会いできる機会はほとんどありません。たとえ、如来たちがこの世に出現されたとしても、この真理をお説きになる機会は、ほとんどありません。無限に近い時間をかけても、この真理を聞く機会は、ほとんどありません。この真理を聞く者は、ほとんどいないのです。たとえていうなら、この世の命あるものすべてが愛好し、神々が貴重きわまりないものとして珍重する優曇華の開花のようなものです。

この真理を聞いて満足し、ほめたたえる言葉をひとつでも発すれば、それは、過去・現在・未来の三世に出現する如来たちすべてを、供養することになるのです。こういう人は、優曇華の開花よりもずっと稀にしかあらわれません。

あなたがたは、疑ってはなりません。わたしは、ありとあらゆる真理の王なのです。そのわたしが、みなさんに宣言するのです。わたしは、たった一つしかない悟りへの乗り物によって、菩薩たちを教化するのだ、と。わたしには、声聞の弟子は一人もいない、と。

舎利弗さんをはじめ、ここにつどう声聞ならびに菩薩たちよ。至高のこの真理は、如来たちの秘奥の教えなのだと、よくおぼえておきなさい。

なにもかもが汚濁にまみれた悪しき世には、さまざまな欲望のとりことなっている者ばかりがいて、悟りを求めようとはしないのです。未来世の悪しき人々は、如来が悟りへの乗り物はたった一つしかないと説いたのを耳にしても、困惑するばかりで、信じようとはせず、むしろ真理を誹謗して、地獄へ堕ちるでしょう。

これまでの言動を反省し、きよらかな心をもち、悟りを求める者は、いま述べたような者たちのために、悟りへの乗り物はたった一つしかないという真理を、ひたすらほめたたえなさい。

舎利弗さん。よくおぼえておきなさい。如来たちが体得した真理は、このように、万億もの方便を駆使し、相手の資質にあわせて、説かれてきたのです。学び足らない者には、とうてい理解できないのです。

あなたがたはすでに、世界を指導する如来たちが、状況に応じて、真理を説いてきたことを知っています。もう疑惑にまどわされることなく、おおいなる歓喜のうちに、自分自身が如来となりなさい。

3 譬喩品《ひゆほん》

釈迦牟尼如来が説法を終えられたとき、舎利弗は躍り上がって喜び、座から立ちあがり、釈迦牟尼如来にむかって合掌し、そのお顔を仰ぎ見ながら、こう申し上げました。

「たったいま、世にも尊きお方のすぐおそばで、このような説法をお聞きして、わたしの心は喜びで踊り上がらんばかりです。

なぜかと申しますと、わたしはかつて世にも尊きお方のすぐおそばで、このような説法をお聞きし、たくさんの菩薩たちが未来では如来になるだろうと予言され、その予言どおり菩薩が如来になった実例を目にはしたものの、どうせわたしたちには関係のないことと思っていたからです。如来の知り得る範囲は限りないはずなのに、自分たちはそこから漏れてしまっていると思って、悲しみにくれていたからです。

世にも尊きお方、わたしはたった一人で山林に入り、樹木の下で、しばし休息しているときも、修行しているときも、つねにこう思っていました。悟りの世界にみちびいてくださる点では同じでも、世にも尊きお方はわたしたちを、小乗仏教という劣った方法でしかみちびいてくださらなかった、と。

もちろん、こういう事態になってしまったのはわたしたちのあやまちによるのであって、世にも尊きお方にあやまちがあるのではありません。

わたしたちのあやまちとは、こういうことです。もしも、世にも尊きお方はこのうえなく正しい悟りを成就することについてお説きになると、わたしたちが期待していれば、世にも尊きお方は大乗仏教をお説きになって、わたしたちをみちびいてくださったにちがいありません。ところが、わたしたちは、世にも尊きお方の方便を自在に駆使する説法が理解できませんでした。最初の初心者向けの説法を耳にして、これはすばらしい！と簡単に信じ込み、いろいろ考えた末に、これでよいのだ！と思い込んでしまったのです。

世にも尊きお方、わたしはずっと以前から、いまのいままで、寝ても覚めても、自分を責めてきました。しかし、たったいま、世にも尊きお方のすぐおそばで、これまで聞いたことのない未曾有の真理をお聞きして、もろもろの疑問から解き放たれ、体も心も安定した状態となり、まことに心地よく、安心を得ることができました。

まさに、今日という今日、自分がほんとうに如来の子であると実感しました。如来のお口から生まれたこと、真理の教化から生まれたこと、仏法の一端を得たことがわかったのです」

こう言うと、舎利弗は自分の思いをもう一度、詩句に託して唱えました。

わたしは世にも尊きお方が真理について語られた言葉をお聞きして、未曾有の真理を理解しました。そして、心はおおいなる喜びに満たされ、疑問はもうなに一つとして、残っていません。

昔から今にいたるまでずっと釈迦牟尼如来の教えをさずかり、大乗という最高の教えを得ることができたのです。

釈迦牟尼如来のお声はまことに貴重なものであって、生きとし生けるものすべての悩みをとりのぞいてくださいます。

わたしはすでに煩悩をことごとく断ち切っていましたが、それでもなお釈迦牟尼如来のお声を聞いて、憂いも悩みもとりのぞくことができました。

かつてわたしは山や谷に入り、樹木の下に坐して瞑想したり、歩きながら瞑想したりしながら、いつもこのことを思っては、「ああ、なんてわたしはバカだったんだろう！」と、自分を責めてばかりいました。

どうして、自分を自分であざむいていたのでしょうか。わたしたちもまた、釈迦牟尼如来の子であることには変わりなく、同じように煩悩の汚れのない境地に到達していながら、将来、最高の教えを説くことはできないでしょう。


悲しいことに、金色に輝く肌をはじめとする三十二相が、わたしにはそなわっていないのです。
一　わたしの足の裏は真っ平ら（扁平足）ではありません。
二　わたしの足の裏には千本のスポークのある文様がありません。
三　わたしの手足の指は人並みはずれて長くはありません。
四　わたしの足のかかとの部分は広くて平らではありません。
五　わたしの手足の指のあいだには、鳥の水かきのような金色の膜がありません。
六　わたしの手足は柔らかくもなければ、色が紅赤でもありません。
七　わたしの足の甲は亀の背のように厚く盛り上がっていません。
八　わたしの足のふくらはぎは、鹿の王のように、円く微妙な形をしていません。
九　わたしの両腕は、まっすぐに立ったとき、指先が膝をなでるほどには長くありません。
一〇　わたしのペニスは馬や象のように体内に隠され

ていません。
一一　わたしの両手を広げた長さは身長と等しくありません。
一二　わたしの身体に生えているすべての毛の先端はすべて上になびいていませんし、右に巻いていませんし、紺青色をしていませんし、柔軟でもありません。
一三　わたしの身体の毛穴にすべて一毛は生えていませんし、その毛穴から微妙の香気を出していませんし、毛の色は青瑠璃色でもありません。
一四　わたしの身体や手足はすべて黄金に輝いていません。
一五　わたしの身体から四方八方に、おのおの一丈の光明は放たれていません。
一六　わたしの皮膚は軟かくも滑かでもなく、塵や垢で汚れています。
一七　わたしの両掌と両足の裏、両肩、うなじの七所の肉は円満ではありませんし、浄らかでもありません。
一八　わたしの両腋の下には肉が付いていないので、凹みがあります。
一九　わたしの上半身には威厳がありませんし、獅子王みたいに立派ではありません。
二〇　わたしの身体はほかに比べようもないほど広大で端正ではありません。
二一　わたしの両肩の相は丸く豊かにはなっていません。
二二　如来は歯が四十本あるはずですが、わたしには常人と同じく三十二本しかなく、しかも雪のように白く清潔とはいえません。
二三　如来の歯はみな大きさが等しく、硬く密で、しかも一本のように歯並びが美しいはずですが、わたしはそうではありません。
二四　如来には歯以外に四本の牙があり、とくに白く大きく鋭利堅固なはずですが、わたしにはそんな歯はありません。
二五　如来は両の頬が高く丸く隆起していて、獅子王のようですが、わたしはそうなっていません。
二六　如来はなにを食べてもその食物の最上の味を堪能できるそうですが、わたしにはとうてい無理です。
二七　如来の舌は軟らかくて薄く、しかも広くて長く、口から出すと髪の生え際にまで届くにもかかわらず、口に入っても一杯にはならないはずですが、わたしにはそんな舌はありません。

二八　如来の声は清浄で、聞く者に無限の利益をあたえ、しかも遠くまで聞えるはずですが、わたしの声はそうではありません。
二九　如来の眼は青い蓮華のように紺青ですが、わたしの眼はそうではありません。
三〇　如来のまつげは長く整っていて乱れず、牛王のようですが、わたしのまつげはそうではありません。
三一　如来の頭頂の肉は隆起して髻《もとどり》の形をしていますが、わたしの頭はそうなっていません。
三二　如来の眉間には右巻きの白毛があって、しかも光明を放ち、伸びると一丈五尺あるそうですが、わたしの眉間はそうなっていません。
　また、如来がもつという十種類の力も、わたしはもっていないのです。
一　因果の道理にかなっているか、いないかを見抜く力を、わたしはもっていません。
二　生きとし生けるものすべてのおこないとそのむくいを見抜く力を、わたしはもっていません。
三　ありとあらゆる種類の瞑想を見抜く力を、わたしはもっていません。
四　生きとし生けるものすべての能力の優劣を見抜く力を、わたしはもっていません。
五　生きとし生けるものすべてのねがいを見抜く力を、わたしはもっていません。
六　生きとし生けるものすべての性質を見抜く力を、わたしはもっていません。
七　生きとし生けるものすべてを、ありとあらゆる境遇や境地にみちびくためにはどうすればよいのかを見抜く力を、わたしはもっていません。
八　過去世のことを正しく記憶しておく力を、わたしはもっていません。
九　生きとし生けるものすべての死と生を見抜く力を、わたしはもっていません。
一〇　煩悩が尽き果てたことを見抜く力を、わたしはもっていません。

また、貪著を離れる心解脱《しんげだつ》とか無明を離れる慧解脱《えげだつ》とか、あるいは完全に肉体的な束縛から自由になった身解脱とか、何種類もあるという解脱も、わたしは縁がありません。

もちろん、八十種好《はちじっしゅごう》もわたしにはそなわっていません。
一　如来の指の爪は細長く、薄いのに潤いに満ち、赤銅色のはずですが、わたしの爪はそうなっていません。
二　如来の指は骨ばらず、繊細なはずですが、わたしの指は骨ばっていて、繊細さとは縁がありません。
三　如来の手足はおのおの同じ長さで、指のあいだに膜があるはずですが、わたしの手足はそうなっていません。
四　如来の手足は肉付きがよく、なめらかでやわらかで光沢があり、しかも白蓮華のように色が白いはずですが、わたしの手足はそうではありません。
五　如来の筋肉や筋は板のようになっていて、堅く、しかも肌の表面には見えないはずですが、わたしの筋肉や筋はそうなっていません。
六　如来の両くるぶしは肉でおおわれていて見えないはずですが、わたしの両くるぶしはそうなっていません。
七　如来は歩くとき、龍の王や象の王のように、あたかも直線の上を歩くように歩き、ふらふらしないはずですが、わたしにそんな歩き方はできません。
八　如来は歩くとき、獅子の王のように、威厳に満ちているはずですが、わたしにそんな歩き方はできません。
九　如来は歩くとき、牛の王のように、上下動せず一定していて、しかも速くも遅くもないはずですが、わたしにそんな歩き方はできません。
一〇　如来は歩くとき、鵞鳥の王のように、優雅でリズミカルなはずですが、わたしにそんな歩き方はできません。
一一　如来は身体の向きを変えるとき、必ず右回りで、しかも龍の王や象の王のように、堂々としているはずですが、わたしにはそんなことはできません。
一二　如来の手足の節々はまるみを帯びていて、とても美しいはずですが、わたしの手足の節々はそうなっていません。
一三　如来の関節はしっかりつながっていて、すきまがまったくなく、あたかも龍がとぐろを巻いているようにみえるはずですが、わたしの関節はそうなっていません。
一四　如来の膝はまるく、しかも丈夫なはずですが、わたしの膝はそうなっていません。
一五　如来の性器はとても美しく、しかも精力に満ち、きよらかなはずですが、わたしの性器はそうではありません。

一六　如来の身体はなめらかでやわらかく、しかも光り輝き、きよらかで、汚れがまったくつかないはずですが、わたしの身体はそうではありません。
一七　如来の身体はつねに威厳にみち、脆弱さなど微塵もないはずですが、わたしの身体はそうではありません。
一八　如来の身体は、全体として、このうえなくバランスがとれているはずですが、わたしの身体はそうなっていません。
一九　如来の身体は安定していて微動だにせず、絶対にバランスを崩さないはずですが、わたしの身体はそうなっていません。
二〇　如来の身体は、仙人界の王のように、全体が光り輝き、影がまったくないはずですが、わたしの身体はそうなっていません。
二一　如来には身体をとりまくように円く光が輝いていて、移動するときは、その光が前方を照らすはずですが、わたしの身体はそうなっていません。
二二　如来の腹はかたちが整っていて、しかもひじょうにやわらかく、なにも飾り気がないはずですが、わたしの腹はそうなっていません。
二三　如来の臍はとても深く、しかも右巻になっていて、まるくきよらかなはずですが、わたしの臍はそうなっていません。
二四　如来の臍は出臍ではなく、とてもかっこうがよいはずですが、わたしの臍はそうなっていません。
二五　如来の皮膚は疥癬《かいせん》など見当たらず、ほくろもなければ、疣《いぼ》などもないはずですが、わたしの皮膚はそうなっていません。
二六　如来の手のひらは肉厚で、しかもやわらかく、足の裏は真っ平らなはずですが、わたしの手のひらも足の裏もそうなっていません。
二七　如来の手のひらの線は深くて長く、はっきりしていて潤いに満ち、途中で切れたりしていないはずですが、わたしの手のひらの線はそうなっていません。
二八　如来の唇は光り輝き、頻婆果《びんばか》のように真っ赤で、上唇と下唇のバランスが完璧にとれているはずですが、わたしの唇はそうなっていません。
二九　如来の顔は長からず短からず、大きすぎず小さすぎず、まことに良いバランスのはずですが、わたしの顔はそうなっていません。
三〇　如来の舌はやわらかくて薄く、しかも広くて長く、色は赤銅色のはずですが、わたしの舌はそうなっていません。
三一　如来がひとたび声を発すれば、その声は威厳にあふれ、しかも深遠で、あたかも象の王が吼えるように、明るく朗らかで、どこまでもきよらかなはずですが、わたしの声はそうではありません。
三二　如来の声はとても繊細で欠けたところがなく、深い谷のような響きがあるはずですが、わたしの声はそうではありません。
三三　如来の鼻は高くて真っ直ぐなうえ、前から見ても鼻の穴が見えないはずですが、わたしの鼻はそうなっていません。
三四　如来の歯はかたちが整っていて、しかも真っ白なはずですが、わたしの歯はそうなっていません。
三五　如来の歯は丸みを帯びていて、真っ白に光り輝き、しかも先端が鋭く尖っているはずですが、わたしの歯はそうなっていません。
三六　如来の眼はきよらかで、しかも青いところと白いところがはっきりしているはずですが、わたしの眼はそうなっていません。
三七　如来の眼はすこぶる大きく、青い蓮華の葉のように愛すべきかたちのはずですが、わたしの眼はそうなっていません。
三八　如来のまつげは上下ともに整っていて、しかも濃く、白い毛がまったく混じっていないはずですが、わたしのまつげはそうなっていません。
三九　如来の両眉は長くて、しかも白い毛がまったく混じらず、濃いうえにいたって繊細なはずですが、わたしの両眉はそうなっていません。
四〇　如来の両眉はとても綺麗で、ラピスラズリのような紺色のはずですが、わたしの両眉はそうなっていません。
四一　如来の両眉は光に満ち、そのかたちは三日月のようなはずですが、わたしの両眉はそうなっていません。
四二　如来の耳は肉が厚く、大きく長くて、しかも下のところが輪になっているはずですが、わたしの耳はそうなっていません。
四三　如来の両耳はとても綺麗で平たく、欠点が一つもないはずですが、わたしの両耳はそうなっていません。
四四　如来の容貌は見る者を幸せにし、だれからも愛されるはずですが、わたしの容貌ではとても無理です。
四五　如来の額は広くてまるく、とても美しいはずですが、わたしの額はそうなっていません。
四六　如来の上半身は充実していて、とても立派で、獅子の王の威厳が比べようがないのと同じはずですが、わたしの上半身はそうなっていません。
四七　如来の頭髪はすらりと長くて色はプルシアンブルー、しかも密生していて白髪は一本もないはずですが、わたしの頭髪はそうではありません。
四八　如来の頭髪は清潔で良い香をはなち、しかも細く、豊かな艶があって、右向きに巻いているはずですが、わたしの頭髪はそうではありません。
四九　如来の頭髪はきれいに整えられていて、けっして乱れず、しかも絡んだりすることもないはずですが、わたしの頭髪はそうではありません。
五〇　如来の頭髪は丈夫で切れたりせず、しかも抜け毛が一本もないはずですが、わたしの頭髪はそうではありません。
五一　如来の頭髪は光沢があって、しかも汚れがまったくつかないはずですが、わたしの頭髪はそうではありません。
五二　如来の身体が強靭なことはヴィシュヌ神以上のはずですが、わたしの身体はそうではありません。
五三　如来の身体はとても大きく、しかも歪みがまったくないはずですが、わたしの身体はそうではありません。
五四　如来の眼・耳・鼻・口の七つの穴はまったく汚れがなく、しかもかたちがよいはずですが、わたしの眼・耳・鼻・口の七つの穴はそうではありません。
五五　如来の手足は力がみなぎっていて、比べようがないはずですが、わたしの手足はそうではありません。
五六　如来の容姿はだれもがぜひ見たいとねがい、いくら見ても絶対に見飽きないはずですが、わたしの容姿はそうではありません。
五七　如来の顔はまことに端正で、秋の満月のように光り輝いているはずですが、わたしの顔はそうではありません。
五八　如来の顔はおだやかで明るく、しかも微笑みながら話しかけ、相手からけっして顔をそむけないはずですが、わたしにそんなことはできません。
五九　如来の顔はいつも優しくおだやかで、眉をひそめたり、青くなったり、赤くなったり絶対にしないはずですが、わたしにはとうてい無理です。
六〇　如来の皮膚はいつもきよらかで垢はつかず、悪臭を放つことは絶対にないはずですが、わたしの皮膚はそうはいきません。
六一　如来の体中の毛穴からはいつも良い香りがただよっているはずですが、わたしの毛穴からは良い香りなんて出ていません。
六二　如来の口からはいつも最上の香りが出ているはずですが、わたしの口からは悪臭しか出ていません。
六三　如来の頭部の形状は、摩陀那果《まだなか》のようにまるく、しかも天蓋のように立派なはずですが、わたしの頭骨の形状はそうなっていません。
六四　如来の体毛は、一見すると孔雀の頭頂部のようにプルシアンブルーで、よく見ると赤い色が混じっていて赤銅色にも見えるはずですが、わたしの体毛はそうなっていません。
六五　如来の声は、聴衆が多かろうが少なかろうがつねに一定で、話の内容で変化することはないはずですが、わたしの声はそうはいきません。
六六　如来の頭頂は、見上げれば見上げるほど高く、だれにも見ることができないはずですが、わたしの頭頂はだれでも見ることができます。
六七　如来の手足の指紋はひじょうにはっきりしていて、その立派なことといったら、赤銅色のはずですが、わたしの手足の指紋はそうなっていません。
六八　如来は歩くとき、地面を踏むと同時に足跡がつくのではなく、足を上げて少ししてから足跡がつくはずですが、わたしが歩けば、地面を踏むと同時に足跡がついてしまいます。
六九　如来の身体はしゃんとして曲がっても傾いてもいないはずですが、わたしの身体はしゃんとしていませんし、真っ直ぐでもありません。
七〇　如来の威徳ははるか遠くにおよび、そのすがたを見れば、悪い心をいだいている者も喜びを生じ、恐怖にとらわれている者は安心するはずですが、わたしのすがたを見てもだれひとりそうはなりません。
七一　如来の声は高からず低からず、聴衆の耳に心地よく響くはずですが、わたしの声はそうではありません。
七二　如来はこの世の生きとし生けるものすべての言葉を駆使して真理を説くはずですが、わたしにはそんな能力はありません。

七三　如来はたった一つの音で正法を説き、聞く者すべてを納得させるはずですが、わたしにはそんな芸当はできません。

七四　如来の説法は筋がとおり理路整然、しかも嘘がまったくないはずですが、わたしにはそんな能力はありません。

七五　如来はだれにたいしても平等に接し、善を称讃し悪を非難するときにも絶対にえこひいきしないはずですが、わたしにはとうてい無理です。

七六　如来は行動する場合、行動に先んじてまずよく考え、あらゆる点で規範からはずれないようにするので、認識にあやまちが生じないはずですが、わたしにはそんな能力はありません。

七七　如来の容姿容貌はだれの目から見ても完璧なはずですが、わたしの容姿容貌はそうではありません。

七八　如来の頭頂部の骨は堅く、しかも完璧な円形のはずですが、わたしの頭頂部の骨はそうではありません。

七九　如来の顔はいつまでも若いままで、けっして年をとらないはずですが、わたしの顔はそうはいきません。

八〇　如来の手足と胸には、朱色の吉祥な文様がついているはずですが、わたしの手足にも胸にもそんなものはついていません。

さらに、わたしには、如来にしかそなわっていない十《じゅう》八《はち》不《ふ》共《ぐ》の法が、まったくそなわっていません。

一　如来は想像を絶する過去世からずっと戒律を完璧に守ってきたゆえに、身体領域の活動にまったく過失がないはずですが、わたしはそうではありません（身《しん》過《か》失《しつ》）。

二　如来は想像を絶する過去世からずっと戒律を完璧に守り、完璧な智恵を得て、ありとあらゆる煩悩から解き放たれたゆえに、言語領域の活動にまったく過失がないはずですが、わたしはそうではありません（口《く》過《か》失《しつ》）。

三　如来は最高の瞑想の境地を体験して心が完璧に安定し、しかも記憶力が無限大なゆえに、精神領域の活動にまったく過失がないはずですが、わたしはそうではありません（念《ねん》過《か》失《しつ》）。

四　如来は相手がだれであろうとまったく差別せず、他人をあたかも自分のように認識し、大いなる慈悲心をもって救済し、さらに最高の真理にみちびくはずですが、わたしにはとうてい無理です（無異想《むいそう》）。

五　如来はつねに心を安定させて善なる境地にあり、いかなる状況でも絶対にあやまらないはずですが、わたしにはとうてい無理です（無不定心《むふじょうしん》）。

六　如来はいかなる状況にあっても、瞬間瞬間に生成と維持と消滅があるという真理を見抜き、心の完璧な制御ができるはずですが、わたしにはとうてい無理です（無不知已捨《むふちきしゃ》）。

七　如来はありとあらゆる功徳を積み重ねたとしてもなお、生きとし生けるものすべてを救おうという欲望を失わず、さらに多くのものたちを救おうとしてやまないはずですが、わたしにはとうてい無理です（欲無《よくむ》滅《げん》）。

八　如来はますます多くのものたちを救おうと考えて、さまざまな方便を駆使することを絶対にやめないはずですが、わたしにはとうてい無理です（精進無滅《しょうじんむげん》）。

九　如来はいかなる状況にあっても、瞬間瞬間に生成と維持と消滅があるとはっきり認識できるはずですが、わたしにはとうてい無理です（念無滅《ねんむげん》）。

一〇　如来はありとあらゆる智恵を獲得したうえに、過去・現在・未来にわたる智恵も自在に駆使できるはずですが、わたしにはとうてい無理です（慧無滅《えむげん》）。

一一　如来は身体がまだある状態の解脱にも、身体がなくなってしまった状態の解脱にもともに到達し、もはや煩悩から完璧に解き放たれているはずですが、わたしにはとうてい無理です（解脱無滅《げだつむげん》）。

一二　如来はありとあらゆる種類の解脱がいかなるものかを完璧に了解し、なに一つとして欠陥はないはずですが、わたしにはとうてい無理です（解脱知見無滅《げだつちけんむげん》）。

一三　如来は身体領域の活動をなすにあたり、その得失を如実に観察し、しかるのちに智恵にもとづいて実行するので、まったく過失を生ぜずに、生きとし生けるものすべてを救済できるはずですが、わたしにはとうてい無理です（一切身業随智恵行《いっさいしんごうずいちえぎょう》）。

一四　如来は言語領域の活動をなすにあたり、その得失を如実に観察し、しかるのちに智恵にもとづいて実行するので、まったく過失を生ぜずに、生きとし生けるものすべてを救済できるはずですが、わたしにはとうてい無理です（一切口業随智恵行《いっさいくごうずいちえぎょう》）。

一五　如来は精神領域の活動をなすにあたり、その得失を如実に観察し、しかるのちに智恵にもとづいて実行するので、まったく過失を生ぜずに、生きとし生けるものすべてを救済できるはずですが、わたしにはとうてい無理です（一切意業随智恵行《いっさいいごうずいちえぎょう》）。

一六　如来の智恵は過去世でなにが起こったかを完璧に認識しているはずですが、わたしにはとうてい無理です（智恵知過去世無礙《ちえちかこせむげ》）。

一七　如来の智恵は現在世でなにが起こっているかを完璧に認識しているはずですが、わたしにはとうてい無理です（智恵知現在世無礙《ちえちげんざいせむげ》）。

一八　如来の智恵は未来世でなにが起こるかを完璧に認識しているはずですが、わたしにはとうてい無理です（智恵知未来世無礙《ちえちみらいせむげ》）。

以上のような功徳を、わたしはなに一つもっていないのです。

わたしがたったひとりで歩きながら瞑想しているとき、世にも尊きお方はおおぜいの人々を相手に説法されて、その名声はいたらぬところとてなく、生きとし生けるものすべてを幸せにしていたのです。

わたしは、自分がこのような幸せとはまるで縁がない、わたしは自分で自分をあざむいてきた、と思いました。

わたしは、明けても暮れても、このことばかり考え、いつか世にも尊きお方に、こう質問したいと思っていました。わたしは正しい道からはずれてしまったのでしょうか。それとも、正しい道からはずれてはいないのでしょうか、と。

つねひごろ、わたしが世にも尊きお方を拝見していると、世にも尊きお方はもろもろの菩薩たちを称讃されます。それをまのあたりにして、わたしは寝ても覚めても、このような考えにとらわれてしまうのです。

いままさに世にも尊きお方のお声を聞いておりますと、機会を得ては真理をお説きになり、煩悩の汚れのない境地は理解しがたいものであるにもかかわらず、あまたの人々を正しい道へとみちびいておられます。

そもそも、わたしはあやまった見解に執着したために、外道の師になっておりました。

しかし、世にも尊きお方はわたしの胸中をお察しになり、あやまった見解をとりのぞき、涅槃をお説きになってくださいました。おかげで、わたしはあやまった見解をことごとくとりのぞき、この世の森羅万象はみな空である、すなわち実在していないと悟りました。そのとき、これで自分は涅槃に入ることができたと思い込んでしまったのです。

でも、いまになってみれば、それはほんとうの涅槃ではないことがわかります。もしも、ほんとうに如来になったのであれば、三十二相をみなそなえ、神々や夜叉たちや龍神たちがみなそろって、わたしをあがめたてまつるはずです。そうなって初めて、完全な涅槃の境地に到達したといえるのです。

世にも尊きお方は多くの聴衆がいるなかで、わたしは将来、必ずや如来になるだろうとお説きになりました。このお言葉を聞いて、わたしの疑念はことごとく消え去りました。

初めて世にも尊きお方の教えを聞いたとき、じつは心中に大きな驚きを禁じえませんでした。悪魔が如来のお姿をとってあらわれ、わたしの心を惑わせ乱そうとしているのではないか、と思ったくらいです。

しかし、如来はさまざまな体験談や譬喩をまことにうまくつかって教えをお説きになり、その心はまるで大海のように安らかでした。それを聞いて、わたしの疑念は雲散霧消いたしました。

世にも尊きお方はこうお説きになりました。すなわち、過去世において涅槃に入った数かぎりない如来たちもみな、方便を住処として、真理をお説きになりました。同じように、想像を絶するほど多くの現在世の如来たちも未来世の如来たちもみな、さまざまな方便を駆使して、このような真理をお説きになるのです。

いま、ここにおいでの世にも尊きお方も、お生まれになって、出家され、悟りを得られて、真理をお広めになるにあたっては、また同じように、方便を駆使しておられます。

世にも尊きお方は真実の道をお説きになります。しかし、悪魔にそれは不可能です。この事実から、わたしにもはっきりわかりました。悪魔が如来のお姿をとってあらわれたのではない。わたし自身が疑心暗鬼に駆られていたために、悪魔の所行だと思い込んでいたのだ、と。

世にも尊きお方がやさしく、しかも深遠かつとても微妙なお声で、きよらかな真理をお説きになるのを聞いて、わたしの心は大いなる歓喜に満たされ、長年にわたる疑念はすべて尽き果て、真実の智のなかに安住することができました。

わたしも将来は必ずや如来となり、神々から敬われる存在となり、このうえなく正しい真理を広めて、あまたの菩薩を教化いたしましょう。

舎利弗が、詩に託して、こう述べ終えたとき、釈迦牟尼如来は舎利弗に語りかけました。

「いま、わたしは神々、人間、出家僧、バラモン僧など、おおぜいのなかで真理を説いています。

わたしはかつて、二万億もの如来たちのもとで、このうえなく正しい道のために、つねにあなたを教化していました。あなたもまた、長きにわたり、わたしの指導にしたがって学んできました。わたしが方便を駆使してあなたを指導したために、あなたはわたしがこうして真理を説く座に生まれることができたのです。

舎利弗さん。わたしはかつてあなたに、仏道にむかう心を起こさせました。ところが、いま、あなたはそれを完全に忘れてしまい、もう自分は涅槃に入ったと思い込んでいます。

わたしはあなたに過去の本願や修行を思い出させようと考えて、自分自身の救いしかもとめていない声聞たちのために、この大乗仏典の『妙法蓮華教菩薩法仏所護念』とよばれる経典を、いままさに説こうとしているのです。

舎利弗さん。まったく想像することもできないくらい時間が経過した未来世において、膨大な数の如来たちに心からまごころを尽くしてお仕えし、正法をたもちつづけ、菩薩としてなすべき修行をすべて成し遂げたとき、あなたは必ずや如来となるでしょう。

その名は華光《けこう》如来・応供・正偏知・明行足・善逝・世間解・無上士・調御丈夫・天人師・仏・世尊、すなわち『紅蓮の光明ある如来であり、供養されるにふさわしい方であり、歴史や時間の制約を超えた智恵の持ち主であり、過去世を知り尽くし未来世を知り尽くし煩悩を完全に克服した方であり、完璧な悟りに到達した方であり、聖なる世界のことも俗なる世界のことも知り尽くした方であり、世間の動向にゆるがない最上の智恵と行動の方であり、穏やかな言葉と厳しい言葉を自在に使い分けて修行者を指導する方であり、神々と人間にとって共通の指導者であり、最高の智者であり、世の中の人々から尊敬されるべき方』とよばれるはずです。

また、あなたが治める仏国土は離垢、すなわち『いっさい汚れがないところ』とよばれるはずです。そこは真っ平らで、清浄で、立派で、安穏で、豊穣で、神々と人間に満ちあふれています。地面はラピスラズリでできていて、八本の大きな道が通っています。通りは黄金のロープでくぎられ、そのかたわらには七宝でできた樹木が生えていて、季節を問わず、実がなっています。

この仏国土で、華光如来は、真理へといたる三つの乗り物という説き方で、生きとし生けるものすべてに、真理を説くでしょう。舎利弗。かの華光如来が出現する時代は悪世ではありませんが、本願ゆえに、真理へといたる三つの乗り物という説き方で、真理を説くでしょう。

華光如来が出現する時代は大宝荘厳、すなわち『大きな宝で飾られた（時代）』とよばれるはずです。なぜ、大宝荘厳とよばれるのかというと、その仏国土では、菩薩こそ最高の宝だとみなされているからです。

その仏国土に住む菩薩たちの数はかぎりなく、数えることもできなければ、たとえることもできないくらいで、如来の智恵の力でもなければ、とうてい知ることはできません。

菩薩たちはどこかへ行こうとするとき、自分の足で歩く必要がありません。蓮華のうえに足をのせれば、自動的に運んでくれます。これらの菩薩たちは、初めて発心した者たちではありません。みなそろって、長きにわたり善い行為を積み重ね、数えきれない百千万億もの如来たちのもとで、戒律を守っていっさいの欲望を絶ち、ありとあらゆる如来たちから絶賛されました。また、如来の智恵をもとめて修行し、大いなる神通力を身につけ、真理へといたるさまざまな道をことごとく知り、しかも性格は素直で猜疑心がなく、悟りを求める心はじつの堅固なのです。こういう菩薩たちが、かの仏国土には満ちあふれているのです。

舎利弗さん。華光如来の寿命は十二小劫におよびます。この数字には、まだ王子の境涯にあって如来になっていない時間は入っていません。その仏国土の住人たちの寿命は八小劫です。

華光如来は十二小劫の寿命が尽きるとき、『剛毅な者（堅満《けんまん》）』とよばれる菩薩が、このうえなく正しい悟りを得ることを予言してから、出家僧たちにこう告げるでしょう。

『この堅満菩薩こそ、つぎに如来となる者です。如来となったあかつきの名は華足安行《けそくあんぎょう》・多陀阿伽度《ただあかど》・阿羅訶《あらか》・三藐三仏陀《さんみゃくさんぶっだ》、すなわち「蓮華の上を牛の王のように歩む者であり、如来（多陀阿伽度）であり、供養されるにふさわしい方（阿羅訶＝応供）であり、歴史や時間の制約を超えた智恵の持ち主（三藐三仏陀＝正偏智）」とよばれるはずです。そして、その仏国土も、すでに述べてきたのと同じです』と。

舎利弗さん。この華光如来が涅槃に入ってのち、正法は三十二小劫にわたって維持されます。そのあとに、教えと修行はまだあるものの、もはや悟りは得られない像法《ぞうぼう》の時代がまた三十二劫にわたってつづくことでしょう」

こう語り終えると、釈迦牟尼如来はその内容をもう一度、詩句に託して、お説きになりました。

舎利弗さん。あなたは未来世において、普遍的な智恵をもつ者のなかでもっともすぐれた者である如来（仏普智尊）となり、その名を華光如来とよばれるはずです。

あなたは生きとし生けるものを数かぎりなく救い、数かぎりない如来たちにまごころを尽くしてお仕えし、菩薩としてなすべき修行をすべてなしとげるでしょう。そして十力、すなわち因果の道理にかなっているか、いないかを見抜く力。生きとし生けるものすべてのおこないとそのむくいを見抜く力。ありとあらゆる種類の瞑想を見抜く力。生きとし生けるものすべての能力の優劣を見抜く力。生きとし生けるものすべてのねがいを見抜く力。生きとし生けるものすべての性質を見抜く力。生きとし生けるものすべてを、ありとあらゆる境遇や境地にみちびくためにはどうすればよいのかを見抜く力。過去世のことを正しく記憶しておく力。生きとし生けるものすべての死と生を見抜く力。煩悩が尽き果てたことを見抜く力などをすべてそなえるでしょう。その結果、このうえなく正しい悟りを得るでしょう。

まったく想像もできないくらい膨大な時間が過ぎ去ってのち、「大きな宝で飾られた（大宝厳）」とよばれる時代が来ます。そのとき、あなたが治める仏国土は「いっさい汚れがないところ（離垢）」とよばれるはずです。

その仏国土は清浄で、ほんのわずかな汚れもなく、地面はラピスラズリでできていて、通りは黄金のロープでくぎられ、七宝でできた色とりどりの樹木には、一年をとおして花や実がついています。

その仏国土に住む菩薩たちは、悟りを求めるこころざしにいっさいゆるぎなく、神通力を獲得し、菩薩としてなすべき修行をことごとく成し遂げ、数かぎりない如来のもとで、菩薩としての道をまことによく学んでいます。このような菩薩たちが、華光如来の弟子となるでしょう。

如来はまだ王子だったころに国を捨て、世俗の栄達を捨てて、人間として最後の身体をもって出家し、悟りを得るでしょう。

華光如来がこの世にある寿命は十二小劫です。その仏国土の住民たちの寿命は八小劫です。

如来が涅槃に入ったのち、正法は三十二小劫にわたり維持されます。そのあいだに、生きとし生けるものをあまた救うでしょう。

正法が滅びて、像法の時代が三十二小劫つづきます。そのあいだに、如来の遺骨はひろく流布して、神々や人々があつく供養するでしょう。

華光如来の業績は、いま述べたとおりです。その者こそ、両足で立つ者のなかでもっともすぐれた者であり、比類のない者なのです。

その者こそ、だれあろう、あなた自身なのです。ですから、おおいに喜んでいいのです。

こう、釈迦牟尼如来が詩句を唱え終わったとき、そこにつどっていた出家僧、尼僧、男女の在家修行者、神々、龍、夜叉、乾闥婆、阿修羅、迦楼羅、緊那羅、摩睺羅伽などの一同は、舎利弗が釈迦牟尼如来から直接、あなたはこのうえなく正しい悟りを得るだろうと予言されるのをまのあたりにして、言葉ではとうてい表現できないくらい、心におおいなる歓喜を生じ、躍り上がって喜びました。

みんなは一人のこらず、自分が身につけていた上着を脱いで、如来にささげました。神々の王である帝釈天（シャクラ＝インドラ）や娑婆（サハー）世界の王である梵天（ブラフマン）をはじめ、天上界の無数の神々が、天上界の衣服、天上界の曼陀羅華、摩訶曼陀羅華などを如来にささげて、供養しました。

ささげられた天上界の衣服は、虚空に舞い上がって、まわりつづけました。神々が演奏する幾百幾千幾万の楽の音が、いちどきに虚空に響きわたりました。神々は天上界の花々を数かぎりなく降らせ、こう言いました。

「かつて、世にも尊きお方はヴァーラーナシーの鹿野苑において、初めて真理をお説きになりました。いままた、このうえなく正しくこのうえなく偉大な真理をお説きになろうとしています」と。

こう言うと、神々は、その内容をもう一度、次のような詩句に託して、唱えました。

昔、ヴァーラーナシーの鹿野苑において、世にも尊きお方は苦集滅道《くじゅうめつどう》という四聖諦をお説きになりました。すなわち、この世はすべて苦である。その苦の原因は飽くことなき愛執である。愛執の絶滅こそ、理想の境地である。理想の境地は、八正道の実践によってのみ得られると教えさとしました。そして、生老病死の苦しみから救い出し、悟りを開かせたのでした。さらに世にも尊きお方は考察をすすめて、この世の森羅万象を構成する色と受と想と行と識という五蘊《ごうん》が生じまた滅するという真理をお説きになりました。

いままたここで、世にも尊きお方はもっともすぐれ、比類のないおおいなる真理をお説きになろうとしていま す。

この真理ははなはだ奥深く、信じきることができる者はごく少ないでしょう。

わたしたちは昔から今にいたるまで、何回も何回も世にも尊きお方の説法を聞いてまいりましたが、そのわたしたちですら、このような深くすぐれた真理を聞いたことがありません。

世にも尊きお方がこの真理をお説きになるのをまのあたりにして、わたしたちはみなそろって、随喜の涙に暮れております。

智者のなかの智者というべき舎利弗が、未来世において如来になるだろうと、世にも尊きお方はいままさに予言されました。

わたしたちもまた、同じように、必ずや如来となり、ありとあらゆる世界において、このうえなく尊く、これ以上はない境地に到達するでしょう。

悟りへとつづく道は、想像を絶しています。でも、世にも尊きお方はいろいろな方便を駆使して、わかりやすく教えてくださいます。

わたしたちは、それが現在世においてであろうと、あるいは過去世においてであろうと、自分たちがなした善なる行為をすべて、さらに世にも尊きお方のお姿をまのあたりにした功徳をすべて、悟りへとつづく道に回向いたします。

そのとき、舎利弗は釈迦牟尼如来に、こう申し上げました。

「世にも尊きお方。いま、わたしにはなに一つとして疑念はのこっておりません。なにしろ、世にも尊きお方から直接、このうえなく正しい悟りを得ると予言されたのですから。ここにいる一千二百人の者たちは、いまでこそ、あらゆる煩悩から解き放たれておりますが、かつてまだ学ぶべきことがのこっている境涯にあったとき、世にも尊きお方はいつもこう教えさとしておられました。わたしが説く真理は、生老病死をのりこえて、涅槃にみちびく、と。

また、ここには、まだ学ぶべきことがのこっている者もあれば、もう学ぶべきことがのこっていない者もあります。

かれらは、わたしは実在しているとか、世界は生じる、あるいは世界は滅するとかいう、あやまった考え方から解き放たれたことをもって、もうすでに涅槃の境地にたどりついたと思い込んでいます。

しかし、いま、世にも尊きお方から直接、いまだかつて聞いたことのなかった教えを聞いて、みな疑惑を生じております。

どうか、世にも尊きお方。お願いですから、出家僧と尼僧と男女の在家修行者たちのために、そのわけをあきらかにして、かれらを疑惑からお救いください」

そう請われて、世にも尊きお方は舎利弗に、こう告げられました。

「さきほど、あまたの如来たちがさまざまな体験談やたとえ話や表現を、方便として駆使しつつ、真理をお説きになったのは、このうえなく正しい悟りのためだった、とわたしは言わなかったでしょうか。これらの多種多様な説法は、ことごとく菩薩たちを教化するためなのです。

そしてまた、舎利弗さん。いままさに、わたしはたとえ話をつかって、もう一度、同じ趣旨のことをあきらかにしようと思います。なぜなら、智恵のある者であれば、たとえ話から真理を汲みとることができるからです。それは、こういう話です。

舎利弗さん。都会か田舎か、町か村か、わかりませんが、どこかあるところに、大金持ちがいるとしましょう。年をとり体力は衰えましたが、財産ははかりしれないほどもっています。所有する土地や家は多く、召使いたちもたくさんかかえています。

邸宅は広大ですが、門はたった一つしかありません。邸宅のなかには、百人や二百人どころか、五百人も住んでいます。ただし、建物は老朽化して、外壁は崩れ落ち、柱の根もとは腐り、屋根は傾いています。

あるとき、その邸宅のいたるところで、突然、火災が発生し、あっという間に全焼しそうな事態になったとしましょう。邸宅のなかには、大金持ちの子どもたちが、十人二十人どころか、三十人もいるのです。

大金持ちは、火事が家のいたるところから起こったのを見て、おおいに驚くと同時に恐れおののき、心中にこう思ったとしましょう。

『わたしは焼けている家の門から、火傷一つなく出られるけれど、子どもたちは燃えさかる家のなかで、遊びほうけていて、火事になっていることに気づいていないし知らないし驚きもしないし怖がってもいない。炎にかこまれて、火傷したり、苦痛にさいなまれたりしているはずなのに、子どもたちの心はそれを感じていないし、外に逃れ出ようともしない』

舎利弗さん。このとき、大金持ちはこう考えるかもしれません。

『わたしは体力があるし、腕っぷしも強い。子どもたちが着ている衣服のすそをまとめてかかえ持って、もしくは子どもたちをテーブルのうえにのせて、家から運び出すという手があるな』

あるいは、こう考えるかもしれません。

『この家には、門がたった一つしかない。おまけに、狭いときている。子どもたちはまだ幼稚で、なにもわかっていない。遊びに夢中だ。どこかに迷いこんで、火に焼かれてしまうかもしれない。気をつけるように言わなくては。家は火事だ。はやく家を出て、火に焼かれないようにしなさい、と』

大金持ちはこう考えて、考えたとおり、子どもたちに呼びかけました。

『おまえたち、すぐに家を出なさい！』と。

こういうふうに、父親は子どもたちのためを思って、必死に呼びかけましたが、子どもたちは遊びほうけていて、いっこうに聞こうとしません。驚きもしなければ、恐れもしないので、外に出ようとはしません。焼けているということも、自分たちがどこにいるのかということも、なにを失ってしまうのかということも、まったく理解できないのです。燃えている家のなかを、右に左にくりかえし追いかけっこしたり、父親のすがたをじっと見ているだけです。

そのとき、大金持ちは、こう考えました。

『この家はすでに猛火に包まれてしまっている。わたしも子どもたちも、すぐに出なければ、焼き尽くされてしまう。こうなったら、方便をつかって、子どもたちをこの災難から救い出してあげよう』

父親は以前から、子どもたち一人ひとりがなにを好むかを知っていましたし、いろいろなおもちゃに眼がないのを知っていたので、子どもたちにむかって、こう言いました。

『おまえたちが大好きなおもちゃをあげるよ。どれもとても珍しく、手に入れるのはたいへんなものばかりだ。もし、いま、手に入れないと、あとで必ず後悔するよ。いろいろな種類の羊の車、鹿の車、牛の車が門の外に置いてあるよ。自分で選んで、遊びなさい。だから、はやく、火事になっている家から出てきなさい。おまえたちが欲しがっていたものを、みんなあげるから』

父親が『珍しいおもちゃをあげるよ』と言ったのを聞いて、子どもたちは欲しかったものが手に入ると大喜びし、たがいに押しあいへしあい、燃えさかる家から、争うようにして、走り出てきました。こうして、子どもたちが無事に家を出て、十字路のまんなかの空き地に、だれひとり怪我もなく坐りこんでいるすがたを見て、大金持ちは安心し、躍り上がるような喜びに満たされました。

そのとき、子どもたちは父親にむかって、こう言いました。

『お父さん。さっき、「あげるよ」とおっしゃったおもちゃの羊の車、鹿の車、牛の車をちょうだい』

舎利弗さん。ねだられた大金持ちは、子どもたち一人ひとりに、最高の車をあたえました。どの車も、背が高く中が広く、いたるところにさまざまな飾りがつき、周囲には手摺りまでついています。四面に鈴がつき、さらにそのうえに屋根が張られ、その屋根がまた珍しい宝物のかずかずで飾られ、いろいろな花飾りがついたレースのカーテンが垂れ、綿織物や毛織物の座席があって、そのうえには赤いクッションまで置いてあります。

この車を引くのは、真っ白い牛です。肌はじつに清潔で、すがたかたちもまことに立派。ものすごい力をもち、まったく揺れずに、風のように走ります。

また、お世話をする者たちの数も尋常ではありません。なぜなら、この大金持ちは財産が無限で、あまたある蔵がみな宝物でいっぱいだからです。

しかも、大金持ちはこう考えているのです。『わたしの財産はかぎりがない。羊の車や鹿の車みたいな、性能の良くない小さな車を、子どもたちにあたえるわけにはいかない。ここにいる子どもたちはみな、わたしの可愛い子どもたちだ。どの子もわけへだてなく、愛している。幸いわたしは、このような七宝で飾った大きな車を数かぎりなくもっているのだから、みんなに同じように、あたえよう。

差別するのは絶対に良くない。なぜなら、この車を、この国にいる人々すべてにあたえることすらできるのだから。それをおもえば、自分の子どもたち全員にあたえることなど、たやすいことだ』

こうして、子どもたちがそれぞれ大きな牛の車に乗って体験したすばらしさといったら、自分たちが欲しがっていた小さな羊の車や鹿の車ではとうてい味わえないもので、まさに想像を絶していました」

釈迦牟尼如来が舎利弗に問いました。

「舎利弗さん。あなたはどうおもうでしょう。この大金持ちが、子どもたちにみな等しく、性能の良くない羊の車や鹿の車ではなく、最高の性能を誇る大きな牛の車をあたえたのは、嘘をついたことになるでしょうか」

舎利弗は答えました。「いえ、そんなことはありません。世にも尊きお方。この大金持ちはそのようにして、子どもたちを火事から逃れさせ、生命を救ったのですから、けっして嘘をついたことにはなりません。なぜかと申しますと、生命を救われたからこそ、子どもたちは欲しかったおもちゃを手に入れることができたのです。まして、方便をつかって、火事になった家から子どもたちを救い出したのですから、嘘をついたことにはなりません。

世にも尊きお方。もしも、この大金持ちが、いちばん小さな車すら、子どもたちにあたえないとしても、嘘をついたことにはなりません。なぜかと申しますと、この大金持ちはあらかじめ、『わたしは方便をつかって、なんとか子どもたちを救い出そう』と考えていたからです。このため、嘘をついたことにはならないのです。まして、大金持ちが自分には財産が無限にあることを知ったうえで、子どもたちによいようにと願って、みな等しく大きな車をあたえたのですから、文句のつけようがありません」。

この答えを聞いて、釈迦牟尼如来は舎利弗に、こうおっしゃいました。

「けっこう、けっこう。あなたが言うとおりです。舎利弗さん。わたしも、あなたと同じように、こう考えます。

すなわち、如来はこの世の生きとし生けるものすべての父親です。如来は、生老病死は避けられないとおそれおののくこともなければ、執着ゆえに悩み苦しみこともなく、おのれの行為ゆえに悲しみ苦しむこともなければ、真理から我が身を遠ざける根源的な無知もなく、心を闇におおわれることもありません。如来はこれらから完全に解き放たれているのです。

しかも、如来はさまざまな知見をそなえています。

また、十種類の力（十力《じゅうりき》）をそなえています。つまり、因果の道理にかなっているか、いないかを見抜く力。生きとし生けるものすべてのおこないとそのむくいを見抜く力。ありとあらゆる種類の瞑想を見抜く力。生きとし生けるもののすべての能力の優劣を見抜く力。生きとし生けるものすべてのねがいを見抜く力。生きとし生けるものすべての性質を見抜く力。生きとし生けるものすべてを、ありとあらゆる境遇や境地にみちびくためにはどうすればよいのかを見抜く力。過去世のことを正しく記憶しておく力。生きとし生けるものすべての死と生を見抜く力。煩悩が尽き果てたことを見抜く力などをすべてそなえています。

さらに、四種類のゆるぎなき自信（四無畏《しむい》）をそなえています。つまり、ありとあらゆる智恵をそなえているという、畏れなき自信があります。ありとあらゆる煩悩を断ち尽くしているという、畏れなき自信があります。修行の障害となる要素をすべて説いているという、畏れなき自信がありあります。ありとあらゆる苦しみを消滅させ、悟りへといたる道を説いている、畏れなき自信があります。

絶大な神通力と智恵の力をそなえ、このうえなく巧みな方便と最高の智恵に到達しています。大いなる慈悲の持ち主であり、どんな状況でも倦まずたゆまず、つねに生きとし生けるものすべての幸せを願い、良い方向へみちびこうとつとめています。

しかも、欲界・色界・無色界と三つある迷いの世界のなかでも、なにからなにまで朽ち果て、猛火につつまれた家のごとき現実世界に、如来はあえて生まれ出るのです。その理由は、生き、老い、病み、死に、憂い、悲しみ、苦しみ、悩むなかで、無知の闇のヴェールに眼をふさがれている状態から生きとし生けるものを救い出し、貪りと怒りと智恵なき状態という三毒ゆえに燃え上がる猛火を消し、教えさとしてこのうえなく正しい悟りへとみちびくためなのです。

如来の眼から生きとし生けるものを見ていると、生きる苦しみ、老いる苦しみ、病む苦しみ、死ぬ苦しみ、憂い、悲しみ、苦悩に焼かれ、煮られています。また、見たい、聞きたい、嗅ぎたい、味わいたい、触りたいという五欲や、金儲けをしたい、名声を得たいという欲望ゆえに、さまざまな苦しみを受けています。

さらに、なにごとかに執着し、とことん求めてやまないために、生きているうちはいろいろな苦しみを受け、死んだのちは地獄や畜生や餓鬼の世界に生まれ変わるという苦しみを受けるのです。もしも、神々が住む天上界に生まれ変わったとしても、あるいはふたたび人間界に生まれ変わったとしても、貧困や窮乏に苦しみ、愛する人と離ればなれにならざるをえない事態に苦しみ、嫌いな人と付き合わなければならない境遇に苦しむなど、いろいろな苦しみがあるのです。

しかし、生きとし生けるものはみな、そういう境遇にどっぷり浸かったまま、よろこび、あそび、たわむれるばかりで、自分たちがいまどういう状況にあるのか、わかりもしなければ、知りもせず、驚きもしなければ、怖がろうともしません。また、嫌だともおもわず、そこから出ようともしません。猛火に包まれた家のような三界を、ただひたすらあっちこっち走りまわるだけで、大きな苦しみに遭遇しても、心配など全然しないのです。

舎利弗さん。生きとし生けるものがこんな状態にあることを見抜いて、如来はこう思うのです。

『わたしは生きとし生けるものすべての父親である。かれらを苦難から解き放ち、限りなき如来の智恵がもたらすよろこびをあたえ、かれらをなに一つとして心配のない状態にしてあげよう』と。

舎利弗さん。また、如来はこうも思うのです。

『もしも、わたしが神通力と智恵の力だけに頼って、方便を駆使せず、生きとし生けるもののために、如来の智恵の力をほめたたえたところで、だれひとりとして、輪廻の苦しみから離脱することはできません。

もしも、わたしが神通力と智恵の力だけに頼って、方便を駆使せず、生きとし生けるもののために、如来がもつ十種類の力（十力）、つまり、因果の道理にかなっているかいないかを見抜く力、生きとし生けるものすべてのおこないとそのむくいを見抜く力、ありとあらゆる種類の瞑想を見抜く力、生きとし生けるものすべての能力の優劣を見抜く力、生きとし生けるものすべてのねがいを見抜く力、生きとし生けるものすべての性質を見抜く力、生きとし生けるものすべてを、ありとあらゆる境遇や境地にみちびくためにはどうすればよいのかを見抜く力、過去世のことを正しく記憶しておく力、生きとし生けるものすべての死と生を見抜く力、煩悩が尽き果てたことを見抜く力を、ほめたたえたところで、だれひとりとして、輪廻の苦しみから離脱することはできません。

もしも、わたしが神通力と智恵の力だけに頼って、方便を駆使せず、生きとし生けるもののために、如来がそなえている四種類のゆるぎなき自信（四無畏《しむい》）、つまりありとあらゆる智恵をそなえているという畏れなき自信、ありとあらゆる煩悩を断ち尽くしているという畏れなき自信、修行の障害となる要素をすべて説いているという畏れなき自信、ありとあらゆる苦しみを消滅させ悟りへといたる道を説いているという畏れなき自信を、ほめたたえたところで、だれひとりとして、輪廻の苦しみから離脱することはできません。

なぜでしょうか。これらの生きとし生けるものはみな、生老病死の苦しみからのがれられず、憂悩や悲嘆や苦悩にさいなまれ、猛火に包まれた家のような三界で焼かれているからです。そんな状態で、どうして如来の智恵を理解できるでしょうか。とうてい無理に決まっています』

舎利弗さん。かの大金持ちは、強力な腕力の持ち主だったにもかかわらず、その腕力をもちいませんでした。ただひたすら穏便な方便を駆使して、子どもたちを猛火に包まれた家から救い出し、救い出したあとで、子どもたち全員に、最高に立派な車をあたえたのでした。如来が選ぶ手段も、それとまったく同じです。十種類の力や四種類のゆるぎなき自信をもちながら、あえてそれらを封印し、ただひたすら方便の智恵をもちいて、猛火に包まれた家のような三界から、生きとし生けるものすべてを救い出そうと願って、声聞のための乗り物、辟支仏のための乗り物、菩薩のための乗り物という、三つの乗り物について説くのです。

そのうえで、こう説くのです。

『あなたがたは、猛火に包まれた家のような三界に安住していてはなりません。低級な色形や音声や香りや味や触感をむさぼっていてはなりません。もし、それらをむさぼり、愛着を感じたら最後、猛火に焼かれてしまいます。ですから、できるかぎり速く、三界から出て、声聞のための乗り物、辟支仏のための乗り物、菩薩のための乗り物を、手に入れなさい。

いまこそ、わたしはあなたがたのために、このことを保証しましょう。きっとあたえましょう。ですから、いっしょうけんめいに努力しなさい』

如来は、こういうぐあいに方便を駆使して、生きとし生けるものすべてを、やさしく導いていくのです。そして、こうも説くのです。

『あなたがたは、よくおぼえておきなさい。これらの三つの乗り物はみな、いにしえの聖人たちによってほめたたえられたものばかりです。完璧に整備され、欠陥など一つもありません。この三つの乗り物に乗って、自分自身を楽しませ、このうえない安堵の心と快感を享受しなさい。

すなわち、もはや煩悩から解き放たれた以下の行為によって、自分自身を楽しませ、このうえない安堵の心と快感を享受しなさい。

信仰・瞑想・努力・記憶力・智恵力の五つの力（五力《ごりき》）によって、自分自身を楽しませ、このうえない安堵の心と快感を享受しなさい。

明晰な記憶力、真理を見抜く選択眼、たゆまぬ努力、真理を得たときの歓喜、身心の安定と快適さ、瞑想における集中力、偏りなき心（七覚支《しちかくし》）によって、自分自身を楽しませ、このうえない安堵の心と快感を享受しなさい。

正しい見解、正しい心のあり方、正しい言葉、正しい行為、正しい生活、正しい努力、正しい目的を見失わないこと、正しい瞑想（八正道）によって、自分自身を楽しませ、このうえない安堵の心と快感を享受しなさい。

外界の対象を観察して苦の正体をみきわめようとする第一段階の瞑想（初禅）。苦の正体をみきわめて安心を得る第二段階の瞑想（第二禅）。苦悩から完全に解き放たれて身心ともに歓喜を感じる第三段階の瞑想（第三禅）。苦悩からも歓喜からも解き放たれ絶対の安定を得る第四段階の瞑想（第四禅）によって、自分自身を楽しませ、このうえない安堵の心と快感を享受しなさい。

心の中に物質的なものの知覚をもつ者が、外界に物質的なものを見る第一の解脱。心の中に物質的ではないものの知覚をもつ者が、外界に物質的なものを見る第二の解脱。物質的なものも物質的ではないものも、ともに汚れなく清らかなものと認識する第三の解脱。心の中に物質的なものの知覚も物質的ではないものの知覚もともに存在せず、すべては無限の虚空にほかならないと見抜く第四の解脱（空《くう》無辺処《むへんじょ》）。第四の解脱を超越して、すべては無限の意識にほかならないと見抜く第五の解脱（識無辺処《しきむへんじょ》）。第五の解脱を超越して、なにものも存在しないと見抜く第六の解脱（無所有処《むしょうしょ》）。第六の解脱を超越して、知覚があるのでもなく知覚がないのでもないと見抜く第七の解脱（非想非非想処《ひそうひひそうじょ》）。第七の解脱を超越して、認識が生まれる前の瞬間に経験する感覚的な印象（受《じゅ》）も、生まれたばかりの認識（想《そう》）も、ともに消滅する第八の解脱（滅尽定解脱《めつじんじょうげだつ》）によって、自分自身を楽しませ、このうえない安堵の心と快感を享受しなさい』。

舎利弗さん。知性にめぐまれて、わたしを信頼し、わたしの説く教えを耳にして受け入れ、そのうえで怠ることなく修行し、できるかぎり速く三界を出ようと願って、涅槃の境地を求める者を、声聞といいます。そのようすは、子どもたちがそこそこの性能の羊の車を欲しいと思って、猛火に包まれた家を出るのとそっくりです。

わたしを信頼し、わたしの説く教えを耳にして受け入れ、そのうえで怠ることなく修行し、何らの原因なしに存在するものにまつわる智恵を求めて、ひとり静かに心楽しく日々を送ることを願いつつ、どうすれば悟れるかをきわめようとする者を、辟支仏といいます。そのようすは、子どもたちがあまり性能の良くない鹿の車を欲しいと思って、猛火に包まれた家を出るのとそっくりです。

わたしを信頼し、わたしの説く教えを耳にして受け入れ、そのうえで怠ることなく修行し、ありとあらゆることを知る智恵、如来だけが知ることのできる智恵、何らの原因なしに存在するものにまつわる智恵、だれに教わることもなく体得する智恵、如来の智恵の力、如来がもつ十種類の力（十力）、つまり因果の道理にかなっているか、いないかを見抜く力、生きとし生けるものすべてのおこないとそのむくいを見抜く力、ありとあらゆる種類の瞑想を見抜く力、生きとし生けるものすべての能力の優劣を見抜く力、生きとし生けるものすべてのねがいを見抜く力、生きとし生けるものすべての性質を見抜く力、生きとし生けるものすべてをありとあらゆる境遇や境地にみちびくためにはどうすればよいのかを見抜く力、過去世のことを正しく記憶しておく力、生きとし生けるものすべての死と生を見抜く力、煩悩が尽き果てたことを見抜く力、如来がそなえている四種類のゆるぎなき自信（四無畏）、つまり、ありとあらゆる智恵をそなえているという畏れなき自信、ありとあらゆる煩悩を断ち尽くしているという畏れなき自信、修行の障害となる要素をすべて説いているという畏れなき自信、ありとあらゆる苦しみを消滅させ悟りへといたる道を説いているという畏れなき自信を求めて、数かぎりない人々と神々のために、慈悲をそそいで安楽と利益をあたえ、生きとし生けるものすべてを悟りにみちびく乗り物を、最高級の乗り物（大乗）といいます。菩薩はこの最高級の乗り物を求めるがゆえに、菩薩大士とよばれるのです。そのようすは、子どもたちが最高に性能のよい牛の車を欲しいと思って、猛火に包まれた家を出るのとそっくりです。

舎利弗さん。かの大金持ちは、子どもたちが猛火につつまれた家から怪我一つなく脱出し、安全なところにいたったのを見て、自分の財産は無尽蔵なのだからと思い、子どもたち全員に、みなひとしく最高級の乗り物をあたえました。わたしもまた、まったく同じです。

わたしは、生きとし生けるものすべてにとって、父親なのです。もし、数えきれないくらい多くの者たちが、仏教の門をくぐって、苦しみや恐ろしさや怖さに満ちた三界の険しい道を抜け出して、涅槃という究極の安楽をわがものとするようすを見て、如来という存在は、こう思うのです。

『わたしには、無限大の智恵と十種類の力とゆるぎなき四種類の自信をはじめ、古今東西の如来たちがお説きになったありとあらゆる教えをおさめる宝の蔵があります。これらの生きとし生けるものたちは、みなわたしの子どもなのです。だから、全員に、大乗という最高級の乗り物をあたえましょう』

しかも、個人個人に、それぞれ別々の涅槃があるとは説きません。全員に、如来と同じ涅槃を説いて、涅槃にみちびくのです。苦しみや恐ろしさや怖さに満ちた三界から抜け出した者には、ただひとりの例外もなく、如来だけが享受できる瞑想や解脱など、最高級の娯楽の道具をあたえましょう。これらの道具は、如来が享受するのとまったく同一の形と種類であり、聖人たちがほめたたえてきたものにほかなりません。したがって、清らかかつ絶妙な、最高の快楽を生み出してくれます。

　舎利弗さん。かの大金持ちは、はじめは三種類の車をつかって、子どもたちを誘い出し、それからさまざまな宝物で飾り立てた、いちばんすばらしい車をあたえました。だからといって、かの大金持ちが嘘をついたと非難されることがないように、同じことをしたわたしもまた、嘘をついたと非難されるいわれはありません。

　はじめは、悟りへといたる乗り物には三つあると説いて、生きとし生けるものをみちびき、それから大乗という、たった一つの究極の乗り物をあたえて、全員を救いとるのです。なぜかというと、如来には無限大の智恵と十種類の力とゆるぎなき四種類の自信をはじめ、古今東西の如来たちがお説きになったありとあらゆる教えをおさめる宝の蔵があり、生きとし生けるものすべてに、大乗の教えを説くことができますが、すべての者がこの教えをすなおに受け入れるとはかぎらないからです。

　舎利弗さん。以上のような理由から、如来たちは、方便の力を駆使して、悟りへの乗り物はほんとうは一つしかないにもかかわらず、三つあるとお説きになるのです。このことをよく覚えておきなさい」

　こう説き終わると、釈迦牟尼如来は、これまでお説きになってきた内容を、詩句に託して、お説きになりました。

たとえば、ある大金持ちが大邸宅をもっているとしましょう。その邸宅は、建てられてから長い歳月がたっているので、あちらこちらが壊れかかっています。高層の部分は危ない状態で、柱も根もとのところが腐っています。

　部屋の天井を横方向にささえる梁も、屋根の頂点にある棟も、傾き歪んでしまっています。土台の階段も崩れ落ち、外壁も内壁もボロボロになり、壁土も剥がれ落ちてしまっています。カヤやスゲで編まれた雨よけももはや用をなさず、軒の垂木《たるき》も抜け落ちてしまっています。どこもかしこもめちゃくちゃな状態で、きちんとしたところがありません。しかも、いろいろなたぐいの汚物だらけです。

そこに、五百におよぶ人が住んでいます。

また、トビ、フクロウ、オオワシ、ワシ、カラス、カササギ、ハト、水鳥、毒ヘビ、マムシ、サソリ、ムカデ、ゲジゲジ、ヤモリ、イモリ、オオムカデ、イタチ、ムジナ、大小のネズミなどが、うじゃうじゃいます。いろいろな種類の毒虫がいたるところにうごめいています。

屎尿があちこち垂れ流しになっていて、その臭いことといったら、もうたまりません。しかも、屎尿のうえには、クソムシはじめ、いろいろな虫がたくさんたかっています。

キツネやオオカミやジャッカルが歯がみしながら歩きまわり、死体を噛み砕き、その骨肉をむさぼり喰っています。これらの猛獣たちが喰い終わると、今度はたくさんの犬が押し合いへし合い集まってきて、喰らいつきます。この犬たちはいつも飢えにさいなまれ、家の中をうろついています。そして、互いに激しく争い、噛みつきあいながら、大きな声で吼えているのです。

この邸宅の恐ろしく異様なことといったら、いま述べたとおりなのです。

いたるところに魑魅《ちみ》魍魎《もうりょう》、夜叉や悪鬼がいて、人肉や毒虫を喰っています。うぞうむぞうの猛獣や猛禽が子を産み卵を産み、盗まれまいと隠すのですが、夜叉がやってきては奪い取って、みな喰ってしまいます。

そして、腹がいっぱいになると、悪しき心はますます燃え上がり、喧嘩がはじまります。その争う声は、それはそれは恐ろしいのです。

夜叉をひきいる鳩槃荼鬼（クバンダ）は、盛り土のうえにあぐらをかいています。また、あるときは、地面から一尺から二尺ほど浮き上がり、あちこち自在に動きまわって、好きなように遊びます。犬の両足をつかまえ、打ちつけて声が出ないようにしたり、自分の足で犬の喉のところを押さえつけたりして、犬をいじめ、楽しむのです。

別の悪鬼は、身体がとても大きく、素っ裸で、色は黒く、痩せ細っています。いつもこの邸宅のなかにいて、ものすごく大きく耳障りな声を上げて、食物をさがしています。

喉のところが針のように細くなっている悪鬼もいます。頭が牛みたいな悪鬼もいます。かれらは人間の肉を喰らい、犬の肉を喰らいます。頭の髪の毛はもじゃもじゃで、性格は残虐かつ凶暴です。いつも飢えに苦しんでいて、泣き叫びながら、あちこち走りまわっています。

夜叉、餓鬼、うぞうむぞうの猛獣や猛禽たちは、飢えにさいなまれ、四方の窓から外をのぞいています。

このような苦難や恐怖は、尽きることがありません。

この邸宅は、たったひとりが所有しています。この人物がほんの近くまで外出して、まださほど時間がたっていないときに、突然、火事が起こりました。火はあっという間にひろがり、邸宅は猛火につつまれてしまいました。棟も梁も軒の垂木も柱も、大きな音を立てて裂け、こなごなに折れて落ち、壁という壁が崩れ落ちてしまいました。

邸内の鬼神たちは、声を上げて、叫びました。猛禽たちやクバンダたちは、あわてふためくばかりで、邸宅の外に出られません。猛獣や毒虫たちは自分の巣穴に逃げこみ、食人鬼（ピシャーチャカ）たちもそのなかに迷いこみました。かれらは福徳が薄いために、火に焼かれても、互いに殺し合い、血を飲み、肉を喰らいあっています。

ジャッカルのたぐいは、とっくに焼け死んでしまいました。うぞうむぞうの猛獣たちが争い、互いに喰らい合っています。肉の焼けただれる悪臭が、あたり一面をおおっています。

マムシ、サソリ、ムカデ、ゲジゲジ、ヤモリ、イモリ、オオムカデ、毒蛇のたぐいが、火に焼かれ、巣穴からわれさきに出てきます。それらを、クバンダがかたはしからつかまえては、喰らっています。また、餓鬼たちが、その頭を燃え上がらせ、喉の渇きと熱さに苦しみ、あわてふためきながら、さまよっています。

この邸宅のようすはこんなありさまで、恐ろしいったらありません。もともとの毒害にくわえ、火事まで起こったのですから、たまったものではありません。

このとき、邸宅の持ち主は、門の外に立っていましたが、すぐそばにいた人がこういうのを聞きました。

「あなたの子どもたちは、つねひごろ邸内で遊んでいるので、いまも邸内にいます。まだ幼くて、なにもわからず、遊びほうけていますよ」

そう聞いて、大金持ちは驚き、火事になってしまった邸宅に入りました。なんとか助け出して、焼け死なないようにしなければと考え、子どもたちにむかって、邸宅がかかえているあまたの問題点を、こう訴えました。

「家のなかには、悪鬼や毒虫がたくさんいるうえに、いまは猛火にもつつまれている。苦しみはいよいよ増すばかりで、今後はますますひどくなる。毒蛇やムカデやサソリはもちろん、ありとあらゆる夜叉、夜叉をひきいるクバンダ、ジャッカル、キツネ、犬、トビ、フクロウ、オオワシ、ワシ、カラス、カササギ、ハト、水鳥、ムカデのたぐいが、ひどく飢え渇いて、食物をあさっているから、恐ろしいことこのうえない。これらの苦しみすら解消できないのに、そのうえ火事の災難ときては、どうしようもない。

しかし、おまえたちはこういう現実を知らないので、お父さんの教えを耳にしても、まだ遊びほうけているばかりで、いっこうに止めようとしない」

このとき、大金持ちは、心のなかで、こう思いました。

「子どもたちはあんな状態で、わたしの心配は増すばかりだ。いまや、この邸宅のなかには、楽しいことなど、一つもない。それなのに、子どもたちは遊びほうけていて、わたしの言うことをまったく聞こうとせず、焼け死のうとしている」

そこで、大金持ちはよくよく思案したうえ、いろいろな方便を駆使して、子どもたちに語りかけました。

「子どもたちよ。わたしはいろいろな種類のおもちゃをもっているよ。すばらしい装飾をほどこした車もあるよ。羊の車、鹿の車、牛の車だよ。いま、門の外においてあるから、出てきて、好きな車を選びなさい。みんな、おまえたちのために、わたしがつくらせたものだよ。自分の好みにしたがって、選んで、遊びなさい」

子どもたちは、お父さんがこういうぐあいに車について説明するのを聞いて、すぐに争うように、邸宅を走り出て空き地にたどり着き、辛くももろもろの災難から逃れることができました。

子どもたちが猛火につつまれた家を出て、街の十字路のところに着いたのを見て、大金持ちは立派な獅子座に腰をおろし、喜びに心満たされて、こう言いました。

「わたしは、いまやっと安心できました。これらの子どもたちを無事に育て上げるのは、とても難しい。愚かで、なにもわきまえず、恐ろしい家に住んでいたのですから。そこは、危害をあたえる獣や虫、魑魅魍魎がたくさんいて、恐ろしいところでした。それにくわえて、物凄い火と焔が、ありとあらゆる方向から襲ってきたのですよ。

それなのに、この子どもたちときたら、遊びほうけているばかりでした。わたしはやっとのことで、子どもたちを救い出し、災いから守ってあげることができました。

だから、みなさん、わたしは心安らかなのです」

そのとき、父親が安心したのを知ると、子どもたちは父親のところに行って、こう言いました。

「お願いですから、三種類の車をちょうだい。さっき、お父さんが約束したのをちょうだい。あのとき、お父さんは『子どもたちよ、ここにおいで。三種類の車をあげるから、好きなものを選びなさい』とおっしゃったでしょ。いま、すぐちょうだい」

大金持ちはたいそう裕福で、蔵をたくさんもっています。金、銀、ラピスラズリ、シャコガイ、瑪瑙など、いくらでもあります。そういう宝物で飾り立てた車を、それもたいそう大きいのを、いろいろつくらせています。

どの車も、いたるところにさまざまな飾りがつき、周囲には手摺りまでついています。四面に鈴がつき、金のロープが張られ、真珠のカーテンがそのうえにかけられ、金でつくられた花輪がほうぼうに垂れ下がり、色とりどりの模様のついたレースが、車全体を飾りたてています。そのなかには、綿織物や毛織物の座席があって、そのうえには最高級の、ものすごく高価な、真っ白なクッションまで置いてあります。

この車を引くのは、真っ白い大きな牛です。ふとっていて、頑健で、すがたかたちもまことに立派です。こんな牛が車を引くのです。お世話をする者たちの数もたくさんいます。

こういう最高級車を、父親は子どもたちすべてにあたえました。

もらった子どもたちは喜びいさみ、この最高級車に乗って、あちこちを遊びまわり、その楽しいことといったら、たとえようもないくらいでした。

舎利弗さん。あなたに教えておきましょう。わたし（釈迦牟尼如来）もまた、かの父親と同じなのです。聖人中の聖人であり、この世界全体の父親なのです。生きとし生けるものはすべて、わたしの子どもなのです。

生きとし生けるものはみな、俗世の愛欲に執着して、真理を見抜く智恵をもっていません。三界には、ほんとうの安心はありません。まるで、猛火につつまれた家のようなものです。ありとあらゆる苦しみでいっぱいで、じつに恐ろしいところです。つねに、生老病死という苦しみに悩まされています。これらの苦しみが猛火となって、いつまでも襲いかかってくるのです。

如来という存在は、すでに猛火につつまれた家のような三界を出て、寂静たる境地にあって、森林や原野のような自然のなかで安住しています。三界はじつはわたしが所有する家そのものであって、なかにいる生きとし生けるものはみな、わたしの子どもなのです。

かれらが今いるところは、苦しみばかりがあります。わたしひとりだけが、かれらを救い出すことができるのです。ところが、わたしがいくら教えさとしても、かれらは受け入れようとはしません。なぜなら、さまざまな愛欲につよくつよく執着しているからです。

そこで、わたしは方便を駆使して、悟りへの道は三つあると説き、生きとし生けるものに、三界の苦しみを知らしめ、悟りへの道をあきらかにしたのです。

わたしの教えを耳にした者たちが、もし悟りへの道を歩もうと決心したならば、かれらは、世界中どこでも透視できる天眼通《てんげんつう》、自分と他人の過去世を知る宿命通《しゅくみょうつう》、煩悩を断絶して悟りを得る漏尽通《ろじんつう》という三つの智恵、およびこの三つに、空中飛行できる神足通《じんそくつう》、世界中の声を聞ける天耳通《てんにつう》、他人の心中を知る他心通《たしんつう》をくわえた六つの神通力を、その身心にそなえることになるでしょう。その結果、自分自身の救いだけを求めて、悟りを開く声聞となる者もいるでしょう。師なしに、自分自身の救いだけを求めて、悟りを開く縁覚となる者もいるでしょう。自分自身の救いよりも他者の救いを優先して、いかなる困難に遭遇しても、けっしてしりぞかない菩薩となる者もいるでしょう。

舎利弗さん。わたしは生きとし生けるものすべてのために、この譬喩をつかって、悟りへのたったひとつの乗り物について説いているのです。もし、あなたがたがわたしの教えを受け入れるならば、だれひとりとして例外なく、悟りを開くことになるでしょう。

この悟りへの乗り物は、とてもすぐれていて、きよらかな点でも最高です。どこの世界を見わたしても、これ以上のものはありません。如来たちがそろって「これはよい！」とおっしゃり、生きとし生けるものすべてがほめたたえ、供養し、礼拝すべきものです。

この乗り物には、数えきれないくらいの力や解脱や瞑想や智慧にくわえ、如来がもっている真理ならなんでもそなわっています。

このような乗り物にあなたがたを乗せてあげ、昼夜をわかたず、無限に近い歳月、つねに楽しめるようにしてあげましょう。あまたの菩薩や声聞たちといっしょに、このすばらしい車に乗って、瞬時に悟りの境地へとつれていってあげましょう。

こういうわけで、世界中のどこを探しても、このたった一つの乗り物以外に、第二第三の乗り物があるわけではないのです。もしあるとすれば、それは如来が、あくまで方便として、そう言っているにすぎないのです。

舎利弗さんに教えてあげましょう。あなたがたは、ひとりのこらず、わたしの子どもです。わたしはあなたがたの父親なのです。数えきれないほど長い時間、これでもかこれでもかというくらい、焼き苦しめられてきたあなたがたを、わたしは、ひとりのこらず救い、三界から脱出させてあげるのです。

わたしは以前、あなたがたは涅槃に到達するだろうと説きましたが、それはただ輪廻転生、つまり永遠につづく生と死の繰り返しから解き放たれるだけのことで、ほんとうはまだ涅槃に到達してはいません。ですから、いまあなたがたがなすべきは、如来の智慧を求めることです。

もしも、ここに菩薩がいるならば、如来たちが説く真実の教えに、心の底から、耳を傾けなさい。あなたがたの世にも尊きお方にほかならない如来たちが、方便を駆使して、真実の教えをお説きになるとき、その声に耳を傾ける者は、みな菩薩といっていいのです。

もしも、智慧に乏しく、愛欲につよくとらわれている人たちを相手にする場合、如来はその人たちの性行にあわせ、苦にまつわる真理、すなわち「苦諦」をお説きになります。そうすると、いままで知り得なかった真理を知って、かれらの心は喜びに満たされます。如来がお説きになる苦諦は、真実そのものであって、まちがいありません。

もしも、苦の根本原因を知らず、その根本原因につよい執着をもっていて、かたときもそこから離れられない人たちを相手にする場合、如来はその人たちの性行にあわせ、方便を駆使して、真理をお説きになります。すなわち、もろもろの苦の根本原因は愛欲にあるから、もしも愛欲を滅することができれば、執着は消え去るとお説きになるのです。このようにして、もろもろの苦をことごとく滅するというのが、第三の真理、すなわち「滅諦」なのです。そして、この「滅諦」を信じて修行にいそしんだ結果、もろもろの苦から解き放たれることを解脱というのです。

さて、こういう場合、その人は、いったいなにから解脱したのでしょうか。その答えは、ほんとうは実在していないものに対する執着から解脱したのです。したがって、その人は、じつは、あらゆる意味において、解脱したとはまだいえません。だからこそ、如来は、こういう人はほんとうに解脱したのではないとお説きになるのです。

こういう人が、大乗仏教の悟りを得ないかぎり、ほんとうの意味で解脱させることができたとは、わたし（釈迦牟尼如来）には思えません。なにしろ、わたしはありとあらゆる真理の王です。知らない真理など、一つもありません。そして、生きとし生けるものすべてを、最高に安穏な状態にしてあげるために、この世にあらわれたのですから。

舎利弗さん。わたしが仏教の仏教たる根本を説いているのは、この世にあるものたちすべてを幸福にするためにほかなりません。あなたがこの教えをひろめるときには、だれかれとなくみだりに宣伝してはなりません。

もしも、この経典を聞いて、心の底から喜び、頭の上にいただく人がいれば、その人は菩薩の地位からけっして退歩しない人と考えてかまいません。

もしも、この経典を信じるようになる人がいれば、その人は過去世においてすでに如来にお会いして、敬愛し供養し、この教えを聞いた体験がある人です。

もしも、あなたの説法を信じる人がいれば、その人は過去世においてすでにわたしに会い、あなたに会い、出家僧たちに会い、たくさんの菩薩たちに会った体験がある人です。

この法華経という経典は、深い智恵の持ち主のために説かれるべきものです。浅い智恵しかもちあわせていない者たちは、たとえ聞いたとしても、混乱するばかりで、理解できません。声聞や独覚たちは、この経典を理解するだけの力をもちあわせていないのです。

舎利弗さん。あなたはこの経典をかたく信仰していますす。ここにいるほかの声聞たちについては、もはやいうまでもありません。ここにいるほかの声聞たちは、わたし（釈迦牟尼如来）の言葉をかたく信じるがゆえに、この経典に説かれている内容を受け入れているのであって、かれらに特別な智恵があるわけではないのです。

また、舎利弗さん。おごり高ぶっていたり、まじめに修行していない者に、この経典を説いてはなりません。浅い智恵しかなく、見たい、聞きたい、嗅ぎたい、味わいたい、触りたいという五欲に執着している者は、たとえ聞いたところで、まったく理解できないからです。

もしも、この経典を信じようとせず、誹謗中傷するようなことがあれば、如来となる種子を絶やしてしまうことになってしまいます。

また、この経典に対して眉をひそめ、疑惑をいだくようなことがあれば、そういう人がどんなに酷い果報を得ることになるか、あなたがたに教えるので、よくおぼえておきなさい。

もしも、わたしが在世中に、もしくは涅槃に入ったのちに、以上のように、この経典を誹謗することがあったとしましょう。あるいは、この経典を読んだり、記憶したり、書き写したりする者を見て、軽んじたり、卑しめたり、憎んだり、妬んだりして、深い恨みをいだいたとしましょう。このようなことをする人が、どんなに罪深い果報を得ることになるか。いままさに、お聞きなさい。

そういう人は、死んだとたん、無間地獄に、すなわちたとえようのない苦しみを、かたときも休むことなく受けつづける最悪の地獄に堕ちてしまいます。

この無間地獄で、ほとんど無限に近い時間である一劫をへても、また同じところに生まれ変わってしまうのです。こうして、何回も何回も無間地獄に生まれ変わり、永遠に無間地獄で過ごすことになるのです。

仮に地獄を出ることができたとしても、今度は畜生道に堕ちてしまいます。犬やジャッカルに生まれ変われば、そのすがたはひどく痩せ細って、色は褪せた黒やどす黒く、皮膚は疥癬だらけ吹き出物だらけ。人から追いかけられて、「あっちへ行け！」と嫌われるのです。つねに飢えと渇きに苦しみ、骨と皮ばかりにやつれはてています。生きているうちは痛い目にあいっぱなしで、死んでからも瓦や石をぶつけられるのです。こんな酷い果報になる理由は、生前かれらが如来となる種子を絶やしてしまったからです。

あるいは、ラクダやロバに生まれ変わり、いつも重い荷物を背負わされ、しょっちゅう鞭や棒で叩かれるのです。そして、飲み水や飼い葉のことばかり心配して、ほかのことは何も考えられなくなるのです。この経典を誹謗した罪は、こういうことです。

あるいは、ジャッカルに生まれ変わり、集落に迷いこめば、なにしろ体中が疥癬だらけ吹き出物だらけで、見るも無惨。子どもたちに棒で叩かれて痛い目にあい、死んでしまうこともあります。

こうして死んでしまうと、今度はヘビに生まれ変わります。そのすがたは細長く、頭から尻尾まで三五〇〇キロメートルもあります。耳は聞こえず、頭は悪く、足もなく、ずりずりと腹ではいまわり、小さな虫たちに噛みまくられて、昼となく夜となく、苦しみつづけて、かたときも休まる時がありません。この経典を誹謗したために受ける罪は、こういうことです。

もしも、人間に生まれ変わったとしても、良いところは何もありません。ちんちくりんでひどく醜かったり、手足が麻痺していたり、片足が不自由だったり、目が見えなかったり、耳が聞こえなかったり、背骨がひどく湾曲していたりします。なにかものを言っても、だれも信用してはくれません。

口臭がひどく、魑魅魍魎にとり憑かれがちです。貧乏で、身分は賤しく、他人にこき使われ、しょっちゅう病気にかかりっぱなしで、痩せ細り、頼りになる者もなく、だれかに近づこうとしても、かまってくれません。たまにお金を手に入れても、またたくまになくなってしまいます。

お医者さんにかかって、病気を治療してもらい、その病気が治ったとしても、また別のもっと悪い病気にかかり、死んでしまうことも稀ではありません。病気にかかっても、だれひとり面倒を見てくれませんし、たとえ良い薬を服用したとしても、その副作用で、病気はもっと悪くなってしまうのです。

あるいは、他人に裏切られ、財産をかすめとられたり盗まれたりします。こういうような罪の結果が、尋常ならぬ災いとなって、罪を犯した者にふりかかってくるのです。

以上のような罪人は、聖人中の聖人にほかならない如来が説法し教化する機会に、絶対に出会えません。以上のような罪人は、いつもひどい境遇に生まれつき、まっとうな精神状態をもちえず、真実の法に出会えないのです。そして、ガンジス河の砂の数にひとしい、ほとんど無限に近い時間にわたって、耳は聞こえず、口もきけずというぐあいに、身体の各機能を健常にそなえることができません。

この経典を誹謗する者にとってはつねに、地獄が行楽の場となり、餓鬼・畜生・阿修羅という悪道が住処となり、ラクダやロバやイノシシや犬といっしょに過ごすことになるのです。この経典を誹謗したために受ける罪は、こういうことです。

たとえ人間に生まれ変わっても、耳は聞こえず、目は見えず、口はきけず、貧乏で、とりえはなく、身を飾るものといったら、湿疹、乾癬、疥癬、吹き出物などを、まるで衣服のように着ています。体中から悪臭をただよわせ、垢だらけで不潔きわまりなく、自分の身体が実在しているというあやまった観念にとらわれ、激しい怒りに駆りたてられ、淫らな愛欲にまみれているようすは、禽獣となんら変わりません。この経典を誹謗したために受ける罪は、こういうことです。

舎利弗さん。よくおぼえておきなさい。この経典を誹謗する者が受ける罪は、一劫をかけても説き終えることができません。こういう事実があるからこそ、わたしはあなたがたに教えておくのです。

智恵のない人たちにむかって、この経典を説いてはなりません。

もしも、資質にめぐまれ、とても聡明で、勉強熱心で広い知識をもち、悟りを求める人がいたならば、このような人にだけ、この経典を説きなさい。

もしも、過去世において、あまたの如来たちにお会いし、もろもろの善根を積み重ね、悟りを求める心がまことに深くかたい人がいたならば、このような人にだけ、この経典を説きなさい。

もしも、修行に熱心に励み、慈悲の心をもち、生命をもなげうって、悟りを求める人がいたならば、このような人にだけ、この経典を説きなさい。

もしも、他人を敬愛し、純粋な心をもち、愚かな者たちと付き合わず、たったひとりで自然のなかで修行している人がいたならば、このような人にだけ、この経典を説きなさい。

また、舎利弗さん。もしも、悪い友人との関係を絶ち、善い友人とだけ付き合っている人がいたならば、このような人にだけ、この経典を説きなさい。

もしも、ブッダの子どものなかに、戒律をちゃんと守って身を清らかにたもつようすが、あたかもなんら汚れなき摩尼宝珠のようであり、しかも大乗の経典を求めている人がいたならば、このような人にだけ、この経典を説きなさい。

もしも、怒りを克服し、性質が素直でしかもやわらかく、つねに生きとし生けるものすべてをあわれみ、如来という如来をあがめる人がいたならば、このような人にだけ、この経典を説きなさい。

また、ブッダの子どもで、多くの人々を相手に、清らかな心で、さまざまな体験談やたとえ話を駆使して、自由自在に説法することができる人がいたならば、このような人にだけ、この経典を説きなさい。

もしも、出家僧であって、ありとあらゆることを知る智恵を求めて、いかなるところへも出かけていき、合掌し、経典を頭の上にいただき、ただひたすら大乗の経典を信仰して、ほかの経典はたったひとつの詩句すらも受け入れない人がいたならば、このような人にだけ、この経典を説きなさい。

人々が心の底からブッダの遺骨を求めるように、そのようにこの経典を求め、手に入れたならば、その経典を頭の上にいただいて、ほかの経典には目もくれず、ましてや仏教以外の聖典を覚えようとしたことがない人がいたならば、このような人にだけ、この経典を説きなさい。

舎利弗さん。あなたに教えておきましょう。こういうぐあいに、このうえなく正しい悟りを求める者についで語っていたら、いくら時間があってもたりません。このような人たちは、まちがいなく法華経の真意を理解できるでしょう。ですから、あなたは、このような人たちのために、法華経を説きなさい。

4 信解品《しんげぼん》

そのとき、須菩提、大旋延、大迦葉、大目犍連は、釈迦牟尼如来からかつて聞いたことのない教えを聞き、また世にも尊きお方（釈迦牟尼如来）が舎利弗に、あなたはこのうえない正しい悟りを得るだろうと予言なさったことを、まのあたりにして、これはすばらしいことだと思い、喜びいさんで、いままで坐っていた席から立ちあがり、衣服をととのえ、右肩をあらわにし、右膝を地に着け、釈迦牟尼如来にむかって合掌し、からだをかがめて尊敬の念をあらわし、釈迦牟尼如来のお顔を仰ぎ見て、こう申し上げました。

「わたしたちは出家僧たちの最上位に位置し、いたずらに年齢を重ねてまいりました。自分たちはすでに涅槃に到達したと思い込んでいたために、いまさら厳しい修行に励むことはないと考え、このうえなく正しい悟りを求めようとしてきませんでした。

世にも尊きお方（釈迦牟尼如来）が説法をはじめられてから、すでに長い時間が過ぎ去りました。その間、わたしたちはずっと坐ってお聞きしていましたが、身体は疲れ果て、くたびれ果ててしまいました。この世の森羅万象は実在していないという『空』とか、わたしたちの五感がとらえている形や姿は実在していないという『無相』とか、実在していないのだから執着の対象にならないという『無願』については、よく理解できました。しかし、菩薩が真理にもとづいて自由自在に活動し、仏国土を清め、生きとし生けるものすべてを悟りにみちびくということについては、興味も関心もありませんでした。

なぜか、と申しますと、世にも尊きお方がわたしたちを、苦しみに満ちた三界から連れ出してくださり、涅槃のあかしを獲得させてくださったからです。おまけに、わたしたちは年老いてしまい、世にも尊きお方が菩薩たちを教化してみちびこうとされている、このうえなく正しい悟りに対し、まったく興味も関心も生じなかったのです。

わたしたちは、いままさに世にも尊きお方の前で、声聞であっても、このうえなく正しい悟りを得られると予言されたのを聞いて、心は躍るばかりに喜びに満ち、かつてない思いにひたっています。

まさか、いまここで、すばらしい教えを聞くことになるとは、まったく想像もしませんでした。大いなる善の利得を得て、こんなに嬉しいことはありません。はかりしれないくらい膨大かつ貴重な宝が、求めなかったにもかかわらず、特になにをするでもないのに、手に入ったのですから。

世にも尊きお方。わたしたちに、この喜びを、譬喩を使って、表現させてください。

あるところに、まだ年端もいかないうちに、父親を捨てて家出し、他国で十年、二十年、あるいは五十年も暮らした男がいたとしましょう。この男は年をとって、しかも貧乏で、衣食を求めてあちこちを転々としていましたが、放浪するうちに、故郷にまいもどることになりました。

父親はいなくなってしまった息子を捜し求めましたが、その甲斐もなく、ある大きな街に住むことになりました。かれの家はひじょうに富み栄え、財宝はいくらでもありました。金、銀、ラピスラズリ、珊瑚、琥珀、水晶玉などが、蔵という蔵にいっぱいありました。召使いや家来や使用人をあまたかかえ、所有している象、馬、乗り物、牛、羊の数といったら、数えきれないくらいでした。手広く他国にまで売り買いして莫大な利益をあげ、商取引のために出入りする人の多さも、尋常ではありませんでした。

そのころのことでした。落ちぶれ果てた息子が、あちらこちらの村や街をさまよい歩いたあげく、ついに父親が住む大きな街にやってきました。

父親はいつも息子のことを心配していました。息子と別れてから、はや五十年以上たちましたが、息子について他人にうち明けることは絶えてありませんでした。ただひたすら内心、後悔の念をいだいては、こう思うのがつねでした。『わたしはもう年をとって、余命いくばくもないが、財産は膨大だ。蔵には金銀財宝がいっぱい詰まっているが、それをゆずるべき息子がいない。わたしが死んでしまえば、財産は散逸してしまって、うけつぐ者はない』。そう思っては、いつも心底から、息子のことを心配していました。

また、こう考えることもありました。

『もし、息子がもどってきて、わたしの財産をうけついでくれるのであれば、これほど嬉しいことはないし、なにも心配しなくてすむ』

世にも尊きお方。ちょうどそのとき、落ちぶれ果てた息子が、食を求めてあちこちさまよった末に、父親の住む邸宅にたどり着いたのでした。門のそばに立って、はるか遠くに父親のすがたを見れば、最高級の椅子に腰を下ろし、足置き台にその両足をゆだねています。まわりをバラモン僧や王族や民間の有力者にかこまれ、敬意を表されています。いくらするのかわからないくらい高価な真珠のネックレスを首にかけ、召使いたちがその両脇に立って、ヤクという牛に似た動物の尻尾でつくられた扇であおいでいます。頭の上には、宝物をちりばめた天蓋があり、その天蓋には豪華な垂れ飾りがたくさんついています。香水を床にふんだんにふりそそぎ、美しい花々をあまたまき散らし、金銀財宝をならべて取引をしています。このように、いろいろな豪華きわまりない装飾品や調度にかこまれて、その立派なことといったら、たとえようもありません。

息子はこの邸宅の主人があまりに立派なのを見て、恐れおののき、ここに来たことを後悔しました。そして、心のなかで、こう思いました。『これは王様だろうか。それとも、王様にならぶような人だろうか。おれみたいな者が、やとってもらって、なにかをいただくようなところではないな。貧しい人々が暮らす地区に行って働いたほうが、着るものも食べるものも手に入れやすいにちがいない。こんなところに長居していると、とっつかまって、こき使われてしまうかもしれない』。こう思ったものですから、足早に走り去っていきました。

そのようすを最上等の椅子のうえから見ていた父親は、それが自分の息子だとすぐわかりました。心は喜びに満たされ、こう思いました。『わたしの財産をうけついでくれる者があらわれた。わたしはあの子のことをいつも案じていたけれど、見つけ出すことができなかった。それがどうだ、自分からやってきてくれた。わたしの願いがかなったのだ。年をとったとはいえ、まだまだあの子のことが心配でならない。そうだ。だれか足の速い者に追いかけさせ、連れもどそう』。

『あの人を連れもどしてこい』と命じられた者たちは、走っていって、その男をつかまえました。息子はつかまえられて、びっくり仰天。『いやだ！　いやだ！』と大声を上げました。『おれはなんにも悪いことはしていない。なのに、なぜ、つかまえるんだ』。

こう泣きわめいているのを無視して、『あの人を連れもどしてこい』と命じられた者たちは、つかまえた男をがんじがらめにして、むりやり父親の邸宅へ引き連れてきました。

このとき、息子はこう思いました。『なにも悪いことをしていないのに、とらえられてしまった。このようすでは、殺されるにちがいない』。そう思い込んで、恐怖はさらに増し、気を失って、地面に倒れ伏してしまいました。

父親はそんなようすをはるかかなたから眼にして、使いの者に、こう命じました。

『あの男をそんな邪険に扱ってはいけない。顔に冷たい水をかけて、目をさまさせなさい。また、あの男に話しかけてはいけません』

なぜ、そう命じたのかというと、父親は自分の息子が品性下劣であることも、自分がたいへんな金持ちで、息子が身分ちがいも甚だしいと恐れおののいていることもよくわかっていましたので、その男が自分の息子であることを知っていながら、方便を使って、その男が自分の息子だとは、だれにも告げませんでした。

父親からそう命じられた者たちは、かの男にむかって、こう言いました。

『いま、はなしてやるから、好きなところへ行け』

こう言われて、息子は予想もしなかった事態に喜び、地面から起き上がって、貧しい人々が住む地域に足を運び、着るものや食べるものを探し求めました。

そのようすを見ていた父親は、息子を自分の家にみちびき入れようと考え、方便を駆使しました。すがたかたちがみすぼらしく、およそ立派には見えない者を二人、自分の前に呼んで、こう言い含めました。『おまえたち、あそこに行って、落ちぶれ果てた男に、「働き場所があるよ。給金はふつうの二倍だよ」と言いなさい。もし、かの男が受け入れたら、連れてきて、仕事をさせなさい。「どんな仕事ですか」と尋ねられたら、こう答えなさい。「あんたの仕事は便所掃除だ。おれたち二人と、いっしょにするんだよ」』。

かくして、二人が息子のところに行き、命じられたままに、こう言うと、かの男は、まず最初に給金をうけとり、それから二人といっしょに、便所掃除をしました。そのようすを見て、父親は憐れみながらも、嬉しいという思いを禁じえませんでした。

また、別の日に、窓から遠く息子を見れば、痩せ細り、疲れ切っていて、しかも糞まみれ泥まみれ塵まみれ汗まみれで、汚いったらありません。それを見て、父親はネックレスをはずし、柔らかで最高級の上着を脱ぎ、装飾品のたぐいを全部とり、さらに粗末で垢だらけの衣を身につけ、体中を泥まみれにしたうえで、右手に便所掃除の道具をもち、いかにも身分が低いかのようによそおいました。

そして、そこで働いていた者たちにむかって、『おまえたち、一生懸命に働け。さぼるんじゃないよ』と言いました。このように方便を駆使して、息子のところに近づくことに成功したのでした。

ある日には、息子にこう話しかけました。『おいおい、そこの男。おまえさんはいつまでも、ここで働いていなさい。ほかのところに行ってはいけないよ。給金を上げてあげるからね。食器でも米麦でも塩や酢でも、いくらでもあるから、自分で代金を支払うことはないよ。年寄りの使用人もいるから、必要なら、そう言いなさい。気楽に暮らしたらよいのだよ。わしはおまえさんの父親みたいな者だからね。だから、心配することはない。どうしてか、というと、わしはもう年寄りで、おまえさんはまだ若い。おまえさんのつねひごろを見ていると、さぼったりしないし、怒ったりしないし、悪口も言わない。ほかの者たちはこういう悪さをするものだが、おまえさんはちがう。これからは、おまえさんを、ほんとうの息子のように思おう』。

こう言って、大金持ちは即座に、かの男に『息子』という名をつけました。落ちぶれ果てていた息子は、こういう待遇を得て、とても喜びましたが、自分は雇われた、身分の賤しい者だという思いは変わりませんでした。

こうして二十年間、息子は便所掃除をつづけました。二十年を過ぎて、ようやく安心して大邸宅に出入りできるようになりました。しかし、住むところは、あいかわらず、もとのままの粗末なものでした。

世にも尊きお方。そうこうするうちに、大金持ちは病にかかり、余命いくばくもないと知って、息子にむかい、こう言いました。『わたしの蔵には、金銀財宝がいっぱいある。それをだれが受け継ぐのかについて、おまえさんに全部、知っておいて欲しいのだ。なぜかというと、いまとなっては、わたしとおまえさんは一心同体だからだ。よくよく用心して、損失が生じないようにつとめなさい』。

こう教えさとされて、息子は、蔵のなかの金銀財宝をはじめ、全財産について知る立場になりましたが、なにひとつ、自分のものにしようとはしませんでした。しかも、住むところは、あいかわらず、もとのままの粗末なものでした。そして、自分は身分の賤しい者だと思い込んだままでした。

それから、しばらくしてからのことでした。息子の心が成長して明るい希望をいだき、かつての自分はなんて心が貧しかったのだろうと反省していることを知って、父親は臨終にのぞみ、息子に親族、国王、大臣、王族、民間の有力者をここに集めなさいと命じました。これらの人々が集まると、父親はこう宣言しました。『みなさん、よく覚えておいてください。ここにいるのは、わたしの息子です。わたしが生み成した子どもです。かつて、わたしが住んでいた街から、わたしを捨てて家出し、さんざん苦労すること五十年以上にもなります。ほんとうの名前はこうこうで、わたしの本名もこうこうです。わたしは息子のことが心配で心配でならず、その街を出て、あちこち尋ね歩きました。そして、最近になってやっと、再会することができました。ここにいる男こそ、わたしの実の子です。わたしこそ、この男の実の父親です。いまわたしが所有している財産は、すべてこの子のものです。わたしの財産については、この子が全部よく知っています』。

世にも尊きお方。息子は父親の言葉を聞いて、ひじょうに喜び、かつていだいたことのない思いをいだいて、こう思いました。『こんなことになろうとは、夢にも思わなかった。たったいま、これほどの財産が、まるでひとりでに手に入ったようなものだ』。

世にも尊きお方。この父親こそ、如来であるあなたにほかなりません。わたしたちは如来の子どもたちといってよいのです。如来はつねに、わたしたちは如来の子どもであるとお説きになっています。

世にも尊きお方。わたしたちは三苦、つまり世の中は嫌なことばかりだと感じる苦（苦苦《くく》）、好きなことやものほど失われやすいという現実から感じる苦（壊苦《えく》）、世の無常を見て感じる苦（行苦《ぎょうく》）が原因となって、生まれ変わり死に変わる過程でさまざまな苦悩にさいなまれ、心は乱れ、智恵もないものですから、下劣な教えを受け入れてきました。

しかし、今日という日に、世にも尊きお方はわたしたちを指導して、ゴミみたいな、正しくもなく意味もない教えを、きれいさっぱりぬぐい去ってくださいました。わたしたちはわたしたちなりに精一杯、努力して、ちょうどかの息子が一日分の給金を得るように、涅槃にいたる道を求めてまいりました。そして、それをすでに得られたとばかり思い込んで、心は喜びに満たされ、もうこれで十分だと考えて、こう独り言を言ったものでした。『如来の教えにしたがって一生懸命に努力したので、たくさんの成果を得られたのだ！』。

世にも尊きお方は、わたしたちの心が良からぬ傾向にとらわれ、下劣な教えを求めていることをよくご存じだったので、そのままほうっておかれ、如来だけしかもちえない知見や宝蔵があることを、教えてはくださいませんでした。

世にも尊きお方は方便を駆使して、如来の智恵をお説きになりましたが、涅槃にいたるのは膨大な資金が必要なのに、わたしたちは世にも尊きお方にまごころを尽くしてお仕えし、その対価として、日々たった一日分の給金を手にして、これでもう十分だと思い込み、大乗仏教を求めようとはしてきませんでした。また、わたしたちは、如来の智恵にもとづいて、大乗仏教を信仰するもろもろの菩薩たちのために、ああだ、こうだと説法していながら、自分たち自身は大乗仏教をきわめたいとは考えていませんでした。

なぜかと申しますと、世にも尊きお方はわたしたちが下劣な教えを求めていることを知っておられるので、方便を駆使して、わたしたちのレベルにあわせて、お説きになるからです。おまけに、わたしたちは自分が如来の子どもとは知らなかったからです。

いま、よくわかりました。世にも尊きお方は如来の智恵をお説きになるにあたり、ケチケチしてはいなかったのです。

なぜかと申しますと、わたしたちは、過去から現在にいたるまでずっと、如来の子どもでありながら、下劣な教えしか求めてこなかったからです。もしも、わたしたちに大乗仏教を求める心があったならば、世にも尊きお方は必ずや大乗仏教をお説きになったにちがいありません。

いままさに、この経典のなかに、悟りへの乗り物はたった一つしかないとお説きになっています。かつて世にも尊きお方は、菩薩たちの前で、自分だけの悟りを求める声聞が下劣な教えを求めることを、称讃したり非難したりなさいましたが、その本心は大乗仏教をもって教化することだったのです。

このようなわけで、もともとは求めていなかったにもかかわらず、いま、真理の王である世にも尊きお方がお説きになる宝蔵が、まるでひとりでに、わたしたちのもとへとやってまいりました。かくして、如来の子どもが得るべきものを、ことごとく得たのです」

そのとき、声聞を代表し、大迦葉が、以上のことがらをもう一度、詩句に託して申し上げました。


わたしたちは本日、世にも尊きお方のお声を聞いて、躍り上がらんばかりの喜びにひたり、かつてなかった思いに満たされました。

世にも尊きお方が、これまで自分自身の救いしか求めてこなかった声聞であっても、如来になることができるとお説きになったからです。

これは、無上の宝物をあまた、求めていないのに、おのずから手に入れたようなものです。

たとえてみれば、こういうことです。少年がまるで幼稚で、なんの知識もなく、父親を捨てて家出し、はるか遠い国に行ってしまいました。

諸国をさまよい歩くこと、五十年以上。父親は心配して、四方八方を探しましたが、見つけ出せず、やがて疲れ果て、ある街に住み着きました。

大きな邸宅を建て、五欲、すなわち財欲・色欲・飲食欲・名誉欲・睡眠欲をすべて満たして、人生を謳歌しました。

かれの家は大いに富み栄え、金、銀、シャコガイ、瑪瑙、真珠、水晶などをたくさん所有し、象、馬、牛、羊、豪華な乗り物をたくさんもち、小作人、使用人、配下の人々もたくさんかかえていました。

商売を手広くいとなみ、外国とも取引し、あまたの商人たちが出入りしていました。とてつもない数の人々から敬意を受け、いつも王様と親しく付き合っていました。地域の有力者たちからも尊敬され、さまざまな関係から、行き来する人の数もたいそう多いのでした。

この人が富み栄えていたようすは以上のようで、たいへんな権勢を誇っていました。

しかし、年齢を重ねるとともに、いよいよ子どものことが気にかかってしかたがありません。夜となく昼となく、こう考えるのでした。

「わたしの余命もそう長くはない。馬鹿息子がわたしを捨てて家出してから、はや五十年以上。蔵にいっぱい詰まっている財宝を、どうしたらよいだろうか」と。

ちょうどそのころ、落ちぶれ果てた息子は、衣食を求めて、街から街へ、国から国へ、さまよい歩き、服を着られたり着られなかったり、食べ物を得られたり得られなかったりしていました。飢えに苦しみ、痩せ細って、皮膚は疥癬や吹き出物だらけでした。

そうこうしているうちに、父親が住んでいる街にたどりつきました。雇い仕事をさがして、ついに父親が住む邸宅にやってきたのでした。

ちょうどそのとき、大金持ちとなっていた父親は、邸宅の門内で、大きな天蓋のもと、最高級の椅子に腰を下ろしていました。

かれのまわりは多くの配下の者たちでいっぱいでした。そのなかのある者は金銀や宝物がいくらあるか計算し、またある者は財産を管理し、いろいろな書類を相手にしていました。

落ちぶれ果てた息子は、父親があまりにお金持ちで立派なのを眼にして、あの人は王様だろうか。それとも、王様にならぶような人だろうかと驚きあわて、「なぜ、こんなところに来ちまったのか」と後悔しました。

そして、こう独り言を言いました。「こんなところに長居していると、とっつかまって、こき使われてしまうかもしれない」。そう思って、足早に走り去っていきました。貧しい人々が住む地域に家を借りて、雇い仕事をさがそうと考えたのです。

このとき、大金持ちになっていた父親は、最高級の椅子のうえから、はるかかなたに自分の息子のすがたを見つけましたが、口には出しませんでした。使用人に命じて息子をとらえ、目の前に引き連れてこさせました。

息子はびっくり仰天して、気を失い、地面に倒れ伏してしまいました。「この人がおれをつかまえさせた張本人だ。おれは殺されるに決まっている。ここで衣食を得られても、それがなんだというんだ」と思ったのです。

父親は、息子が愚かで心が狭く、なにを言っても信じようとせず、自分は父親だと告白しても信じようとしないことを知って、方便を使うことにしました。

そこで、片方の眼がつぶれ、ちんちくりんで、およそ威厳というものがない者を選んで、息子のところへいかせました。そして、こう言うように命じたのです。「うちで雇ってやるから、便所掃除をしな。給金はふつうの二倍やるよ」。

そう聞いて、息子はひじょうに喜び、父親の邸宅にやってきて、便所掃除に精を出し、あちこちの建物をきれいにしました。

父親はそのようすを窓からいつも見ながら、息子が品性愚劣で、くだらないことばかりしたがると思いました。

そこで父親は、垢だらけの汚い服を身にまとい、便所掃除の道具を手にもち、方便を使って、息子のところに近づき、こう言って、もっともっと働かせようとしました。

「給金を上げてやろう。足に塗る油をやろう。食物や飲み物を増やしてやろう。ベッドを厚く柔らかくしてやろう」。こうガミガミ言って、もっともっと働かせようとすることもあれば、逆に優しく、こう語りかけることもありました。「おまえさんはわしの子どもみたいなものだよ」と。

こういうぐあいに、父親の智恵のおかげで、息子はやっと邸宅のなかに出入りできるようになりました。こうして二十年をへて、息子に家の仕事をまかせることとなり、金銀、真珠、水晶をはじめ、財産がどれくらいあるかを教えて、その管理をゆだねましたが、息子はまだ邸宅のなかには住まず、あいかわらず粗末な草葺きの家に暮らし、自分はまだ貧しくて、あんな富は縁がないと考えていました。

父親は息子の心がようやく広やかになってきたことを知って、財産をゆずりわたそうと思い、親族をはじめ、国王や大臣や王族や民間の有力者をあつめて、かれらの前で、こう語りました。

「これはわたしの息子です。わたしを捨てて家出してから、はや五十年たちました。その息子とめぐりあってから、もう二十年が過ぎました。昔、わたしがそのころ住んでいた街から、この息子は失踪しました。わたしは息子を捜し求めて、あちこち尋ね歩き、この街にやってまいりました。

わたしが所有している家も使用人も、すべてこの者にあたえます。この者の自由にまかせます」

そう聞いて、息子はこう思いました。「かつては貧しく、心根も下劣だった。いまはお父さんのもとで、貴重な財宝や邸宅はもちろん、全財産を得ることができた」。そう思って、たとえようもない喜びにひたり、想像だにできなかった境遇を得たのでした。

世にも尊きお方のなさることも、これとまったく同じです。わたしたちが下劣な境地しか求めていないことをご存じなので、あなたがたは如来になれるだろうとは、お説きになりませんでした。そして、わたしたちがもろもろの欲望を克服して、小乗仏教の境地を完成する声聞という次元の弟子だとお説きになりました。

世にも尊きお方はわたしたちに、こうもおっしゃいました。「このうえなく正しい悟りを求めて、修行に励む者は、必ずや如来になるだろう」と説けと。わたしたちは世にも尊きお方からこういう教えをいただいて、偉大な菩薩たちのために、いろいろな体験談やさまざまなたとえ話や、あまたの言い回しをつかって、このうえなく正しい悟りについて説きました。

如来の多くの子どもたちは、わたしたちが言うとおり、すなおに教えを聞き、昼となく夜となく考えつづけ、一生懸命に修行に励みました。このとき、あまたの如来たちが、修行に励む菩薩たちに、あなたは未来世において如来になるだろう、と予言されたのでした。

このように、わたしたちは、如来たちが秘蔵してきた教えの真髄を、ただひたすら菩薩たちのために説くばかりで、その肝心要なところを、自分たちのために説こうとはしてきませんでした。それは、あたかもかの息子が、せっかく父親の近くにいることをゆるされ、いろいろなことがらを知りうる立場にいながら、わがものにしようとまったく考えなかったのと同じです。

わたしたちが仏法の宝蔵を説きながら、自分たちのために、その宝蔵を求めようとはしてこなかったのも、同じことです。わたしたちはおのれの滅却をもって、修行は完成したと思い込んでしまったので、それ以上の境地を知ろうともしませんでした。ですから、もしも、如来たちがそれぞれの仏国土を浄化し、生きとし生けるものを教化していると聞いても、とくに嬉しくも楽しくもありませんでした。

なぜかと申しますと、この世の森羅万象は空、つまり実在していないし、生じることもなければ滅することもなく、大きくなることもなければ小さくなることもなく、煩悩もなければ行為もない、とばかり思い込んでいたので、喜びも楽しみも感じなかったのです。

わたしたちはけっして明けることのない長い夜のあいだ、如来の智恵を、欲しいとも思わず、得たいとも思いませんでした。そして、自分たちが最高の境地にいたったと思い込んでいたのです。わたしたちはけっして明けることのない長い夜のあいだ、空という真理をめざして修行し、三界の苦悩から解き放たれて、もうこれ以上は死に変わり生まれ変わりすることのない最後の身体において、有余涅槃、すなわち煩悩は滅却したものの、まだ肉体が残っている状態の涅槃に到達したのです。

世にも尊きお方が教えてくださったとおりに修行して、

この境地に到達できたのです。かくして、もう十分に、世にも尊きお方から受けたご恩にむくいえたと思います。

わたしたちは、如来の子どもたち、つまり菩薩たちのために、菩薩はなにをなすべきかを説いて、このうえなく正しい悟りを求めさせたものの、自分たちはそのことにずっと無関心なままでした。

指導者である世にも尊きお方が、わたしたちをお見捨てになった理由は、わたしたちの心をよくご存じだったからであり、「最高の道はこっちだよ」と最初から説いてくださらなかったのも、無理からぬことでした。それは、大金持ちの父親が、息子の心が下劣なのを見抜いて、まずは方便の力を使って、息子の心をひろやかで豊かな方向へみちびき、しかるのちに財産をすべて譲ったのと同じです。

世にも尊きお方のなさることも、同じです。めったにありえないことを、実現なさるのです。ごくつまらない成果しか求めていない者と見抜いたうえで、方便の力を使って、その心を徹底的にあらためさせ、それから大いなる智恵を教えてくださるのです。

わたしたちは、今日という日に、これまで想像だにしなかった結果を手に入れることができました。最初は求めようともしていなかった結果を、いままさにやすやすと得ることができたのです。それは、かの落ちぶれ果てていた息子が、無量の宝を得たのと、なんら変わりません。

世にも尊きお方。わたしたちはいま、修行を成し遂げ、その成果を得ました。煩悩を克服して、なにひとつ汚れのない眼を得たのです。わたしたちは、けっして明けることのない長い夜のあいだ、世にも尊きお方からさずかった戒律をきちんと守ってきたおかげで、今日という日に初めて、その果報を得ました。ありとあらゆる真理の王である世にも尊きお方の教えにしたがい、長きにわたり、欲望を完全に絶つ修行にはげみ、いままさに煩悩を克服し、このうえない大いなる成果を得たのです。

かくして、わたしたちはいま、真の意味において、声聞となりました。このうえなく正しい悟りという声を、生きとし生けるものすべてに聞かせましょう。

かくして、わたしたちはいま、真の意味において、阿羅漢となりました。神々や魔や梵天をふくむ世間のすべてから、この世の生きとし生けるものすべてから、供養を受ける資格を得たのです。

世にも尊きお方には、大恩があります。ありとあらゆる困難をのりこえて、わたしたちを慈しみ、教化して、最上の利益をあたえてくださったのですから。その恩には、どんなに時間をかけようとも、だれひとりとして報いることはできません。

手をつかい足をつかって礼拝し、頭を地につけて礼拝し、五体全部をつかって礼拝しても、報いることはできません。世にも尊きお方を、頭上にいただき、両肩にいただき、ガンジス河の砂の数にひとしい劫のあいだじゅうずっと、心の底から礼拝しても、また、美味しい食事、最高の衣服、さまざまな寝具、いろいろな種類の薬をもって、ガンジス河の砂の数にひとしい劫のあいだじゅうずっと、心の底から礼拝しても、報いることはできません。牛頭栴檀でしつらえ、もろもろの貴重な宝物で飾り立てた仏塔を建立して、最高級の衣を地に敷き詰めて、ガンジス河の砂の数にひとしい劫のあいだじゅうずっと、心の底から礼拝しても、報いることはできません。

如来たちは、想像だにできず、限界がなく、理解を超える神通力の持ち主です。煩悩を完璧に克服し、生死を超越した、ありとあらゆる真理の王者にほかなりません。そして、愚かなわたしたちのために、どんな苦労も堪え忍んでくださるのです。

ものごとの深層をわきまえず、表面的な現象にとらわれがちな凡夫のために、それぞれもっともふさわしい手立てをこうじて、如来たちは真理をお説きになるのです。真理を説くうえで、如来たちには不可能なことなど、まったくないのです。

生きとし生けるものがおのおのもっている多種多様な願い、およびその志向をわきまえ、よくよく考え抜いたうえで、たとえ話を数かぎりなく駆使して、真理をお説きになるのです。

さらに、生きとし生けるものおのおのが過去世において積んできた善根を考慮し、また悟りへの条件が十分か、それとも不十分かをしらべたうえで、いろいろ推し量り、分析して、総合的に評価を下したのち、悟りへの乗り物は、ほんとうはたった一つしかないのですが、おのおの資質に応じて、三つあるとお説きになる場合もあるのです。

5 薬草喩品《やくそうゆほん》

そのとき、世にも尊きお方（釈迦牟尼如来）は、大迦葉をはじめ、あまたの長老たちにむかって、こうおっしゃいました。

「すばらしい。すばらしい。迦葉は、如来の真実の功徳について、とてもうまく説明してくれました。まったく、かれの言うとおりです。如来には、はかりしれない、数かぎりない、膨大な功徳があるのです。あなたがたがいくら時間をかけても、とうてい説明し尽くせません。

迦葉さん。よくおぼえておきなさい。如来はありとあらゆる真理の王者です。如来が説くところは、すべて真実です。ありとあらゆる真理を、究極の智恵にもとづく方便を駆使して、お説きになるのです。そして、その教えは、聞く者を、ありとあらゆることを知る智恵（一切智）をわがものとする境地にみちびくのです。如来は、ありとあらゆる真理が帰結するところをご存じですし、生きとし生けるものすべてが心のなかでなにを願っているかもよく知っておられますし、どんなことも知らないということがありません。また、ありとあらゆる真理を完璧に理解したうえで、生きとし生けるものすべてに、ありとあらゆることを知る智恵を教えさとされるのです。

迦葉さん。それは、たとえていうなら、こういうことです。三千大千世界、つまり千の三乗ですから、十億の世界に存在する山や川や谷あるいは大地には、さまざまな種類の、いろいろな名前の草や木や叢林や薬草がいっぱいはえています。そこに雨雲が湧いてきて、三千大千世界をおおい尽くし、いたるところで同時に、雨をざぁっと降らしたとしましょう。その雨は、灌木や樹木や薬草の根も枝も茎も葉も、小さいものから大きいものまで、ことごとくうるおしますが、これらの植物は、その大小によって、また本性が上等なのか、中等なのか、下等なのかによって、吸収できる水の量が決まっています。かくして、同じ雲から降った雨であっても、おのおのの種類に応じて成長を遂げ、花を咲かせ、実をならせるのです。同じ大地に根をはやし、同じ雨にうるおされたといっても、草木にはそれぞれ違いがあるのです。

迦葉さん。よくおぼえておきなさい。如来という存在も、この雨と同じです。空に巨大な雲が出現するように、世に出現するのです。かの巨大な雲が三千大千世界をおおい尽くすように、世界中の神々や人々や阿修羅をふくむ生きとし生けるものすべてにむかって、大きな声で呼びかけるのです。そして、かれらすべてに、こうお説きになるのです。

『わたしは供養されるにふさわしい者（応供）であり、歴史や時間の制約を超えた智恵の持ち主（正徧知）であり、過去世を知り尽くし未来世を知り尽くし煩悩を完全に克服した者（明行足）であり、完璧な悟りに到達した者（善逝）であり、聖なる世界のことも俗なる世界のことも知り尽くした者（世間解）であり、世間の動向にゆるがない最上の智恵と行動の者（無上士）であり、穏やかな言葉と厳しい言葉を自在に使い分けて修行者を指導する者（調御丈夫）であり、神々と人間にとって共通の指導者（天人師）であり、最高の智者（仏）であり、世の中の人々から尊敬されるべき者（世尊）なのです。

まだ生死の苦しみから救われていない者を救い、まだ解脱していない者を解脱させ、まだ幸せになっていない者を幸せにさせ、まだ涅槃にいたっていない者を涅槃にいたらせるのです。現世についても来世についても、わたしはありのまま正しく知っています。

わたしは、一切智者すなわちすべてを知る者であり、一切見者すなわちすべてをありのままに見る者であり、知道者すなわち悟りへの道を知るものであり、開道者すなわち悟りへの道を切り開いた者であり、説道者すなわち悟りへの道について説く者なのです。ですから、あなたがた神々も人間も阿修羅をふくむ生きとし生けるすべてのものたちよ、みなそろって、わたしの教えを聞くために、ここにおいでなさい』

そう言われて、まったく数えきれないくらい多くの生きとし生けるものたちが、釈迦牟尼如来がおられるところに集まってきて、その教えに耳を傾けます。すると、釈迦牟尼如来は、ここに集まってきた生きとし生けるものすべての資質の優劣、精進努力の優劣を見抜いて、それぞれにふさわしい仕方で、教えさとされます。その説き方といったら、まさに自由自在なので、ひとりのこらず心は喜びに満ち、気持ちよく利益を得ることができるのです。

集まっている者たちは、釈迦牟尼如来の説法をお聞きした結果、現世においては幸せになり、死後はすばらしく良い境遇に生まれ変わり、そこで心楽しく悟りへの道を歩みながら、釈迦牟尼如来の教えを聞くことができるようになるのです。そして、釈迦牟尼如来の教えを聞いて、もろもろの障害から解き放たれ、その境遇に応じて、個々の力量に応じて、悟りへといたる道を歩むのです。

それは、たとえていうなら、かの巨大な雲がありとあらゆる草や木や叢林や薬草に雨を降らすとき、植物たちがそれぞれの種類や性質に応じて水分を吸収し、生長するのとなんら変わりません。如来の説法は、まったく同じ味がします。すなわち、生死の苦しみからの離脱という味、貪欲からの解放という味、完璧な悟りという味がするのです。

そして、一切智者の智恵を究極の目標としているのです。

この場合、如来の教えを聞いて、記憶し、読誦し、教えのとおりに修行していても、得ている功徳を、人々は正しく認識できません。なぜなら、かれらがどういうたぐいの者なのか、どういう特徴の持ち主なのか、どういうすがたの持ち主なのか、どういう本性の持ち主なのかは、如来だけしか知らないからです。つまり、かれらがなにを願い、なにを思い、なにを修行し、どのように願い、どのように思い、どのように修行し、どういう根拠でそう願い、どういう根拠でそう思い、どういう根拠でそう修行し、どういう根拠でどういう結果を得たいのかは、如来だけしか知らないからです。生きとし生けるものがさまざまな条件に制約されていることは、ただ如来だけが、ありのままに正しく認識できるからなのです。それは、草や木や叢林や薬草などが、自分の本性が上等なのか、中等なのか、下等なのかを、知らないのとまったく同じです。

如来の教えが同じ味がするということを正しく認識しているのは、如来であるわたししかいません。すなわち、その味とは、生死の苦しみからの離脱という味、貪欲からの解放という味、完璧な悟りという味、究極の涅槃という味、自分がつねに悟りの境地にあるという味であり、最終的には空に帰るものです。如来はこのことを十分に認識していますが、生きとし生けるものが心に願っていることを見抜き、それをおろそかにはしまいと思っているので、最初から一切智者の智恵を説いたりはしないのです。

迦葉さん。如来は、随宜の説法といって、相手の資質を見抜いたうえで、それぞれにふさわしい仕方で説法するので、如来の真意を理解するのは、あなたがたにとって、まことに難しいのです。なぜなら、最高の世にも尊きお方である如来たちがなさる随宜の説法は、理解しがたく、了解しがたいからです」

こうおっしゃると、世にも尊きお方はいまの説法をもう一度、詩句に託して、お説きになりました。

ありとあらゆる真理の王であるわたしは、森羅万象は実在しているという考え方を打ち破る者として、この世に出現しました。そして、生きとし生けるものすべてがなにを求めているかをよく知ったうえで、さまざまな教えを説いています。

如来はきわめて貴重な存在であり、その智恵は底知れません。しかし、長きにわたり、それはあえて秘めたままにして、ほんとうのことはすぐには説きませんでした。

なぜなら、智恵ある者は、聞けばすぐ理解できるでしょうが、智恵のない者は、聞いても疑いを生じるばかりで、以後ずっと、迷うだけだからです。

ですから、迦葉。それぞれの力量に応じて説き、さまざまな縁をもちいて、正しい見解へとみちびくのです。迦葉。よくおぼえておきなさい。たとえば、こういうことです。巨大な雲が下界に立ちのぼって、すべてをおおったとしましょう。そのすばらしい雲は、水分をいっぱい含み、稲光を発し、雷鳴をとどろかして、人々を喜ばせるでしょう。

太陽の熱い光をさえぎり、地上を冷やし、低いところまで降りてきて、手に触れられるくらいになるでしょう。その雲から落ちてくる雨は、どこにも等しく降りそそぎ、膨大な量の水が大地をうるおすでしょう。

山や川や谷の、自然豊かな場所にはえている草や木や薬草、あるいは大小の樹木、さまざまな穀物類、サツマイモやブドウを、雨はみなうるおし、水が足らないところはまったくなくなるでしょう。

乾ききっていた大地はどこもうるおい、薬草も樹木もみな繁茂し、雲から降ってきた同じ雨を、草も木も叢林も、それぞれの力に応じて、水を吸い上げるでしょう。

かくして、ありとあらゆる植物が、上等なものも中等なものも下等なものも、その大きさに応じて、おのおの生長するでしょう。根も茎も枝も葉も生長し、花を咲かせ、実をむすぶでしょう。

同じ雨であっても、みなそれぞれの境遇に応じて、享受するのです。その特性やすがたかたちが異なるように、その本性が異なるように、雨がうるおすということにおいては同じであっても、それぞれの境遇に応じて繁茂するのです。

如来がなさることも、これとまったく同じです。この世に出現なさるさまは、巨大な雲が下界をすべておおうさまと、なんら変わりません。そして、すでに出現なさったのちは、生きとし生けるものすべてのために、根源的な真実を、相手の境遇に応じて、お説きになるのです。

偉大な聖人である世にも尊きお方は、神々を含む生きとし生けるものすべてを前にして、こうおっしゃるのです。

「わたしこそは如来であり、両足で立つ者のなかでもっとも尊い存在です。この世に出現するさまは、巨大な雲が出現するさまと、じつによく似ています。

心身が枯れ渇いている者たちをうるおし、苦しみから解き放ち、現世における幸せと喜びをあたえ、涅槃という最高の楽をあたえるのです。

神々も人々も、一心にお聞きなさい。みな、ここに来て、無上の存在であるわたしを、その眼で見なさい。

わたしはあなたがたにとって世にも尊き者であり、比較を絶した存在です。生きとし生けるものすべてを幸せにするために、この世に出現して、多くの者のために、甘露のように清らかな真理を説くのです。

わたしが説く真理は、同じ味がします。すなわち、解脱の味であり、涅槃の味です。いつも同じ美しい声で、このことを説き語るのです。

悟りへの大きな乗り物に、すべての者が乗ることができるように、直接的な条件と間接的な条件を、つねにつくりだしているのです。

わたしは、生きとし生けるものすべてを、完全に平等な眼で見ています。えこひいきしませんし、好きとか嫌いとかいう心をもちません。いかなる貪著もありませんし、いかなる障害もありません。生きとし生けるものすべてのために、いつもいつも平等に、真理を説いているのです。たった一人を相手にするときも、あまたの人々を相手にするときも、まったく同じです。

ひたすら真理を説き、ほかのことにはいっさいかかわりません。行くときも帰るときも、また坐っているときも立っているときも、疲れを感じたり、もう嫌だと思うことは、まったくありません。

雨が大地をうるおすように、わたしもまた、この世を満ち足りた世界にするのです。身分が高かろうと低かろうと、戒律をきちんと守っていようと守っていなかろうと、立派なようすであろうとなかろうと、正しい見解をもっていようと誤った見解をもっていようと、生まれつき資質に恵まれていようと恵まれていなかろうと、わたしは倦まずたゆまず、平等に、真理という雨を降らせます。

生きとし生けるものすべては、わたしの教えを耳にして、それぞれの力量に応じて、それぞれの境遇に生きるのです。

人間界において、理想の王者とされる転輪聖王となる者もあれば、神界において、インドラ神やブラフマー神をはじめ、神々の王となる者もあるでしょう。これらは小さな薬草にあたります。

煩悩を完璧に克服して涅槃の境地にいたり、そのうえ世界中どこでも透視できる天眼通、自分と他人の過去世を知る宿命通、煩悩を断絶して悟りを得る漏尽通、空中飛行できる神足通、世界中の声を聞ける天耳通、他人の心中を知る他心通という六種類の神通力を獲得し、さらに自分と他人の過去世を知る宿住智証明《しゅくじゅうちしょうみょう》、生きとし生けるものの未来の生死を知る死生智証明《ししょうちしょうみょう》、仏法の真理を知り煩悩を断絶する漏尽智証明《ろじんちしょうみょう》という三つの智恵（三明《さんみょう》）を獲得して、たったひとりで山林に住み、いつも瞑想修行にはげんだ結果、縁覚のあかしを得る者もあるでしょう。これは中くらいの薬草にあたります。

世にも尊きお方（釈迦牟尼如来）と同じ境地を求め、自分自身が如来になろうとこころざして、精進努力し瞑想修行にはげむ者もあるでしょう。これは最上の薬草にあたります。

また、如来の子どもたちのなかで、ひたすら修行にはげみ、慈悲の心をつねに失わず、如来をめざした結果、自分はまちがいなく如来になれると確信した者もあるのでしょう。これは灌木といってかまいません。

神通力を獲得し、けっしてあともどりすることのない境地にいたり、数えきれないくらい多くの生きとし生けるものを、生死の苦しみから救い出す者もあるでしょう。これこそ菩薩であって、巨木といってかまいません。

如来は、だれにむかっても、平等に真理をお説きになります。それは、雲が雨をどこにでもあまねく降らすことと、よく似ています。しかし、受けとるがわは、それぞれの本性しだいで、受けとるものが同じとはかぎりません。それは、草や木が、その種類によって、雨から得るものが同じとはかぎらないことと、よく似ています。

如来は真理を、こういうたとえ話をつかって、方便のかたちで解きあかし、同じ真理を、さまざまな表現を駆使して、お説きになるのです。それは、如来のもつ無限大の智恵から見れば、大海のなかの一滴の水のようなものです。

わたしは真理の雨を降らして、この世をうるおします。同じ味の真理を、それぞれがその力量に応じて修行することは、かの叢林や薬草や樹木が、その大小に応じて、じょじょに生長を遂げていくようなものです。

如来たちがお説きになる真理は、つねに同じ味でありながら、どのような境遇にある者であろうとも、あまねく満足させるのです。そして、かれらはだんだんと修行に励み、みな悟りへといたるのです。

声聞や縁覚が山林のなかで修行し、もう二度と再び生まれ変わらない境地に到達して、如来の教えを聞き、かれらなりに求めていた成果を得たとしましょう。これはちょうど、薬草がおのおの生長していくようなものです。もしも、菩薩たちが、なにごとにもひるまない智恵をもち、三界の事物にまつわるありとあらゆる知識を得たうえで、悟りへの最高の乗り物を求めるとしましょう。これはちょうど、灌木が生長していくようなものです。

また、瞑想修行に励んで神通力を獲得し、森羅万象は実在していないという真理を聞いて心は喜びに満たされ、無数の光を放って生きとし生けるものすべてを救うとしましょう。これはちょうど、巨木が生長を遂げるようなものです」

迦葉さん。このように、如来がお説きになる真理は、巨大な雲があまねく雨を降らして、人々の花を咲かせ、実をむすばせるのです。

迦葉さん。よくおぼえておきなさい。わたしはさまざまな体験談やたとえ話を駆使して、悟りへの道をあきらかにするのです。これこそ、わたしの方便にほかなりませんし、わたし以外の如来たちもみな、同じことをなさるのです。

いままさに、あなたがたのために、もっとも重要なことを教えましょう。自分自身の救いしか求めていない声聞たちが、ほんとうの涅槃には入ることはできません。あなたがたが実践すべきは、菩薩の道です。少しずつ修行を積んでいけば、あなたがたもやがてこのうえなく正しい悟りを開くにちがいありません。

6 授記品《じゅきほん》

世にも尊きお方（釈迦牟尼如来）は詩句を説き終えると、つどっていた者たちにむかって、このようにお告げになりました。

「わたしの愛弟子の大迦葉は、未来世において、三百万億の如来たちにおつかえして、供養し、敬愛し、尊重し、讃歎して、これら如来たちから、数かぎりない教えをさずかるでしょう。そして、輪廻転生の最後の身体、つまりもう二度と生まれ変わらない身体のとき、如来になるでしょう。

その名は『光の輝き（光明如来）』といい、供養されるにふさわしい方（応供）であり、歴史や時間の制約を超えた智恵の持ち主（正偏知）であり、過去世を知り尽くし未来世を知り尽くし煩悩を完全に克服した方（明行足）であり、完璧な悟りに到達した方（善逝）であり、聖なる世界のことも俗なる世界のことも知り尽くした方（世間解）であり、世間の動向にゆるがない最上の智恵と行動の方（無上士）であり、穏やかな言葉と厳しい言葉を自在に使い分けて修行者を指導する方（調御丈夫）であり、神々と人間にとって共通の指導者（天人師）であり、最高の智者（仏）であり、世の中の人々から尊敬されるべき方（世尊）とよばれるでしょう。

この如来の国土は『光明を得たところ（光徳）』と名づけられ、『偉大な荘厳（大荘厳）』とよばれる劫のときに、実現するでしょう。光明如来の寿命は十二小劫であり、教えと修行と悟りが完備している正法の時代が、二十小劫つづくでしょう。そのあとに、教えと修行はまだあるものの、もはや悟りは得られない像法の時代が、同じく二十小劫つづくでしょう。

光明如来の国土はけだかく、おごそかで、どんな汚れや悪事もなければ、瓦礫もなく、とげとげしい植物が生えているような荒地もなければ、大便や小便で不潔になることもありません。どこまでも真っ平らで、高いところもなければ、低いところもなく、深い窪地もなければ、盛り上がったところもありません。その地面はラピスラズリで敷き詰められ、宝石を葉や花や実とする樹木が立ち並び、道は黄金のロープで区画され、さまざまな宝石の花々が散りしきり、どこもかしこも清らかなのです。

その国土に住む菩薩は数知れず、声聞もまた数知れません。悟りを妨げるものは絶えてなく、たとえ悪魔や悪魔にとり憑かれた人がいたとしても、菩薩や声聞たちがみな力を合わせて、如来の教えを守るでしょう」

こうおっしゃると、世にも尊きお方はいまの説法をもう一度、詩句に託して、こうお説きになりました。

ここにつどう出家僧たち。よくおぼえておきなさい。わたしのもつ如来しかもちえない特別な眼から、この迦葉を見ると、数えきれない劫をへた未来世において、必ずや如来となるでしょう。

未来世において、三百万億もの如来たちを供養し、またおつかえして、如来の智恵を得るために、清らかな修行を積むことになるでしょう。

両足で立つ者のなかで最高の者、すなわち如来をあますところなく供養し、ありとあらゆる智恵を学び習い、輪廻転生の最後の身体、つまりもう二度と生まれ変わらない身体のとき、如来になるでしょう。

その如来がおられる国土はとても清らかで、ラピスラズリで敷き詰められ、宝石を葉や花や実とする樹木がたくさん道の両側に立ち並び、道は黄金のロープで区画され、見る者の心は喜びに満たされます。

つねに良い香りがただよい、あまたの花々が散りそそぎ、眼にもあやな花々が輝いています。地面はどこまで行っても真っ平らで、凹凸がまったくありません。

そこにいる菩薩たちの数は、とうてい数えきれません。かれらの心はよくととのえられていて、偉大な神通力をもち、あまたの如来たちによって説かれた大乗経典をあがめたてまつっています。

声聞たちもいます。かれらはあらゆる煩悩から解き放たれ、輪廻転生の最後の身体をまだもっているとはいえ、真理の王である如来の子どもであることはまちがいありません。その数は、如来のすべてを見通す眼でも、知り得ないほど多いのです。

その如来の寿命は十二小劫あります。如来が入滅したのち、その教えと修行と悟りが完備している正法の時代が、二十小劫つづくでしょう。そのあとに、教えと修行はまだあるものの、もはや悟りは得られない像法の時代が、同じく二十小劫つづくでしょう。

迦葉がなるはずの光明如来について、わかっていることは以上です。

世にも尊きお方（釈迦牟尼如来）が、このように詩句を説き終えると、そこにいた大目犍連と須菩提と摩訶迦旃延は、体をぶるぶる震わせながら、世にも尊きお方にむかって一心に手を合わせ、まばたきもせずに仰ぎ見ながら、声をそろえて、以下の詩句をとなえました。

勇猛きわまりない、偉大な、世にも尊きお方。ありとあらゆる真理の王。どうか、わたしたちを憐れんで、そのお声をお聞かせください。

もしも、わたしたちの深い思いをくみとって、わたしたちの未来について予言してくださるならば、熱くて熱くてたまらないときに、だれかが甘露を注いでその熱を冷まし、爽やかな気分にしてくれるようなものです。

わたしたちのいまの状態は、飢えに苦しむ国からやってきた者が、偉大な王様の食事に招かれたものの、食べてよいのか悪いのか、まだよくわからず、手を出しかねているようなものです。もしも、王様が「食べてよいよ」と教えてくだされば、やっと食べはじめるようなものなのです。

わたしたちの心情は、こういうことです。小乗仏教を学んできたあやまちを、つねに意識せざるをえないものですから、釈迦牟尼如来のこのうえなく正しい智恵を、どうしたら得られるのか、わからないのです。

世にも尊きお方が「あなたがたも如来になれる」とおっしゃるお声を耳にしても、心はなお晴れません。それは、せっかく美味しい食事に招かれていながら、手を出しかねているようなものです。

ですから、もしも、世にも尊きお方から、わたしたちの未来を予言していただけるのであれば、心はすっきりと晴れ、安心できるのです。

勇猛きわまりない、偉大な、世にも尊きお方。あなたはつねに、人々の幸福を願っておられます。そのお心に免じて、お願いですから、わたしたちの未来を予言してください。わたしたちはいま、おなかがぺこぺこなのに、美味しい食事を前にして、食べられないような状態なのです。

弟子たちから、こうお願いされて、世にも尊きお方は弟子たちの心のうちを理解しました。そして、出家僧たちに、こうお説きになりました。

「ここにいる須菩提は、三百万億那由佗（千億）におよぶ如来たちにおつかえして、供養し、敬愛し、尊重し、讃歎して、つねに煩悩を克服するための清らかな修行（梵《ぼん》行《ぎょう》）を積み、菩薩の道を実践し、輪廻転生の最後の身体、つまりもう二度と生まれ変わらない身体のとき、如来になるでしょう。

その名は『名声の相ある者（名相《みょうそう》如来）』といい、供養されるにふさわしい方（応供）であり、歴史や時間の制約を超えた智恵の持ち主（正偏知）であり、過去世を知り尽くし未来世を知り尽くし煩悩を完全に克服した方（明行足）であり、完璧な悟りに到達した方（善逝）であり、聖なる世界のことも俗なる世界のことも知り尽くした方（世間解）であり、世間の動向にゆるがない最上の智恵と行動の方（無上士）であり、穏やかな言葉と厳しい言葉を自在に使い分けて修行者を指導する方（調御丈夫）であり、神々と人間にとって共通の指導者（天人師）であり、最高の智者（仏）であり、世の中の人々から尊敬されるべき方（世尊）とよばれるでしょう。

この如来の劫は『宝の光（有宝《うほう》）』とよばれ、その国土は『宝を生み出すもの（宝生《ほうしょう》）』とよばれるでしょう。

この如来の国土はどこまでも真っ平らで、その地面は水晶で敷き詰められ、宝石を葉や花や実とする樹木が立ち並んでいます。どんな凹凸もなければ、沙礫もなく、とげとげしい植物が生えているような荒地もなければ、大便や小便で不潔になることもありません。宝石でできた花々が地上をおおい尽くし、どこもかしこも清らかなのです。そして、その国の者たちはみな、豪華絢爛たる高層建築に住んでいます。

声聞たちの数の多さは、数えることもできなければ、何かにたとえることもできません。菩薩たちの数は千万億那由佗（千億）に達するでしょう。

この如来の寿命は十二小劫あります。如来が入滅したのち、その教えと修行と悟りが完備している正法の時代が、二十小劫つづくでしょう。そのあとに、教えと修行はまだあるものの、もはや悟りは得られない像法の時代が、同じく二十小劫つづくでしょう。

この如来はいつも空中におられて、多くの者たちのために真理をお説きになり、数えきれないくらい多くの菩薩と声聞たちをおみちびきになるでしょう」

こうおっしゃると、世にも尊きお方はいまの説法をもう一度、詩句に託して、こうお説きになりました。

出家僧たち。よくおぼえておきなさい。これからわたしが語ることに、耳を傾けなさい。

わたしの愛弟子である須菩提は、未来世において、必ずや如来となるでしょう。その如来の名は「名声の相ある者（名相）」といいます。須菩提は、数かぎりない如来たちにおつかえし、如来たちの教えどおりに修行に励み、徐々に悟りへと近づいていくでしょう。そして、輪廻転生の最後の身体、つまりもう二度と生まれ変わらない身体のとき、如来しか得られない三十二相をその身体に得て、宝石で荘厳された山のように、立派なすがたになるでしょう。

この如来の国土は最高におごそか、かつ清らかで、だれもが恋い焦がれずにはいられないでしょう。そういう国で、この如来は数かぎりない者たちを、悟りへとみちびくのです。

この如来から教えをさずかる者のなかには、おおぜいの菩薩たちがいます。かれらはみなそろって生まれつき賢く、絶対にあともどりすることのない教えをひろめています。この国は、こういう菩薩たちによって、輝いているのです。

声聞たちの数も、あまりに多くて、たとえようがありません。かれらはみな、自分と他人の過去世を知る宿住智証明、生きとし生けるものの未来の生死を知る死生智証明、仏法の真理を知り煩悩を断絶する漏尽智証明という三つの智恵（三明）を得ています。

また、世界中どこでも透視できる天眼通、自分と他人の過去世を知る宿命通、煩悩を断絶して悟りを得る漏尽通、空中飛行できる神足通、世界中の声を聞ける天耳通、他人の心中を知る他心通という六種類の神通力を獲得しています。

さらに、心の中に物質的なものの知覚をもつ者が、外界に物質的なものを見る第一の解脱。心の中に物質的ではないものの知覚をもつ者が、外界に物質的なものを見る第二の解脱。物質的なものも物質的ではないものも、ともに汚れなく清らかなものと認識する第三の解脱。心の中に物質的なものの知覚も物質的ではないものの知覚ももともに存在せず、すべては無限の虚空にほかならないと見抜く第四の解脱（空無辺処）。第四の解脱を超越して、すべては無限の意識にほかならないと見抜く第五の解脱（識無辺処）。第五の解脱を超越して、なにものも存在しないと見抜く第六の解脱（無所有処）。第六の解脱を超越して、知覚があるのでもなく知覚がないのでもないと見抜く第七の解脱（非想非非想処）。第七の解脱を超越して、認識が生まれる前の瞬間に経験する感覚的な印象（受）も、生まれたばかりの認識（想）も、ともに消滅する第八の解脱（滅尽定解脱）を、ことごとく実現した境地に達していて、威徳に満ちています。

この如来が説法なさるときに駆使する神通力は、その質も量も、人間の想像力をはるかに超えています。如来の前につどう神々と人間の数は、ガンジス河の砂の数にも等しいほど多く、みな如来にむかって手を合わせ、その説法に耳を傾けるのです。

この如来の寿命は十二小劫あります。如来が入滅したのち、その教えと修行と悟りが完備している正法の時代が、二十小劫つづくでしょう。そのあとに、教えと修行はまだあるものの、もはや悟りは得られない像法の時代が、同じく二十小劫つづくでしょう。

世にも尊きお方（釈迦牟尼如来）は詩句を説き終えると、つどっていた出家僧たちにむかって、またこのようにお告げになりました。

「ここにいる摩訶迦旃延は、未来世において、香炉や花瓶や燭台など、さまざまな供養の道具をつかって、八千億の如来たちを供養し、おつかえし、敬愛し、尊重するでしょう。そして、如来たちが涅槃にお入りになったのち、如来たち一人ひとりのために、高さ千由旬《ゆじゅん》、すなわち七〇〇〇キロメートル、底辺は正方形でその一辺が五百由旬、すなわち三五〇〇キロメートルある仏塔を建立するでしょう。この仏塔は、金、銀、ラピスラズリ、シャコガイ、瑪瑙、真珠、カーネリアンの七宝でつくられ、色とりどりの花々、瓔珞《ようらく》、練ったお香、粉末のお香、焚くお香、絹の天蓋、勝利の幡《はた》をもって、供養されるでしょう。

そのあとも、摩訶迦旃延は二万億の如来たちを、まったく同じように供養するでしょう。こうして、すべての如来たちを供養し終わり、菩薩としての道を実践して、摩訶迦旃延自身が如来になるでしょう。

その如来の名は『ジャンブー河の黄金の光（閻浮那提金《えんぶなだいこん》光《こう》）』といい、供養されるにふさわしい方（応供）であり、歴史や時間の制約を超えた智恵の持ち主（正徧知）であり、過去世を知り尽くし未来世を知り尽くし煩悩を完全に克服した方（明行足）であり、完璧な悟りに到達した方（善逝）であり、聖なる世界のことも俗なる世界のことも知り尽くした方（世間解）であり、世間の動向にゆるがない最上の智恵と行動の方（無上士）であり、穏やかな言葉と厳しい言葉を自在に使い分けて修行者を指導する方（調御丈夫）であり、神々と人間にとって共通の指導者（天人師）であり、最高の智者（仏）であり、世の中の人々から尊敬されるべき方（世尊）とよばれるでしょう。

この如来の国土はどこまでも真っ平らで、地面は水晶で敷き詰められ、宝石を葉や花や実とする樹木が立ち並び、道は黄金のロープで区画され、さまざまな宝石の花々が散りしきり、どこもかしこも清らかで、見る者の心は喜びに満たされます。

ここには、地獄の住人もいなければ、餓鬼もいません。畜生もいなければ、阿修羅もいません。そのかわり、神々と人間がたくさん暮らしています。声聞たちや菩薩たちの数は数えきれないほど多く、この如来の国土を荘厳無比なものにしています。

この如来の寿命は十二小劫あります。如来が入滅したのち、その教えと修行と悟りが完備している正法の時代が、二十小劫つづくでしょう。そのあとに、教えと修行はまだあるものの、もはや悟りは得られない像法の時代が、同じく二十小劫つづくでしょう」

こうおっしゃると、世にも尊きお方はいまの説法をもう一度、詩句に託して、こうお説きになりました。

ここにつどう出家僧たち。心を一つにして、よくお聞きなさい。わたしの説法は真実そのものであって、うそいつわりはなにひとつありません。

　この摩訶迦旃延は、さまざまな供養の道具をもちいて、如来たちを供養するでしょう。如来たちが涅槃にお入りになったのち、金、銀、ラピスラズリ、シャコガイ、瑪瑙、真珠、カーネリアンの七宝でつくられた仏塔を建立し、花々やお香をささげて如来の遺骨を供養するでしょう。そして、輪廻転生の最後の身体、つまりもう二度と生まれ変わらない身体のとき、如来の智恵を得て、最高の悟りを成就し、如来となるでしょう。

　この如来の国土はとても清らかで、そこでこの如来は数えきれないくらい多くの生きとし生けるものを、悟りにみちびくでしょう。そして、この如来は、だれからも供養されるようになるでしょう。

　この如来が発する光明は比類なくすばらしく、それゆえに、「ジャンブー河の黄金の光（閻浮那提金光）」とよばれるでしょう。

　森羅万象は実在するという誤解から解き放たれ、輪廻転生の呪縛から解き放たれた菩薩たちと声聞たちが、この如来の国土を荘厳無比なものにするでしょう。

　世にも尊きお方（釈迦牟尼如来）は詩句を説き終えると、つどっていた出家僧たちにむかって、またこのようにお告げになりました。

「あなたがたに教えてあげましょう。ここにいる大目犍連は、香炉や花瓶や燭台など、さまざまな供養具をつかって、八千の如来たちを供養し、おつかえし、敬愛し、尊重するでしょう。そして、如来たちが涅槃にお入りになったのち、如来たち一人ひとりのために、高さ千由旬、すなわち七〇〇〇キロメートル、底辺は正方形でその一辺が五百由旬、すなわち三五〇〇キロメートルある仏塔を建立するでしょう。この仏塔は、金、銀、ラピスラズリ、シャコガイ、瑪瑙、真珠、カーネリアンの七宝でつくられ、色とりどりの花々、瓔珞、練ったお香、粉末のお香、焚くお香、絹の天蓋、勝利の幡をもって、供養されるでしょう。

　そのあとも、大目犍連は二百万億の如来たちを、まったく同じように供養するでしょう。そして、大目犍連自身が如来になるでしょう。

　その如来の名は『タマーラ樹や栴檀の香りある者（多摩《たま》羅跋栴檀香《らばつせんだんこう》）』といい、供養されるにふさわしい方（応供）

であり、歴史や時間の制約を超えた智恵の持ち主（正徧知）であり、過去世を知り尽くし未来世を知り尽くし煩悩を完全に克服した方（明行足）であり、完璧な悟りに到達した方（善逝）であり、聖なる世界のことも俗なる世界のことも知り尽くした方（世間解）であり、世間の動向にゆるがない最上の智恵と行動の方（無上士）であり、穏やかな言葉と厳しい言葉を自在に使い分けて修行者を指導する方（調御丈夫）であり、神々と人間にとって共通の指導者（天人師）であり、最高の智者（仏）であり、世の中の人々から尊敬されるべき方（世尊）とよばれるでしょう。

この如来の劫は『喜びに満ちた（喜満）』とよばれ、その国土は『心楽しい（意楽）』とよばれるでしょう。

この如来の国土はどこまでも真っ平らで、地面は水晶で敷き詰められ、宝石を葉や花や実とする樹木が立ち並んでいます。真珠の花々が散りしきり、どこもかしこも清らかで、見る者の心は喜びに満たされます。神々や人々があまたいて、菩薩や声聞たちは数えきれません。

この如来の寿命は二十四小劫あります。如来が入滅したのち、その教えと修行と悟りが完備している正法の時代が、四十小劫つづくでしょう。そのあとに、教えと修行はまだあるものの、もはや悟りは得られない像法の時代が、同じく四十小劫つづくでしょう」

こうおっしゃると、世にも尊きお方はいまの説法をもう一度、詩句に託して、こうお説きになりました。

わたしの愛弟子である大目犍連は、この現世における身体を捨ててからのち、八千二百万億の如来たちにお会いすることができるでしょう。そして、悟りを求めて、如来たちを供養し敬愛しつつ、如来たちの指導のもとで、つねに煩悩を克服するための清らかな修行（梵行）を積み、ほとんど無限に近い時間にわたって、如来たちの教えを信じつづけるでしょう。

如来たちが涅槃にお入りなったのちは、七宝でつくられた仏塔を建立して黄金で装飾し、花々やお香や踊りや音楽をささげて、仏塔を供養するでしょう。

このようにして徐々に、菩薩としても道を実践し、それがすべて果たされたとき、「心楽しい（意楽）」とよばれる国土において、大目犍連は如来となり、その名を「タマーラ樹や栴檀の香りある者（多摩羅跋栴檀香）」とよばれるでしょう。この如来の寿命は二十四小劫です。つねに神々と人間のために、真理を説くでしょう。

その国土に暮らす声聞たちは、ガンジス河の砂の数のように数知れず、かれらはみな、自分と他人の過去世を知る宿住智証明、生きとし生けるものの未来の生死を知る死生智証明、仏法の真理を知り煩悩を断絶する漏尽智証明という三つの智恵（三明）を得ています。また、世界中どこでも透視できる天眼通、自分と他人の過去世を知る宿命通、煩悩を断絶して悟りを得る漏尽通、空中飛行できる神足通、世界中の声を聞ける天耳通、他人の心中を知る他心通という六種類の神通力を獲得して、威徳に満ちています。

菩薩たちの数もたとえようもなく多く、悟りを求める心はかたく、すこぶるまじめに修行に励み、如来の智恵をひたすら信じて、あともどりすることは絶対にありません。

この国土では、如来が入滅したのち、その教えと修行と悟りが完備している正法の時代が、四十小劫つづくでしょう。そのあとに、教えと修行はまだあるものの、もはや悟りは得られない像法の時代も、同じく四十小劫つづくでしょう。

わたしの弟子のなかで、威徳をそなえた者は五百人います。この五百人にみな、予言しましょう。あなたがたは、ひとりのこらず、未来世において、如来となるでしょう。

わたしとあなたがたとのあいだの、過去世における因縁を、いままさに説きましょう。よくお聞きなさい。

7 化城喩《けじょうゆ》品《ほん》

釈迦牟尼如来は、出家僧たちにむかって、こうおっしゃいました。

「昔々、いったいどれくらいか数えられず、想像を絶するほど遠い、十の五十九乗（阿僧祇《あそうぎ》）劫の昔、如来がおられました。その名は『偉大な神通の智恵をもちいて勝利する者（大通《だいつう》智勝《ちしょう》）』如来といい、供養されるにふさわしい方（応供）であり、歴史や時間の制約を超えた智恵の持ち主（正徧知）であり、過去世を知り尽くし未来世を知り尽くし煩悩を完全に克服した方（明行足）であり、完璧な悟りに到達した方（善逝）であり、聖なる世界のことも俗なる世界のことも知り尽くした方（世間解）であり、世間の動向にゆるがない最上の智恵と行動の方（無上士）であり、穏やかな言葉と厳しい言葉を自在に使い分けて修行者を指導する方（調御丈夫）であり、神々と人間にとって共通の指導者（天人師）であり、最高の智者（仏）であり、世の中の人々から尊敬されるべき方（世尊）とよばれていました。

この如来の国土は『始原《しげん》（好成）』とよばれ、『偉大な相《だいそう》（大相）』とよばれる劫のことでした。

ここにつどう出家僧たち。かの如来が涅槃にお入りなってから現在にいたるまで、とんでもなく多くの時間が過ぎ去っています。たとえていうと、だれかある人が、この三千大世界、つまり千の三乗ですから、十億の世界に存在する大地の要素をことごとくすりつぶして墨にし、その墨で、ここから見て東の方向にある千の仏国土を通過した地点に、原子くらいの大きさの印をちょんとつけるとしましょう。次も同じように、墨で、さらに千の仏国土を通過した地点に、ちょんと印をつけるとしましょう。こういうふうにして、次々に墨で印をつけていって、墨が全部なくなったとしましょう。

みなさん、どうでしょうか。墨で印をつけた仏国土の数を、数学者か数学者の弟子が、ひとつのこらず把握して、その数を知ることはできるでしょうか」

「それはむりです、世にも尊きお方」

すると、世にも尊きお方はまた、こうおっしゃいました。

「では、みなさん。さきほど墨をつけてまわった者が通過した仏国土のなかで、墨をつけた仏国土と墨をつけなかった仏国土を、全部いっしょにして、原子になるまですりつぶし、その原子一個を一劫としましょう。かの如来が涅槃にお入りなってから現在にいたるまで、そのあいだに過ぎ去った時間は、いったいどれくらいか数えられず、想像を絶するほど遠い、十の五十九乗（阿僧祇）劫の百千万億倍なのです。

しかし、わたしには如来しかもちえない知見の力がありますから、これほど遠い過去のことであっても、まるで今日のことのように、見ることができるのです」

こうおっしゃると、世にも尊きお方はいまの説法をもう一度、詩句に託して、こうお説きになりました。

いったいどれくらいか数えられず、想像を絶するほど遠い過去世を思いおこせば、両足で立つ者のなかでもっとも尊い如来がおられました。その名は「偉大な神通の智恵をもちいて勝利する者（大通智勝）」如来といいました。

特別な力の持ち主がいて、三千大世界、つまり千の三乗ですから、十億の世界に存在する土という土をすりつぶして、全部を墨にしたとしましょう。

その墨で、通り過ぎる千の仏国土ごとに、ちょんと印をつけるとしましょう。このように、あちこちに印をつけて、墨をすべて使い尽くしたとしましょう。

さらに、印をつけた仏国土も、印をつけなかった仏国土も、全部いっしょにして、すりつぶして原子にし、原子一個を一劫と数えるとしましょう。

その原子の総数に匹敵する劫が、かの如来が涅槃にお入りになってから現在にいたるまでに過ぎ去っています。それくらい、遠い遠い過去のことです。

如来の、いかなる障害にも妨げられない智恵によって、かの如来が涅槃にお入りになったことや、かの如来の弟子であった声聞や菩薩たちについて、たったいま起こった出来事のように、わたしは見ることができます。

ここにつどう出家僧たち。よくおぼえておきなさい。このうえなく正しい悟りは清らかで、しかも微妙で、限界をもたず、いかなる障害にも妨げられず、ほとんど無限の時間を乗り越えるのです。

釈迦牟尼如来は詩句を説き終えると、つどっていた者たちにむかって、このようにお告げになりました。

「大通智勝如来の寿命は、五四〇万億那由佗《なゆた》（千億）劫です。まだ悟りを得ていないとき、かれは悟りを得るべき場に坐って、悪魔たちの軍勢を打ち破り、あとはこのうえなく正しい悟りが得られるのを待つばかりでした。ところが、如来たちがもつもろもろの徳性はあらわれませんでした。

その後、一小劫から十小劫ものあいだ、結跏趺坐したまま、その心の身体も微動だにしませんでした。しかし、それでも、如来たちがもつもろもろの徳性は、依然として、あらわれませんでした。

そのようすを、宇宙の中心にそびえる須弥山《しゅみせん》の頂上に三十三の城をかまえる忉利天《とうりてん》（三十三天）の神々が見ていました。神々は、菩提樹の根もとに、高さが一由旬（七キロメートル）もある獅子座をもうけました。この獅子座のうえで、このうえなく正しい悟りを開いていただこうと考えたからです。

そこに坐ると、梵天（ブラフマー）とその配下たちが、天上界の花々を、座の四面に、それぞれ十由旬ずつ降らせました。花々がしおれると、香りの良い風を吹かせて、しおれた花々を吹き飛ばし、また新しい花々を降らせました。

このようにして、十小劫のあいだ、供養しつづけました。同じように、かの如来が完全な涅槃にお入りになるまでずっと、花々を降らしつづけたのでした。

また、十小劫のあいだ、四天王の配下たちは、如来を供養するために、天上界の太鼓を打ち鳴らしつづけました。同じように、かの如来が完全な涅槃にお入りになるまでずっと、天上界の太鼓を打ち鳴らしつづけたのでした。

そのほかの天上界の神々も、十小劫のあいだ、踊りや音楽で、如来を供養しつづけました。同じように、かの如来が完全な涅槃にお入りになるまでずっと、踊りや音楽で、如来を供養しつづけたのでした。

ここにつどう出家僧たち。こうして、十小劫をへて、大通智勝如来に如来たちがもつもろもろの徳性があらわれ、ついにこのうえなく正しい悟りを得たのです。

さて、この如来がまだ出家していないとき、かれには十六人の王子がありました。その長男の名は智積（智識の源泉）といいました。

王子たちには、それぞれ好みの遊び道具がありました。しかし、お父さんがこのうえなく正しい悟りを得られたと聞いて、遊び道具を投げ出し、如来がいらっしゃるところに出かけていきました。かれらの母親たちは泣きながら、見送るしかありませんでした。

王子たちは、如来の祖父にあたる転輪聖王や百人の大臣たちをはじめ、百千万億もの民衆といっしょに、如来がいらっしゃる悟りの座にやってきました。そして、大通智勝如来に近づいて、供養し、敬愛し、尊重し、讃歎しようと思い、自分の頭に如来の両足をいただき、如来のまわりを右回りにまわって、一心に手を合わせ、世にも尊きお方のお顔をふりあおぎながら、詩句に託して、こう申し上げました。

偉大なる威徳をおもちの世にも尊きお方。あなたは生きとし生けるものすべてを悟りへみちびくために、膨大な歳月をかけて修行をなさって、如来となられました。そして、いまや、あなたの願いは、ひとつのこらず、かなえられたのです。

世にも尊きお方はこのうえなくすばらしく、比類を絶し、まことに稀有な存在でいらっしゃいます。悟りを求めて坐すこと、十小劫の長きにおよびながら、その間、体も手も足も微動だにされませんでした。

そのお心は、つねに静かで欲望から解き放たれ、まったく散乱せず、完璧な状態にあって、とこしえに寂静で、煩悩を克服した境地に安住しておられます。いままさに眼前に、世にも尊きお方が安穏に如来となられたおすがたを見て、わたしたちはすばらしい利益をたまわり、お慶び申し上げるとともに、歓喜せずにはいられません。

生きとし生けるものはつねに苦悩に満ち、真理を見抜く眼がなく、すぐれた指導者にもめぐまれませんでした。苦悩を断つ方法を知らず、解脱を求めることも知らず、日ごと夜ごとにますます悪しき境遇となり、神々の数も減るばかりでした。世界は闇また闇となり、如来のお名前は絶えて聞きませんでした。

ところが、いままさに、あなたは如来となられ、このうえなく安穏であり、煩悩を完全に克服した境地を得られました。そのおかげで、わたしたち仏弟子はもとより、神々も人間も、最高の利益にあずかることができました。

かくなるうえは、わたしたちはみな頭を地につけて敬礼し、世にも尊きお方に帰依したいと存じます。


このように、十六人の王子たちは、詩句に託して、大通智勝如来をほめたたえたあと、『世にも尊きお方。ぜひ真理をお説きください。そうすれば、多くの者たちを安穏にすることができます。神々や人々たちをいつくしみ、幸せにしてください』とお願いするために、ふたたび詩句に託して、こう申し上げました。


世の勇者である世にも尊きお方に匹敵する存在はおりません。世にも尊きお方は、百におよぶ福徳の瑞相をおそなえになり、最高の智恵をおもちです。お願いですから、この世の者たちのために真理をお説きください。わたしたちはもとより、生きとし生けるものすべてを悟りにみちびくために、わかりやすくおしめしになって、この智恵を得させてください。もしも、わたしたちが如来になれましたら、他の生きとし生けるものすべてが、そうなれるにちがいありません。

世にも尊きお方は、生きとし生けるものすべてが、心の奥底でなにを願っているか、よくご存じです。また、どのような修行を積んできたのか、どの程度の智恵があるのか、よくご存じです。なにを願っているのか、どのような福徳を得ているのか、過去世においてどのような行為をなし、どのような結果となったのか、世にも尊きお方はことごとくご存じです。

どうか、最高の真理をお説きになってください」


話がここまで来たとき、釈迦牟尼如来は出家僧たちにむかって、こうお説きになりました。

「大通智勝如来がこのうえなく正しい悟りを得られたと

き、全宇宙にあまねく存在する五百万億の仏国土は、六種類の震動を起こしました。さらに、仏国土と仏国土のあいだにあって、つねに闇に閉ざされ、太陽や月の大いなる光をもってしても照らし出すことができない空間すらも、明るく照らし出されたのでした。

そのおかげで、いままで闇に閉ざされた空間にいたために、たがいに知らなかった者たちどうしも、ありありと相手を見ることができて、『こんなところにも、いろいろな者たちが、次から次へと生まれているのだ』と言葉をかけあったのでした。

また、それぞれ仏国土にある神々の宮殿が、上は梵天王が住まう宮殿まで、六種類に震動し、巨大な光がすべての世界をくまなく照らし出し、神々の発する光を圧倒したのでした。

そのとき、わたしたちがいまいる世界から見て東の方角にある五百万億の仏国土において、それぞれ仏国土のもっとも高いところにある梵天王の宮殿が、ひときわ明るく光を放っていました。それを見た梵天王たちは、みなこう思いました。『いま、わたしが住まう宮殿が発する光は、かつてなかった明るさだ。どういう原因で、こうなったのだろうか』。

そこで、梵天王たちはそれぞれの仏国土から集まってきて、いっしょにこの問題を討議しました。そのなかに、偉大なる梵天王がいました。その名は「生きとし生けるものすべての救済者（救一切）」といいました。

この梵天王が、ほかの梵天王を代表して、自分の疑問を、詩句に託して、こう述べたのでした。

わたしたちの宮殿は、かつてなかった光に満たされています。これは、いったいどういう原因によるのでしょうか。みんなで考えてみましょう。ひょっとしたら、大いなる徳性をそなえた神が出現されたのでしょうか。如来が出現されたのでしょうか。このように巨大な光が、全宇宙を照らし出すとは。

こう詩句をとなえ終わると、五百万億の仏国土にそれぞれ一人ずついる梵天王たちは、宮殿をまるごとたずさえ、花を盛る器にとりどりの天上界の花々をいっぱい盛り上げ、みないっしょに西の方角に行って、いったいなにが起こっているのか、調べてみることになりました。

着いてみると、大通智勝如来が菩提樹の下にある獅子座にお坐りになり、そのまわりにあつまった神々、仏法を守護する龍王たち、美しい音楽をかなでることで名高い乾闥婆（ガンダルヴァ）、美しい声で歌うことで名高い緊那羅（キンナラ）、蛇の頭と人間の体をもつ護法神の摩睺羅伽（マホーラガ）、人間、人間以外の者たちから、あつくうやまわれているのを見ました。また、十六人の王子たちが如来に真理を説いてくださいとお願いしているのを見ました。

それを見ると、梵天王たちは、ひとりのこらず、頭に如来の両足をいただいて敬礼し、如来のまわりを幾百回も幾千回も右回りにまわってから、天上界の花々を如来のうえにまき散らしました。その量たるや、須弥山のようでした。また、菩提樹も、花々で供養したのでした。この菩提樹の高さは、十由旬（七〇キロメートル）もありました。

こうして花々による供養を終えると、梵天王たちは、自分たちの宮殿を如来に献上して、こう申し上げました。

『どうかわたしたちをあわれみいつくしみくださって、献上いたします宮殿を、お願いですから、おうけとりください』

こう言い終わると、梵天王たちは、如来の御前で、みな声をそろえ、その思いを詩句に託しました。

世にも尊きお方はまことに稀有な存在であり、めったなことではお会いできません。はかりしれぬ功徳をそなえておられ、生きとし生けるものすべてをお救いになり、神々と人間の共通の師として、この世にある者をみないつくしみになります。そのおかげで、全宇宙の生きとし生けるものすべてが、恩恵をこうむるのです。

わたしたちは五百万億の仏国土からやってまいりました。深遠な瞑想の境地から得られる快楽を捨ててまでやってまいりました理由は、あなたさまを供養するためでございます。

わたしたちは、過去世において積んだ福徳のおかげで、たいそう豪華絢爛たる宮殿に住んでおります。それを世にも尊きお方に献上いたします。お願いですから、わたしたちの心根をあわれんでくださり、おうけとりください。

詩句に託して、如来をほめたたえ終えると、梵天王たちはみな、こう申し上げました。『どうか世にも尊きお方。真理をお説きになって、生きとし生けるものすべてを悟りにみちびき、涅槃にいたる道を開いてください』。

こう申し上げると、梵天王たちは、心を一つにして、声をそろえて、その思いを詩句に託しました。

世の勇者であり、両足で立つ者のなかでもっとも尊いお方。お願いですから、真理をお説きになり、大いなる慈悲の心をもって、苦悩する生きとし生けるものすべてを、お救いください。

梵天王たちからこう請われたとき、大通智勝如来は、沈黙をもって、承諾されたのでした。

出家僧たち。よくおぼえておきなさい。同じとき、東南の方角に位置する五百万億の仏国土にそれぞれ一人ずついる梵天王たちが、自分の宮殿がいまだかつてなかった光を発し輝きわたるのをまのあたりにして、躍り上がって喜び、これはいったいどういうことかと思い、たがいに宮殿を訪ねあって、この現象について話し合いました。

そのなかに、『すぐれて慈悲深き者（大悲《だいひ》）』という名の大梵天王がいました。かれは、おおぜいあつまった梵天王のために、詩句に託して、こう述べたのです。

いったいどんな原因で、このような現象が起きているのでしょうか。わたしたちの宮殿が発している光は、いまだかつてなかったものです。大いなる徳性をそなえた神が出現されたのでしょうか。如来が出現されたのでしょうか。

いまだかつて、このような現象は見たことがありません。みんなでいっしょに、心を合わせて、原因を調べましょう。たとえ千万億の仏国土を尋ね歩かなければならないとしても、光の根源をもとめ、みんなでその正体をあきらかにしましょう。

おそらく、この現象は、如来がこの世に出現されて、苦しむ生きとし生けるものすべてを救う前兆ではないでしょうか。

こう詩句をとなえ終わると、五百万億の仏国土にそれぞれ一人ずついる梵天王たちは、宮殿をまるごとたずさえ、花を盛る器にとりどりの天上界の花々をいっぱい盛り上げ、みないっしょに西北の方角に行って、いったいなにが起こっているのか、調べてみることになりました。

着いてみると、大通智勝如来が菩提樹の下にある獅子座にお坐りになり、そのまわりにあつまった神々、龍王たち、乾闥婆、緊那羅、摩睺羅伽、人間、人間以外の者たちからあつくうやまわれているのを見ました。また、十六人の王子たちが、如来に真理を説いてくださいとお願いしているのを見ました。

それを見ると、梵天王たちは、ひとりのこらず、頭に如来の両足をいただいて敬礼し、如来のまわりを幾百回も幾千回も右回りにまわってから、天上界の花々を如来のうえにまき散らしました。その量たるや、須弥山のようでした。また、菩提樹も、花々で供養したのでした。この菩提樹の高さは、十由旬（七〇キロメートル）もありました。

こうして花々による供養を終えると、梵天王たちは、自分たちの宮殿を如来に献上して、こう申し上げました。

『どうかわたしたちをあわれみいつくしみくださって、献上いたします宮殿を、お願いですから、おうけとりください』

こう言い終わると、梵天王たちは、如来の御前で、みな声をそろえ、その思いを詩句に託しました。


聖なるお方。神のなかの神。この世でもっとも美しい声の持ち主という迦陵頻伽《かりょうびんが》（カラヴィンカ）のような美しいお声で語るお方。生きとし生けるものすべてをいつくしむお方。そのようなお方に、わたしたちはいままさに礼拝いたします。

世にも尊きお方はまことに希有な存在であられます。永い永いときをへて、やっと出現されました。百八十劫ものあいだ、時は空しくながれたまま、如来はいらっしゃいませんでした。そのあいだに、地獄と餓鬼と畜生という三悪道は満ちあふれ、神々の数は減るいっぽうでした。

いま、如来が出現なさって、生きとし生けるものすべてのために、この世のすべてを見通す眼となり、よりどころとなり、救い主となり、その父親となって、生きとし生けるものすべてをいつくしまれ、恩恵をおあたえになります。

わたしたちは、過去世で積んできた福徳のおかげで、いま、ここに、世にも尊きお方にお会いすることができたのです。


詩句に託して、如来をほめたたえ終えると、梵天王たちは口々に、こう申し上げました。『どうか世にも尊きお方。真理をお説きになって、生きとし生けるものすべてを悟りにみちびいてください』。

こう申し上げると、梵天王たちは、心を一つにして、声をそろえて、その思いを詩句に託しました。

偉大なる聖人。お願いですから、すぐれた教えをお説きください。森羅万象の真実のすがたをあきらかにしてください。苦悩する生きとし生けるものすべてを悟りにみちびき、最高の歓喜をおあたえください。

あなたの説法を聞けば、みな悟りを開くことができるでしょう。あるいは、天上界に生まれ変わることができるでしょう。そして、地獄と餓鬼と畜生という三悪道は衰え、さまざまな苦難に屈することなく善行にはげむ者が増えるにちがいありません。

梵天王たちからこう請われたとき、大通智勝如来は、沈黙をもって、承諾されたのでした。

出家僧たち。よくおぼえておきなさい。同じとき、南の方角に位置する五百万億の仏国土にそれぞれ一人ずついる梵天王たちが、自分の宮殿がいまだかつてなかった光を発し輝きわたるのをまのあたりにして、躍り上がって喜び、これはいったいどういうことかと思い、たがいに宮殿を訪ねあって、この現象について話し合いました。

そのなかに、「善き教え（妙法）」という名の大梵天王がいました。かれは、おおぜいあつまった梵天王のために、詩句に託して、こう述べたのです。

わたしたちの宮殿が、物凄く光り輝いています。これは原因がないわけがありません。いまだかつてなかったものです。この現象の原因を求めましょう。

こんな現象は、百千劫ものあいだ、一度も起こっていません。大いなる徳性をそなえた神が出現されたのでしょうか。如来が出現されたのでしょうか。

こう詩句をとなえ終わると、五百万億の仏国土にそれぞれ一人ずついる梵天王たちは、宮殿をまるごとたずさえ、花を盛る器にとりどりの天上界の花々をいっぱい盛り上げ、みないっしょに北の方角に行って、いったいなにが起こっているのか、調べてみることになりました。

着いてみると、大通智勝如来が菩提樹の下にある獅子座にお坐りになり、そのまわりにあつまった神々、龍王たち、乾闥婆、緊那羅、摩睺羅伽、人間、人間以外の者たちからあつくうやまわれているのを見ました。また、十六人の王子たちが、如来に真理を説いてくださいとお願いしているのを見ました。

それを見ると、梵天王たちは、ひとりのこらず、頭に如来の両足をいただいて敬礼し、如来のまわりを幾百回も幾千回も右回りにまわってから、天上界の花々を如来のうえにまき散らしました。その量たるや、須弥山のようでした。また、菩提樹も、花々で供養したのでした。この菩提樹の高さは、十由旬もありました。

こうして花々による供養を終えると、梵天王たちは、自分たちの宮殿を如来に献上して、こう申し上げました。

『どうかわたしたちをあわれみいつくしみくださって、献上いたします宮殿を、お願いですから、おうけとりください』

こう言い終わると、梵天王たちは、如来の御前で、みな声をそろえ、その思いを詩句に託しました。

世にも尊きお方にお会いするのは、まことに難しいことです。もろもろの煩悩をことごとく打ち砕かれたお方に、百三十劫かけて、やっとお会いすることができました。

さまざまな飢えと渇きに苦しむ生きとし生けるものすべてに、真理の雨を降らし、かれらの飢えと渇きを癒してくださるお方。あなたは、遠い過去から現在にいたるまで、一度たりともいたことがなかった、無限の智恵の持ち主です。優曇華の花はめったに咲かず、出会うことはじつに難しいと申しますが、その優曇華の開花に出会うように、今日、まさにわたしたちはあなたにお会いすることができました。

わたしたちが住んでいる宮殿が、あなたから発する光によって光り輝いています。どうか、世にも尊きお方、慈悲のお心をもって、これらの宮殿をおうけとりください。

詩句に託して、如来をほめたたえ終えると、梵天王たちは口々に、こう申し上げました。『どうか世にも尊きお方。真理をお説きになって、この世にありとしある神々、魔王、梵天、仏教の出家僧、バラモン教の出家僧を、みな幸せにして、そのうえで悟りにみちびいてください』。

こう申し上げると、梵天王たちは、心を一つにして、声をそろえて、その思いを詩句に託しました。

神々と人間に共通のお師匠さま。お願いですから、このうえなく正しい真理をお説きになって、教えの大太鼓を打ち鳴らしてください。教えの法螺貝を吹き鳴らしてください。

全宇宙に真理の雨を降らして、生きとし生けるものを数かぎりなく、悟りへおみちびきください。わたしたち一同は、それを願っております。深遠なる教えをお説きください。

梵天王たちからこう請われたとき、大通智勝如来は、沈黙をもって、承諾されたのでした。

梵天王たちのお話は、西南の方角についても、そのほかの方角についても、また下方についても、まったく同じです。

ようするに、このとき、わたしたちがいまいるところから見て上方に位置する五百万億の仏国土に、それぞれ一人ずついる梵天王たちが、自分が住まう宮殿が、いまだかつてなく光り輝く現象をまのあたりにして、躍り上がって喜び、これはいったいどういうことかと思い、たがいに宮殿を訪ねあって、この現象について話し合いました。「いったい、どういうわけで、わたしたちの宮殿がこんなに光り輝くのだろうか」。

そのなかに、『頭頂に冠毛のある者、尸棄《しき》（シキン）』という名の大梵天王がいました。かれは、おおぜいあつまった梵天王のために、詩句に託して、こう述べたのです。

いったいどういう原因で、わたしたちの宮殿が、物凄く輝いているのでしょうか。こんなに光り輝いたことは、これまで絶えてありませんでした。

このようなすばらしい現象は、古今未曾有のできごとです。大いなる徳性をそなえた神が出現されたのでしょうか。如来が出現されたのでしょうか。

こう詩句をとなえ終わると、五百万億の仏国土にそれぞれ一人ずついる梵天王たちは、宮殿をまるごとたずさえ、花を盛る器にとりどりの天上界の花々をいっぱい盛り上げ、みないっしょに北の方角に行って、いったいなにが起こっているのか、調べてみることになりました。

着いてみると、大通智勝如来が菩提樹の下にある獅子座にお坐りになり、そのまわりにあつまった神々、龍王たち、乾闥婆、緊那羅、摩睺羅伽、人間、人間以外の者たちからあつくうやまわれているのを見ました。また、十六人の王子たちが、如来に真理を説いてくださいとお願いしているのを見ました。

それを見ると、梵天王たちは、ひとりのこらず、頭に如来の両足をいただいて敬礼し、如来のまわりを幾百回も幾千回も右回りにまわってから、天上界の花々を如来のうえにまき散らしました。その量たるや、須弥山のようでした。また、菩提樹も、花々で供養したのでした。この菩提樹の高さは、十由旬もありました。

こうして花々による供養を終えると、梵天王たちは、自分たちの宮殿を如来に献上して、こう申し上げました。

『どうかわたしたちをあわれみいつくしみくださって、献上いたします宮殿を、お願いですから、おうけとりください』

こう言い終わると、梵天王たちは、如来の御前で、みな声をそろえ、その思いを詩句に託しました。


もろもろの如来たちにお会いできるとは、すばらしいことです。世を救う聖なるお方は、欲界と色界と無色界という三界に呪縛されている生きとし生けるものすべてを、解脱におみちびきになります。

完璧な智恵の持ち主であり、神々と人間の共通の師であるあなたは、心をもつものをあまたいつくしまれ、不死の門（甘露の門）を開いて、生きとし生けるものすべてを悟りへおみちびきになります。

これまでに、数えきれないくらい多くの劫が空しく過ぎ去り、その間に如来はいらっしゃいませんでした。世にも尊きお方が出現されていない期間は、全宇宙はどこもかしこも真っ暗闇で、地獄と餓鬼と畜生の三悪道が増長し、阿修羅が暴れまわっていました。神々は減るいっぽうで、死後に悪道に堕ちるものの数ははかり知れませんでした。

如来の指導をうけて、その教えを耳にすることもなく、いつも悪いことばかりをなし、肉体的な力も精神的な力もともに衰えてしまいました。悪いことばかりするものですから、楽しいことも楽しいという思いも消えてしまい、あやまった教えにすがって、善のなんたるかを知りません。如来の指導をうけないので、死後はいつも悪道に堕ちてしまいます。

膨大な時の流れをへて、如来はこの世のすべてを見通す眼となって、いまやっと出現されました。生きとし生けるものすべてをおいつくしみになるがゆえに、この世に出現され、生老病死の苦を克服されて、このうえなく正しい悟りをお開きになりました。わたしたちにとって、こんなに嬉しいことはありません。わたしたちだけではありません。ほかの者たちもみな喜んで、『こんなことは、かつてなかった』と申しています。

わたしたちが住まう宮殿が、光をうけて、輝きわたっています。これらの宮殿を、世にも尊きお方にさしあげます。お願いですから、おうけとりください。そして、この功徳を、わたしたち以外のものたちすべてに、ふりむけあたえて、わたしたちも、わたしたち以外のものたちも、みなそろって悟りを得たいと存じます。

五百万億の梵天王たちが、詩句に託して、如来をほめたたえ終えると、口々に、如来にむかって、こう申し上げました。『どうか世にも尊きお方。真理をお説きになってください。そうなさってくだされば、みんなは幸せになり、悟りにいたる者もきっと多いことでしょう』。

こう申し上げると、梵天王たちは、その思いを詩句に託しました。

世にも尊きお方。ぜひとも、真理をお説きになり、不死の門へいたる太鼓を打ち鳴らし、苦悩に満ちた生きとし生けるものすべてを悟りへとおみちびきになり、涅槃の道を開示してください。

お願いですから、わたしたちの願いをかなえてください。わたしたちをおいつくしみになって、最高に美しいお声で、無限に近い時間をかけて修得された真理を、語ってください。

そこで、大通智勝如来は、全宇宙の梵天王たちと十六人の王子たちの請願をおうけになり、すぐさま、三種類の階梯と十二種類の形態（三転《さんてん》十二行《じゅうにぎょう》）の教えをお説きになりました。この教えは、仏教の出家僧もバラモン教の出家僧も、神々も魔王も梵天も、そのほかのだれ一人として、かつて説いたことがなかったものでした。

まず、『これが苦であり、これが苦の原因であり、これが苦の寂滅であり、これが苦の寂滅にみちびく道なのです。これこそが四つの真理、すなわち四聖諦なのです』とお説きになりました。

ついで、十二因縁をお説きになりました。『あらゆる苦の根底には、迷いそのもの（根源的な無知＝無明）があります。迷いそのものが原因となって、ひたすら何かしようという勢い（行）が生まれます。ひたすら何かしようという勢いが原因となって、認識（識）が生まれます。認識が原因となって、認識の対象（名色）が生まれます。認識の対象が原因となって、眼・耳・鼻・舌・皮膚・心という六つの感覚器官（六入＝六根、六処）が生まれます。眼・耳・鼻・舌・皮膚・心という六つの感覚器官が原因となって、認識されたもの（触）が生まれます。認識されたものが原因となって、好き嫌いとか暑い寒いとかいう感覚（受）が生まれます。好き嫌いとか暑い寒いとかいう感覚が原因となって、尽きることのない欲望（愛）が生まれます。尽きることのない欲望が原因となって、何が何でも欲しいという執着（取）が生まれます。何が何でも欲しいという執着が原因となって、人間の行為のすべて（有）が生まれます。人間の行為のすべてが原因となって、苦しみに満ちた生命活動（生）が生まれます。苦しみに満ちた生命活動が原因となって、年老いて死ぬこと（老死憂悲苦悩）が生まれます。

ですから、年老いて死ぬことを滅するためには、この因果関係に注目する必要があるのです。すなわち、迷いそのものを滅すれば、ひたすら何かしようという勢いが滅します。ひたすら何かしようという勢いが滅すれば、認識が滅します。認識が滅すれば、認識の対象が滅します。認識の対象が滅すれば、眼・耳・鼻・舌・皮膚・心という六つの感覚器官が滅します。眼・耳・鼻・舌・皮膚・心という六つの感覚器官が滅すれば、認識されたものが滅します。認識されたものが滅すれば、好き嫌いとか暑い寒いとかいう感覚が滅します。好き嫌いとか暑い寒いとかいう感覚が滅すれば、尽きることのない欲望が滅します。尽きることのない欲望が滅すれば、何が何でも欲しいという執着が滅します。何が何でも欲しいという執着が滅すれば、人間の行為のすべてが滅します。人間の行為のすべてが滅すれば、苦しみに満ちた生命活動が滅します。苦しみに満ちた生命活動が滅すれば、年老いて死ぬことが滅するのです』。

大通智勝如来が、神々や人々をはじめ、あまたの者たちを前に、こう説き終わったとき、六百万億那由佗（千億）の者たちが、この世に存在するありとあらゆるものにたいする執着から離れ、心は煩悩から解き放たれたのでした。

その結果、みなそろって深遠かつ絶妙な瞑想の境地に到達し、自分と他人の過去世を知る宿住智証明、生きとし生けるものの未来の生死を知る死生智証明、仏法の真理を知り煩悩を断絶する漏尽智証明という三つの智恵（三明）を得ました。また、世界中どこでも透視できる天眼通、自分と他人の過去世を知る宿命通、煩悩を断絶して悟りを得る漏尽通、空中飛行できる神足通、世界中の声を聞ける天耳通、他人の心中を知る他心通という六つの神通力（六通）を得ました。

さらに、心の中に物質的なものの知覚をもつ者が、外界に物質的なものを見る第一の解脱。心の中に物質的ではないものの知覚をもつ者が、外界に物質的なものを見る第二の解脱。物質的なものも物質的ではないものも、ともに汚れなく清らかなものと認識する第三の解脱。心の中に物質的なものの知覚も物質的ではないものの知覚もともに存在せず、すべては無限の虚空にほかならないと見抜く第四の解脱（空無辺処）。第四の解脱を超越して、すべては無限の意識にほかならないと見抜く第五の解脱（識無辺処）。第五の解脱を超越して、なにものも存在しないと見抜く第六の解脱（無所有処）。第六の解脱を超越して、知覚があるのでもなく知覚がないのでもないと見抜く第七の解脱（非想非非想処）。第七の解脱を超越して、認識が生まれる前の瞬間に経験する感覚的な印象（受）も、生まれたばかりの認識（想）も、ともに消滅する第八の解脱（滅尽定解脱）。これらの八種類の解脱（八解脱）を得たのでした。

この最初の説法につづき、大通智勝如来は第二の説法、第三の説法、第四の説法をなさいました。そして、最初の説法のときと同じように、ガンジス河の砂の数にひとしい千万億那由佗（千億）の者たちが、この世の存在するありとあらゆるものにたいする執着から離れ、心は煩悩から解き放たれたのでした。これからあとも多くの声聞たちが同じ境地に到達したのですが、その数があまりに多すぎて、とても数えきれませんでした。

まさにこのとき、大通智勝如来が出家する前におつくりになった十六人の王子たちは、まだ子どもだったにもかかわらず、出家して、見習い僧（沙弥）になりました。かれらは、生まれつき賢く、とても聡明でした。なぜなら、かれらは過去世において、すでに百万億もの如来たちにまごころを尽くしてお仕えし、戒律を守って清らかな修行に励み、このうえなく正しい悟りを求めてきたからです。

十六人の王子たちは、声をそろえて、父親である如来に、こう申し上げました。

『世にも尊きお方、ここにいらっしゃる千万億にもおよぶおおぜいの、徳の高い声聞さまたちは、みなさん、すでに願いを成就されました。世にも尊きお方、今度はわたしたちのために、このうえなく正しい悟りについて、お説きになってください。世にも尊きお方の説法をお聞きして、みんなで修行に励みたいと存じます。世にも尊きお方、わたしたちは如来の知見をぜひとも願い求めているのです。わたしたちが、心の奥底で、なにを思っているかは、世にも尊きお方なら先刻、ご承知のはずです』

このように十六人の王子たちが出家して見習い僧になったのを見て、転輪聖王におつかえしている家臣のうち、八万億の者が、同じように、出家したいと願い出ました。その願いを、転輪聖王はこころよくお許しになりました。

このあと、大通智勝如来は十六人の見習い僧たちの願いをお聞き入れになって、二万劫にわたり、出家僧と尼僧と男女の在家修行者たちにかこまれながら、大乗仏教の経典をお説きになりました。その経典の名前は妙法蓮華教菩薩法仏所護念、すなわち『正しい教えの白蓮とよばれ、菩薩たちへの教訓であり、ありとあらゆる如来たちが支持しているもの』といいました。

大通智勝如来がこの経典を説き終えられたとき、十六人の見習い僧たちは、このうえなく正しい悟りを求めて、みなそろって記憶し、声に出して読み、理解したのでした。如来がこの経典をお説きになったとき、大乗仏教を求める十六人の見習い僧たちは、ひとりのこらず、この経典を信じ受けいれました。

声聞たちのなかにも、この経典を信じて理解する者がいないわけではありませんでしたが、それはほんのわずかにとどまり、そのほかの千万億にもおよぶ者たちは、みな疑惑をいだいたのでした。

大通智勝如来がこの経典をお説きになった時間は八千劫にも達しましたが、そのあいだ、まったくお休みになりませんでした。この経典を説き終わると、静かなお部屋にお入りになり、八万四千劫のあいだ、瞑想をおつづけになりました。

そのとき、大乗仏教を求める十六人の見習い僧たちは、如来が瞑想をおつづけになっているのを知って、一人ずつ説法の座にのぼり、八万四千劫にわたり、出家僧と尼僧と男女の在家修行者たちのために、妙法蓮華経をくわしく解きあかしました。一人が説法するたびに、ガンジス河の砂の数にひとしい六万億那由佗（千億）の生きとし生けるものを悟りにみちびき、教えさとし、喜ばせて、このうえなく悟りを求める心を奮い起こさせたのです。

大通智勝如来は八万四千劫におよぶ瞑想を終えられると、説法の座におむかいになり、思いもあらたにお坐りになり、あつまっていたおおぜいの者たちにむかって、こうおっしゃいました。

『この、大乗仏教を求める十六人の見習い僧たちは、はなはだ希有な者たちです。さまざまな能力にめぐまれ、とても聡明です。過去世において、千万億もの数かぎりない如来たちにまごころを尽くしてお仕えし、それら如来たちのご指導のもとでつねに清らかな修行に励み、このうえなく正しい悟りを身につけて、生きとし生けるものすべてをその境地にみちびきいれてきたのです。

ここにつどっているみなさん。あなたがたはこの十六人の菩薩たちとお近づきになって、ご奉仕なさい。なぜなら、もしも、声聞にしろ辟支仏にしろ菩薩にしろ、この十六人の見習い僧たちが説く教えを信じ、受けいれて、そしらないならば、その人はこのうえなく正しい悟りという智恵、すなわちこのうえなく正しい悟りを、必ずや獲得できるからです』」

釈迦牟尼如来は、出家僧たちにむかって、こうおっしゃいました。

「この十六人の菩薩たちは、みずからすすんで、この妙法蓮華経を、くりかえしくりかえし説いてきました。一人ひとりの菩薩は、それぞれガンジス河の砂の数にひとしい六万億那由佗（千億）もの生きとし生けるものを教化してきました。そして、それらの教化された者たちは、生まれかわるたびに、幾度でも菩薩たちとめぐりあい、その指導を受け、説法を聞いて、一人の例外もなく、その教えを信じ理解したのでした。こういう因縁のおかげで、この十六人の菩薩たちに教化された者たちは、四万億の如来たちにお会いすることができましたし、いまもなお、それはつづいています。

ここにつどっているみなさん。あなたがたに教えておきましょう。かの大通智勝如来の弟子だった十六人の見習い僧は、いまやみなそろって、このうえなく正しい悟りを獲得し、全宇宙に点在する仏国土において、いまこのときも、百千万億の数かぎりない菩薩や声聞を弟子として、真理をお説きになっているのです。

そのうちの二人の見習い僧は、東の方角で、如来となりました。一人は名を阿閦《あしゅく》（怒りを克服した者）と言い、歓《かん》喜国《ぎこく》（喜びの国）においでになります。もう一人は名を須《しゅ》弥頂《みちょう》（須弥山の頂上）と言います。

東南の方角には二人の如来がおいでになり、その名は師《し》子音《しおん》（獅子の咆哮）と師子相《ししそう》（獅子の旗印）と言います。

南の方角には二人の如来がおいでになり、その名は虚空《こくう》住《じゅう》（虚空に安住する者）と常滅《じょうめつ》（つねに完全な涅槃に入っている者）と言います。

西南の方角には二人の如来がおいでになり、その名は帝《たい》相《そう》（帝釈天の旗印）と梵相《ぼんそう》（梵天の旗印）と言います。

西の方角には二人の如来がおいでになり、その名は阿弥《あみ》陀《だ》（無限の寿命をもつ者）と度一切世間苦悩《どいっさいせけんくのう》（この世のあらゆる苦悩から離脱した者）と言います。

西北の方角には二人の如来がおいでになり、その名は多《た》摩羅跋栴檀香神通《まらばっせんだんこうじんずう》（タマーラ樹や栴檀の香りの神通ある者）と須弥相《しゅみそう》（須弥山と等しい者）と言います。

北の方角には二人の如来がおいでになり、その名は雲自《うんじ》在《ざい》（雲のように自在なる者）と雲自在王《うんじざいおう》（雲のように自在なる王）と言います。

東北の方角には一人の如来がおいでになり、その名は壊《え》一切世間怖畏《いっさいせけんふい》（この世のあらゆる恐怖を雲散霧消させる者）と言います。

そして、第十六番目の如来こそ、わたし（釈迦牟尼如来）なのです。わたしは、この娑婆とよばれる仏国土において、このうえなく正しい悟りを得たのです。

ここにつどっている出家僧たちに、言っておきましょう。わたしがまだ見習い僧だったころ、一人ひとりがそれぞれガンジス河の砂の数にひとしい百千万億の生きとし生けるものを教化しました。わたしの指導のもとで教えを聞いた者は、このうえなく正しい悟りに向かいました。しかし、これらの者たちはいまでもなお、自分自身の救いしか求めていない声聞の境地にいます。そこで、わたしは、かれらがこのうえなく正しい悟りを得られるようにとおもって、つねに教化しています。これらの者たちも、この教えによって、徐々に悟りへと近づいていくでしょう。

なぜかというと、如来の智恵は信じがたく理解しがたいからです。かつてわたしがまだ見習い僧だったころ教化した、ガンジス河の砂の数にひとしい百千万億の生きとし生けるものとは、だれあろう、あなたがたこそそのときの出家僧たちなのです。また、わたしが完全な涅槃に入ったのちの未来世において出現するであろう、声聞たちでもあるのです。

わたしが完全な涅槃に入ったのちに、この経典を知らず、菩薩のなすべきことも知らない仏弟子があらわれ、自分が積んできた功徳のおかげで、完全な涅槃に入ることができると思い込み、実際に完全な涅槃に入ったつもりになるかもしれません。

そのとき、わたしは娑婆とは別の仏国土において、別の名前で悟りを開いているでしょう。自分が積んできた功徳のおかげで、完全な涅槃に入ることができると思い込み、実際に完全な涅槃に入ったつもりになった者も、その仏国土に生まれ変わり、このうえなく正しい悟りを求めて、この経典を耳にする機会を得るでしょう。そして、如来の完全な涅槃はたった一つしかなく、そのほかに第二、第三の涅槃は存在しないことを知るでしょう。如来が完全な涅槃が一つだけではないとお説きになったとすれば、それは方便にすぎないのです。

出家僧たち。もしも、如来がみずから完全な涅槃に入るべきときを見定め、そこにつどうもろもろの者たちが心身ともに清らかで、信仰が堅固であり、この世の森羅万象は実在していないという空の真理をよく理解し、深遠な瞑想に習熟しているとおわかりになったならば、あまたの菩薩や声聞たちをあつめて、かれらのためにこの経典をお説きになるでしょう。『この世に、悟りへの第二の乗り物は存在しない。悟りへの乗り物はたった一つしかない』とお説きになるでしょう。

出家僧たち。よくおぼえておきなさい。如来が駆使される方便は、生きとし生けるものすべての本性にもとづいています。劣った教えばかりを求め、見たい、聞きたい、嗅ぎたい、味わいたい、触りたいという五欲に執着しがちなのをご存じのうえで、そんなかれらにも理解できるような涅槃をお説きになるのです。ですから、その説法を聞いた者は、すぐさま信じて受けいれるのです。

それは、たとえてみるならば、こういうことです。ここに、だれもが恐れおののいて、歩こうとしない五百由旬（三五〇〇キロメートル）もの悪路があったとしましょう。にもかかわらず、この道をとおって、貴重な宝がうなるくらいある場所に、多くの人々が行こうとしていたと仮定しましょう。

そのとき、ひとりの案内人がおりました。とても頭が良くて、この悪路をどうすれば克服できるか、よく知っていました。この人物が多くの者たちをひきいて、この悪路を突破しようとしました。

ところが、いざ悪路にさしかかってみると、道半ばにして人々は疲れ果て、案内人にこう申しました。『わたしたちはひどく疲れてしまったうえに、怖くて怖くて、もう前に進めません。道はまだまだ遠いようですから、もうこのあたりで引き返そうとおもいます』。

案内人は方便にとてもたけていましたので、心のなかでこう考えました。『かわいそうに、この人たちは貴重な宝をあきらめて帰ろうとしている』。

こう考えた案内人は、神通力をつかって、悪路の三百由旬（二一〇〇キロメートル）を過ぎたところに、幻の都城をつくりだしました。そして、こう言いました。

『怖がることはありません。引き返すことはありません。この大きな都城のなかに入り、しばらく滞在して、気ままにしたらよいのです。この都城のなかに入れば、快適ですし、疲れを癒せます。そのうえで、貴重な宝のあるところまで行こうという気になったら、この都城を出ればよいのです』

そう聞いて、疲れ果てていた人々は大喜び。『こんなことがあるなんて、想像もしなかった！』と声をかけあいました。そして、『これで悪路から解放される。助かった』と言って、神通力によってつくりだされた幻の都城に入り、『やっと着いた。もう大丈夫だ』と安心しました。

そうこうするうちに、人々が十分に休憩をとって、疲れを癒したことを知ると、案内人は神通力でつくりだした幻の都城を消し去ったうえで、こう言いました。『貴重な宝がうなるくらいある場所までもうすぐです。じつはかの都城は、あなたがたをしばし休ませるために、わたしが神通力をつかってつくりだした幻だったのです』。

出家僧たち。如来のなすことも、同じです。いま如来は、あなたがたのために、すばらしい案内人となって、生まれ変わり死に変わりしては煩悩にさいなまれるという悪しき道が、いくら険しく長く遠く越えがたかろうとも、そこを乗り越えさせ、悟りへとみちびかなければならないとおもっているのです。

しかし、もしも、悟りへの乗り物はたった一つしかないと聞けば、あなたがたは如来にお会いしたいとは考えないでしょう。お近づきになりたいとは考えないでしょう。なぜなら、あなたがたはこう思い込みがちだからです。すなわち、悟りへの道は長く遠い。難行苦行をずっとずっとつづけなければ、成就はおぼつかない……。

あなたがたの心がこのように、もろくて下劣なことを如来はよくご存じなので、方便の力をつかって、悟りへの道の途中で少し休ませてあげようとおもい、涅槃には、声聞の境地と辟支仏（独覚）の境地という二つの境地があるとお説きになるのです。

そして、あなたがたがこの二つの境地に安住したことを確認したならば、如来はこうお説きになるのです。

『あなたがたは、自分がなすべきことをまだなし終えてはいません。あなたがたがいまいる境地は、このうえなく正しい悟りに近づいていますが、このうえなく正しい悟りに到達はしていないのです。よく観察しなさい。よく考察しなさい。あなたがたがいま安住している境地は、真実の涅槃ではありません。如来はあなたがたの心情をおもいやって、方便をつかい、ほんとうは悟りへの乗り物はたった一つしかないにもかかわらず、三つあるとお説きになるのです。
　この方法は、かの案内人が、難路を歩く旅人たちを、しばし休ませてあげようとおもって、幻の大きな都城を仮につくりだし、旅人たちがもう十分に休んで心身ともに元気を回復したと認識したとき、旅人たちにむかって、「貴重な宝がうなるほどある場所まで、もうすぐです。この都城は実在してはいません。わたしが神通力をつかって、つくりだしたものだったのです」と言うのと、まったく同じです』
　こうおっしゃると、世にも尊きお方はいまの説法をもう一度、詩句に託して、こうお説きになりました。

　大通智勝如来は、十劫の長きにわたり、悟りを求めて、瞑想の座に坐りつづけられたにもかかわらず、このうえなく正しい悟りは得られず、悟りの境地に到達できませんでした。

　そのあいだずっと、神々や龍王や阿修羅たちは、つねに天上界の花々を、雨のごとく降らして、大通智勝如来を供養しつづけました。神々は天の太鼓を打ち鳴らし、さまざまな音楽をかなで、舞いつづけました。香り高い風を吹かせて、枯れしぼんだ花々を吹き散らし、かわりに新しくすばらしい花々を降らせたのでした。

　こうして十小劫をへて、大通智勝如来はこのうえなく正しい悟りを得られました。神々や人々をはじめ、この世にありとしある者は、みなそろって躍り上がって、喜びました。

　そのとき、かの如来の十六人の王子たちは、千万億にもおよぶ家来たちとともに、如来のみもとにおもむいて、自分の頭に如来の両足をいただいて敬礼し、どうか真理をお説きくださいと懇願しました。

「聖なる指導者にお願いいたします。真理の雨をお降らしになって、わたしたち一同をうるおしてください。世にも尊きお方にお会いすることは、じつに希有な体験です。永遠に近い時間をへて、やっと出現され、生きとし生けるものすべてを目覚めさせるために、全宇宙を震動させました。

　東の方角にある五百万億もの仏国土に、それぞれ一つずつある梵天の宮殿が、かつてないほどに、光り輝いています。梵天たちはこのようすを見て、つれだって如来がいらっしゃるところにもうで、花々を撒き散らして供養し、自分たちの宮殿をさしあげて、如来に真理をお説きになってくださいとお願いし、その思いを、詩句に託して、如来をほめたたえました。

しかし、大通智勝如来はまだ真理を説くべきときではないとお考えになって、ひたすら沈黙したまま、坐っておられました。

同じようなことが、四方八方から、また上方から下方から、起こりました。梵天たちが花々をまき散らし、宮殿をさしあげて、如来に真理を説いてくださるように懇願しました。『世にも尊きお方にお会いすることは、じつに希有な体験です。お願いですから、大いなる慈悲の心をもって、一同のために、不死の門（甘露の門）を開き、このうえなく正しい悟りについて、お説きくださ い』」

無限の智恵をおもちの大通智勝如来は、これらあまたの者たちの懇願にこたえて、さまざまな種類の教えをお説きになりました。すなわち、四聖諦、十二因縁をお説きになったのでした。

「あらゆる苦の根底には迷いそのもの（根源的な無知＝無明）があり、その最終的な結果にほかならない老死にいたるまで、さまざまな要素が、つねに原因と結果という関係、つまり縁起によって、つぎからつぎへと連鎖しているのです。そして、それは、わたしたちがこの世に生まれ出たからには、けっして避けて通れない道なのです。このような、この世に生を得た者がまぬがれないあやまちや苦しみを、よくおぼえておきなさい」

この教えをお聞きしたとき、六百万億垓（十の二十乗）もの者たちが、たちどころにもろもろの苦を乗り越え、自分自身の救いだけを求める阿羅漢（声聞）となりました。ついで第二の説法がおこなわれたとき、ガンジス河の砂の数にひとしい多くの者たちが、この世の森羅万象は実在していないとわかって、たちまち阿羅漢となりました。

これからあとで阿羅漢となった者の数は、もはや数えきれません。万億劫の時間をかけても、終わりまで計算できません。

また、このとき、大通智勝如来の十六人の王子たちは、出家して見習い僧となり、かの如来に、「大乗仏教について、お説きになってください」とお願いしました。

「わたしたちをはじめ、ここにいる生きとし生けるものすべてを、悟りにおみちびきください。世にも尊きお方のように、清らかな智恵の眼をもてるようにしてください」。

大通智勝如来は王子たちの心情や過去世における行為

をよくご存じのうえで、数かぎりない体験談や、さまざまなたとえ話を駆使して、完璧な施しや恵み、戒律の完璧な順守、完璧な忍耐、完璧な努力、完璧な心の統一、完璧な智恵という六種類の完成（六波羅蜜）はもとより、もろもろの神通力についてお説きになりました。さらに、菩薩として実践すべき真実の修行について解きあかし、この法華経を、ガンジス河の砂の数にひとしいくらい多くの詩句をつかって、お説きになりました。

大通智勝如来は法華経を説き終えられると、静かな部屋において、瞑想にお入りになりました。精神統一して一つところにお坐りになったまま、八万四千劫が過ぎていきました。

この間、如来が瞑想からお出にならないことを、見習い僧たちは知っていましたので、とうてい数えきれないくらい多くの者たちのために、如来しかもちえない最高の智恵について、説きつづけました。一人ひとり順番に、法座に坐り、大乗経典であるこの法華経を説きました。如来が瞑想を楽しんでおられるあいだ、懸命にがんばって、人々を教化することに貢献したのです。こうして、一人ひとりの見習い僧が悟りへみちびいた生きとし生けるものの数は、合計すると、ガンジス河の砂の数にひとしい六百万億にも達しました。

そして、大通智勝如来が完全な涅槃にお入りになったのち、十六人の見習い僧たちの説法を聞いた者たちは、それが縁となって、宇宙のあちこちに点在する仏国土に、いつも説法の主といっしょに生まれ変わったのです。

この十六人の見習い僧たちは完璧な修行を実践して、いま現在は東・南・西・北・東南・西南・西北・東北・上方・下方の世界において、悟りを開き、如来となっておられるのです。かつて見習い僧たちから教えをさずけられた者たちは、それぞれ教えをさずけられた見習い僧が如来となって安住しておられる仏国土に、生まれ変わっています。そして、声聞の境地にいたかれらを、今度は最高の悟りの境地、すなわち大乗仏教の悟りの境地へと、おみちびきになっています。

わたし（釈迦牟尼如来）も、かつては十六人の見習い僧の一人として、あなたがたのために真理を説きました。こういういきさつがあるものですから、いまは方便を駆使して、あなたがたをこのうえなく正しい悟りへとみちびいているのです。以上の因縁ゆえに、いまは法華経を説いて、あなたがたを悟りへとみちびいているのです。したがって、いまあなたがたが置かれた状態に、恐れをいだく必要はありません。

たとえていうなら、こういうことです。悪路が延々と果てしなくつづき、しかも猛獣や害獣がたくさんいて、飲み水もなく、だれしも恐怖をいだく場所があったとしましょう。この悪路を幾千万もの人々が越えていこうとしていましたが、その行程はとてつもなく長くて、全部で三五〇〇キロメートルもありました。

ここに、一人の案内人がおりました。かれは知識がひじょうに豊富で、智恵に富んでいました。頭がとても良くて、意志も強力でした。そこで、険しい道を越えていくにあたり、案内人の役割を託されたのでした。

人々がみな疲れきって、その案内人にこう言いました。「わたしたちはとことん疲れ果ててしまいました。もうだめです。ここから引き返しましょうよ」。

そう聞かされて、案内人は心中にこうおもいました。「この連中はかわいそうだ。せっかくここまで来ていながら、引き返してしまえば、貴重な宝をあきらめざるをえないぞ」。

このとき、案内人はこういう方便をおもいつきました。「神通力をつかって、大きな都城をつくりだし、そのなかに立派な家屋をもうけよう。庭園や水路やプールをあちこちにつくろう。壮麗な城門や高層建築をつくって、男も女もたくさん住んでいるようにしよう」。

こうして、案内人は幻の都城をつくり出すと、疲れ果てている人々を、こう慰めました。「みなさん。怖がることはもうありません。この都城のなかに入れば、したいことはなんでもできますから」。

人々は都城に入って、みな大喜び。すっかり安心して、「助かった！」とおもいました。みんなが十分に休憩し、疲れを癒したことを知って、案内人は、人々をあつめて、こう言いました。「出発するときが来ました。この都城は、じつは幻の都城なのです。あなたがたがひどく疲れてしまい、道半ばにして引き返そうとしているのを見て、わたしが方便の力を駆使して、仮につくりだした幻の都城なのです。疲れを癒したからには、もうひとがんばりして、貴重な宝がある場所まで、いっしょに行こうではありませんか」。

わたし（釈迦牟尼如来）がなそうとしていることも、このたとえ話と同じです。この世の生きとし生けるものすべてにとって、わたしは案内人なのです。悟りを求める者たちが、その中途で疲れ果ててしまい、生死の苦しみを超えることも、煩悩を克服することもできずにいる状態をよく眼にします。

そういうとき、わたしは方便の力を駆使して、かれらを一時的に癒すために、涅槃の境地にいたったと説くのです。あなたがたの苦悩はもはや滅し、なすべき修行はもう果たされたと説くのです。そして、あなたがたが涅槃の境地にいたり、阿羅漢となったことを確認したうえで、わたしの前によびあつめ、このうえなく正しい悟りについて説くのです。

わたしをふくむ如来たちは、方便の力を駆使して、わざと悟りへの乗り物は三つあるとお説きになります。しかし、悟りへの乗り物は、ほんとうは一つしかないのです。あなたがたが疲れ果てているのをご存じなので、一時的に休ませるために、二つの乗り物について、お説きになるにすぎないのです。

いま、わたしはあなたがたに、ほんとうのことを説いています。あなたがたが得た境地は、ほんとうの涅槃ではありません。如来しかもちえない、ありとあらゆることを知る智恵（一切智）を求めて、一生懸命に努力しなさい。

ありとあらゆることを知る智恵を獲得し、さらに十力、すなわち因果の道理にかなっているか、いないかを見抜く力。生きとし生けるものすべてのおこないとそのむくいを見抜く力。ありとあらゆる種類の瞑想を見抜く力。生きとし生けるものすべての能力の優劣を見抜く力。生きとし生けるものすべてのねがいを見抜く力。生きとし生けるものすべての性質を見抜く力。生きとし生けるもののすべてを、ありとあらゆる境遇や境地にみちびくためにはどうすればよいのかを見抜く力。過去世のことを正しく記憶しておく力。生きとし生けるものすべての死と生を見抜く力。煩悩が尽き果てたことを見抜く力などをすべてそなえ、如来の三十二相を実現できたときこそ、あなたがたはほんとうの涅槃の境地にいたるでしょう。

あなたがたの指導者である如来たちは、疲れ果てたあなたがたに、一時的な休息をあたえるために、仮の涅槃をお説きになるのです。そして、あなたがたがもう十分に休息をとれたと知れば、そのときこそあなたがたを、如来しかもちえない、ありとあらゆることを知る智恵に、このうえなく正しい悟りに、おみちびきになるのです。

8　五百弟子受記品《ごひゃくでしじゅきほん》

釈迦牟尼如来が詩句をとなえ終えられたとき、富樓那

（プールナ）は、釈迦牟尼如来のすぐおそばで、このような時宜を得たたくみな方便にまつわる説法をお聞きしていました。また、釈迦牟尼如来がもろもろのすぐれた弟子たちに、「あなたがたは未来世において、このうえなく正しい悟りを得るだろう」と予言を授けられたのをお聞きしていました。さらに、過去世における釈迦牟尼如来と弟子たちとの、切っても切れない因縁をお聞きしていました。つづけて、如来たちがとてつもなくすぐれた神通力をおもちとお聞きしていました。その結果、「こんなことは、かつてなかった」と、かれの心は清められ、躍り上がらんばかりの喜びに満たされたのでした。

富楼那は、嬉しさのあまり、いままで坐っていた座から立ちあがって、釈迦牟尼如来の御前にまかり出て、その両足を自分の頭にいただいて敬礼し、それから御前を離れて、釈迦牟尼如来のおすがたがよく見えるところに坐りました。そして、釈迦牟尼如来のお顔を、まばたきもせず、じっと仰ぎ見ながら、こうおもいました。

「世にも尊きお方はまことにすぐれたお方で、なさることもじつにすばらしい。この世にありとしある人々の生まれつきの能力や性質にあわせて、いろいろな方便を駆使して、真理をお説きになり、生きとし生けるものすべてがそれぞれかかえている執着や欲望を、きれいさっぱりぬぐい去ってくださいます。世にも尊きお方がどれほどの功徳をわたしたちにおあたえになっているか、言葉ではとうてい表現できません。わたしたちの心の奥底にある切なる願いをご存じなのは、如来である世にも尊きお方だけでございます」

ちょうどそのとき、釈迦牟尼如来は、この場につどっていた出家僧たちにむかって、こうおっしゃいました。

「みなさん。ここにいる富楼那が見えますか。わたしはかれのことをいつも、説法の第一人者であるとほめたたえ、その功績をたたえています。一生懸命に努力して、わたしが説く教えを身につけ、その教えを多くの者たちに解きあかしています。すなわち、出家僧と尼僧と男女の在家修行者たちに教えさとし、利益をあたえて喜ばせています。如来の説く正法を完璧に解釈して、清らかな修行に励んでいる者たちに、多大の恩恵をほどこしています。如来をのぞけば、かれほどたくみに説法できる者は、まったくいないでしょう。

あなたがたは、つぎに述べることを、肝に銘じておく必要があります。この富楼那は、ただたんにわたしが説く教えを身につけ、その教えを多くの者たちに解きあかしているのではないのです。かれは、過去世において、九十億もの如来たちにおつかえして、その正法を身につけ、多くの者に解きあかし、説法の第一人者だったのです。

また、如来たちがお説きになった『空』をよく理解していました。四種類の透徹した智恵（四無礙智）、すなわち如来たちの教え、その意味、さまざまな言語表現、弁舌の才能をことごとく身につけて、つねに適格に、しかも清らかに、一点の疑惑もなく、真理を説いてきたのです。菩薩としてもつべき神通力をそなえ、生命あるかぎり清らかな修行にはげんできたのです。ですから、富楼那と同じ時代に生きた人々は、富楼那こそ、まことの声聞にちがいないと考えていました。

それだけではありません。富楼那は、かれこそまことの声聞にちがいないという世評をうまく利用して、数えきれないくらい多くの生きとし生けるものに利益をあたえ、数かぎりない多くの人々を教化して、このうえなく正しい悟りへとみちびいてきたのです。如来のお仕事を助け、生きとし生けるものを教化することで、自分がいる仏国土を清めてきたのです。

みなさん。富楼那は、わたし（釈迦牟尼如来）をふくむ過去七仏、つまり毘婆尸仏《びばしぶつ》・尸棄仏《しきぶつ》・毘舎浮仏《びしゃふぶつ》・倶留孫《くるそん》仏《ぶつ》・倶那含牟尼仏《くなごんむにぶつ》・迦葉仏《かしょうぶつ》・釈迦仏《しゃかぶつ》のみもとにおいても、説法の第一人者でした。むろん、わたしのもとでも、説法の第一人者です。

さらに、賢劫《けんごう》、すなわちいまわたしたちがいる時代に出現する九百九十六人の如来たちのみもとにおいても、富楼那は説法の第一人者となり、仏法を正しく守り、広めることに、大いに貢献するでしょう。また、未来世においても、数かぎりない如来たちがお説きになる教えを正しく守り、広め、数えきれないくらい多くの生きとし生けるものを教化し、利益をあたえて、このうえなく正しい悟りへとみちびくでしょう。つねに精進し努力し、生きとし生けるものを教化して、自分がいる仏国土を清めるでしょう。

このように、菩薩としてなすべき修行を成就して、はかりしれない劫をへたのち、まさにいまわたしたちがいる仏国土において、富楼那はこのうえなく正しい悟りに到達し、如来となるでしょう。その名は『教えの光明（法明《ほうみょう》）』如来といい、供養されるにふさわしい方（応供）であり、歴史や時間の制約を超えた智恵の持ち主（正徧知）であり、過去世を知り尽くし未来世を知り尽くし煩悩を完全に克服した方（明行足）であり、完璧な悟りに到達した方（善逝）であり、聖なる世界のことも俗なる世界のことも知り尽くした方（世間解）であり、世間の動向にゆるがない最上の智恵と行動の方（無上士）であり、穏やかな言葉と厳しい言葉を自在に使い分けて修行者を指導する方（調御丈夫）であり、神々と人間にとって共通の指導者（天人師）であり、最高の智者（仏）であり、世の中の人々から尊敬されるべき方（世尊）とよばれるでしょう。

この如来は、ガンジス河の砂の数に等しい三千大千世界をまとめて一つの仏国土とするでしょう。この仏国土の地面は七宝でできていて、どこまでも真っ平らで、ちょうど人間のたなごころのように、山もなければ谷もなく、凹凸もまったくありません。地上には七宝でつくられた高層建築がたちならび、空中のさほど高くないところには神々が住む宮殿が浮かび、人間と神々がたがいのすがたを見たり見られたりできます。

ここでは悪しき行為はまったくなく、女性もいません。そこに住む生きとし生けるものは、子宮から生まれ出たのではなく、なんらの物理的なよりどころなしに生まれ出たものばかりで、性欲をまったくもっていません。たいへんな神通力を得ていて、身体から光を発し、空中を自由自在に飛びまわっています。仏道をきわめたいというこころざしはすこぶる強く、精進努力し、智恵にも恵まれ、全身を金色に輝かせ、三十二相をことごとくそなえています。

この仏国土に住む者たちの食料は二種類だけで、一つは教えの喜び（法喜食《ほうきじき》）、もう一つは瞑想の喜び（禅悦食《ぜんねつじき》）です。もちろん、とんでもない数の菩薩たちがいて、かれらはみなたいへんな神通力をもち、如来たちの教えとその意味とさまざまな言語表現と弁舌の才能という四無礙智をそなえ、生きとし生けるものすべてを教化しています。

声聞の数にいたっては、計算のしようもありません。かれらはみな、世界中どこでも透視できる天眼通、自分と他人の過去世を知る宿命通、煩悩を断絶して悟りを得る漏尽通、空中飛行できる神足通、世界中の声を聞ける天耳通、他人の心中を知る他心通という六つの神通力（六通）をそなえています。自分と他人の過去世を知る宿住智証明、生きとし生けるものの未来の生死を知る死生智証明、仏法の真理を知り煩悩を断絶する漏尽智証明という三つの智恵（三明）をもっています。物質的なものの知覚をもつ者が、外界に物質的なものを見る第一の解脱。心の中に物質的ではないものの知覚をもつ者が、外界に物質的なものを見る第二の解脱。物質的なものも物質的ではないものも、ともに汚れなく清らかなものと認識する第三の解脱。心の中に物質的なものの知覚も物質的ではないものの知覚もともに存在せず、すべては無限の虚空にほかならないと見抜く第四の解脱（空無辺処）。第四の解脱を超越して、すべては無限の意識にほかならないと見抜く第五の解脱（識無辺処）。第五の解脱を超越して、なにものも存在しないと見抜く第六の解脱（無所有処）。第六の解脱を超越して、知覚があるのでもなく知覚がないのでもないと見抜く第七の解脱（非想非非想処）。第七の解脱を超越して、認識が生まれる前の瞬間に経験する感覚的な印象（受）も、生まれたばかりの認識（想）も、ともに消滅する第八の解脱（滅尽定解脱）。これらの八種類の解脱（八解脱）を得ています。

法明如来の仏国土は、以上のような数かぎりない功徳を完備したところなのです。この如来がいらっしゃる劫は「宝玉のきらめき（宝明）」とよばれ、その国土は「すこぶる清らかなところ（善浄）」とよばれるでしょう。また、この如来の寿命は、はかりしれないくらい長く、正法はひじょうに長くたもたれるでしょう。そして、如来が完全な涅槃にお入りになったあかつきには、国土のいたるところに、七宝でつくられた仏塔が建立されるでしょう」

こうおっしゃると、世にも尊きお方はいまの説法をもう一度、詩句に託して、こうお説きになりました。

ここにつどう出家僧たち。よくお聞きなさい。

わたしの弟子たちが実践してきた修行は、かれらが方便をよく学んだゆえに、理解するのは至難のわざです。

人々が劣った教えを求め、大いなる智恵にたいして強い恐怖をいだいていることを知っているので、菩薩たちはあえて声聞や縁覚となり、数かぎりない方便を駆使して、多くの人々を教化したうえで、「自分は声聞にすぎませんから、最高の悟りにはとうてい到達できません」と説くのです。

このようにして、あまたの人々を悟りへとみちびき、一人のこらず、最高の悟りを成就させるのです。劣った教えを求め、怠惰に走りがちな者であっても、ついには成仏させるのです。

人知れず菩薩の修行に励みながら、対外的には自分は声聞にすぎないといい、劣った教えを求め、あらゆる生死を厭うように見せかけていながら、そのじつはいま自分がいる仏国土を清めているのです。

人々にむかって、自分は貪瞋痴《とんじんち》の三毒にさいなまれていると訴えることもあれば、あやまった見解に執着しているかのように思わせることもあります。

わたしの弟子たちは、このように方便を駆使して、生きとし生けるものすべてを、悟りへとみちびくのです。もしも、わたしが、弟子たちのおこなってきた方便について、その実態をあかすならば、それを知った者は疑惑のとりことなるにちがいありません。

いま、ここにいる富楼那は、過去世において、千億もの如来たちにまごころを尽くしてお仕えして、なすべき修行をなし、如来たちの教えを守りかつ広めました。最高の智恵を求めるという点では、ありとあらゆる如来たちのもとにおいて、つねに一番弟子だったのです。比類なき博識であり、智恵に恵まれ、なにひとつ恐れることのない自信に満ちあふれ、その説法を聞く者を喜ばせ、しかもどんなに説法しても疲れるということもなく、如来たちのお仕事を助けてきたのです。

この富楼那はすでに偉大な神通力をそなえ、如来たちの教えとその意味とさまざまな言語表現と弁舌の才能からなる四無礙をことごとく身につけ、人々の生まれつきの資質の良し悪しを見抜いて、それぞれにふさわしい方法で清らかな真理を説いてきたのです。

このようにして、富楼那は最高の教えを説き、数えきれないくらい多くの者たちを教化して、大乗仏教に帰依させ、自分がいる仏国土を清めてきました。かれは、未来世においても、同じように数かぎりない如来たちにまごころを尽くしてお仕えし、正法を護り、かつ広めて、自分がいる仏国土を清めるでしょう。

つねにいろいろな方便を駆使して、なんら恐れることなく真理を説き、計り知れない数の人々を悟りへみちびいて、ありとあらゆることを知る智恵を成就させるでしょう。あまたの如来たちにまごころを尽くしてお仕えして、真理の宝蔵を護持し、やがてついに自分自身が如来となるのです。

その名を法明如来といい、その国土は善浄とよばれ、七宝でつくられています。また、この如来がいらっしゃる時代（劫）を宝明といいます。

菩薩の数はたいそう多く、とても数えきれません。みなそろって偉大な神通力をそなえ、威徳の力が満ちあふれ、国土のいたるところで活動しています。

声聞の数もまた数えきれません。自分と他人の過去世を知る宿住智証明、生きとし生けるものの未来の生死を知る死生智証明、仏法の真理を知り煩悩を断絶する漏尽智証明という三つの智恵（三明）をもっています。物質的なものの知覚をもつ者が、外界に物質的なものを見る第一の解脱。心の中に物質的ではないものの知覚をもつ者が、外界に物質的なものを見る第二の解脱。物質的なものも物質的ではないものも、ともに汚れなく清らかなものと認識する第三の解脱。心の中に物質的なものの知覚も物質的ではないものの知覚もともに存在せず、すべては無限の虚空にほかならないと見抜く第四の解脱（空無辺処）。第四の解脱を超越して、すべては無限の意識にほかならないと見抜く第五の解脱（識無辺処）。第五の解脱を超越して、なにものも存在しないと見抜く第六の解脱（無所有処）。第六の解脱を超越して、知覚があるのでもなく知覚がないのでもないと見抜く第七の解脱（非想非非想処）。第七の解脱を超越して、認識が生まれる前の瞬間に経験する感覚的な印象（受）も、生まれたばかりの認識（想）も、ともに消滅する第八の解脱（滅尽定解脱）。これらの八種類の解脱（八解脱）を得ています。四種類の透徹した智恵（四無礙智）、すなわち如来たちの教え、その意味、さまざまな言語表現、弁舌の才能をことごとく身につけています。

以上の者たちが、善浄国の出家僧たちです。

この仏国土では、生きとし生けるものすべてが、煩悩をすべて断ち切っています。ことごとく、子宮から生まれ出たのではなく、なんらの物理的なよりどころなしに生まれ出たばかりで、如来のように、三十二相をそなえています。

食事は、教えの喜び（法喜食）と瞑想の喜び（禅悦食）だけで、ほかには必要ありません。女性はいませんし、悪しき境遇もありません。

富楼那はなすべき功徳をことごとく成就したおかげで、このように、みずからがおさめる仏国土には、まことに立派な者たちで満ちあふれるのです。富楼那の仏国土について、語りたいことはもっとたくさんあるのですが、きりがないので、ここらあたりでやめておきましょう。

釈迦牟尼如来がとなえ終えられたとき、そこにつどっていた千二百人の、ありとあらゆるとらわれから解き放たれた阿羅漢たちは、心中にこう思いました。

「わたしたちも喜びに満ちあふれ、かつてなかった思いにかられている。もしも、世にも尊きお方が、いま特定の弟子たちに、あなたは未来世において必ずや如来となるでしょうと予言を授けたのと同じように、ほかの弟子たちにも予言を授けてくださるならば、こんなにすばらしいことはないのだが……」

世にも尊きお方は弟子たちが心のなかでそう思っている

ことを察して、大迦葉に、こうおっしゃいました。

「ここにいる一千二百人の阿羅漢たちに、いますぐ、あなたがたはこのうえなく正しい悟りを開いて如来になるだろうと予言を授けてあげましょう。

ここにいる出家僧たちのなかで、長老格の弟子である阿若憍陳如は、六万二千億の如来にまごころを尽くしてお仕えしたのち、自分自身が如来となるでしょう。その名は『あまねく光を放つ者（普明《ふみょう》）』如来といい、供養されるにふさわしい方（応供）であり、歴史や時間の制約を超えた智恵の持ち主（正徧知）であり、過去世を知り尽くし未来世を知り尽くし煩悩を完全に克服した方（明行足）であり、完璧な悟りに到達した方（善逝）であり、聖なる世界のことも俗なる世界のことも知り尽くした方（世間解）であり、世間の動向にゆるがない最上の智恵と行動の方（無上士）であり、穏やかな言葉と厳しい言葉を自在に使い分けて修行者を指導する方（調御丈夫）であり、神々と人間にとって共通の指導者（天人師）であり、最高の智者（仏）であり、世の中の人々から尊敬されるべき方（世尊）とよばれるでしょう。

また、ここにいる五百人の阿羅漢たち、すなわち優楼頻《うるびん》螺《ら》迦葉《かしょう》、伽耶《がや》迦葉《かしょう》、那提迦葉、迦留陀夷《かるだい》、優陀夷《うだい》、阿泥楼《あぬる》駄《だ》、離婆多《りはた》、劫賓那《こうひんな》、薄拘羅《はくら》、周陀《しゅだ》、莎伽陀《しゃかだ》たちをはじめ、五百人の阿羅漢たちは、一人の例外もなく、このうえなく正しい悟りを開くでしょう。そして、みな同じ『あまねく光を放つ者（普明）』という名の如来となるでしょう」

こうおっしゃると、世にも尊きお方はいまの説法をもう一度、詩句に託して、こうお説きになりました。

阿若憍陳如という名の弟子は、未来世において、数かぎりない如来たちにお会いし、十の五九乗（阿僧祇）劫をへて、このうえなく正しい悟りを開き、如来となるでしょう。その身体はいつも大いなる光明を放ち、あらゆる神通力をそなえ、その名声はいたるところにとどろき、すべての人々から敬われる存在として、つねにこのうえなく正しい悟りについて説くでしょう。

ゆえに、かれは「あまねく光を放つ者（普明）」とよばれます。かれがおさめる国土はまことに清らかで、そこに住む菩薩たちはみな勇猛な者ばかりです。それらの菩薩たちは、すばらしい高層建築にのぼって、そこからありとあらゆる方向にある仏国土に飛び立ち、最高の供養の具をつかって、如来たちを供養するでしょう。そして、供養を済ませると、心を喜びに満ちあふれさせながら、瞬時にもとの仏国土にもどるでしょう。かれらには、そういう神通力がそなわっているのです。

この普明如来の寿命は六万劫です。如来が完全な涅槃に入ったあとも、正しい教えと正しい実践と正しい結果がある正法の時代は、如来の寿命の二倍にあたる十二万劫にわたってたもたれます。正しい結果はもはや失われたとはいえ、正しい教えと正しい実践がある像法の時代も、二倍の十二万劫にわたってつづくでしょう。しかし、正しい教えが滅してしまえば、神々も人々もともに苦悩をまぬがれないでしょう。

ここにいる五百人の出家僧たちは、やがて如来となるでしょう。その如来の名は、みな同じく、「あまねく光を放つ者（普明）」とよばれるでしょう。かれらは、一人ずつ順番に、「わたしが完全な涅槃に入ったあかつきには、あなたが如来になる番だ」といって、つぎつぎに如来となる予言を授けるでしょう。

これらの如来たちがおさめる仏国土は、いまわたしがいるこの世とまったく同じです。その環境も、如来がそなえる神通力も、そこに住む菩薩や声聞たちも、まったく同じです。正法がたもたれる長さも像法の時代の長さも、さきほど述べたところとまったく同じです。

迦葉。あなたは、ここにいる五百人の阿羅漢たちがどうなるか、よく知っています。いまここにはいない者たちの未来についても、まったく同じです。このことについて、かれらに話してあげなさい。

釈迦牟尼如来がこうおっしゃるやいなや、そこにつどっていた五百人の阿羅漢たちは、世にも尊きお方から直接、自分たちが未来世において必ず如来になるという予言を授かったものですから、躍り上がって喜び、いままで坐っていた座から立ちあがって、釈迦牟尼如来の御前にやってきて、如来の両足を自分の頭にいただいて敬礼し、自分たちがいかにあやまった見解にこだわってきたかを懺悔し、自責の念から、こう申し上げました。

「世にも尊きお方。わたしたちはこれまで、自分たちは究極の涅槃を得たとばかり思い込んでおりました。しかし、たったいま、それがあやまちであることを知りました。まったくもって、バカでした。

なぜかと申しますと、如来の智恵を得るべきであったにもかかわらず、劣った智恵でもう十分だと思い込んでいたからです。

それは、たとえていうなら、こういうことです。あるところに、Aさんという男がおりました。Aさんは親友の家を訪ね、そこで酔っ払ってしまいました。ちょうどそのとき、その親友は、大切な仕事のために出かけなければならなくなりました。親友は、酔っ払って寝込んでしまった友人のために、Aさんの着物の裏に、値段が付かないくらい高価な宝石を縫い付けてあげました。ところが、肝心のAさんは酔っ払って寝込んでいたので、まったく気づきませんでした。

やがて酔いが覚めて、Aさんは他国へと旅立ちました。しかし、衣食にも事欠き、艱難辛苦の連続で、『ちょっとでも食べられれば、とにかく着るものさえあれば、それで満足だ！』というような、惨憺たる状態でした。

そんなAさんが、かつての親友に再会しました。その親友はAさんに言いました。『ひどいもんだな。なぜ、衣食にも事欠いているんだ。あのとき、あんたが安楽に暮らせるようにと思って、あんたの着物の裏に、値段が付かないくらい高価な宝石を縫い付けてあげといたのに、なんてひどいざまだ。宝石はいまもちゃんと縫い付けられたままじゃないか。それをあんたはまったく知らず、苦労に苦労を重ねて、やっとこさ息をしているような状態じゃないか。バカもいいところだ。いますぐに宝石を売って、そのお金でまっとうな暮らしをしなさいよ』。

如来のなさることも、このたとえ話と同じです。まだ菩薩であったころ、わたしたちを教化して、ありとあらゆることを知る智恵を求めなさい、と教えさとしてくださいました。ところが、わたしたちはそれを忘れ果て、もうなにも覚えていませんでした。そして、阿羅漢の境地を得て、これで最高の涅槃を得たとばかり思い込んでいたのです。かのAさんと同じように、生活の苦しさにかまけて、ちょっと手に入れただけなのに、ああこれで十分だ！　と思い込んでいたのです。

でも、よくよくわが心のうちを見てみれば、ありとあらゆることを知る智恵を求めたいという願いは、まだ失われていません。たったいま、世にも尊きお方はわたしたちを目覚めさせるために、こうおっしゃいました。

『出家僧たち。あなたがたが得た境地は、最高の涅槃ではないのです。あなたがたの心のなかには、かつてわたしが植え付けてあげた善根がまだあります。わたしが方便を駆使して、ほんとうは涅槃ではないにもかかわらず、あたかも涅槃であるかのように見せかけたために、あなたがたは自分が最高の涅槃の境地を得たとばかり思い込んでしまったのです。しかし、あなたがたの心のなかにかつてわたしが植え付けてあげた善根の存在に気づきさえすれば、真実を知ることができるはずです』

世にも尊きお方。いまやっと、わたしたちは真実を知りました。じつは、わたしたちこそ、菩薩なのです。だからこそ、世にも尊きお方はわたしたちに、未来世において必ずやこのうえなく正しい悟りを開いて、如来になるだろうという予言を授けてくださったのです。こういう因縁ゆえに、わたしたちの心は大いなる歓喜にあふれ、かつてなかった思いに満たされているのです」

こう申し上げると、阿若憍陳如をはじめ、五百人の阿羅漢たちは、自分たちの思いをもう一度、詩句に託して、となえました。

わたしたちは、世にも尊きお方から、未来世において、最高の悟りを開いて如来になるだろうという予言を授けていただきました。ありえないことが実現したと歓喜にうちふるえ、無限の智恵をおもちの釈迦牟尼如来に、敬礼せずにはいられません。

いま、世にも尊きお方の御前において、かつておかしたさまざまな過失を悔いております。如来の無量の教えに浴しながら、じつはなにもわかっていない愚か者でしたので、涅槃のほんの一端に触れただけにもかかわらず、ああこれで自分は悟ったのだと思い込んでいたのです。

それは、たとえていうなら、こんな話になります。貧乏な男が、親友の家を訪ねました。親友の家はたいそうお金持ちでしたから、ありったけのご馳走をしてくれました。おまけに、その貧乏な男の着物の裏に、いくらするのかわからないくらい高価な宝石まで縫い付けてくれました。しかし、親友はそれについてはひとことも触れず、そのまま黙って、家を出て行きました。

貧乏な男は寝込んでしまっていたので、自分の着物の裏にとてつもなく高価な宝石が縫い付けられたことを知りませんでした。眠りから覚めると、かれは遠い外国へと旅立ちました。

その暮らしぶりはひどいもので、衣食を求めて、あちこちさまよい歩きながら、どうにか命ながらえるのがせいぜいでした。わずかな衣食を得れば、じゅうぶん満足して、それ以上は求めようとしません。むろん、自分の着物の裏にとてつもなく高価な宝石が縫い付けられていることなど、まったく気づきませんでした。

あるとき、その貧乏な男は宝石をあたえてくれた友人と再会しました。友人はかれがひどく困窮している姿を見て、「いったいどうしたというんだ。ひどいなりじゃないか」と言って、着物の裏に縫い付けてある宝石をしめしました。

貧乏な男はこの宝石を見て大喜びしました。いちやく大金持ちになって、五欲を十分に満たすことができたのです。

わたしたちも、この貧乏だった男となんら変わりません。世にも尊きお方はまことに長い歳月にわたり、つねにわたしたちを慈しみ、最高の悟りを求める願いを、植え付けてくださいました。ところが、わたしたちときたら、とことん無智だったものですから、いまのいままでそれを知らず、涅槃の一端にほんのわずか触れただけで、ああこれで十分だと思い込んできたのです。

いま、世にも尊きお方はわたしたちの眼を覚ましてくださり、わたしたちが涅槃と思い込んできた境地が、じつはほんとうの涅槃の境地ではない、如来のこのうえなく正しい悟りを得てこそ、ほんとうの涅槃の境地にいたれると教えてくださいました。

いままさに、わたしたちは世にも尊きお方から親しく、未来世において必ずや如来になるだろう、その際は一人ずつ順番に如来となるという予言を授かり、身も心も歓喜に満たされているのです。

9　授学無学人記品《じゅがくむがくにんきほん》

そのとき、釈迦牟尼如来の従弟で釈迦牟尼如来の身のまわりのお世話をしていた阿難、および釈迦牟尼如来の実子の羅睺羅《らごら》は、こう思いました。「わたしたちも、未来世において、必ずや如来になるという予言を授けていただきたいなあ」。

そこで座から立ちあがり、釈迦牟尼如来の御前にすすみ、その足を自分の頭のうえにいただいて敬礼し、二人そろって、こう申し上げました。

「世にも尊きお方。わたしたちにも予言を授けていただく機会が、いますぐにございましょうか。わたしたちが帰依いたしますのは、ひとえに世にも尊きお方だけです。また、わたしたちは、この世にありとしある神々や人々や阿修羅などから、阿難は世にも尊きお方にもっとも近しくまごころを尽くしてお仕えし、世にも尊きお方の教えを正しく保持する者として、羅睺羅は世にも尊きお方の実子として、おのおのよく知られています。

もしも、世にも尊きお方から、おまえたちは未来世において、このうえなく正しい悟りを得て、如来になるだろうという予言を授けていただけるのであれば、これ以上の喜びはありませんし、そのほかの者たちも満足するにちがいありません」

阿難と羅睺羅がそう申し上げると、もう学ぶべきことが何もない声聞とまだ学ぶべきことが残っている声聞、あわせて二千人の弟子たちは、いっせいに座から立ちあがって、右の肩をあらわにして敬意をあらわし、釈迦牟尼如来の御前にすすみでて、一心に両手を合わせ、世にも尊きお方のお顔を仰ぎ見ながら、阿難や羅睺羅と同じ思いをいだいて、直立不動の姿勢をとりました。

そのすがたをご覧になって、釈迦牟尼如来は阿難に、こうおっしゃいました。

「あなたは未来世において必ずや如来となるでしょう。その名は『大海のごとき智恵をもち、自在なる神通力をもつ者（山海慧《さんかいえ》自在通王《じざいつうおう》）』如来といい、供養されるにふさわしい方（応供）であり、歴史や時間の制約を超えた智恵の持ち主（正偏知）であり、過去世を知り尽くし未来世を知り尽くし煩悩を完全に克服した方（明行足）であり、完璧な悟りに到達した方（善逝）であり、聖なる世界のことも俗なる世界のことも知り尽くした方（世間解）であり、世間の動向にゆるがない最上の智恵と行動の方（無上士）であり、穏やかな言葉と厳しい言葉を自在に使い分けて修行者を指導する方（調御丈夫）であり、神々と人間にとって共通の指導者（天人師）であり、最高の智者（仏）であり、世の中の人々から尊敬されるべき方（世尊）とよばれるでしょう。

六十二億もの如来たちにまごころを尽くしてお仕えし、その教えを正しく保持し、しかるのちこのうえなく正しい悟りを得るでしょう。また、二十本のガンジス河の砂の数に等しい膨大な数の菩薩たちを教化し、かれらをこのうえなく正しい悟りへみちびくでしょう。

この山海慧自在通王如来がおさめる仏国土は『絶対に垂れ下がることがない勝利の旗印（常立勝幡《じょうりゅうしょうばん》）』とよばれ、その地面は清らかで、ラピスラズリでできています。この如来がいらっしゃる時代（劫）は『快い音が響きわたるとき』とよばれるでしょう。

この如来の寿命は千万×十の五十九乗（阿僧祇）劫つづくでしょう。この長さは、人間が千万×十の五十九乗劫をついやして計算しても、計算し尽くせないくらい、長いのです。

また、山海慧自在通王如来が完全な涅槃にお入りになったのち、正しい教えと正しい実践と正しい結果がある正法の時代は、如来の寿命の二倍にあたる長さにわたってつづきます。さらに、正しい教えと正しい実践がある像法の時代は、正法の長さの二倍にわたってつづきます。

阿難。あなたが未来世においてなるであろう山海慧自在通王如来は、この宇宙空間のありとあらゆる方向にいらっしゃるガンジス河の砂の数に等しい如来たちから、その功徳をほめたたえられるでしょう」

こうおっしゃると、世にも尊きお方はいまの説法をもう一度、詩句に託して、こうお説きになりました。

あなたがた出家僧たちを前にして、わたしはこう言いたい。わたしの教えの忠実な保持者である阿難は、今後、あまたの如来たちにまごころを尽くしてお仕えしたのち、このうえなく正しい悟りを得て、如来となるでしょう。その名は「大海のごとき智恵をもち、自在なる神通力をもつ者（山海慧自在通王如来）」といいます。かれがおさめる仏国土は清らかで、「絶対に垂れ下がることがない勝利の旗印（常立勝幡）」とよばれます。

かれの教化の対象となる菩薩の数は、ガンジス河の砂の数に等しいでしょう。かの如来の威徳はまことに強大で、その名声は全宇宙にとどろきわたり、その寿命ははかり知れません。

生きとし生けるものすべてを慈しむために、かの如来が完全な涅槃に入ったのちも、正しい教えと正しい実践と正しい結果がある正法の時代は、その寿命の二倍もつづき、正しい教えと正しい実践がある像法の時代は、正法の時代のさらに二倍もつづくでしょう。そして、像法の時代にあっても、ガンジス河の砂の数に等しい者たちが、悟りを得るために必要な功徳をあまた積むことになるでしょう。

釈迦牟尼如来がこうお説きになったのを耳にして、そこにつどっていた新米の菩薩たち八千人は、心中にこう思いました。

「わたしたちの大先輩にあたる偉大な菩薩にたいしてですら、未来世において必ずや如来になるという予言を授かったと聞いたためしがない。いったいどんな理由で、菩薩よりもはるかに劣る声聞たちにたいして、このような予言が授けられたのだろうか。不思議でならない」

釈迦牟尼如来は菩薩たちが心中に疑念をいだいていることをお知りになって、かれらにむかってこうおっしゃいました。

「みなさん。わたしはかつて阿難といっしょに、『教えの天空に昇る王（空王《くうおう》）』如来のみもとにおいて、このうえなく正しい悟りを求める誓願を起こしました。そして、阿難はいつも多くの教えを聞くことに専念したのにたいし、わたしはもっぱら精進努力に専念しました。

その結果、わたしはすみやかにこのうえなく正しい悟りを得たのにたいし、阿難はわたしの教えを正しく保持し、また未来世において出現するであろうあまたの如来たちの教えを正しく保持し、菩薩たちを教化して悟りへみちびくことになったのです。これこそ、この阿難の本願なのです。こういう因縁があって、阿難はわたしから、『あなたは未来世において必ずやこのうえなく正しい悟りを得て如来になるだろう』という予言を授かったのです』

阿難は、釈迦牟尼如来から直接、未来世において如来になるだろうと予言を授けられ、自分がおさめる仏国土がどのようなところかをうかがって、誓願がすべてかなえられたことを知りました。その心は歓喜に満たされ、かつて経験したことのない、すばらしい思いに駆られたのでした。

このとき、阿難は、過去世においてまごころを尽くしてお仕えした膨大な数の如来たちから授けられた教えを、たったいま耳にしたように、完璧に思い出しました。そして、自分がかつて立てた本願をありありと思い出したのでした。阿難は自分の心のうちを、詩句に託して、こう語りました。

世にも尊きお方のなさることは、想像すらできません。過去世においてまごころを尽くしてお仕えした如来たちから授かった教えを、あたかもたったいま聞いたように、思い出させてくださいました。

わたしはいまやなんらの疑いもなく、大乗仏教の道を歩んでおります。

方便を駆使して、世にも尊きお方の侍者となり、如来たちから授かった教えを正しく保持しましょう。

ついで、釈迦牟尼如来は羅睺羅に、こう語りかけました。

「あなたは未来世において必ずや如来となるでしょう。その名は『七宝でつくられた紅蓮のうえを歩む者（踏七宝華《とうしちほうけ》）』如来といい、供養されるにふさわしい方（応供）であり、歴史や時間の制約を超えた智恵の持ち主（正徧知）であり、過去世を知り尽くし未来世を知り尽くし煩悩を完全に克服した方（明行足）であり、完璧な悟りに到達した方（善逝）であり、聖なる世界のことも俗なる世界のことも知り尽くした方（世間解）であり、世間の動向にゆるがない最上の智恵と行動の方（無上士）であり、穏やかな言葉と厳しい言葉を自在に使い分けて修行者を指導する方（調御丈夫）であり、神々と人間にとって共通の指導者（天人師）であり、最高の智者（仏）であり、世の中の人々から尊敬されるべき方（世尊）とよばれるでしょう。

全宇宙を構成する原子の数に等しい数の如来たちにまごころを尽くしてお仕えし、いまあなたがわたしの長子であるのと同じように、如来たちの長子となるでしょう。

この踏七宝華如来がおさめる仏国土の環境、その寿命、教化すべき弟子たち、正法の時代や像法の時代の長さなどは、山海慧自在通王如来とまったく同じです。さらに、踏七宝華如来は山海慧自在通王如来の長子となるでしょう。そして、そのあとで、このうえなく正しい悟りを得て如来になるでしょう」

こうおっしゃると、世にも尊きお方はいまの説法をもう一度、詩句に託して、こうお説きになりました。

わたしがかつて王子であったころ、羅睺羅はわたしの長子として生まれました。

わたしが如来となったいまは、わたしの教えを受け継ぐ者となりました。

未来世においては、数かぎりない如来たちにお会いし、その長子となり、悟りを求めて一心に仏道修行にはげむでしょう。

羅睺羅がその心の奥底に秘めた誓願は、わたししか知りません。

現世においては、わたしの長子として生まれ、あまたの人々にわたしの教えを広めています。

羅睺羅が積んできた功徳はあまりに膨大で、はかり知れません。

大乗仏教の道を歩み、このうえなく正しい悟りを求めているのです。

世にも尊きお方がこう語り終えられて、まわりを見わたすと、まだ学ぶべきことが残っている者ともはや学ぶべきことがない者、合わせて二千人が、温和で柔和な心をもち、静かで清らかな態度で、一心に世にも尊きお方を見上げておりました。それをご覧になって、世にも尊きお方は阿難に、こうおっしゃいました。

「あなたは、まだ学ぶべきことが残っている者ともはや学ぶべきことがない者、合わせて二千人がここにいるのを、眼にできますか」

「はい。世にも尊きお方」

「阿難さん。これらの人々は、未来世において、五十の世界を構成する原子の数の等しい如来たちにまごころを尽くしてお仕えし、敬愛し尊重し、かつその教えを正しく保持し、輪廻転生の最終の身体のとき、ついに如来となるでしょう。

その名はみな同じで、『宝玉でつくられた髻《もとどり》（宝相）』如来といい、供養されるにふさわしい方（応供）であり、歴史や時間の制約を超えた智恵の持ち主（正偏知）であり、過去世を知り尽くし未来世を知り尽くし煩悩を完全に克服した方（明行足）であり、完璧な悟りに到達した方（善逝）であり、聖なる世界のことも俗なる世界のことも知り尽くした方（世間解）であり、世間の動向にゆるがない最上の智恵と行動の方（無上士）であり、穏やかな言葉と厳しい言葉を自在に使い分けて修行者を指導する方（調御丈夫）であり、神々と人間にとって共通の指導者（天人師）であり、最高の智者（仏）であり、世の中の人々から尊敬されるべき方（世尊）とよばれるでしょう。

その寿命は一劫つづくでしょう。かれらがおさめる仏国土の環境、教化すべき声聞や菩薩、正法の時代や像法の時代の長さなどは、みな同じです」

こうおっしゃると、世にも尊きお方はいまの説法をもう一度、詩句に託して、こうお説きになりました。


いまわたしの前につどう二千人の声聞たちに、一人のこらず、あなたがたが未来世において如来になるだろうという予言を授けましょう。

あなたがたがまごころを尽くしてお仕えする如来たちの数は、すでに述べたとおり、五十の世界を構成する原子の数に匹敵します。そして、如来たちの教えを正しく保持し、やがてこのうえなく正しい悟りを得るでしょう。

全宇宙のいたるところで、すべて同じ名の如来となるでしょう。みなそろって同時に、菩提の座に腰を下ろして、このうえなく正しい智恵を獲得し、宝相如来とよばれるでしょう。

かれらがおさめる仏国土および教化すべき弟子たちも、正法と像法の時代の長さも、みな同じで、まったくちがいはありません。

みな神通力をそなえ、全宇宙の生きとし生けるものすべてを悟りにみちびき、その名声はあまねくとどろきわたり、しかるのち完全な涅槃に入るでしょう。

世にも尊きお方がこう説き終えられたとき、まだ学ぶべきことが残っている者ともはや学ぶべきことがない者、合わせて二千人は、釈迦牟尼如来から直接、あなたがたは未来世において必ずや如来になるだろうという予言を授かり、躍り上がって喜びました。そして、自分たちの思いを、詩句に託しました。

世にも尊きお方は世の光明です。
世にも尊きお方から直接、必ずや如来になるだろうという予言をいただいて、あたかも甘露をそそがれたように、心は歓喜に満たされております。

10 法師品《ほっしほん》

そのとき、世にも尊きお方は、薬王菩薩をはじめ、そこにつどう八万の菩薩たちに、こうおっしゃいました。

「薬王菩薩さん。ここにつどう数多くの者たちのなかに、神々、龍王、夜叉、乾闥婆、阿修羅、迦楼羅、緊那羅、摩睺羅伽、人間、人間以外のもの、出家僧、尼僧、男女の在家修行者、声聞をめざす者、辟支仏をめざす者、菩薩をめざす者がいるのを、見ることができますか。

もしも、かれらがわたしの前で、法華経の一字でも一句でも聞くならば、あるいはたった一度でもいいから悟りを求めて法華経を信仰するならば、わたしはかれらすべてに、予言します。あなたがたは、このうえなく正しい悟りを得るだろう、と」

さらに、釈迦牟尼如来は薬王菩薩に、こうおっしゃいました。

「如来が入滅したのち、だれであろうと、法華経の一字でも一句でも聞くならば、あるいはたった一度でもいいから悟りを求めて法華経を信仰するならば、わたしはそのひとに、あなたはこのうえなく正しい悟りを得るだろうと予言します。

また、だれであろうと、法華経の一字でも一句でも、いちずに信じ、読み、記憶し、解きあかし、書き写し、如来をうやまい見るのと同じように、この経典をうやまい見て、いろいろな花々、粉状のお香、燃やすお香、塗るお香、衣服、垂れ飾り、旗、彩色をほどこした宝傘《ほうさん》、楽器の演奏で供養し、手を合わせて敬意をあらわしたとしましょう。

薬王菩薩さん。よくおぼえておきなさい。こういう行為をなす者たちは、過去世において、すでに十万億もの如来たちにまごころを尽くしてお仕えし、如来たちのもとで大願を成し遂げたうえで、生きとし生けるものすべてを慈しむために、この世に、人間として、生まれてきたのです。

薬王菩薩さん。だれかから、どういう者たちが、未来世では如来になるのでしょうか、と問われたなら、こういう者たちこそ、未来世において、まちがいなく如来になるのです、と答えなさい。その理由は、こういうことです。すなわち、善男善女が、法華経の一字でも一句でも、いちずに信じ、読み、記憶し、解きあかし、書き写したり、あるいは法華経を、いろいろな花々、粉状のお香、燃やすお香、塗るお香、衣服、垂れ飾り、旗、彩色をほどこされた宝傘、楽器の演奏で供養し、手を合わせて敬意をあらわしたとしましょう。こういう者たちは、世にあるすべての人々から、尊敬されてしかるべきなのです。如来が供養されるのと同じように、供養されるべきなのです。

よくおぼえておきなさい。こういう人は、偉大な菩薩として、このうえない悟りを成就したにもかかわらず、この世の生きとし生けるものすべてを哀れむがゆえに、わざわざ望んで、この世に生まれ、法華経を解きあかすのです。法華経のほんの一部にふれただけでもこうなのですから、法華経全体をおぼえ、さまざまな供養を実践した人については、もはや語るまでもありません。

薬王菩薩さん。よくおぼえておきなさい。こういう人は、当然得られるはずの清浄なる果報を捨てて、わたしが入滅したのち、この世の生きとし生けるものすべてを慈しむために、あえて悪しき世に生まれ、法華経をひろめようとするのです。

もしも、こういう信仰あつき男女が、わたしが入滅したのちにあらわれ、ひっそりと、たった一人のために、法華経の一字でも一句でも説いたとしましょう。よくおぼえておきなさい。この人こそ、如来の使者なのです。如来が派遣した使者として、如来がなすはずのことをなすのです。ひっそりと一人のために、法華経の一字か一句を説いただけでもこうなのですから、法華経全体を、多くの者たちの前で説いたときのことは、もはや語るまでもありません。

薬王菩薩さん。悪しき人がいて、よこしまな心から、無限に近い時間にわたって、如来の前でつねに如来の悪口を言いつづけたとしても、罪はまだ軽いのです。しかし、在家の者であれ、出家した者であれ、法華経を読み聞かせている者の悪口を、だれかがたったひとことでも言ったとしたら、そのだれかの罪はひじょうに重いのです。

薬王菩薩さん。よくおぼえておきなさい。法華経を読み聞かせる者は、如来が飾られるのと同じように、飾られるのです。いいかえれば、如来の肩にになわれるのです。

したがって、如来を供養するのと同じ方法で、供養されなければなりません。つまり、一心に手を合わせ、うやまい、供養し、尊敬し、ほめたたえ、いろいろな花々、粉状のお香、垂れ飾り、燃やすお香、塗るお香、衣服、彩色をほどこされた宝傘、旗、お食事をそなえ、さまざまな音楽をかなで、人間にたいする最上級の対応をもって、供養しなければなりません。

天上界の宝物で、その人を飾りなさい。天上界の宝物を、その人にささげなさい。なぜなら、その人が喜んで真理を説くならば、それを一瞬でも聞いた者は、このうえない悟りを必ずきわめるからです」

こう、おっしゃったうえで、釈迦牟尼如来は、ご自分の言ったことをもう一度、詩句に託してお説きになりました。

もしも、如来の境地に到達し、あるがままを悟る智恵を成就したいのであれば、法華経をたもつ者を、つねに供養しなさい。

できるかぎり速く、ありとあらゆる智恵を得たいのであれば、法華経をつねにおぼえ、そして法華経をたもつ者を供養しなさい。

よくおぼえておきなさい。もしも、法華経をたもつことができれば、つねに如来の使者として、この世の生きとし生けるものすべてを慈しむことになるのです。

だれであろうと、法華経をたもつことができる者は、浄土へ行くことを拒否し、この世の生きとし生けるものすべてを哀れむがゆえに、あえてこの世に生まれるのです。

よくおぼえておきなさい。このような人は、生まれるところを自在に選べるので、あえてこの汚れた悪しき世に生まれ、このうえない真理を数多くの者に説くのです。

法華経を説法する者には、天上界の花々やお香、天上界の宝石で飾った衣服、天上界の宝珠を、ささげなさい。

わたしが入滅したのちの悪しき世に、法華経をたもつことができる者を、如来を供養するのと同じように、手を合わせ、礼拝しなさい。

最上級の美味しい食事、とりどりの衣服を、この仏弟子にささげ、ほんの一瞬でもよいから、法華経を聞きたいとねがいなさい。

もしも、わたしが入滅したのちの世に、だれかが法華経をたもつことができるとすれば、そのだれかは、わたしが人間界に送り出して、如来と同じ行動をさせているのです。

もしも、一劫という無限に近い時間、いつも良からぬ心をいだいて、色をなして、如来をののしるとすれば、その者は、はかりしれぬほど重い罪をつくることになります。

もしも、法華経をおぼえ、読み聞かせる者に、一瞬でも悪口を言うとすれば、その罪は、如来をののしるよりも、はるかに重いのです。

もしも、一劫という無限に近い時間、わたしの前で手を合わせ、数かぎりない詩句でわたしをほめたたえるとすれば、はかりしれぬ功徳を得るでしょう。

もしも、法華経をたもつ者を、ほめたたえるとすれば、得られる福徳は、わたしをほめたたえつづけることよりも、はるかに大きいのです。

八十億劫のあいだ、最高の色彩、音声、香り、味、触感を駆使して、法華経をたもつ者を供養しつづけなさい。

このように供養し終わって、もしも、法華経を一瞬でも聞くことができれば、わたしはいま、大きな利益を得たと、喜びなさい。

薬王菩薩さん。あなたに言っておこう。わたしは多くの経典を説いてきたが、そのなかで、法華経こそ、最高なのだ、と。

こうお説きになったあと、釈迦牟尼如来はふたたび薬王菩薩に、おっしゃいました。

「わたしが説く経典の数は、千万億にものぼります。過去に説きましたし、現在も説いていますし、未来も説くでしょう。そのなかで、この法華経こそ、もっとも信じがたく、もっとも理解しがたいものです。

薬王菩薩さん。この経典は、如来たちの秘奥の教えなのです。だから、みだりに広めたり、教えたりしてはなりません。

この経典は、如来たちが守護しているものです。昔からずっと秘められたままで、明かされたことはなかったものです。しかも、この経典は、わたしが生きている現在でも、多くの者から怨まれたり妬まれたりしています。まして、わたしが入滅したあととなれば、もはや言うまでもありません。

薬王菩薩さん。よくおぼえておきなさい。わたしが入滅したあとで、法華経を書き写し、読み、記憶し、供養して、ほかの人々のために説こうとする人は、如来の衣でまもられるでしょう。また、ほかの世界に、現におられる如来たちによって、まもられるでしょう。

こういう人は、信仰の力があり、善根の力があり、誓願の力があります。よくおぼえておきなさい。こういう人は、如来と同じ場所に住むことになるでしょう。そして、如来の手で、頭をなでられるでしょう。

薬王菩薩さん。どこであろうと、法華経を読んだり、記憶したり、書き写したりするところに、あるいは法華経を安置するところに、とても高く、大きく、七宝で装飾された仏塔を建立しなさい。ただし、如来の遺骨をおさめる必要はありません。なぜならば、この仏塔のなかには、すでに如来の全身の遺骨がおさめられているからです。

この仏塔を、花々、香、垂れ飾り、彩色をほどこされた宝傘、旗、楽器の演奏、歌で、供養し、うやまい、尊重し、ほめたたえなさい。よくおぼえておきなさい。だれであろうと、この仏塔を仰ぎ見て、礼拝し、供養するならば、みなそろって、このうえない悟りに近づくことができるのです。

薬王菩薩さん。よくおぼえておきなさい。多くの人が、在家のまま、あるいは出家して、菩薩の修行を実践するにあたり、もしも、この法華経を見たり、聞いたり、記憶したり、書き写したりして、供養することができなければ、その人はまだ菩薩の修行を実践したことにはならないのです。もしも、この法華経を耳にすることがあれば、その人は菩薩の修行を実践したことになるのです。

よくおぼえておきなさい。だれであろうと、悟りを求める者として、この法華経を見たり、聞いたりして、聞き終わってから、信じ、理解し、たもつのであれば、この人はこのうえない悟りへ近づくことができるのです。

薬王菩薩さん。たとえていうなら、こういうことなのです。のどが渇ききって、水を飲みたいとおもい、どこかの高原で地面を掘って、水をさがすとき、土が乾いていれば、水はまだ遠くにあるとわかります。それでも、掘ることをやめず、いよいよ湿り気を含んだ土を見たり、ついに水混じりの泥に出会えば、まちがいなく、水はすぐ近くにあるとわかります。

菩薩の修行も、同じです。もしも、この法華経を、いまだ耳にせず、いまだ理解せず、いまだ修習することができなければ、この人は、このうえない悟りから、はるか遠くにいるのです。もしも、法華経を、聞き、理解し、よく考え、修習することができれば、このうえない悟りのすぐ近くに来ているとおもって、まちがいありません。

なぜかというと、ありとあらゆる菩薩たちが求めているこのうえない悟りは、みなこの法華経に書かれているからです。この経典は、方便を駆使して、真実のありようをしめしています。この法華経が秘蔵しているものは、深く、堅固で、幽遠であって、人間が把握できるものではありません。いままさに、如来は、菩薩たちを教化して、悟りを完成させるために、開示するのです。

薬王菩薩さん。よくおぼえておきなさい。もしも、菩薩がこの法華経を聞いて、驚き、疑い、恐れたとしましょう。こういう菩薩を、初心者の菩薩というのです。

よくおぼえておきなさい。もしも、声聞がこの法華経を聞いて、驚き、疑い、恐れたとしましょう。こういう声聞を、思い上がった者というのです。

薬王菩薩さん。もしも、如来が入滅したのちに、善男善女が、出家僧や尼僧や男女の在家修行者のために、この法華経を説こうとする場合、どのように説けばよいでしょうか。その場合、こうするのがよいのです。

まず、如来の部屋に入り、如来の衣を身につけ、如来の座に坐って、出家僧や尼僧や男女の在家修行者のために、この法華経を説きなさい。ここでいう、如来の部屋とは、この世の生きとし生けるもののなかにある大いなる慈悲の心のことです。如来の衣とは、温厚で、なにごとも堪え忍ぶ心のことです。如来の座とは、この世のありとしあるものがことごとく空、すなわち実体をもたないという真理のことです。こういう状態に自分を置き、絶対にひるまないと心に決めて、菩薩および出家僧、尼僧、男女の在家修行者のために、この法華経を説きなさい。

薬王菩薩さん。わたしは、別の世界から、神通力をつかってつくりだした人を、この世に派遣して、聴衆をあつめ、その説法を、神通力をつかってつくりだした出家僧や尼僧や男女の在家修行者に、聞かせましょう。これらの者たちは、法華経を聞いて、信じ、うけいれ、すなおに信仰して、誹謗したりしないでしょう。

もしも、説法する人が、人のいないところにいるならば、わたしは神々、龍、鬼神、乾闥婆、阿修羅などを数多くよびあつめて、その人に説法を聞かせましょう。

わたしは、別の世界にいても、法華経を説法する者には、わたしのすがたが、いつも見えるようにしてあげましょう。もしも、説法する者が、法華経の字句を忘れてしまうようなことがあれば、わたしはこの世にもどってきて、法華経を説き、思い出させてあげましょう」

こう、おっしゃったうえで、釈迦牟尼如来は、ご自分の言ったことをもう一度、詩句に託してお説きになりました。

ひるむ心を捨て去ろうとするならば、まずこの経典をお聞きなさい。

この経典を聞く機会は、じつに得がたいのです。信じることも、じつに得がたいのです。

喉が乾いて、水を求め、高原に穴を掘るとき、乾いている土を見れば、水はまだまだ遠くにあるとわかります。やっと湿った泥を見つけられれば、水が近くにあるとわかります。これと同じなのです。

薬王菩薩さん。これらの者たちは、法華経を聞くことができなければ、如来の智恵から遠ざかったままです。

しかし、この深い教えが、声聞たちの疑問をことごとく解決したので、これこそ経典のなかの王だと聞き、聞き終わってから、よくよく考えたとしましょう。

よくおぼえておきなさい。これらの者たちは、如来の智恵に近づいたのです。

もしも、だれであろうと、この経典を説くのであれば、その人は、如来の部屋に入り、如来の衣を身につけ、如来の座に坐って、多くの者たちに、なにも恐れることなく、解きあかして、堂々とお説きなさい。

大いなる慈悲を部屋とし、温厚でなにごとも堪え忍ぶ心を衣とし、この世のありとしあるものがことごとく実体をもたないという真理を座として、真理を説きなさい。

もしも、この経典を説くときに、悪口を言われたり、ののしられたり、刀で切りつけられたり、杖で打たれたり、瓦や石を投げつけられても、わたしを心に思い描いて、堪え忍んでください。

わたしは、千万億もの世界において、きよらかで、なにものにも犯されない身体をあらわして、無限に近い時間にわたり、この世の生きとし生けるものすべてのために、真理を説いています。

もしも、わたしが入滅したあとで、この経典を説く者がいるならば、神通力をつかってつくりだした出家僧、尼僧、男女の在家修行者を派遣して、その法師すなわち真理を語りひろめる者を供養させ、あまたの者たちをみちびき、あつめて、この真理を聞かせましょう。

もしも、悪しき者が、ののしったり、刀で切りつけたり、杖で打ったり、瓦や石を投げつけたりするならば、神通力をつかってつくりだした人を派遣して、護衛させましょう。

もしも、この経典を説く人が、だれもいないところにいて、ひっそりとして人の声がしなくても、この経典を読み聞かせるならば、わたしは即座に清浄なる光明につつまれたすがたをあらわしましょう。

もしも、経典の字句を忘れたならば、わたし自身が説いて、わからせてあげましょう。

もしも、だれであろうと、この功徳を体現して、出家僧、尼僧、男女の在家修行者のために、この経典を説くならば、あるいはだれもいないところで、この経典を読み聞かすならば、その人たちはみな、わたしのすがたを見ることができるでしょう。

もしも、その人が、だれもいないところにいるならば、わたしは神々、龍王、夜叉、鬼神などをつかわして、聴衆とするでしょう。

こういう人は、真理を声高く主張し、解きあかしても、だれからもさまたげられません。如来たちがまもっていてくださるので、多くの者たちの心を満足させられるのです。

もしもこういう法師と親しくなれるのであれば、すみやかに菩薩の修行をいとなむことができますし、こういう法師について学ぶのであれば、ガンジス河の砂の数にひとしい数の如来たちにまみえることができるのです。

11　見宝塔品《けんほうとうほん》

そのとき、釈迦牟尼如来の眼のまえに、七宝でつくられた塔が出現しました。その高さは三五〇〇キロメートル（五百由旬）、底辺は一七五〇キロメートル（二百五十由旬）もありました。突如として、地中からあらわれ、空中に静止したのです。

塔はさまざまな宝物で荘厳されていました。五千もの欄干があり、塔の表面にうがたれたアーチ状の小さな部屋（龕室《がんしつ》）にいたってはなんと千万個もありました。

無数の旗印で飾られ、宝玉の瓔珞が垂れ下がり、そのうえには数えきれないくらいたくさんの風鐸がかけられていました。塔の四つの壁面からは、タマーラ樹や栴檀の香が放たれ、世界を満たしていました。

高貴な方々の頭上をおおう大きなパラソル（傘蓋）は、金・銀・ラピスラズリ・シャコガイ・瑪瑙・真珠・カーネリアンの七宝によって色とりどりにつくられ、その頂点は四天王のいる宮殿にまで達していました。

三十三天に住む神々は、天上界の花である曼陀羅華を降らして、この宝塔を供養しました。そのほかの神々や龍王や夜叉や乾闥婆や阿修羅や迦楼羅や緊那羅や摩睺羅伽や人間や人間以外の者たちは、千万億もあつまって、ありとあらゆる花々やお香や瓔珞や傘蓋や歌舞音曲で、この宝塔を供養しました。かれらは、このようにして、宝塔にたいして敬意の念をあらわし、尊重し、ほめたたえたのです。

するとし、宝塔のなかから、なにかをほめたたえる大きな声が響きわたりました。

「すばらしい。すばらしい。あなたがたの世にも尊きお方である釈迦牟尼如来は、だれにたいしてもあまねく平等であり、最高の智恵であり、菩薩たちへの教訓であり、ありとあらゆる如来たちが支持している、『正しい教えの白蓮』とよばれる経典を、あなたがたのためにお説きになりました。そのとおり、そのとおりなのです。あなたがたの世にも尊きお方である釈迦牟尼如来の説法は、まさに真実そのものなのです」

出家僧と尼僧と男女の在家修行者たちは、途方もなく巨大な宝塔が空中に静止しているのをまのあたりにし、また宝塔のなかから発せられた声を聞いて、みなこのうえない喜びを感じ、こんなことはかつてなかったと思って、座から立ちあがり、敬礼し合掌してから、一箇所にたたずみました。

このとき、「大いに弁才に恵まれた者（大楽説《だいぎょうせつ》）」という名の菩薩が、ここにつどう神々や人々や阿修羅などが、心のなかで、なぜこんな奇跡が起こったのか、ぜひ知りたいと願っていると察して、釈迦牟尼如来にこうお尋ねしました。

「世にも尊きお方。いったいどういう理由で、この宝塔は地中から出現したのでしょうか。また、そのなかから、このような音声が放たれたのでしょうか」

すると、釈迦牟尼如来は、大楽説菩薩に、こうお答えになりました。

「じつは、この宝塔のなかには、如来の全身がそのまま安置されているのです。昔々、ここから東の方向にむかって千万億×十の五十九乗（阿僧祇）の世界を越えていったところに、『宝玉によって清められたところ（宝浄《ほうじょう》）』とよばれる仏国土がありました。その仏国土には、『多くの宝玉をもつ者（多宝《たほう》）』とよばれる如来がいらっしゃいました。

この如来は、菩薩としての修行に励んでいたころ、こういう大誓願を起こしたのです。すなわち、わたしが如来となって完全な涅槃に入ったのち、もしも、全宇宙にありとしあるすべての仏国土において、法華経が説かれることがあれば、わたしの全身を祀る塔が、法華経を聞くために、法華経を説く者のまえに出現し、法華経のすばらしさを証明するために、『すばらしい！』と声を発するという誓願を起こしたのです。

多宝如来は、如来となり、完全な涅槃にお入りになる直前、神々や人々たちがつどうまえで、出家僧たちにたいして、こうお告げになりました。

『わたしが完全な涅槃に入ったのち、わたしの全身を供養しようと願う者は、巨大な塔を建立しなさい』

こういうわけで、多宝如来は神通力をつかって、全宇宙のどこであろうと、もしも法華経が説かれることがあれば、みずからの全身が祀られている宝塔を出現させ、法華経を『すばらしい、すばらしい』とほめたたえるのです。

大楽説菩薩さん。だから、いままさに、多宝如来の塔が、法華経をお聞きになるために、地中から出現し、ほめたたえて『すばらしい、すばらしい』とお声を発したのです」

そうお聞きして、大楽説菩薩は、釈迦牟尼如来の神通力に期待して、こう申し上げました。

「世にも尊きお方。お願いですから、多宝如来の全身を拝見したいと存じます」

釈迦牟尼如来は大楽説菩薩に、こうお答えになりました。

「この多宝如来が起こされた誓願は、まことに深重なものです。その誓願とは、つぎのようなものです。

『わたしの宝塔が、法華経を聞くために、如来たちの御前に出現するとき、もしもそれらの如来たちが、わたしの身体を、出家僧や尼僧や男女の在家修行者にお見せになりたいというのであれば、以下の条件を満たしていただきたいのです。すなわち、それらの如来が、全宇宙のいたるところに、法華経を説法するために派遣しているご自分の分身を、もとの一箇所に集めていただきたいのです。そうしていただけるのであれば、わたしはすがたをあらわしましょう』

そして、釈迦牟尼如来はこうおっしゃいました。

「大楽説菩薩さん。そういうわけですから、全宇宙のいたるところで法華経を説法しているわたしの分身を、いますぐにここに集めることにしましょう」

大楽説菩薩は釈迦牟尼如来に申し上げました。

「世にも尊きお方。お願いですから、わたしたちも、世にも尊きお方の分身の如来たちにお会いし、礼拝し、供養させてください」

すると、そのとき、釈迦牟尼如来は額の白毫から一条の光をお放ちになりました。その光は、東の方向にある、ガンジス河の砂の数に等しい五百万億那由佗（千億）もの仏国土で、おのおの説法している如来たちのすがたを映し出しました。それらの仏国土はみな、地面が水晶でできていて、宝樹木や貴重な素材で織られた布で飾り立てられ、数かぎりない菩薩たちがいました。どこもかしこも、宝物でつくられたテントが張られ、そのうえには金銀財宝をちりばめたレースが懸けられていました。

それらの仏国土では、あまたの如来たちが、じつに美しいお声で、教えを説いておられました。また、膨大な数の菩薩たちも、生きとし生けるものたちのために、真理を説いていました。そのありさまは、東の方向に限らず、南も西も北も、東北も東南も南西も北西も、はたまた上方も下方も、釈迦牟尼如来の白毫から放たれた光によって照らし出されたところは、どこもみな同じでした。

さて、そのとき、全宇宙の仏国土にそれぞれいらっしゃる如来たちは、弟子の菩薩たちにむかって、こうお告げになりました。

「みなさん。わたしはいますぐに、娑婆世界にいらっしゃる釈迦牟尼如来のもとにおもむいて、かの地に出現した多宝如来の宝塔を供養しなければなりません」

このとき、娑婆世界に大変容が生じ、なにもかもが清浄な状態となりました。地面はラピスラズリとなり、宝樹が生え、黄金のロープで八本の道が区画されました。集落や村落が消え失せ、大きな街も消え失せ、大海も消え失せ、大小さまざまな河川も消え失せ、森林も消え失せてしまいました。とても貴重な香木から得られたお香が焚かれ、空中から曼陀羅華がそこかしこに降りそそいで地面をおおい尽くしました。さらに、そのうえ金銀財宝をちりばめたレースでおおわれ、そのレースには鈴もたくさんつけられていました。

そして、このとき、もともと娑婆世界にいた神々や人々やそのほかの者たちは、釈迦牟尼如来の御前につどっていた者たちをのぞき、ことごとく娑婆世界から他の仏国土へと移されたのでした。

すると、全宇宙にあまねくある仏国土にいらした如来たちは、おのおの一人の大菩薩を侍者としてひきつれ、娑婆世界をおとずれて、それぞれ宝樹のもとにお坐りになりました。宝樹の高さは三五〇〇キロメートル（五百由旬）もあり、枝が豊かに伸び、葉があまた茂り、花が色とりどりに咲き、実がたくさんなっていました。

宝樹の根もとには獅子座がありました。その高さは三五キロメートルあって、豪華な宝石で飾られていました。娑婆世界においでになった如来たちは、その獅子座に結跏趺坐されました。このようなことが次から次へ起こり、娑婆世界だけでは足らなくなって、ついには三千大千《さんぜんだいせん》世界《せかい》、つまり千の三乗ですから、十億の世界すべてにおいて、如来たちが宝樹のもとに結跏趺坐することになったのです。

ところが、これでも、釈迦牟尼如来が全宇宙にあまねく派遣していた分身たちがすべて到着したわけではありませんでした。この時点では、一つの方向に派遣していた分すらも、まだ到着しきれていなかったのです。そこで、釈迦牟尼如来は、すべての分身を受けいれるために、東・南・西・北・東南・西南・西北・東北の方向にそれぞれ二百万億那由佗（千億）ずつある仏国土に大変容を生じさせ、清浄な状態を用意されました。

これらの仏国土には、もはや地獄道もなければ餓鬼道もなく、畜生道もなければ修羅道もありませんでした。また、もともとそこにいた神々や人々などは、他の仏国土へ移されました。こうして変容した仏国土は、地面がラピスラズリで、そこには宝樹がたくさん生えていました。宝樹の高さは三五〇〇キロメートルもあり、枝が豊かに伸び、葉があまた茂り、花が色とりどりに咲き、実がたくさんなっていました。宝樹の根もとには獅子座がありました。その高さは三五キロメートルあって、豪華な宝石で飾られていました。

また、大海もなければ大小さまざまな河川もなく、それぞれの仏国土の中心にそびえているはずの山脈、つまり目《もく》真隣陀山《しんりんだせん》・摩訶目真隣陀山《まかもくしんりんだせん》・鉄囲山《てっちせん》・大鉄囲山《だいてっちせん》・須弥山《しゅみせん》など、ありとあらゆる山の王というべき険しい山脈もなく、仏国土はどこもかしこも真っ平らでした。金銀財宝をちりばめたレースが全土をおおい尽くし、たくさんのパラソルがつり下げられ、とても貴重な香木から得られたお香が焚かれ、地面は神々がまき散らす天上界の花々によって埋め尽くされていました。

このようにして、釈迦牟尼如来は、全宇宙からおとずれる如来たちがお坐りになる環境をととのえるために、東・南・西・北・東南・西南・西北・東北の方向にそれぞれ二百万億那由佗（千億）ずつある仏国土に大変容を生じさせ、清浄な状態になさったのでした。

これらの仏国土には、もはや地獄道もなければ餓鬼道もなく、畜生道もなければ修羅道もありませんでした。また、もともとそこにいた神々や人々などは、他の仏国土へ移されました。こうして変容した仏国土は、地面がラピスラズりで、そこには宝樹がたくさん生えていました。宝樹の高さは三五〇〇キロメートルもあり、枝が豊かに伸び、葉があまた茂り、花が色とりどりに咲き、実がたくさんなっていました。宝樹の根もとには獅子座がありました。その高さは三五キロメートルあって、豪華な宝石で飾られていました。

また、大海もなければ大小さまざまな河川もなく、それぞれの仏国土の中心にそびえているはずの山脈、つまり目真隣陀山・摩訶目真隣陀山・鉄囲山・大鉄囲山・須弥山など、ありとあらゆる山の王というべき険しい山脈もなく、仏国土はどこもかしこも真っ平らでした。金銀財宝をちりばめたレースが全土をおおい尽くし、たくさんのパラソルがつり下げられ、とても貴重な香木から得られたお香が焚かれ、地面は神々がまき散らす天上界の花々によって埋め尽くされていました。

そのときのことです。東の方向にある、ガンジス河の砂の数に等しい百千万億那由佗（千億）もの仏国土において、おのおの説法していた釈迦牟尼如来の分身たちが全員、ここに集まりました。同じようにして、全宇宙にあまねくいらっしゃる如来たちが全員、ここに集まって、八方に座を占めました。こうして、一つひとつの方向にそれぞれ四万億那由佗（千億）ある仏国土は、如来たちで満杯になったのでした。

そして、宝樹のもとの獅子座にお坐りになった如来たちは、みな一様に侍者に宝玉の花をその手にもたせ、釈迦牟尼如来の御前に派遣して、お尋ねしようとしました。

「耆闍崛《ぎじゃくつ》（グリドラクータ）山にいらっしゃる釈迦牟尼如来のところに行って、つぎにわたしが言うとおりに申し上げなさい。

『世にも尊きお方におかれては、つつがなくお暮らしですか。お元気でございますか。お弟子の菩薩さんたちや声聞さんたちも、みなお元気ですか』

それから、この宝玉の花を釈迦牟尼如来のおからだのうえにまき散らして、こう申し上げなさい。

『わたしがまごころを尽くしてお仕えしている如来は、この宝塔を開けることに賛同しております』と」

全宇宙から集まってきたすべての如来たちは、いっせいにみな同じことをしました。

釈迦牟尼如来は、ご自分の分身がことごとくここに集まり終わり、それぞれ獅子座に坐り、みなそろって宝塔を開いていただきたいと願っていることを確認すると、それまでお坐りになっていた座から立ちあがり、空中に浮揚されました。それを見て、出家僧も尼僧も男女の在家修行者たちも、立ちあがり、合掌して、一心に釈迦牟尼如来のおすがたを見つめたのでした。

すると、釈迦牟尼如来は、右手の指をつかって、七宝でつくられた宝塔の扉をお開きになりました。扉が開くときに響きわたった音の大きさといったら、かんぬきをはずして巨大な城門を開くときにそっくりでした。

宝塔の扉が開かれた瞬間、つどっていた者たちすべてが、多宝如来が、あたかも深い瞑想に入っていらっしゃるように、全身なにひとつ欠けることなく完備した状態で、宝塔のなかの獅子座にお坐りになっているのを見ました。そして、多宝如来が「すばらしい。すばらしい。釈迦牟尼如来はじつにたくみに法華経をお説きになっている。わたしは法華経の説法を聞きたくて、ここにやってきたのです」とおっしゃるのを耳にしました。

出家僧や尼僧や男女の在家修行者をはじめ、この場につどっていた者たちは、ほとんど無限に近い過去において、完全な涅槃にお入りになった多宝如来がこうおっしゃったのを聞いて、こんなことは想像もできなかったと感動し、天上界の花々を、多宝如来と釈迦牟尼如来のうえにまき散らしました。


すると、多宝如来は、宝塔のなかでご自分が坐っておられた座の半分を、釈迦牟尼如来におゆずりになって、こうおっしゃいました。

「釈迦牟尼如来さま。どうぞ、この座にお坐りください」

この言葉を聞くやいなや、釈迦牟尼如来は宝塔のなかにお入りになり、ゆずられた座の半分に結跏趺坐なさいました。

こうしてお二人の如来が宝塔のなかの獅子座に結跏趺坐されたのをまのあたりにして、つどっていたおおぜいの者たちは、こう思いました。

「如来たちは高いところに坐っていらっしゃる。お願いですから、如来の神通力で、わたしたちも空中高く引き上げてください」

この願いを聞いて、釈迦牟尼如来は即座に、神通力を駆使して、そこにつどっていた者たちをすべて、空中高く引き上げてくださいました。そして、とてつもない大きなお声で、もろもろの者たちに、こうおっしゃったのでした。

「この娑婆世界において、法華経をひろく説く者はいますか。いまこそ、法華経を説くべきときなのです。なぜなら、わたしは近々、涅槃に入るからです。

だから、わたしは法華経の宣布をだれかに委嘱しようと考えているのです」

こうおっしゃると、釈迦牟尼如来はいまの説法をもう一度、詩句に託して、お説きになりました。


偉大な聖人である世にも尊きお方は、遠い過去において完全な涅槃にお入りになったにもかかわらず、宝塔のなかにその全身をたもったまま、いま、ここに、法華経をお聞きになるため、おいでになりました。とすれば、法華経のために精進努力しない者などいるわけがありません。

多宝如来が完全な涅槃にお入りになって、すでに無限に近い時間が過ぎ去っています。にもかかわらず、多宝如来が全宇宙のどこであれ、わざわざ出かけていって、法華経をお聞きになりたいとお考えになる理由は、法華経に出会う機会がすこぶる稀だからにほかなりません。

多宝如来は、ご自分が完全な涅槃に入ったのちも、全宇宙のいたるところで、いつも法華経を聞いていたいという本願を起こされました。

わたし釈迦牟尼如来が自分の分身として、全宇宙のいたるところに派遣している、ガンジス河の砂の数に等しいくらい多くの如来たちが、ここにやってきた目的は、二つあります。一つは法華経を聞くためであり、もう一つはかつて完全な涅槃にお入りになった多宝如来にお会いするためです。

また、どうすれば正法をとこしえに伝えられるだろうかと考えて、おのおのの仏国土を捨て、弟子たちを捨て、神々や人々や龍神たちを捨て、さまざまな供養をあきらめてまで、ここにやってきたのです。

そこで、わたしはこれらの如来たちが坐る座を確保するために、神通力をつかって、数えきれない者たちをほかへ移し、かつ仏国土をなにひとつとして汚れがないように、清めたのです。

こうした努力がみのって、如来たちはそれぞれ宝樹のもとにおいでになりました。そのようすは、ちょうど澄み切った水に蓮の花が咲き誇っているかのようです。

宝樹のもとにある獅子座に如来たちはお坐りになり、光り輝いています。そのようすは、ちょうど夜の闇のなかで大きなたいまつに火をともしたかのようです。

如来たちのからだから放たれた妙なる香りは、ちょうど強い風が吹きわたって、木々の小枝を揺らすように、全宇宙のありとしある仏国土すべてにひろがり、それを嗅いだ生きとし生けるものはみなうっとりしています。

以上のような方便を駆使して、正法をとこしえに伝えなさい。

いま、ここにつどう者たちに言っておきましょう。わたしが完全な涅槃に入ったのち、いったいだれがこの法華経をいちずに信じ、読んだり、記憶したりするのでしょうか。いまこそ、如来の目の前で、「わたしがいたします」と誓いなさい。

多宝如来は、遠い遠い過去において、完全な涅槃にお入りになっていながら、生前にお立てになった偉大な誓願ゆえに、法華経をまもりつたえるという決意を獅子吼なさいました。

多宝如来とわたし釈迦牟尼如来はもとより、ここに集まってきたわたしの分身の如来たちも、法華経をまもりつたえるという決意表明を聞きたいのです。

さあ、如来の子どもたち。いったいだれがこの法華経をまもりつたえるのでしょうか。法華経をとこしえにまもりつたえるという偉大な誓願を、お立てなさい。

この法華経をまもりつたえるということは、わたしと多宝如来を供養することと、まったく同じなのです。

多宝如来が宝塔のなかにいらしたまま、つねに全宇宙いたるところを遍歴なさる理由は、ひとえにこの法華経のためなのです。

また、この法華経をまもりつたえるということは、わたしの分身として、全宇宙のいたるところにある仏国土に派遣され、おのおのの仏国土を繁栄させ光り輝かせている如来たちを供養することと、まったく同じなのです。

つまり、この法華経を解きあかすならば、わたし釈迦牟尼如来と多宝如来はもとより、わたしの分身として派遣されている如来たちすべてと、お会いすることになるのです。

みなさん。よくよくお考えなさい。この法華経を解きあかすのは、すこぶる困難なことなのです。だからこそ、いま、大いなる誓願をお立てなさい。

もし、法華経以外の経典を、ガンジス河の砂の数に等しいくらい多く説いたとしても、法華経を解きあかすことに比べれば、すこぶる簡単なことです。

もし、宇宙の中心にそびえるという須弥山を引き抜いて、はるかかなたにある無数の仏国土のほうへ投げたとしても、法華経を解きあかすことに比べれば、すこぶる簡単なことです。

もし、足の指で三千大千世界を動かし、はるかかなたにある無数の仏国土のほうへ投げたとしても、法華経を解きあかすことに比べれば、すこぶる簡単なことです。

もし、有頂天、すなわち下から順番に欲界・色界・無色界とつづく三界のうち、もっともすばらしい無色界の最高所に立って、生きとし生けるものすべてのために、数かぎりない経典を説法したとしても、法華経を解きあかすことに比べれば、すこぶる簡単なことです。

しかし、もし、わたしが完全な涅槃に入ったのちの、恐怖に満ちた時代において、法華経を解きあかすならば、それはそれはたいしたことです。

もし、虚空界を全部、手のなかに入れたまま、あちこち遍歴したとしても、法華経を解きあかすことに比べれば、すこぶる簡単なことです。

しかし、もし、わたしが完全な涅槃に入ったのち、法華経を自分自身で書き写したり、あるいはだれかに書かせたりするならば、それはそれはたいしたことです。

もし、大地を自分の足の爪のうえに置いて、そのまま梵天がいるところまで昇っていったとしても、法華経を解きあかすことに比べれば、すこぶる簡単なことです。

しかし、もし、わたしが完全な涅槃に入ったのちの、恐怖に満ちた時代において、たった一瞬でも法華経を読むならば、それはそれはたいしたことです。

この世が燃え尽きて終わるとき、乾ききった草を背負ったまま業火のなかに入って焼けないとしても、法華経を解きあかすことに比べれば、すこぶる簡単なことです。

しかし、もし、わたしが完全な涅槃に入ったのちの、恐怖に満ちた時代において、法華経をいちずに信じて、たった一人にたいしてでも説くというのであれば、それはそれはたいしたことです。

もし、八万四千あるという法門をすべて信仰し実践したうえで、経典の形態をその形式と内容から十二種類に分類した十二部経、すなわち教えをふつうの文章で述べる「経」、それを詩句でもう一度説く「偈《げ》」、仏弟子の未来について語る「授記《じゅき》」、詩句のかたちで教えを語る「伽陀《かだ》」、如来がおもいのままに教えを語る「優陀那《うだな》」、仏弟子の過去世を語る「如是語《にょぜご》＝本事《ほんじ》」、如来の過去世を語る「本生《ほんじょう》」、広大な教えを説く「方広《ほうこう》」、如来の神秘性や功徳を語る「未曾有法《みぞうほう》」、経典や戒律のゆらいを語る「尼陀那《にだな》＝因縁」、如来の教えをたとえ話にして語る「譬喩《ひゆ》」、如来の教えを解説する「優婆提舎《うばだいしゃ》＝論議」を、ことごとく信仰し実践して、多くの者たちのために解きあかし、それを聞いた者に、世界中どこでも透視できる天眼通、自分と他人の過去世を知る宿命通、煩悩を断絶して悟りを得る漏尽通、空中飛行できる神足通、世界中の声を聞ける天耳通、他人の心中を知る他心通という六つの神通力を獲得させたとしても、法華経を解きあかすことに比べれば、まだまだずっと簡単なことです。

数限りない、ガンジス川の砂の数ほどの生きとし生けるものを、阿羅漢の境地に到達させ、六つの神通力を獲得させたとしても、法華経を解きあかすことに比べれば、すこぶる簡単なことです。

しかし、わたしが完全な涅槃に入ったのち、この法華経をいちずに信じつづけるとすれば、それはそれはたいしたことです。

わたしは悟りを開いてから、こんにちにいたるまでずっと、数かぎりない仏国土において、いろいろな経典を説いてきました。そのなかでも、この法華経こそ、最高の経典なのです。ですから、もし、この法華経をいちずに信じつづけることができれば、必ずや如来の身体を得られるのです。

みなさん。わたしが完全な涅槃に入ったのち、いったいだれがこの法華経をいちずに信じ、読んだり、記憶したりするのでしょうか。いまこそ、わたしの目の前で、「わたしがいたします」と誓いなさい。

この法華経を信仰し実践するのは、まことに困難です。ですから、ほんの一瞬であろうと、信仰し実践する者がいるとすれば、わたしにとって、それにまさる喜びはありません。この点は、ほかの如来たちもまったく変わりません。法華経を信仰し実践する者は、如来たちからお褒めの言葉をかけていただけるのです。

法華経を信仰し実践する者は、真の勇者です。法華経を信仰し実践する者は、真に精進努力する者です。法華経を信仰し実践する者は、その行為をもって、戒律を順守する者であり、貪欲を克服する修行（頭陀行《ずだぎょう》）の実践者である、と認定されるのです。そして、だれよりもはやく、このうえなく正しい悟りを得るのです。

未来世において、この法華経をいちずに信じ、読んだり、記憶したりする者こそ、如来のまことの子どもであり、心の完璧な制御に成功した境地（淳善地《じゅんぜんじ》）に安住する者となるのです。

わたしが完全な涅槃に入ったのち、法華経の真意を解きあかす者がいるとすれば、その者は、神々や人々をふくむ、この世の生きとし生けるものすべての眼となるにちがいありません。

わたしが完全な涅槃に入ったのちの、恐怖に満ちた時代においで、法華経をたとえ一瞬でも説く者があれば、その者は、神々や人々をふくむ、この世の生きとし生けるものすべてから、必ずや尊敬されるでしょう。

12　提婆達多品《だいばだったほん》

そのとき、釈迦牟尼如来は、そこにつどっていた菩薩、神々、出家僧、尼僧、在家の修行者、一般の人々にむかって、こうおっしゃいました。

「わたしは、無限の過去からずっと、飽くことなく、法華経をもとめてきました。

過去世では、国王の位についたことも、数え切れないほどたくさんありました。その間もつねにこの上ない悟りを得ようという誓いを立てて、いちどもひるみませんでした。

完璧な施しや恵み、戒律の完璧な順守、完璧な忍耐、完璧な努力、完璧な心の統一、完璧な智恵という六種類の完成（六波羅蜜）をすべて成し遂げようとおもって、施しや恵みを実践しました。すなわち、象、馬、金、銀、ラピスラズリ、シャコガイの貝殻でつくられた玉、瑪瑙、水晶、珊瑚、城市、妻、子供、女性の奴隷、召使いはもとより、自分の頭、眼、脳髄、身体、手足まで、惜しみなくあたえ、はては命さえ惜しみませんでした。

そのころ、人々はみな無限の寿命をもっていました。わたしは真実の法をもとめて、国王の地位を皇太子にゆずり、政治をゆだねました。そのうえで、太鼓を打ち鳴らさせて、四方に布告し、真実の法をもとめたのです。

『だれか、わたしに大乗仏教を説く者はいないだろうか。もし、いるのであれば、わたしは生涯、その方の奴隷になろう』と布告したのです。

すると、一人の聖者があらわれました。そして、こう言ったのです。

『わたしは大乗仏教の聖典をもっています。その名は妙法蓮華経と申します。もし、あなたがほんとうにわたしの奴隷になるというのであれば、お教えしましょう』

国王はこの言葉を聞いて、躍り上がって喜びました。聖者につかえて、その要求にすべてこたえ、果実をとり、水を汲み、薪をひろいあつめ、食事を用意し、さらに自分の身体をベッドにして、仙人に寝ていただきました。しかし、体も心もまったく疲れませんでした。

このようにして聖者におつかえすること千年。真実の法をもとめて精勤努力し、欠けるところは全然ありませんでした」

ここまで話し終わって、世にも尊きお方は、以上のことがらを、もう一度、詩句に託してお説きになりました。

過去をふりかえってみると、真実の法をもとめるために、国王となったときですら、さまざまな欲望に身をまかせることはまったくありませんでした。

鐘をたたかせて、四方に布告しました。だれか、真実の法をたもつ者はいないだろうか。もし、わたしに真実の法を説いてくれるのであれば、喜んで奴隷になりましょう、と。

すると、阿私という名の聖者がおいでになって、こうおっしゃいました。わたしはこのうえない法を説く聖典をもっている。この世にはまたとないものである。もし、あなたが怠ることなく修行に励むのであれば、教えてさしあげましょう。

この言葉を聞いて、わたしの心は歓喜に満たされました。

聖者につかえて、その要求にすべてこたえ、薪をとり果実をとり、真心を込めて、さしあげました。

このうえない教えをもとめたい気持ちでいっぱいでしたから、体も心もまったく疲れませんでした。

この世の生きとし生けるものすべてのために、真実の法をひたすらもとめたのであって、自分自身のことやさまざまな欲望など、まったく問題外でした。

このようにして、大国の王となり、ひたすらはげみつとめて、ついに仏となることができました。

そして、いままさに、あなたがたのために、法を説いているのです。

釈迦牟尼如来は、そこにつどっていた出家僧たちに、こうおっしゃいました。

「そのときの王とは、だれあろう、このわたしなのです。そのときの聖者とは、いまの提婆達多なのです。

提婆達多のすぐれた指導のおかげで、わたしは六種類の完成はもとより、慈悲、喜捨、仏に必ずそなわっている三十二相と八十種好、少し紫がかった金色の肌、仏にしかもてない十種類の神秘的な力、四種類のなにおそれない自信、人々を悟りへとむかわせる四種類の行為、仏に特有の十八種類の性質、偉大な神通力をことごとく、得ることができたのです。

このうえない悟りを成就して、生きとし生けるものすべてを救うことができるのも、みな提婆達多の指導のおかげなのです」

そして、釈迦牟尼如来は、出家僧、尼僧、在家の修行者たちに、こうおっしゃいました。

「提婆達多は、これから計り知れない時間が過ぎたのち、必ず仏になるでしょう。

その名は『神々の王（天王如来《てんのう》）』とよばれ、供養されるにふさわしい方であり、歴史や時間の制約を超えた智恵の持ち主であり、過去世を知り尽くし未来世を知り尽くし煩悩を完全に克服した方であり、完璧な悟りに到達した方であり、聖なる世界のことも俗なる世界のことも知り尽くした方であり、世間の動向にゆるがない最上の智恵と行動の方であり、穏やかな言葉と厳しい言葉を自在に使い分けて修行者を指導する方であり、神々と人間にとって共通の指導者であり、最高の智者であり、世の中の人々から尊敬されるべき方となるでしょう。

その仏がつかさどる世界は、『神々の世界（天道）』とよばれます。

天王如来の寿命は二十中劫の長さにおよび、生きとし生けるものすべてのために、このうえない法を説くでしょう。

その結果、ガンジス川の砂の数にひとしい数の者たちが、自分自身の救いだけを求める者、すなわち阿羅漢の境地を得るでしょう。数え切れない者たちが、師なしに悟りを開こうとする者、すなわち縁覚（辟支仏）になろうと発心するでしょう。ガンジス川の砂の数にひとしい数の者たちが、このうえなく正しい悟りにむかって発心し、いっさいは生じることもなく滅することもないという真理を得て、この境地から絶対にしりぞかないという確信を得るでしょう。

天王如来が涅槃に入ってから、つまり死んでからのち、正しい教えは二十中劫のあいだ、存続するでしょう。

天王如来の遺骨は分骨されず、そのまま七宝でつくられた塔に納められるでしょう。その塔は高さ六十由旬、すなわち四二〇キロメートル。底辺はおのおの二八〇キロメートルあります。

この七宝でつくられた塔を、神々も人間たちもみな、いろいろな花々、粉状のお香、燃やすお香、塗るお香、衣服、垂れ飾り、旗、宝でつくられた傘、楽器の演奏、詩歌で供養し、礼拝するでしょう。

その功徳のおかげで、数え切れない者たちが、阿羅漢の境地を得るでしょう。数え切れない者たちが、辟支仏の境地に達するでしょう。想像もできないくらい多くの者たちが、このうえなく正しい悟りにむかって発心し、絶対にしりぞかないという確信を得るでしょう」

釈迦牟尼如来は、そこにつどっている出家僧たちに、こうおっしゃいました。

「未来世に、善き男性たち、善き女性たちがいて、妙法蓮華経の提婆達多品を聞き、清らかな心でひたすら信じ、疑惑を生じないならば、地獄や餓鬼や畜生の世界に堕ちることは絶対になく、この宇宙のありとあらゆる方向にあまねく存在する仏の国土に生まれるでしょう。そして、生まれたところでつねに、この経典を耳にするでしょう。

もし、人間界に生まれるならば、最高に安楽な状態を享受するでしょう。また、仏のすぐ目の前に、蓮の花から生まれ出るでしょう」

そのとき、下の方にある多宝如来の国土から来ていた智《ち》積《しゃく》という名の菩薩が、多宝如来に、こう申し上げました。

「ご自分の国土へお帰りになる時間です」

すると、釈迦牟尼如来は、智積菩薩に、こうおっしゃいました。

「智積菩薩さん。もう少しお待ちなさい。

ここに、文殊師利という名の菩薩がやって来ます。かれと会って、このうえなく正しい教えについて、あれこれ論じあってから、自分の国土へお帰りなさい」

そのとき、文殊菩薩は、車輪くらい大きい花びらが千枚もある蓮華のうえに坐っていました。いっしょに来ていた菩薩たちも、同じく蓮華のうえに坐っていました。

文殊菩薩は、大海のなかにあるサーガラ龍王の宮殿から、湧き上がるように、虚空にすがたをあらわし、霊鷲山をおとずれました。霊鷲山に着くと、蓮華から降りて、釈迦牟尼如来の前にいたり、自分の頭に釈迦牟尼如来と多宝如来の両足をいただいて、敬意をあらわしました。

それから、智積菩薩がいるところにおもむき、たがいに挨拶をかわしてから、智積菩薩の正面に坐りました。

智積菩薩が文殊菩薩に尋ねました。

「あなたが龍宮で教化した者たちは、どれくらいの数ですか」

文殊菩薩が答えました。

「数が多すぎて、計算できません。言葉することはできませんし、想像することもできません。少しだけ待ってください。証拠をお見せしましょう」

そう言い終えないうちに、数え切れない菩薩たちが、蓮華に坐ったまま、海中から、湧き上がるようにすがたをあらわし、霊鷲山をおとずれて、虚空に座を占めました。

これらの菩薩たちはことごとく、文殊菩薩が教化した者でした。

そのうち、大乗仏教の修行をきわめた者たちは、完璧な施しや恵み、戒律の完璧な順守、完璧な忍耐、完璧な努力、完璧な心の統一、完璧な智恵という六種類の完成（六波羅蜜）を称讃しました。

小乗仏教の修行をきわめた者たちは、虚空から小乗仏教の道を称讃しましたが、かれらもまた、森羅万象には実体がないという大乗仏教の空《くう》の意味を、よく理解していたのでした。

文殊菩薩は智積菩薩に、こう言いました。

「これが、わたしが海のなかで教化した結果です」

このようすを目の当たりにして、智積菩薩は、詩句に託して、文殊菩薩をほめたたえました。

> 大いなる智恵の持ち主さん。あなたは徳行と勇気を駆使して、かずかぎりない者たちを教化されました。
> いま、ここにつどっている無数の者たちを、わたしは目の当たりにしています。
> どうか、真実の教えを説いていただき、すべての者たちに適合する絶対の法（一乗法《いちじょうほう》）を述べていただき、生きとし生けるものすべてを、できるかぎり速く、悟りへとおみちびきください。

そう請われて、文殊菩薩は、こう答えました。

「海のなかで、わたしはいつも法華経だけを説いてきたのです」

すると、智積菩薩は、文殊菩薩に、こう尋ねました。

「この経典はじつに深遠なので、理解するのは簡単ではありません。ありとあらゆる経典のなかの宝です。まことに希有な存在です。この経典の真意を正しく理解し、修行して、すみやかに仏になれる者が、実際にいるのでしょうか」

文殊菩薩は、こう答えました。

「います。娑伽羅（サーガラ）龍王の娘で、八歳になる子です。

とても頭が良くて、生きとし生けるものがみな、六つの感覚器官が生み出す不浄な要素に惑わされていることを、よく知っています。正法を記憶してまもり、魔を退散させる聖なる呪文（陀羅尼《だらに》）にもよく通じています。いろいろな如来たちがお説きになった深遠きわまりない秘密の教えも、ことごとく理解しています。深い瞑想を体験して、この世の実相もちゃんと見抜いています。そして、一瞬のうちに悟りを求める心を起こし、絶対に後退しない境地を得ています。

たぐいまれな弁舌の才能にもめぐまれています。生きとし生けるものすべてに愛情をそそぐようすは、あたかも親が子に愛情をそそぐかのようで、その功徳はたとえようもありません。想像力にすぐれ、表現力も抜群です。慈悲心にみちあふれ、ひととなりはやさしく、しかも謙虚。心根はすこぶる優雅です。そして、悟りの境地に到達しているのです」

しかし、智積菩薩は納得しません。

「釈迦牟尼如来を例にとらせていただくと、無限に近い時間ずっと難行苦行をなさって、功徳を積み重ねつづけ、その間、一度たりとも休むことはありませんでした。

全宇宙をみわたしてみると、生きとし生けるものすべてのために菩薩たちが生命を捨てなかった地面は、芥子粒ほどもありません。こうしてやっと、悟りへの道をきわめられたのです。

ですから、わたしには文殊菩薩がおっしゃることがまったく信じられません。この娘さんが、一瞬のうちに正しい悟りを得たなど、とうてい信じられません」

そう、智積菩薩が言い終わるか言い終わらないかのうちに、龍王の娘が如来の御前にすがたをあらわし、頭に如来の両足をいただいて礼拝し、智積菩薩の前に立ちました。そして、如来をほめたたえて、こう詩句を唱えました。

深遠きわまりない福徳を体現なさり、全宇宙をくまなくお照らしになる、精妙で浄らかな真理そのもののお体は、三十二相と八十種好で、荘厳されておられます。

神々が尊崇し、龍神たちも敬愛し、崇拝しない者など、この世に一人もおりません。

わたしが真実の法を聞いて悟りを得たことを、御仏だけが証明してくださいます。

大乗仏教の教えをひろめて、生きとし生けるものすべてを、苦しみから救いましょう。

龍王の娘がこう言ったのを耳にして、舎利弗が尋ねました。

「あなたはさして修行していないのに、このうえなく正しい悟りを得たと思い込んでいるようですね。わたしにはとても信じられません。

なぜなら、女性は汚れた存在で、仏となる器ではないからです。どうして、このうえなく正しい悟りなど、得られるでしょうか。

仏教の修行には膨大な時間が必要です。数え切れないくらい長いあいだ、難行苦行をつみかさね、さまざまな段階をへて、やっと悟りが得られるのです。

ましで、女性には五つの障害があります。一つ目は、梵天王になることができません。二つ目は、帝釈天になることができません。三つ目は、魔王になることができません。四つ目は、この世を支配する聖なる王になることができません。五つ目は、仏になることができません」

舎利弗がこう言うと、サーガラ龍王の娘は、全宇宙に匹敵するほど高価な宝珠を、釈迦牟尼如来に献上しました。釈迦牟尼如来はこの宝珠をおうけとりになりました。

すると、龍王の娘は、智積菩薩と舎利弗にむかって、こう言いました。

「わたしは宝珠を御仏に献上いたしました。世にも尊きお方は、瞬時におうけとりになりましたか。それとも拒否されましたか」

智積菩薩と舎利弗は答えました。

「瞬時におうけとりになりました」

すると、龍王の娘はこう言いました。

「あなたがたは、ご自分の神通力をつかって、わたしが仏になるようすをご覧ください。わたしが仏になるのに必要な時間は、世にも尊きお方が宝珠をおうけとりになるのに必要な時間よりも、さらに短いのです」

こう言ってから、龍王の娘は、そこにつどっていた者たち全員が見守るなかで、あっという間に、男性に変容しました。そして、菩薩が果たすべき修行をすべて成し遂げ、南の方にある汚れなき世界（無垢《むく》世界）におもむきました。そこで、七宝でできた蓮華に坐って、最高の悟りを開きました。そのすがたは三十二相と八十種好を完備していました。そして、十方の生きとし生けるものすべてのために、真実の法を説いたのでした。

そのとき、この世にあるかぎりの大乗仏教の修行者はもちろん、小乗仏教の修行者も、神々も龍も夜叉も乾闥婆も阿修羅も迦楼羅も緊那羅も摩睺羅伽も、人間も人間以外の者もすべて、はるかかなたでサーガラ龍王の娘が仏となって、その前につどう神々と人々のために法を説くすがたを見て、おおいに喜び、深い敬意をあらわしました。

かずかぎりない者たちはみな、かの仏の説法を聞いた結果、知的な方向から真理を知る目をひらかれ、絶対に後退しない境地に到達しました。かくして、かずかぎりない者たちが、将来は必ず仏になると告げられたのでした。

その瞬間、かの仏が説法している無垢世界は、六回、震動しました。

この世でも、釈迦牟尼如来の前につどっていた者たちのなかで三千の者たちは、絶対に後退しない境地に到達しました。同じく、三千の者たちは、悟りを得たいという心を生じて、将来は必ず仏になると告げられたのでした。

このようすを目の当たりにして、智積菩薩も舎利弗も、そこにつどっていたすべての者も、口を閉ざし、うけいれざるを得ませんでした。

13　勧《かん》持《じ》品《ほん》

そのとき、「薬の王とよばれる者（薬王）」という名の菩薩と「大いに弁才に恵まれた者（大楽説）」という名の菩薩が、二万の菩薩や配下とともに、釈迦牟尼如来の御前にまかりでて、誓いの言葉を、こう述べました。

「世にも尊きお方。お願いですから、ご安心ください。世にも尊きお方が完全な涅槃にお入りになったのち、わたしたちがこの法華経をいちずに信じ、読み、記憶し、説きひろめます。

世にも尊きお方が完全な涅槃にお入りになったのちは、悪しき時代となり、その悪しき時代に生まれ合わせた者たちは、善根がますます少なくなり、高慢になるばかりで、自分の利益だけに執着し、善からぬことばかりして、輪廻転生からの解脱から遠のくいっぽうです。したがって、教化しがたいのはいまさらいうまでもありませんが、それでもわたしたちは絶大な忍耐力をおこして、この法華経を読み、記憶し、解きあかし、書き写し、あたうかぎりまごころを尽くして大切にし、身命をなげうって惜しみません」

薬王菩薩や大楽説菩薩たちが、こう誓いの言葉を述べ終わると、今度は、すでに釈迦牟尼如来から、「あなたがたは未来世において、必ず悟りを開いて如来になるでしょう」という予言を授かっていた五百人の阿羅漢が、釈迦牟尼如来にむかって、こう申し上げました。

「世にも尊きお方。わたしたちも誓願を立てます。この娑婆世界ではない他の世界において、この法華経を説きひろめましょう」

また、もう学ぶべきことがなにものこっておらず、しかもすでに釈迦牟尼如来から、「あなたがたは未来世において、必ず悟りを開いて如来になるでしょう」という予言を授かっていた八千人の者たちが、いままで坐っていた座から立ちあがり、釈迦牟尼如来にむかって合掌し、誓いの言葉をこう申し上げました。

「世にも尊きお方。わたしたちも、同じように、この娑婆世界ではない他の世界において、この法華経を説きひろめましょう。なぜかと申しますと、この娑婆世界にいる者たちは、性格が悪く、すこぶる高慢で、功徳はいたってうすく、怒りっぽく、媚びへつらい、心がねじ曲がっているからです」

そのとき、釈迦牟尼如来の育ての母である摩訶波闍波提《まかはじゃはだい》尼《に》が、まだ学ぶべきことが残っている者と、もう学ぶべきことがなにものこっていない者、あわせて六千人の尼僧たちとともに、いままで坐っていた座から立ちあがり、釈迦牟尼如来にむかって一心に合掌し、尊いお顔をじっと仰ぎ見ました。

それをご覧になった世にも尊きお方は、憍曇弥《きょうどんみ》（摩訶波闍波提尼）に、こう語りかけました。

「なぜ、そんなに心配そうなお顔で、わたしを見ているのですか。あなたは心のなかで、なぜ、釈迦牟尼如来は自分の名をあげて、『あなたは未来世において、このうえなく正しい悟りを開くでしょう』という予言を授けてくだらなかったのか、と思っているのではないですか。

憍曇弥さん。わたしはすでに、ここにいるすべての声聞たちにたいして、『あなたがたは未来世において、必ず悟りを開いて如来になるでしょう』という予言を授けると説きました。もし、あなたがご自分の未来世についてお知りになりたいというのであれば、あなたは六万八千億の如来たちの指導をうけて、法華経の偉大な説法者となることを、請けあいます。あなたが引き連れている、まだ学ぶべきことが残っている者ともう学ぶべきことがなにものこっていない者、あわせて六千人の尼僧たちも、あなたといっしょに、法華経の説法者となるでしょう。

このようにして、あなたはしだいしだいに菩薩としての修行を積み重ね、ついに如来になることができるでしょう。そして、『生きとし生けるものすべてがお会いして歓喜する者（一切衆生喜《いっさいしゅじょうき》見《けん》）』如来とよばれ、供養されるにふさわしい方（応供）であり、歴史や時間の制約を超えた智恵の持ち主（正偏知）であり、過去世を知り尽くし未来世を知り尽くし煩悩を完全に克服した方（明行足）であり、完璧な悟りに到達した方（善逝）であり、聖なる世界のことも俗なる世界のことも知り尽くした方（世間解）であり、世間の動向にゆるがない最上の智恵と行動の方（無上士）であり、穏やかな言葉と厳しい言葉を自在に使い分けて修行者を指導する方（調御丈夫）であり、神々と人間にとって共通の指導者（天人師）であり、最高の智者（仏）であり、世の中の人々から尊敬されるべき方（世尊）とよばれるでしょう。

憍曇弥さん。この一切衆生喜見如来と六千人の菩薩たちは、つぎからつぎへと順番に、『あなたがたは未来世において、必ず悟りを開いて如来になるでしょう』という予言を授けられ、このうえなく正しい悟りを得るでしょう」

このとき、羅睺羅の母、つまり釈迦牟尼如来の妻であった耶輸陀羅尼《やしゅだらに》は、こう思いました。

「世にも尊きお方は、みんなに『あなたがたは未来世において、必ず悟りを開いて如来になるでしょう』と予言を授けてくださったのに、わたしの名前だけはなかった」

すると、耶輸陀羅尼の心中を知った釈迦牟尼如来は、彼女にむかって、こうおっしゃいました。

「あなたは未来世において、百千万億の如来たちの指導をうけて、菩薩としての修行を積み重ね、法華経の偉大な説法者となり、しだいしだいに悟りへとみちびかれていって、ついに『吉祥なところ（善国《ぜんごく》）』という仏国土において、如来となるでしょう。そして、『千万の光明に満たされた旗の持ち主（千万光相《せんまんこうそう》）』如来とよばれ、供養されるにふさわしい方（応供）であり、歴史や時間の制約を超えた智恵の持ち主（正徧知）であり、過去世を知り尽くし未来世を知り尽くし煩悩を完全に克服した方（明行足）であり、完璧な悟りに到達した方（善逝）であり、聖なる世界のことも俗なる世界のことも知り尽くした方（世間解）であり、世間の動向にゆるがない最上の智恵と行動の方（無上士）であり、穏やかな言葉と厳しい言葉を自在に使い分けて修行者を指導する方（調御丈夫）であり、神々と人間にとって共通の指導者（天人師）であり、最高の智者（仏）であり、世の中の人々から尊敬されるべき方（世尊）とよばれるでしょう。この如来の寿命は、無限でしょう」

このような予言を授かって、摩訶波闍波提尼と耶輸陀羅尼、ならびに彼女たちが引き連れていた者たちは歓喜に満たされ、想像だにできなかった境遇を得たのでした。彼女たちはその思いを、釈迦牟尼如来の御前において、詩句に託し、こう申し上げました。

　世にも尊きお方。あなたは、神々と人々を安穏な境地
にみちびいてくださる指導者です。
　わたしたちは、「あなたがたは未来世において、必ず
悟りを開いて如来になるでしょう」と予言を授けていた
だき、安堵し満足いたしました。

この詩句をとなえ終わると、尼僧たちは、釈迦牟尼如来にむかって、こう申し上げました。
「世にも尊きお方。わたしたちは、この娑婆世界ではない他の世界において、この法華経を説きひろめましょう」

そのとき、世にも尊きお方は、八十万億那由佗（千億）の菩薩たちに、目を向けられました。これらの菩薩たちはこのうえなく正しい悟りにむかって発心し、絶対にしりぞかない覚悟をもち、その境地を教え広めるとともに、真理を理解し記憶する力（陀羅尼）をさまざまそなえていました。

菩薩たちは、いままで坐っていた座から立ちあがって、釈迦牟尼如来の御前にたどりつくと、一心に合掌しながら、こう思いました。
「もし、世にも尊きお方が、わたしたちに、この法華経をいちずに信じ、広めなさいとご命令になるならば、世にも尊きお方のこの教えをそのまま正しく広めましょう」

そのいっぽうで、こうも思いました。
「ところが、世にも尊きお方は沈黙されたまま、ご命令にならない。どうしたらよいのだろうか」

そこで、菩薩たちは、釈迦牟尼如来のお心にそおうと思い、ならびに自分たちの本願を実践しようと思い、釈迦牟尼如来の御前で、誓いの言葉を獅子吼しました。
「世にも尊きお方。わたしたちはあなたが完全な涅槃にお入りになったのち、全宇宙をくまなくたずね歩いて、生きとし生けるものすべてに、この法華経を書き写させ、いちずに信じさせ、読み聞かせ、その意味を解きあかさせ、説かれているとおりに修行させ、正しく記憶させましょう。もちろん、これらの行為はことごとく世にも尊きお方のお力によるものです。お願いですから、世にも尊きお方。ほかの世界においでになっても、そこからはるかに、わたしたちをお守りください」

こう申し上げると、菩薩たちは声をそろえて、みずからの思いを詩句に託しました。

お願いですから、ご安心ください。
世にも尊きお方が、完全な涅槃にお入りになったのちの、恐怖に満ちた悪しき時代においても、わたしたちはこの法華経を説きひろめましょう。
智恵のない愚か者たちは、わたしたちにむかって、悪口雑言を吐き、罵倒し、刀や棒を振りまわすかもしれません。しかし、わたしたちはめげません。

悪しき時代に生まれ合わせた出家僧たちは、奸智《かんち》にたけ、心はねじ曲がり、真の涅槃をまだ得ていないにもかかわらず、もう得ていると思い込んで、高慢な態度に終始するでしょう。

あるいは、森林のなかで襤褸《ぼろ》をまとい、人里離れたところで、自分だけがほんとうの修行に励んでいると妄想して、ほかの人々をばかにする者もいるでしょう。

物欲にとらわれている者が、在家の人々に説法し、世界中どこでも透視できる天眼通、自分と他人の過去世を知る宿命通、煩悩を断絶して悟りを得る漏尽通、空中飛行できる神足通、世界中の声を聞ける天耳通、他人の心中を知る他心通という六つの神通力をすべてそなえた阿羅漢のように、尊敬されるでしょう。

こういうたぐいの連中は、憎しみの心をいだき、いつも世俗の栄達ばかりを求め、森林のなかできびしい修行をしているようなふりをして、わたしたちをいじめようとするでしょう。

そして、こう言うのです。「こいつらは、物欲のとりこになって、外道の教えを説いているのだ。自分勝手にでたらめな経典を捏造し、世の人々をまどわそうとしているのだ。名誉欲に駆られて、いかにも偉そうに、こんな経典をひろめているのだ」。

かれらはおおぜいの人々のなかで、わたしたちをそしりたいがために、国王や大臣やバラモン僧やそのほかの宗教者にむかって、わたしたちがいかに悪い奴か、言いふらすでしょう。「こいつらはあやまった見解の持ち主で、外道の教えを広めようとしているのだ」と。

しかし、わたしたちは釈迦牟尼如来を真に敬愛していますから、どんなにいじめられても、堪え忍びます。

あなどられて、「おまえらは如来になるんだそうだな」と言われても、そのどうしようもない軽蔑の言葉すら、一つのこらず、甘受しましょう。

汚れた悪しき時代には、ありとあらゆる恐怖が世を支配するでしょう。悪魔が人間のすがたをとって、わたしたちをののしり、いじめ、はずかしめるでしょう。

わたしたちは釈迦牟尼如来をかたく信じて、忍耐という鎧を身にまとうでしょう。この法華経を説くためなら、どんな困難も耐えましょう。

わたしたちは身体も生命も惜しみません。わたしたちが惜しむのは、このうえなく正しい教えのみです。

わたしたちは未来世において、世にも尊きお方から委嘱されたこの法華経を護持いたします。

世にも尊きお方みずからがご存じのとおり、汚れた世の悪しき出家僧たちは、如来が方便を駆使することも知らず、また相手と状況に応じて臨機応変に教えを説くことも知らず、わたしたちにむかって悪口雑言し、眉をひそめるでしょう。わたしたちはお寺から追い出され、お寺に近づくことすらできなくなるかもしれません。

しかし、このようなもろもろの苦難に遭遇しても、世にも尊きお方からのご命令を思いおこして、堪え忍びます。

村であろうと街であろうと、この法華経を求める者があれば、それがどこであれ、出かけていって、世にも尊きお方から委嘱された教えを説きます。わたしたちは世にも尊きお方からつかわされた使者なのです。相手がだれであろうと、恐れるところはなに一つありません。

わたしたちは必ずや世にも尊きお方から委嘱された教えを説きます。ですから、世にも尊きお方は安心して、完全な涅槃にお入りください。

わたしたちは、世にも尊きお方の御前で、また全宇宙からここに集まっておいでの如来たちがご照覧になる前で、以上のような誓いを立てます。世にも尊きお方、わたしたちの心をわかってください。

14 安楽行品《あんらくぎょうほん》

そのとき、文殊師利菩薩が釈迦牟尼如来に、こう申し上げました。

「世にも尊きお方。これらの菩薩たちは、世にも尊きお方にたいする尊敬の念ゆえに、世にも尊きお方が完全な涅槃にお入りになったのちの悪しき時代において、この法華経を護持し、読み、記憶し、説くという、じつに立派な誓願を立てました。しかし、これはまことに困難な行為です。世にも尊きお方。これらの菩薩たちは、悪しき時代において、どのようにすれば、この法華経を説きひろめることができるのでしょうか」

釈迦牟尼如来は文殊師利菩薩に、こうお答えになりました。

「もし、これらの菩薩たちが、わたしが完全な涅槃に入ったのちの悪しき時代において、この法華経を説きひろめようとのぞむならば、以下に述べる四つの条件（四法）をそなえる必要があります。

第一に、菩薩としての善きおこないと正しい交際関係を実現したうえで、生きとし生けるもののために、この法華経を説法しなさい。では、文殊師利菩薩さん。菩薩としての善きおこないとは、いったいどういうことでしょうか。それは、忍耐強く、温和な態度をたもって、とつぜん怒りを発したりせず、また心に恐れをいだいたりしないことです。さらに、この世のなにものにもとらわれず、この世のありとしあるものの真実のすがたを見抜き、それが良いとか悪いとか、自分の判断をくわえずに受けいれることにほかなりません。以上が、菩薩としての善きおこないです。

菩薩としての正しい交際関係とは、いったいどういうことでしょうか。それは、国王や王子や大臣や国王の側近たちとは、いっさい交際しないということです。また、仏教以外の信仰をもつ者やバラモン僧をめざしている者やジャイナ教徒（ニルグランタ）、あるいは世俗の人々を喜ばす文章を書く者や仏教以外の宗教をたたえる詩を書く者とは、いっさい交際しないということです。さらに、唯物論を主張する者や唯物論に反対する者とは、いっさい交際しないということです。

さまざまな悪い遊びに夢中になっている者、ボクシングやレスリングに熱中している者、自分のからだに色を塗ってすがたかたちを変えて観客を喜ばせる者とは、いっさい交際しないということです。身分制度の外に置かれた者、豚や羊や鶏や犬を飼う者のように、あるいは狩猟や漁労をなりわいとする者のように、戒律をまもれない者とは、いっさい交際しないということです。もし、これらの者たちが、お付き合いしたいと近づいてくるならば、そのときは、恐れることなく、教えを説いてかまいません。

声聞の道をえらんだ出家僧や尼僧や男女の在家修行者とは、いっさい交際してはなりませんし、訪れたりしてもなりません。お寺の部屋のなかであれ、ゆっくり歩きながら修行の疲れを癒す場であれ、講堂のなかであれ、いっしょにいてはなりません。これらの者たちが、お付き合いしたいと近づいてくるならば、そのときは、恐れることなく、教えを説いてかまいません。

文殊師利菩薩さん。菩薩たる者は、女性に『この方はすてき！』というような心を生じさせる態度で、教えを説いてはなりません。むろん、女性に会いたいと思ってはなりません。もし、だれかの家を訪れるときは、幼い女の子とも未婚の女性とも未亡人とも、話をしてはなりません。

また、男性であっても、以下の者たちとは、いっさい交際してはなりません。すなわち、先天的に男根のない者。去勢された者。ふだんは不能で、他人の性交をみているときだけ勃起する者。男性にたいしては女性として、女性に対しては男性として、性愛にはげむ者。一月の半分しか性的能力をもたない者。以上の者たちとは、いっさい交際してはなりません。

一人きりで他人の家に入ってはなりません。どうしても入らなければならないときは、一心に釈迦牟尼如来のことを念じながら、入りなさい。

もし、女性のために教えを説くときには、歯をあらわにして笑いながら説くことがあってはなりません。着ているものを脱いで、胸をむき出しにしてはなりません。たとえ、教えのためであっても、親しくしてはなりません。教えのためですらそうなのですから、そのほかの行為については、いまさら指摘するまでもなく、そのたぐいのことはしてはいけません。

まだ年端もいかない弟子や見習い僧や子どもを養ってはなりません。また、だれかといっしょに、同じ師の弟子になろうと考えてはなりません。

つねに坐禅をたしなんで、だれにも邪魔されない静かなところで、精神統一に精進しなさい。

文殊師利菩薩さん。以上が第一の交際関係です。

つぎに、菩薩たる者は、この世の森羅万象はことごとく空である、つまり実体をもたないと見抜かなければなりません。いいかえれば、この世の森羅万象はことごとく、あるがままに真実の相をしめしているのであり、なんらの倒錯もなければ、動きもせず、退きもせず、逆転せず、いかなる意味においてもなにかが実在している状態でない点は虚空とまったく同じです。それは、言葉では表現できず、生じもしなければ、出現することもなく、起動することもないのです。名もなければ、こうこうだという特徴もなく、実在していないのです。無限大であり、際限がなく、自在であり、障りもないのです。ただし、さまざまな因縁からなんらかのものが実在している、とわたしたちは思いがちですが、それはあやまった見解のなせるわざなのです。

ですから、わたしは、菩薩たる者はつねに、以上のような真実相を見抜きなさい、と説くのです。そして、それが可能な交際をしなさいと説くのです。これが、菩薩たる者にとって、第二の交際関係です」

こうお説きになると、世にも尊きお方はいまの説法をもう一度、詩句に託して、お説きになりました。

わたしが完全な涅槃に入ったのちの悪しき時代において、もし菩薩がなにものをも恐れず、この法華経を説きひろめようとするならば、善きおこないと正しい交際関係が絶対の条件となります。

いつなんどきであろうとも、国王や王子や大臣や国王の側近と交際してはなりません。暴力を売り物にする連中や身分制度の外に置かれた者、仏教以外の信仰をもつ者やバラモン僧をめざしている者と、交際してはなりません。

また、われこそは阿羅漢だ、悟ったのだと思い込んでいる高慢な者や小乗仏教を信奉する者、小乗仏教の戒律と瞑想と智恵にこだわる者と、交際してはなりません。

戒律を守れない出家僧や名ばかりで実のない阿羅漢と、交際してはなりません。おしゃべりや笑いを好む尼僧と、交際してはなりません。

見たい、聞きたい、嗅ぎたい、味わいたい、触りたいという五欲に執着し、現世における快適な生活を求める女性の在家修行者と、交際してはなりません。

もし、これらの者たちが、悟りを求めて、あなたのところにやってきて、教えを請うときは、恐れることなく、またおじけづくことなく、教えを説きなさい。

未亡人や未婚の女性、および男性としての能力を欠いている者と、けっして交際してはなりません。

また、家畜を屠殺する者とその肉をさばく者、狩猟と漁労をなりわいとする者、おのれの利益のために動物を殺す者と、交際してはなりません。

肉を販売する商人や売春宿の経営者などと、交際してはなりません。暴力を売り物にするレスラー、いろいろな種類の芸人、売春婦などとは、絶対に交際してはなりません。

密閉された空間で、女性のために教えを説いてはなりません。もし、教えを説くときは、けっして笑みを浮かべてはなりません。

人里に入って、一日の食を請うときは、必ずもう一人の出家僧といっしょに行きなさい。もし、いっしょに行ってくれる出家僧が見つからないときは、一心に釈迦牟尼如来のことを念じながら、食を請いなさい。

以上が、菩薩としての善きおこないと正しい交際関係にほかなりません。この二つの条件を守って、心安らかに暮らしつつ、教えを説きなさい。

さらに、菩薩たる者は、以下の点を心に留め置きなさい。すなわち、教えには、優れた教え、中くらいの教え、劣った教えがあると考えてはなりません。人工的につくられたものと自然にできあがったものがあると考えてはなりません。実在するものと実在しないものがあると考えてはなりません。

また、相手が女性であるとか男性であるとか、そんなことはどうでもよいのです。

この世の森羅万象は、自分のものにはならないのはもとより、ほんとうの意味では、知ることもできなければ、見ることもできないのです。

これが、菩薩としての善きおこないにほかなりません。

この世の森羅万象は、空を本質としていて、実在していません。永遠不滅ではありませんし、かといって生じもしなければ、滅しもしないのです。これこそ、智恵ある者がなにものかと交際する際の根本原理です。

ところが、倒錯した考えにとらわれて、この世の森羅万象が有るとか無いとか、あるいは実在するとか実在しないとか、生じるとか生じないとか、あれこれ詮索する者がいます。

菩薩たる者は、寂静な環境で、精神を統一し、安定させて、あたかも宇宙の中心にそびえる須弥山が絶対に動揺しないように、自分の心が動揺しないように心がけなさい。

この世の森羅万象を、虚空のごとく、実在していないと観察しなさい。固定していませんし、生じることもなければ、出現することもなく、動くこともなければ、退くこともなく、それでいてつねにすがたかたちはあるのです。

これが、菩薩としての正しい認識にほかなりません。

わたしが完全な涅槃に入ったのちの悪しき時代において、もし菩薩が、以上に述べた善きおこないと正しい交際関係を実践したうえで、この法華経を説きひろめるときは、なにものも恐れるにはたりません。

菩薩たる者は、ときには寂静なへやに入り、正しい瞑想を実践して、この教えを正しく観察したうえで、瞑想から立ちあがり、国王や王子や群臣や一般の人々、あるいはバラモン僧などにむかって、この教えを解きあかしなさい。この法華経を説けば、説く者の心はおのずから安らかになり、なんらの恐れも生じません。

文殊師利菩薩さん。以上が、菩薩たる者が、まず最初に教えを正しく受けいれて、しかるのち世の中の人々にむかって、法華経を説くということです。

「文殊師利菩薩さん。わたし釈迦牟尼如来が完全な涅槃に入ったのちにおとずれる末法の時代に、この法華経を説きひろめようとするならば、柔軟なやりかたを実践しなさい。それは、具体的にいえば、こういうことです。

説法するときも経典を読むときも、人を批判したり経典のあやまちを指摘したりしてはなりません。また、ほかの説法者を軽んじたりしてはなりません。他人の良いところや悪いところ、あるいは長所や欠点を、いちいちあげつらってはなりません。

声聞の道を歩んでいる人を、その個人の名をあげて、悪いところを批判したり、良いところをほめたたえてはなりません。怨んだり嫌ったりしてはなりません。

このように、柔軟なやりかたを心掛けていれば、教えを聞きたいといって訪ねてくる人々の反感を買うことはありません。もし、難問をつきつけられても、小乗仏教の教えに沿って答えてはなりません。大乗仏教の教えに沿って解きあかし、質問した人を、ありとあらゆることを知る智恵、つまり如来の智恵にみちびきなさい」

こうお説きになると、世にも尊きお方はいまの説法をもう一度、詩句に託して、お説きになりました。

菩薩たる者は、柔軟なやりかたを実践したうえで、教えを説きなさい。

清らかな場所に法座をもうけ、からだに香油を塗り、汚れを洗い落とし、新しい浄衣を身につけ、へやの内側も外側もきれいに掃除してから、法座に坐り、寄せられた質問に答えるかたちで教えを説きなさい。

出家僧や尼僧や男女の在家修行者たち、あるいは国王や王子や群臣や一般の人々を相手にする場合は、おもしろくてためになる話を、おだやかな顔で、説きなさい。

もし、難問をつきつけられたならば、正しい教えに沿って、答えなさい。体験談を利用し、たとえ話をつかって、相手の立場を考慮し、わかりやすく、答えてあげなさい。

このように方便を駆使して、教えを聞く者たちに、ぜひとも仏道を修行したいとい心を起こさせ、少しずつ功徳を積ませて、悟りへみちびきなさい。

聴衆から飽きっぽい心や怠け心をとりのぞき、もろもろの憂いや悩みを消し去り、いつくしみの心をもって、教えを説きなさい。昼といわず夜といわず、このうえなく正しい悟りへいたる教えを説きなさい。

さまざまな体験談を利用し、ありとあらゆるたとえ話をつかい、聴衆をおおいに喜ばせなさい。しかし、その代償として、衣服や寝具、飲食や医薬を求めてはなりません。

　ただひたすら、こうして法華経を説くことの因縁に思いを凝らし、聴衆を確実に悟りへみちびくことに集中しなさい。これこそ、最高の利益となり、柔軟なやりかたを実践するための糧《かて》となるのです。

　わたしが完全な涅槃に入ったのちに、出家僧がこの法華経を説法するならば、その出家僧の心には、ねたみもなければ、怒りもなく、もろもろの悩みもなければ、障りもないでしょう。

　また、憂いも悲愁の思いもなく、悪口を言う者もなく、恐怖にさらされることもなければ、暴力をくわえられることもないでしょう。また、追放されることもないでしょう。なぜなら、法華経を説く出家僧は、忍耐力に秀でているからです。

　智恵ある者が、以上のように、その心を修行によって高めていくならば、柔軟なやりかたが実践できることは、すでに説いたとおりです。こういう人の功徳は、千万億劫をかけて計算したところで、答えが出ないくらい、絶大なのです。


「また、文殊師利菩薩さん。わたしが完全な涅槃に入ったのちの末世において、正しい教えが滅びようとしているとき、この法華経をいちずに信じ、読み、記憶しようとする菩薩は、嫉妬や嘘偽りの心をいだいてはなりません。また、悟りへの道に精進している者を、軽蔑したり、長所や短所をいちいちあげつらってはなりません。

　出家僧や尼僧や男女の在家修行者たちが、みずからの意志にもとづいて、自分だけの悟りを求めて修行にはげむ声聞をめざしていようと、師なしに悟りを開こうと修行にはげむ辟支仏（縁覚）をめざしていようと、自分の救いよりも他人の救いを優先する菩薩をめざしていようと、干渉は無用です。かれらを悩ませたり、疑惑の念を起こさせたりしてはなりません。かれらにむかって、『あなたたちは正しい道から遠くはずれている。いくら頑張っても、完全な悟りに到達できるはずがない。なぜなら、あなたたちはだらしのない生き方をしていて、ちゃんと修行していないからね』などと言ってはなりません。

　また、教えについてあれこれ論争してはなりません。生きとし生けるものすべてにたいしてはおおいに慈しみの心を起こし、もろもろの如来たちにたいしては『あなたこそ、わたしたちの慈父である』という思いを起こし、もろもろの菩薩たちにたいしては『あなたこそ、わたしたちの指導者である』という思いを起こしなさい。

　全宇宙にあまねく活動しておられる偉大な菩薩たちを、つねに心の底から敬愛し礼拝しなさい。生きとし生けるものすべてに、平等に教えを説きなさい。教えを説くときは、教えを拡大したり省略したりせず、自分が授かったとおりに、説きなさい。そして、相手が教えになみなみならぬ関心をもっているとしても、だからといって特別にたくさん説くことがあってはなりません。

　文殊師利菩薩さん。わたしが完全な涅槃に入ったのちの末世において、正しい教えが滅びようとしているとき、いまわたしが説いた第三の柔軟なやりかたを、菩薩たちが完璧に実践するならば、この法華経を説くときに、かれらはけっして悩み乱れることはありません。すばらしい同志たちとともに、この法華経を読み、記憶することができます。さらに、あまたの聴衆がやってきて、菩薩たちが説く法華経を聞き、聞き終わってから、いちずに信じ、いちずに信じて声に出して読み聞かせ、読み聞かせてからほかの人々に説き聞かせ、説き聞かせてから自分で書き写し、あるいは他人にも書き写させ、そうしてできあがった経巻をあがめ、敬愛し、尊重し、讃歎するにちがいありません」

　こうおっしゃると、世にも尊きお方はこの説法をもう一度、詩句に託して、お説きになりました。

　もし、この法華経を説こうとするならば、ねたみや怒りやおごりの心をもってはなりません。へつらいの心やねじ曲がった心やよこしまな心を捨てなければなりません。つねに、質素で正直であるようにつとめなさい。

　他人を軽蔑してはなりません。教えについて、あれこれ詮索したり論争したりしてはなりません。

　他人に疑惑の心を生じさせたり、「あなたは悟れないね」などと言ってはなりません。

　如来の子たる者が教えを説くときは、つねに柔和で、つらいことも堪え忍び、この世のありとしあるものすべてに慈愛の心をもって接し、途中で「面倒くさくなってしまった。もうやめた！」などと思ってはなりません。

　生きとし生けるものすべてにたいする慈しみの心をもって、全宇宙のいたるところで修行にはげんでいる菩薩たちを、「あなたがたこそ、わたしの良き指導者です」と思って、あつく尊敬しなさい。

　もろもろの如来たちにたいしては、「あなたがたこそ、わたしにとって、最高の父親です」と思い、おごり高ぶる心を破り捨てれば、教えを説くときに、なんの障害もありません。

以上が、柔軟なやりかたにまつわる第三の教えです。智恵ある者は、ぜひ守ってください。ひたすら柔軟なやりかたを目標に精進していけば、だれからもきっと尊敬されます。


「また、文殊師利菩薩さん。わたしが完全な涅槃に入ったのちの末世において、正しい教えが滅びようとしているとき、この法華経をいちずに信じつづける菩薩は、相手が在家であろうと出家であろうと、おおいなる慈愛の心を起こしなさい。たとえ、菩薩ではない人々を相手にするときでも、おおいなる慈愛の心を起こし、こう考えなさい。

『これらの人々は、如来が方便を駆使し、相手の資質や性格に応じて教えてくださる機会を得なかったのだ。したがって、如来の言葉を、聞いたこともなければ、知ることもなく、覚ることもなければ、問うこともなかった。信じることもなければ、理解することもなかったのだ。

これらの人々は、この法華経を、問おうともせず、信じようともせず、理解しようともしない。しかし、もし、わたしがこのうえなく正しい悟りを得たならば、たとえどこにいようとも、神通力や智恵力をつかって、必ずやこれらの人々を、法華経の教えにみちびきいれよう』

文殊師利菩薩さん。わたしが完全な涅槃に入ったのちの世において、いまわたしが教えさとしたような第四のやりかたを実践する菩薩は、法華経を説くときに、絶対に失敗しません。そして、出家僧から尼僧から男女の在家修行者から、あるいは国王から王子から大臣から民衆からバラモン僧からお金持ちから、つねに大切にあつかわれ、うやまわれ、尊重され、讃歎されるにちがいありません。

虚空を住まいとする神々は、教えを聞くために、いつも菩薩のすぐそばにいて、離れないでしょう。菩薩が集落にいようと、都会にいようと、人里離れた場所にいようと、森林のなかにいようと、だれかがやってきて、無理難題を吹きかけてくることがあるかもしれません。そういうとき、神々は昼夜を問わず、正しい教えのために、菩薩を護衛してくれるのです。そして、無理難題を吹きかけてきた者も、だれひとりとして例外なく、菩薩から教えさとされて、歓喜にむせぶのです。

なぜかというと、この法華経は、過去・現在・未来の三世に出現する、すべての如来たちの神通力によって、守られているからなのです。

文殊師利菩薩さん。この法華経は、世界中のどこの国をたずねようとも、その名前すら聞くことができません。まして、実際に見ることも不可能なら、手に入れて声に出して読むことなど、まったく不可能なのです。

文殊師利菩薩さん。それをたとえていうなら、こういうことなのです。強力無比の転輪聖王が、その軍勢をひきいて諸国を征服しようとのぞみましたが、諸国の王たちは命令に従いませんでした。そこで、転輪聖王はおおぜいの戦士をひきいて討伐することになりました。武勲をあげた戦士を見て、転輪聖王はひじょうに喜び、武勲に応じて恩賞をあたえました。その恩賞は、領地や屋敷や集落や街もあれば、衣服や装身具もありました。あるいは、さまざまな貴重な宝物もあれば、金、銀、ラピスラズリ、シャコガイ、瑪瑙、珊瑚、琥珀もあり、象や馬もあれば、馬車や奴隷や人民もありました。

しかし、自分のもとどりにつけていた宝珠だけは、だれにもあたえませんでした。なぜかというと、転輪聖王の頭につけられていた宝珠は、たった一つしかなく、もし、この宝珠をだれかにあたえてしまうと、転輪聖王につかえる者たちは、きっと驚き、奇異な思いにとらわれるからです。

文殊師利菩薩さん。わたしがなすことも、転輪聖王の場合とまったく同じです。そもそも、わたしは、瞑想の力や智恵の力によって真理の領土を統治し、欲界と色界と無色界の三界に、王として君臨しています。ところが、魔王は如来の命令に従いません。そこで、わたしは聖なる戦士たちをひきい、魔王と戦うのです。

そして、戦いに武勲をあげた者があれば、おおいに喜び、出家僧や尼僧や男女の在家修行者のまえで、武勲をあげた者にたいし、さまざまな経典を説いて喜ばせました。また、恩賞として、すぐれた瞑想、小乗仏教の解脱、煩悩を克服して悟りにみちびく機能や能力などをあたえました。さらに、小乗仏教の涅槃という都城をあたえ、『もう、あなたは涅槃を得たのだ』といって、その心を悟りへいざない、聖なる戦士たちを歓喜させたのでした。しかし、法華経だけは説きませんでした。

文殊師利菩薩さん。ところが、あるとき、転輪聖王は、配下の戦士たちのなかに、抜群の武勲をなしとげた者がいることを知って、心の底から喜びました。そして、それまで自分のもとどりにずっとつけたままで、だれにもあたえず、もし仮にだれかにあたえようものなら、みんなから『それは尋常ならざる事態だ！』といわれかねない宝珠を、その戦士にあたえたのです。

わたしがなすことも、この場合の転輪聖王とまったく同じです。わたしは、欲界と色界と無色界の三界に、真理の王として君臨しています。真理をもって、生きとし生けるものすべてを教化してきたのです。

そういうわたしですから、聖なる戦士たちが、色と受と想と行と識という五蘊の魔、煩悩という魔、死という魔と戦って大勝利をおさめ、貪瞋痴という三毒を滅ぼし、欲界と色界と無色界という三界から離れ、魔の陣営を徹底的に撃破するのを見て、おおいに喜びました。その結果、世の人々にとって、受けいれがたく、また信じがたく、したがっていまだかつて説かれたことがなかったこの法華経を、いままさに、最高の恩賞として説き、生きとし生けるものすべてを、ありとあらゆることを知る智恵の持ち主にしてあげようとしているのです。

文殊師利菩薩さん。この法華経こそ、もろもろの如来たちがお説きになった教えのなかでも、最高の教えであり、これほど深遠な教えはほかにありません。いちばん最後に、最高の恩賞として、あなたたちにあたえるという点では、かの転輪聖王がひさしく秘蔵してきた宝珠を、いまこのときにあたえるのと、なんら変わりません。

文殊師利菩薩さん。この法華経は、如来たちが秘蔵してきた教えです。ありとあらゆる経典のなかで、最高の経典なのです。長き歳月にわたって、みだりに解きあかさなかった教えを、いままさにあなたたちのために、説こうというのです」

こうおっしゃると、世にも尊きお方はこの説法をもう一度、詩句に託して、お説きになりました。

いかなる侮辱をも堪え忍び、生きとし生けるものすべてを慈しみつつ、如来がほめたたえるこの法華経を説きひろめなさい。

わたしが完全な涅槃に入ったのちの末世において、この法華経をいちずに信じつづける者は、在家であろうと出家であろうと、また菩薩であろうと菩薩でなかろうと、慈悲の心をはぐくみなさい。

「かれらはこの法華経を聞こうともせず、信じようともしない。これはたいへんな損失だ。

わたしが悟りを得たならば、いろいろな方便を駆使して、かれらのためにこの法華経を説いて、悟りへみちびいてあげよう」と心掛けなさい。

たとえていえば、こういうことです。強力無比の転輪聖王が、臣下の戦士たちが戦いに武勲をあげたとき、恩賞として、象や馬や馬車、あるいは装身具や領地や屋敷や集落や街、衣服やさまざまな貴重な宝物や使用人や高価な品々を、喜んであたえるでしょう。

もし、ある戦士が最高の武勇を発揮して、不可能と思われていた難事をなしとげたときには、その戦士に、転輪聖王は自分のもとどりにずっとつけたまま、だれにもあたえなかった宝珠をあたえるでしょう。

わたしもまったく同じです。わたしはありとあらゆる真理の王であり、忍耐の力に秀でて、無限の智恵をたくわえている蔵の持ち主でもあります。おおいなる慈悲の心をいだき、真理によってこの世を教化します。

生きとし生けるものが、さまざまな苦悩の果てに、解脱を求めて、さまざまな魔と戦っているのを見て、かれらのために、いろいろな教えを説き、おおいに方便を駆使しては、これらの経典を説いてきました。

そして、生きとし生けるものが、悟りを得るにふさわしい力をすでに獲得したのを確認したうえで、最後の最後に、この法華経を説くのです。それは、かの転輪聖王が、自分のもとどりにつけていた秘蔵の宝珠を、抜群の武勲をあげた戦士にあたえるのと、なんら変わりません。

この法華経は最高の経典であって、ありとあらゆる経典のなかの最上位にあるものです。だからこそ、わたしは大切に守ってきて、みだりに説いたりはしませんでした。

しかし、いまこそ、説くべきときが来たようです。あなたたちのために、説きましょう。

わたしが完全な涅槃に入ったのち、この法華経を説こうとする者は、以下に述べる四つの条件をそなえる必要があります。

この法華経を読もうとする者は、いつなんどきも憂いがなく、また病に苦しむこともなく、顔の色が黒くなることもありません。

貧しく賤しくてみじめな境遇に生まれつくこともありません。

人々から会いたい見たいと慕われるようすは、聖人が慕われるのと、まったく変わりません。

天上界の童子たちがこぞって、給仕してくれるでしょう。

暴力をふるわれることもなく、毒薬を盛られることもないでしょう。

もし、だれかがあなたを口汚くののしるならば、その者は口がきけなくなるでしょう。

各地を遍歴するときも、獅子王のように、なにひとつとして、恐れるものはないでしょう。

智恵が光り輝くようすは、あたかも太陽が地上を照らし出すかのようでしょう。

夢のなかでも、すばらしい体験をするでしょう。たとえば、もろもろの如来たちが獅子座に坐して、あまたの出家僧たちにとりかこまれながら、説法されているようすを見るでしょう。

また、龍神や阿修羅などが、ガンジス河の砂の数に等しいくらいたくさん、あなたにむかって尊敬の態度をしめし、合掌しているのを見るでしょう。

そして、自分はなにをしているのだろうとふりかえってみれば、かれらのために説法しているのです。

さらに、あまたの如来たちが、そのおからだを金色に輝かせながら、無量の光明を放って森羅万象を照らし出し、まことに甘美なお声で、出家僧と尼僧と男女の在家修行者のために、このうえなく正しい教えを説いておられるすがたを見るでしょう。

さて、自分はどうしているかと見てみれば、如来たちの説法をお聞きしている聴衆のなかにいるのです。

如来たちにむかって合掌し、ほめたたえ、説法をお聞きして喜びに満たされ、供養しているのです。


正法を記憶してまもり魔を退散させる聖なる呪文（陀羅尼）をわがものとし、けっしてあともどりすることのない智恵を得ています。

如来はあなたがとても深い境地に達していることを知って、このうえなく正しい悟りをきっと得る予言をさずけ、こうおっしゃるでしょう。

「あなたは、未来世において、無限大の智恵をもつ如来になるでしょう。

あなたがおさめる仏国土は、どこもかしこも清らかで、その広いことといったら比類ありません。

そこには、出家僧と尼僧と男女の在家修行者がいて、あなたにむかって合掌し、『説法してください』と言うでしょう」

また、自分が山林のなかにいて、正しい修行にはげみ、もろもろの領域にわたる真実のすがたを見極め、深い瞑想に入って、そのなかで全宇宙にあまねくおられる如来たちにお会いするでしょう。

あなたがお会いする如来たちは、からだを金色に輝かせ、三十二相をおもちです。この三十二相は、その一つひとつが、それぞれ過去世における百もの福徳の結果として獲得されたものなのです。

あなたは如来たちから教えを聞き、聞いた教えを、こんどはほかの人々のために説くでしょう。

以上が、あなたが見るすばらしい夢の体験です。

また、こういう夢を見るかもしれません。

国王になったにもかかわらず、宮殿や臣下を捨て、最高の快楽をもたらす五つの欲望を捨て、悟りをめざして、菩提樹のもとの獅子座に坐り、悟りを求めること七日間。ついに如来の智恵を獲得し、このうえなく正しい悟りに到達します。

そして、起ち上がると、教えの輪を転じて、出家僧や尼僧や男女の在家修行者のために、説法します。

こうして千万億劫にわたり、汚れなき教えを説き、生きとし生けるものを数かぎりなく悟りへみちびいたのち、完全な涅槃に入ります。そのときのようすは、あたかも油が尽きて、燈明が消えるかのようでしょう。

もし、わたしが完全な涅槃に入ったのちの悪しき時代において、最高の経典にほかならない法華経を説くならば、その者が得る利得は、以上のように、無限大の功徳なのです。

15 従地涌出品《じゅうじゆじゅっぽん》

そのときのことでした。娑婆世界以外のさまざまな仏国土から来ていた、八つのガンジス河の砂の数よりも多い菩薩たちが、釈迦牟尼如来の説法を聞くためにあつまっていた者たちのなかから起ち上がり、釈迦牟尼如来にむかって合掌し敬礼して、こう申し上げたのです。

「世にも尊きお方。世にも尊きお方が完全な涅槃にお入りになったのち、この娑婆世界において、精進努力し、この法華経を護持し、読み、記憶し、書き写して供養することを、わたしたちにお許しいただけるのであれば、この娑婆世界において、この法華経を必ずや説きひろめます」

この言葉をお聞きになった釈迦牟尼如来は、菩薩たちにこう返答されました。

「やめなさい。みなさん。あなたたちがこの法華経を護持したところで、なんら役立ちません。なぜかというと、わたしがいまいる娑婆世界には、六万のガンジス河の砂の数に等しい菩薩たちがすでにいるからです。これらの菩薩たち一人ひとりには、おのおの六万のガンジス河の砂の数に等しい従者もいます。わたしが完全な涅槃に入ったのちは、かれらが法華経を護持し、読み、記憶し、説きひろめることになるのです」

釈迦牟尼如来がこうおっしゃるやいなや、娑婆世界のいたるところに地震が起こって大地が裂け、そのなかから数かぎりない、千万億に達する菩薩たちが同時に出現しました。かれらはみな、からだを金色に輝かせ、如来の三十二相をすべてそなえ、無量の光明を放っていました。

かれらははるか昔から、この娑婆世界の大地の下にある虚空界をすみかとしていました。そして、釈迦牟尼如来が説法なさるお声を耳にして、大地の下から出現したのです。

一人ひとりの菩薩は、それぞれが多くの従者をひきいる指導者でした。六万のガンジス河の砂の数に等しい数の従者をひきつれた菩薩もいれば、五万、四万、三万、二万、一万のガンジス河の砂の数に等しい数の従者をひきつれた菩薩もいました。一つのガンジス河の砂の数に等しい数の従者をひきつれた菩薩もいれば、その半分の数の従者をひきつれた菩薩もいましたし、四分の一の数の従者をひきつれた菩薩もいました。ガンジス河の砂の数の千万億那由佗（千億）分の一の従者をひきつれた菩薩もいれば、千万億那由佗の従者をひきつれた菩薩もいました。億万の従者をひきつれた菩薩もいれば、千万の従者をひきつれた菩薩もいました。百万や一万の従者をひきつれた菩薩もいれば、千や百や十の従者をひきつれた菩薩もいました。五人、四人、三人、二人、一人の弟子をひきつれた菩薩もいました。さらに、たった独りで修行にいそしみ、従者をまったくひきつれていない菩薩もいました。

大地の裂け目から出現した菩薩たちの数は、このようにあまりに多すぎて、数えることもたとえることもできませんでした。

菩薩たちは大地の裂け目からすがたをあらわすと、空中に静止している、七宝造りの美しい宝塔のなかにおいでの多宝如来と釈迦牟尼如来に近づいていきました。ごく間近までやってくると、菩薩たちは、お二人の如来に正対し、自分の頭に如来の両足をいただいて敬意をあらわしました。また、全宇宙のいたるところからお集まりになって獅子座に坐っていらっしゃるあまたの如来たちにたいしても敬礼しました。それから、如来たちのまわりを右回りに三周して、合掌し、うやうやしい態度をしめし、ありとあらゆる方法でほめたたえました。それが済むと、説法をお聞きするためにあつまっていた聴衆の一角に腰を下ろし、歓喜に満たされながら、多宝如来と釈迦牟尼如来のお顔を仰ぎ見たのでした。

大地の裂け目から出現した菩薩たちが、このようにして、さまざまな方法で如来たちをほめたたえているうちに、五十小劫の時間が流れていきました。その間ずっと、釈迦牟尼如来は沈黙をたもたれたまま、坐っていらっしゃいました。聴衆として集まっていた出家僧と尼僧と男女の在家修行者たちも、五十小劫のあいだずっと、沈黙をたもちました。しかし、そんなに長い時間が過ぎ去ったにもかかわらず、如来の神通力のおかげで、たった半日くらいにしか感じられませんでした。

こうして菩薩たちによるご挨拶が終わったとき、出家僧と尼僧と男女の在家修行者たちは、これまた如来の神通力のおかげで、数かぎりない、千万億に達する仏国土の空中が、どこもかしこも菩薩たちでいっぱいなのを見ました。

その菩薩の大集団のなかに、四人の指導者がいました。一人目は上行《じょうぎょう》（すぐれた修行の実践者）菩薩、二人目は無《む》辺行《へんぎょう》（無限大の修行の実践者）菩薩、三人目は浄行《じょうぎょう》（清浄な修行の実践者）菩薩、四人目は安立行《あんりゅうぎょう》（よく確立された修行の実践者）菩薩という名前でした。これらの四人の菩薩は、菩薩のなかでも抜群に秀でていて、最高の指導者でした。

この四人の菩薩たちは、聴衆の先頭に立って、釈迦牟尼如来を仰ぎ見ながら、こう尋ねました。

「世にも尊きお方。つつがなくお過ごしでしょうか。あなたが悟りへおみちびきになる者たちは、教えをすなおに受けいれているでしょうか。世にも尊きお方を困らせていませんでしょうか」

こう申し上げると、四人の菩薩たちは、自分たちの思いを詩句に託して、こう述べました。

世にも尊きお方。つつがなくお過ごしでしょうか。生きとし生けるものを教化するにあたり、お心を悩ませたりしてはいないでしょうか。

また、生きとし生けるものたちは、すなおに世にも尊きお方の教えを受けいれているのでしょうか。世にも尊きお方を疲れさせたりしていないでしょうか。

こう問われて、世にも尊きお方は菩薩たちにたいし、こうお答えになりました。

「このとおり、このとおり、みなさん。わたしはいたって元気です。あなたがたはすこぶる教化しやすい。だから、ちっとも疲れません。

なぜかというと、ここにいる者たちは、過去世からずっと、わたしの教化を受けてきたからです。また、過去世の如来たちに、心を尽くしておつかえし、尊重した結果、善根を積んできたからです。

ここにいる者たちは、わたしを一回見るだけで、わたしの説法を一回聞くだけで、みなわたしをいちずに信じ、如来の智恵を得ることができるからです。

ただし、小乗仏教を習い覚えてきた者は、そうはいきません。

しかし、そういう者であっても、わたしはいままさに、この法華経を説いて、如来の智恵を獲得させてあげるつもりです」

釈迦牟尼如来からそううかがって、菩薩たちは、自分たちの思いを詩句に託して、こう申し上げました。

安心しました。安心しました。偉大な勇者である世にも尊きお方。あなたにとって、生きとし生けるものたちは、教化しやすいとうかがって、安心しました。

そのわけは、もろもろの如来がもつ深遠な智恵について、わたしたちが質問し、答えを聞いて、理解し信じたからであるとうかがって、これほど嬉しいことはありません。

菩薩たちがこう申し上げると、世にも尊きお方は菩薩たちの大集団をひきいる四人の指導者をほめたたえて、こうお述べになりました。

「すばらしい。すばらしい。あなたたちはわたしをおおいに喜ばせてくれました」

ちょうどそのときです。弥勒菩薩をはじめ、そこにつどっていた八千のガンジス河の砂の数に等しい菩薩たちは、みなそろって、こう思いました。

「わたしたちは、いまだかつて、このように、菩薩の大集団が大地から出現して、世にも尊きお方の御前にいたり、合掌して、心を尽くして敬意をあらわし、釈迦牟尼如来にご質問するすがたを、見たこともなければ、聞いたこともない」

八千のガンジス河の砂の数に等しい菩薩たちがこう思っていることを知り、また自分自身もまったく同じ疑念をいだいていたので、弥勒菩薩は、釈迦牟尼如来にむかって合掌し、詩句に託して、こう尋ねました。

数かぎりない、千万億もの菩薩の大集団を、いまだかつて見たことがありません。お願いですから、両足で立つ者のなかでもっとも偉大な世にも尊きお方、お教えください。

かれらはどこからやってきたのですか。いかなる理由で、ここに集まってきたのですか。

かれらは巨大で、すごい神通力の持ち主です。智恵の深さは知ることができません。意志は堅固で、忍耐力にも富んでいます。

だれしも、ぜひ見たいと思わせるくらい、容姿端麗です。かれらは、いったい、どこからやってきたのですか。

一人ひとりの菩薩がひきつれている従者の数は、ガンジス河の砂の数に等しいくらい多くて、とても数えきれません。

なかには、六万のガンジス河の砂の数に等しい従者をひきつれている菩薩さえおります。しかも、これらの者たちは、一心に悟りを求めております。

これらの偉大な指導者たちは、六万のガンジス河の砂の数に等しく、みなこぞってやってきて、あなたに心を尽くして敬意をあらわし、この法華経を護持しています。

五万のガンジス河の砂の数に等しい従者をひきつれている菩薩となれば、その数はもっと多いのです。まして、四万のガンジス河の砂の数に等しい従者、三万のガンジス河の砂の数に等しい従者、二万のガンジス河の砂の数に等しい従者、一万のガンジス河の砂の数に等しい従者、千のガンジス河の砂の数に等しい従者、百のガンジス河の砂の数に等しい従者、一つのガンジス河の砂の数に等しい従者、ガンジス河の砂の数の半分に等しい数の従者、ガンジス河の砂の数の三分の一の数に等しい従者、ガンジス河の砂の数の四分の一に等しい数の従者、ガンジス河の砂の数の億万分の一に等しい数の従者、千万那由佗(千億)の従者、万億の弟子、一億の半分の弟子をひきつれた菩薩となれば、その数はもっともっと多いのです。

百万から一万の従者、千から百の従者、あるいは三人とか二人とか一人とかの従者をひきつれた菩薩や、たった独りで修行するのが好きで従者をだれもひきつれていない菩薩で、釈迦牟尼如来の御前にやってきた菩薩の数ともなれば、いまあげた数など、まるで問題にならないくらい、多いのです。

もし仮に、だれかが計算機をつかい、ガンジス河の砂の数に等しい劫にわたって、数えつづけたとしても、とうてい数えきれません。

これらの偉大な徳をそなえ、精進努力を欠かさない菩薩たちにたいして、いったいだれが教えを説き、教化して、悟りにみちびいたのでしょうか。いったいだれにしたがって、仏道をきわめようと発心し、どなたの教えをほめたたえたのでしょうか。いったいどの経典をいちずに信じ、実践し、どのような修行をしてきたのでしょうか。

これらの菩薩たちは、神通力も智恵の力もかねそなえています。そういうかれらが、大地を震動させ、いたるところを切り裂き、こぞって出現してきたのです。

世にも尊きお方。こんな事態はいまだかつて見たことがありません。お願いですから、かれらがいた仏国土の名前を教えてください。

わたしはこれまでずいぶんあちこちを訪ね歩いてきましたが、こんな事態はいまだかつて見たことがありません。これらの菩薩たちのなかに、わたしが見知っている者はただの一人もいないのです。かれらが忽然として、大地から出現した理由を、教えてください。

いま、ここにつどっている数かぎりない、百千億にもおよぶ菩薩たちは、みな以上の点を知りたいと願っているのです。

あらたに出現した菩薩たちには、きっと過去世の物語があるにちがいありません。無限の徳の持ち主である世にも尊きお方。お願いですから、わたしたちの疑念を晴らしてください。

弥勒菩薩がこう申し上げたとき、数かぎりない、千万億の仏国土からおいでになっていた釈迦牟尼如来の分身の如来たちは、釈迦牟尼如来をめぐって八方にしつらえられた獅子座に結跏趺坐されました。菩薩の大集団が三千大世界、すなわち十億もの世界のいたるところから、大地を破って出現し、空中を満たしたのをまのあたりにして、それらの如来たちがひきつれてきた侍者たちは、おのおの自分がお仕えする如来にむかって、こう申し上げました。

「世にも尊きお方。これらのまったく数えきれない、菩薩の大集団は、いったいどこからやってきたのでしょうか」

そう問われて、如来たちはおのおの自分の侍者に、こう答えました。

「みなさん。ちょっと待ってください。弥勒という菩薩がいます。釈迦牟尼如来から、『あなたは未来世において、必ずや悟りを開いて、如来になるでしょう』という予言を授かった菩薩です。この弥勒菩薩こそ、釈迦牟尼如来が完全な涅槃にお入りになったあと、つぎの如来となる方にほかなりません。

その弥勒菩薩が、もうすでに釈迦牟尼如来に、同じ質問をしています。釈迦牟尼如来がきっとお答えになるはずですから、あなたたちはそれをお聞きなさい」

すると、そのとき、釈迦牟尼如来は弥勒菩薩に、こうお答えになりました。

「けっこう、けっこう。アジタ（弥勒）さん。よくぞ尋ねてくれました。

あなたたちは、みな心を一つにして、精進努力の甲冑を身にまとい、不屈の精神を起こしなさい。

わたしはいままさに、如来しかもちえない智恵、神通力、獅子奮迅《ししふんじん》の離れ業、比類なき勇猛心《ゆうみょうしん》を発揮して、あなたたちに真実を教えてあげましょう」

こうおっしゃると、世にも尊きお方はいまの説法をもう一度、詩句に託して、こうお説きになりました。

心を一つにして、よくお聞きなさい。とても大切なことを説こうと思います。わたしの話を聞いて、疑念を生じたり、後悔したりしないように、心掛けなさい。なんといっても、如来の智恵というものは、あなたたちの思考をはるかに超えているのですから。

信仰心をかため、誠心誠意、耳を傾けなさい。そうすれば、いまだかつて聞くことのなかった真理を、あなたたちは聞くことができるのです。

あなたたちを安堵させてあげましょう。疑ったり、恐れたりしてはなりません。如来は嘘を絶対つきません。また、その智恵の大きさ深さは、想像を絶しています。如来が得た最高の真理は、あまりに深すぎて、どんな思考もおよびません。

それをいままさに、説こうというのです。ですから、心を一つにして、よくお聞きなさい。

こう詩句をとなえ終えると、世にも尊きお方は弥勒菩薩におっしゃいました。

「この大勢の聴衆の前で、あなたたちに教えてあげましょう。アジタさん。大地から出現してきた、とうてい数えきれない、膨大な数の菩薩の大集団を、あなたたちがかつて会ったことも見たこともないのは、当たり前です。かれらは、わたしがこの娑婆世界において、このうえなく正しい悟りを得て如来となって以来ずっと、教化しつづけ、指導しつづけ、その心を正しい方向へみちびいて、悟りを求めさせてきた者たちだからです。

この菩薩たちはみな、この娑婆世界の下にある虚空のなかにいたのです。かれらはいろいろな経典を読誦し、理解し、思惟し、推理し、正確に記憶しています。

アジタさん。これらの信仰あつき者たちは、だれかれとなくお付き合いすることを好まず、相手かまわず自説を吹聴することも好みません。つねに静かなところを好んで、いっしょうけんめいに修行に励み、一度たりとも休んだことがありません。

また、人々や神々の近くには住まず、いつも深遠な智恵を求めて、怠ることがありません。

もろもろの如来から教えを請いたいとつねに願い、一心に精進努力して、このうえなく正しい智恵を求めているのです」

釈迦牟尼如来はこうおっしゃると、いまの説法をもう一度、詩句に託して、こうお説きになりました。

アジタさん。よくお聞きなさい。

これらの菩薩たちは、想像もできないほど遠い昔からずっと、如来の智恵を求めて修行してきた者たちです。

かれらはみな、わたしが自分の弟子として、「最高の悟りを求めなさい」といって、指導してきた者たちなのです。

かれらはわたしの可愛い息子たちです。そして、この娑婆世界に住んでいました。

つねに禁欲的な修行にいそしみ、静かな環境を好んで、おおぜいの人たちとの交わりを避け、ところかまわず自説を吹聴するのは好きではありませんでした。

これらの息子たちは、わたしの教えをよく学び、昼といわず夜といわず、悟りを求めて精進努力するために、娑婆世界の下に位置する空中に住んでいました。

悟りを求める意志の力はまことにかたく、つねに如来の智恵を求め、すぐれた教えをあまた説いて、いかなる事態に遭遇してもまったくひるみません。

伽耶《がや》城（ブッダガヤー）の菩提樹のもとに坐して最高の悟りを得たのち、このうえない法輪を転じるにおよび、わたしはかれらを教化して、この最高の悟りへむけて発心させたのです。

かれらはもうすでに、いかなる事態に遭遇してもこのうえなく正しい悟りにむかって発心し、絶対にしりぞかない境地に達しています。したがって、今後、如来になることはもはや疑いありません。
いま、わたしは真実の言葉を語ろうとしています。ですから、心の底からわたしを信じなさい。わたしはこれらの者たちを、はるか昔から教化してきたのです。

釈迦牟尼如来がこうおっしゃったものの、弥勒菩薩をはじめ、そこにつどっていた数えきれないくらい多くの菩薩たちは、疑惑をはらえず、「こんなことがありうるのだろうか」という不思議の念にとらわれ、心中にこう思いました。

「いったいどうやって、世にも尊きお方はほんのわずかな時間で、このようにまったく数えきれないくらい多くの菩薩たちを教化されて、このうえなく正しい悟りにみちびかれたのだろうか」

そして、この疑問を弥勒菩薩は釈迦牟尼如来にお尋ねしました。

「世にも尊きお方。あなたはまだ王子だったころ、釈迦族の王城をお出になり、伽耶城にほど近いところにしつらえられた悟りの座に坐して、このうえなく正しい悟りを得られました。それからいままで、四十年以上の歳月が過ぎております。

世にも尊きお方。いったいどうやって、こんな短い間に、これほど大きなお仕事を成就されたのですか。如来の特別な力のせいですか。それとも、如来の功徳のおかげですか。このような、膨大な数の菩薩たちを教化なさって、このうえなく正しい悟りにおみちびきになれたのは、いったいどういうわけなのでしょうか。

世にも尊きお方。この菩薩の大集団は、千万億劫をかけて数えても、とうてい数えきれるものではありません。しかも、これらの者たちは、想像もおよばないくらい昔からずっと、数かぎりない如来たちのもとで、さまざまな善根を積み、菩薩としての修行を完成させ、つねに清らかな生活をまもってきたとうかがいました。

世にも尊きお方。そんなことはだれにも信じられません。たとえていうなら、容姿端麗で、髪は黒く、二十五歳の人が、百歳の老人を指さして、『この人はわたしの子どもです』というようなものです。あるいは、百歳の老人が、若者を指さして、『この人はわたしのお父さんです。わたしの育ての親です』というようなものです。

そんなことが信じられないのと同じように、世にも尊きお方がおっしゃったことも信じられません。世にも尊きお方が悟りを得られてからいまにいたるまで、さほど歳月をへておりません。

それなのに、この菩薩の大集団は、すでに数えきれない、千万億劫ものあいだ、悟りを求めて精進努力し、数えきれない、千万億もの瞑想を体験して、偉大な神通力を獲得し、長きにわたって清らかな生活をまもり、さまざまな善き教えをつぎつぎに学び、巧みな問答に秀でています。そのため、人間界の宝として、ありえないくらい立派な人だと尊敬されています。

しかも、いま、世にも尊きお方は、『これらの者たちは、わたしが悟りを得たとき、初めて発心させ、教化し、指導して、このうえなく正しい悟りへむかわせたのだ』とおっしゃいました。

しかし、世にも尊きお方が如来になられてからまださほどの歳月はへておりません。にもかかわらず、これほどの偉大な功徳を成し遂げられたことになります。

世にも尊きお方の相手の、資質を見抜いたうえで、それぞれにふさわしい仕方でなさる説法はもとより、世にも尊きお方のおっしゃることであればなんであれ、虚妄だと考えたことは一度たりともありませんし、世にも尊きお方はご存じのことなら何でも教えてくださったとわたしたちは信じております。

でも、まだ新米の菩薩となると、そうもいきません。もし、世にも尊きお方が完全な涅槃にお入りになったのちに、こういう話を耳にすると、とうてい信じることができず、結果的に世にも尊きお方の教えを破るようなことにもなりかねません。

ですから、世にも尊きお方。この点について説明してください。そして、わたしたちの疑念をきれいさっぱり晴らしてください。未来世に生まれてくるであろう者たちも、この点をよく聞けば、疑念を生じないにちがいありません」

こう申し上げると、弥勒菩薩はいま申し上げたことをもう一度、詩句に託しました。

世にも尊きお方はかつて、釈迦族から出家して、伽耶城（ブッダガヤー）にほど近い菩提樹のもとに坐されました。

それからこんにちにいたるまで、歳月はさして流れておりません。

しかし、ここにつどう仏弟子の数は、とうてい数えきれません。

かれらは悟りをめざしてながらく修行し、神通力も智恵の力も得ています。

菩薩としての道に精進し、俗世の塵にまみれていないすがたは、蓮の花が泥中から咲くのとそっくりです。

大地から出現し、尊敬の念もあらわに、世にも尊きお方の御前にたたずんでおります。

これらの事態はわたしたちにはとても理解できません。どうして信じられましょうか。

世にも尊きお方が如来になられてからまだ時間は短いのに、成し遂げられたことは尋常ではありません。

お願いですから、わたしたちの疑念を晴らしていただくために、ほんとうのことを語ってください。

たとえていえば、二十五歳になったばかりの若者が、髪はすでに白く顔も皺だらけの百歳の老人を指さして、「この人はわたしの子です」といい、また百歳の老人も二十五歳になったばかりの若者を指さして、「この人がわたしのお父さんです」というのと同じです。

父親が子よりも若く、子は父親よりも年をとっています。そんなことを、いったいだれが信じるというのですか。世にも尊きお方のおっしゃっていることは、それとまったく変わりません。

世にも尊きお方が悟りを得て如来になってから、まだ短い時間しかたっていません。それなのに、これらの菩薩たちは、悟りを求めるこころざしはいたってかたく、ひるむ心などまったくありません。

かれらは想像もできないくらい遠い昔からずっと、菩薩としての修行にはげんできました。難しい問答にも秀でていて、心になんら恐れるものはありません。

忍耐力にも富んでいて、容姿端麗。威徳にあふれていて、全宇宙にあまねくおられる如来たちから絶賛されています。

かれらはよくよく思案したうえで説法します。おおぜいの人々といっしょにいることを好まず、いつも瞑想に集中することをこころがけています。そして、悟りを求めるために、娑婆世界の下の空中に住処をさだめています。

わたしたちは世にも尊きお方を心から信じていますので、そのお言葉にいささかの疑念も感じません。でも、未来世に生まれてくる者たちはちがうかもしれません。そこで、世にも尊きお方、お願いですから、この点についてくわしく説明してください。

もし、この法華経に疑いを生じ、信じなくなる者があらわれるとすれば、その者は悪しき境遇に堕ちてしまうにちがいありません。

お願いですから、いま、ここで、ぜひ説明してください。これらの数かぎりない菩薩たちを、どのようにして、わずかばかりの時間で、教化し、発心させて、絶対にしりぞかない境地におみちびきになったのか、説明してください。

16　如来寿量品《にょらいじゅりょうほん》

そのとき、説教を聞きに来ていた菩薩たち全員にむかって、仏は、こうおっしゃいました。

「みなさん、如来が語る真実の言葉を信じなさい」

ふたたび、仏は、こうおっしゃいました。

「みなさん、如来が語る真実の言葉を信じなさい」

みたび、仏は、こうおっしゃいました。

「みなさん、如来が語る真実の言葉を信じなさい」

そのとき、菩薩たちは、弥勒菩薩を先頭に立てて、みな合掌して、仏にこう申し上げました。

「世にも尊きお方。どうぞそのわけをお話しください。わたしたちは仏のお言葉を信じるでしょう」

菩薩たちは、ふたたび、みたび、このように申し上げました。

「世にも尊きお方。どうぞそのわけをお話しください。わたしたちは仏のお言葉を信じるでしょう」

そのとき、世尊は、菩薩たちが心の底からそう願っていることを理解されて、こうおっしゃいました。


「よく聞いていなさい。如来が身につけている神秘的な力について。

この世にありとしある神々も人間たちも阿修羅もみな、いま自分たちが見ている釈迦牟尼仏は、釈迦族の宮殿を出て、伽耶《がや》（ガヤー）という名の都城からほど近い修行の場に坐り、そこで初めて、このうえなく正しい悟りを得たとおもっているのでしょうね。

しかし、それはまちがっています。じつは、わたしが悟りを開いて仏となったのは、いまからまったく想像もできないくらい遠い昔、百千万億×千億劫のことだったのです。

たとえていうなら、こういうことです。五百千万億×千億×十の五十六乗の三千大千世界を、だれかが粉々に砕いて原子にし、その原子のうちの一個を手に持って、東の方向にむかい、五百千万億×千億×十の五十六乗もある仏国土を通り越してから、その原子を置く。このようにして、すべての原子を全部、置き終わったとしましょう。

みなさん。これらの世界の数をすべて考えたり、計算したりできるでしょうか。どうでしょうか」

こう問われて、弥勒菩薩をはじめ、菩薩たちはこうお答えしました。

「世にも尊きお方。これらの世界は数かぎりなく、計算できるものではありません。また、想像力のおよぶところでもありません。

自分自身の救いだけを求める者たち、師なしに悟りを開こうとする者たち、煩悩を克服した聖者たちを、総動員して考えたとしても、その数を知ることはできません。

わたしたちのように、大乗仏教の悟りの境地を得た者、つまり菩薩たちですら、こういう方面のことはわかりません。世にも尊きお方。これらの世界はかくもはかり知れないのです」

この返答をうけて、仏は菩薩たちに、こう教えさとしました。

「みなさん。いまこそ、ほんとうのことを、わかりやすく、教えてあげましょう。

さきほど言ったように、だれかが原子を置いた世界と置かなかった世界を、両方あわせて粉々にして原子にし、その原子一個を一劫という時間として計算すると仮定しましょう。

わたしが悟りを開いて仏となった時点から現在にいたるまでに、百千万億×千億×十の五十六乗劫もの時間がたっているのです。その間ずっと、わたしはこの世で、真実の法を説き、生きとし生けるものを教化してきたのです。また、ほかの百千万億×千億×十の五十六乗もの世界でも、生きとし生けるものすべてに、真実の法を説き、教化してきたのです。

みなさん。この間において、わたしは燃燈仏をはじめ、すぐれた仏たちのことを説き、それらのすぐれた仏たちが涅槃に入ると説いてきました。

しかし、そういう説教はことごとく、みなさんを正しい悟りにみちびくための方便として、わたしが採用したものだったのです。

みなさん。あなたがたがわたしのところに来るならば、わたしはなにものをも見抜く仏の目で、信仰心があるかないか、能力があるかないか、を見抜きます。そして、救いの手をさしのべる際は、状況に応じて、それぞれ異なる自分の名を告げ、それぞれの世界における寿命を教え、それぞれの世界において涅槃に入ると言い、さまざまな方便を駆使して最高の真理を説き、生きとし生けるものすべてに歓喜の心を起こさせるのです。

みなさん。小さな真理を得て満足するような、徳に薄く、煩悩に汚れた者たちに接するとき、如来は『わたしは年若くして出家し、このうえなく正しい悟りを得た』と説くのです。しかし、わたしが悟りを開いて仏となったのは、これまで述べてきたとおり、永遠に近いくらい過去のことでした。ただひたすら、生きとし生けるものすべてを、方便を駆使して教化し、悟りにみちびきたいがために、このようなことを説くのです。

みなさん。如来が語ったことをしるした経典は、生きとし生けるものすべてを救おうとするためにあるのです。

如来は、自分のすがたをしめすこともあれば、他人のすがたを借りることもあります。また、自分のことを論拠にすることもあれば、他人のことを論拠にすることもあります。これらの言葉はすべて真実であって、嘘はまったくありません。

なぜならば、欲望と身体がある世界、欲望はなく身体だけがある世界、欲望も身体もない世界から構成される三界について、その特徴を如来は完璧に知っているからです。そこでは、生もなければ、死もない。消えることもなければ、あらわれることもない。存在することもなければ、滅亡することもない。有るのでもなければ、無いのでもない。真理でもなければ、虚妄でもない。

そう、正しく如来は見るのです。迷いに満ちた三界の住人が、迷いの目で三界を見るようには、見ていないのです。このような道理を、如来はあるがままに見て、誤解することは絶対にないのです。

生きとし生けるものには、さまざまな性質もあれば、さまざまな欲望もあり、さまざまな行動もあれば、さまざまな妄念や誤解もあります。そういうものたちに、いろいろな善根を生じさせようとおもい、体験談やたとえ話や表現を駆使し、如来はいろいろな方法で、真実の法を説くのです。

このように、如来は如来がなすべきことをつねになしてきたのであって、そうしなかったことは、ただの一度もないのです。

いま述べたとおり、わたしが仏となってから現在にいたるまでには、無限に近い時間が経過しています。この先も、わたしの寿命は無限に近い時間にわたってつづき、涅槃には入りません。

みなさん。わたしが大乗菩薩道を実践した結果、獲得した寿命はいまなお尽きることはなく、残された時間は、成仏してから現在にいたるまでの時間の、さらに倍もあるのです。

しかし、いま、ほんとうは涅槃に入らないにもかかわらず、涅槃に入ると告げるのです。それは、如来がこういう方便をもちいて、生きとし生けるものすべてを教化するためなのです。

理由を教えてあげましょう。

もしも、仏がいつまでもこの世にいると、徳の薄い者たちは、善根を生じません。心貧しいままちっとも成長せず、卑しい欲望の虜となり、ひどい妄想やあやまった見解にがんじがらめになってしまいます。

もしも、仏がいつもこの世にいて、けっして死なないとかんがえていると、自分たちはいつでも仏の近くにいることができると思い上がって、一生懸命に努力しようとはしません。仏にはひじょうに会いがたいものだという想いも生まれず、仏を尊敬する心をはぐくむこともできません。

そのために、如来は、方便を駆使して、真実の法を説くのです。

あなたがたは、よく知っておいたほうがいい。

この世に出現した仏に出会う機会は、まことに稀なのです。なぜかというと、徳の薄い者たちは、数え切れない百千万億×千億劫もの時間があったところで、仏に出会えるか出会えないか、保証の限りではありません。だから、わたしはあなたがたに、さきほどのようなことを言わざるをえないのです。出家僧たちよ。如来に出会える可能性はきわめて小さいのだ、と。

みなさんは、以上のような言葉を聞いて、ほんとうに如来には出会いがたいのだと納得し、ひたすら如来に恋い焦がれ、なにがなんでも如来にお会いしたいと願って、善根をはぐくんでください。

こういうわけで、如来は、ほんとうは死なないのだけれど、死ぬのだと言うのです。

みなさん。如来が説く法とは、このようなものなのです。生きとし生けるものすべてを悟りへと導くためなのですから、みな真実であって、けっして虚妄ではないのです。

それは、たとえば、こういうことです。

あるところに名医がいました。その人はとても智恵豊かで、聡明でした。薬の処方によく通じていて、多くの人々の病気を治しました。

その人にはたくさんの子供がいました。十人二十人どころか、百人以上もいました。

あるとき必要があって、遠い国に行きました。その留守中に、子供たちが毒薬を飲んでしまったのです。薬が効いてきて、子供たちは悶え苦しみ、地面をころげまわっていました。

ちょうどそのとき、父親が家に帰ってきました。毒薬を飲んでしまった子供たちのなかには、すでに動転して尋常ではない精神状態の者もあれば、まだ冷静で正常な精神状態をたもった者もいました。

子供たちは父親が帰ってきたのを見て、おおいに喜び、お迎えの挨拶をして、こう言いました。

『よくご無事でお帰りくださいました。わたしたちは智恵がないものですから、あやまって毒薬を飲んでしまいました。お願いですから、治療していただき、命を助けてください』

父親は子供たちがひどく悶え苦しむようすを見て、さまざまな医薬書を参考に、色の点でも、香りの点でも、味の点でも、みなすぐれた薬草を手に入れ、石臼ですりつぶして、子供たちに服用させようとしました。

そして、こう言いました。

『この薬はひじょうによく効く薬だ。色の点でも、香りの点でも、味の点でも、みなすぐれている。だから、すぐ服用しなさい。たちどころに苦しみをとりのぞき、症状を改善するよ』

子供たちのなかで、まだ冷静で正常な精神状態をたもった者は、あたえられた薬が、色の点でも、香りの点でも、味の点でも、みなすぐれているのを理解して、すぐに服用したところ、病気は完全に治りました。

しかし、動転して尋常ではない精神状態の者は、父親が帰ってきたのを見て、おおいに喜び、治療していただくように願いましたが、父親が薬をあたえても、服用しようとはしませんでした。

なぜかというと、毒が心身の奥深くまで侵していたせいで、尋常ではない精神状態となり、色の点でも、香りの点でも、味の点でも、みなすぐれている薬を、良くないものと思い込んでしまっていたからです。

父親はそのようすを見て、こうおもいました。

『この子たちはかわいそうだ。毒にあたって、精神状態が尋常ではない。わたしのすがたを見て喜んで、治療してくださいと言ったものの、このような良い薬を服用しようとしない。では、方便をつかって、なんとかこの薬を服用させよう』

そこで、父親は子供たちにむかって、こう言いました。

『よくお聞きなさい。わたしも年老いて、もうすぐ死ぬだろう。おまえたちの病気に良く効く薬をここに置いておくから、服用しなさい。必ず病気は治るので、心配することはないよ』

こう言い残して、父親はまた遠い国に行ってしまいました。そして、使者をつかわして、『お父さんは死んでしまいました』と言わせました。

それを聞いて、子供たちはとても悔やみ、こうおもいました。

『もし、ここにお父さんがおられたら、わたしたちのことを心配して、病気を治してくださったにちがいない。ところが、お父さんはわたしたちを残したまま、遠い他国で亡くなってしまわれた。考えてみれば、わたしたちにはもはやよるべもなく、頼る人もいない』

そう言って悲嘆にくれるばかりでしたが、そうやって悲嘆にくれるうちに、尋常ではなかった精神状態がいつしか正常にもどったのでした。精神状態が正常にもどると、それまで色の点でも、香りの点でも、味の点でも、良くないと思い込んでいた薬が、すべての点ですぐれているとわかりました。そして、服用したところ、病気はたちどころに治ってしまったのです。

父親は子供たちが全快したという知らせを聞いて、家に帰ってきました。そして、子供たち全員と再会したのでした。

さて、みなさん。この話をどう思いますか。この名医を嘘つきと言って、非難することができますか」

話を聞いていた者たちは、こう答えました。

「いいえ。世にも尊きお方」

仏はこうおっしゃいました。

「わたしも同じなのです。仏となって以来、数え切れない百千万億×千億劫もの時間がたっています。にもかかわらず、生きとし生けるものすべてのために、方便の力を駆使して、死んでしまうと言っているのです。

しかし、わたしのやりかたを嘘つきだといって、非難する者はいないはずです」

こう説き終わって、世にも尊きお方は、以上の説教をもういちど確認するために、つぎのような詩句をお述べになりました。


わたしが仏になってから現在にいたるまで、経過した時間は数えきれず、百千万億×千億×十の五十六乗劫にもなります。

その間、つねに真実の法を説きつづけ、数かぎりないものたちを教化して、最高の悟りにみちびきました。

わたしが仏になってから現在にいたるまで、経過した時間は数えきれません。

生きとし生けるものすべてを救うために、方便を駆使して、涅槃に入ったように見せかけてきました。

しかし、ほんとうは死んでいないのです。

つねに、ここにいて、真実の法を説きつづけているのです。

つねに、ここにいるのに、さまざまな神通力をつかって、あやまった見解にとらわれている者たちには、ほんとうはすぐ近くにいるのに、あたかもいないかのように、見せかけているのです。

人々はわたしが死んでしまったとおもいこんで、遺骨を一生懸命に供養し、みなそろって恋い慕って、なにがなんでもわたしに会いたいという心が生まれるのです。

生きとし生けるものすべてが、信仰心にみちあふれ、正直になり、すなおになり、心優しくなって、ひたすら仏にお会いしたいと願って、自分の生命も惜しまなくなるのです。

そのとき、わたしは、多くの弟子たちとともに、霊鷲山にすがたをあらわすのです。

そして、わたしは、つねに、ここにいて、けっして死にはしないと教えさとすのです。

方便の力を駆使して、何度でも、死んでは再びよみがえるように、見せかけるのです。

どこかほかの国でも、仏教を信仰する者たちがいるのであれば、わたしはそこにすがたをあらわして、最高の法を説くのです。

あなたがたは、このような事情を知らないで、わたしが死んでしまったとおもいこんでいるのです。

わたしは、生きとし生けるものが苦しみの世界に沈んでいることを知っているのです。

しかし、すぐにはすがたをあらわさず、何が何でもわたしに会いたいという心をはぐくむのです。

わたしに恋い焦がれる心が十分にはぐくまれたとき、はじめてすがたをあらわして、真実の法を説くのです。

わたしが駆使する神通力とは、こういうものなのです。

十の五十六乗劫のあいだ、わたしはつねに、この霊鷲山もしくは別の場所にいつづけているのです。

生きとし生けるものが、この世の終わりがきて、世界がすべて焼き尽くされていると見たり思ったりしているときも、わたしがいる世界は安穏なのです。

天人が舞い踊り、緑したたる樹林があり、いろいろな宝石で飾られた絢爛豪華な建物があまたあるのです。

宝石でできた樹木や、花や実をつけた樹木が、たくさんあって、生きとし生けるものはみな、楽しく暮らしているのです。

空のうえでは、つねに神々が太鼓を打ち鳴らし、さまざまな楽器をかなで、たとえようもなく美しい花が、雨のように、仏やその弟子たちの頭上に、降り注いでいるのです。

わたしの浄土は破壊されないのに、生きとし生けるものが暮らす世界は焼き尽くされ、ありとあらゆる苦悩や恐怖にさいなまれるのです。

こういうふうにさまざまな罪にさいなまれる者たちは、自分が犯した悪しき行為ゆえに、十の五十六乗劫をへても、なお仏・法・僧の三宝に出会うことができないのです。

いろいろな種類の良き行為をなし、性格が優しく、正直ですなおな者たちは、わたしがいまここにいて、真実の法を説くすがたに出会うのです。


あるときは、こういう者たちのために、仏の寿命が無限だと説くのです。

長い時間をへて、やっと仏に出会うことができた者たちには、仏とは出会いがたい存在だと説くのです。

わたしの智恵の力は、こういうものであり、その光はどこまでもとどいて、限界がないのです。

わたしの寿命は無限の長さがあり、それは過去の生において修行をしたおかげなのです。

智恵ある者たちよ。これらのことについて、疑ってはいけません。

疑惑を、ことごとく、しかもとこしえに断ちなさい。

仏が語る言葉は真実であって、けっして虚妄ではないのです。

すぐれた医者が、すばらしい方便をつかって、尋常ならざる精神状態におちいっている子供たちを治すために、ほんとうは生きているのに、死んでしまったと言っても、それが嘘だと主張するひとはいないのと、まったく同じなのです。

わたしもまた、世界全体の父親のような存在であって、さまざまな苦しみから、生きとし生けるものすべてを救う者なのです。

あまり賢くない者たちが、あやまった見解をもっているのを察知して、ほんとうは生きているのに、死んでしまったと言うのです。

　いつもわたしのすがたを目にしていると、どうしてもおごりの心を生じて、愛欲をはじめ、さまざまな欲望に身をゆだね、悪しき境涯に堕ちてしまうのです。

　わたしは、生きとし生けるものが、修行にあたり、いろいろな態度をしめすことをよく知っているので、それぞれにふさわしい方法を考え、いろいろなかたちで真実の法を説くのです。

　いつもわたしがこう考えているゆえんは、なんとしても生きとし生けるものすべてを、最高の悟りの境地にみちびき、できるかぎり速く、仏にしてあげたいからなのです。

17　分別功徳品《ふんべつくどくほん》

「わたしの寿命が無限大ということは、説明したとおりなのです」と、釈迦牟尼如来がお説きになったのを聞いて、説法の場につどっていた、膨大な数の聴衆たちは、絶大な利益を得ました。

　そこで、世にも尊きお方は弥勒菩薩にむかって、こうおっしゃいました。

「アジタ（弥勒）さん。わたしが如来の寿命ははなはだ長いということを説くとき、六百八十のガンジス河の砂の数に等しい、万億那由佗（千億）の生きとし生けるものが、この世の森羅万象は、もともと生じることがないと認める智恵（無生法忍《むしょうぼうにん》）を得ました。

　その千倍にあたる数の菩薩たちが、如来の教えを正確に記憶する聖なる呪文（聞持陀羅尼《もんじだらに》）を得ました。

　さらに、この世界を構成している原子の数に等しい数の菩薩たちが、自由自在な雄弁の力（楽説無礙弁才《ぎょうせつむげべんざい》）を得ました。

　同じく、この世界を構成している原子の数に等しい数の菩薩たちが、数えきれない、百千万億もの教えを会得して、あたかも旋回する車輪のように、思うがままに展開できる特別な陀羅尼（旋陀羅尼《せんだらに》）を得ました。

　三千大世界、つまり千の三乗ですから、十億の世界を構成する原子の数に等しい数の菩薩たちが、いかなる事態に遭遇しても、このうえなく正しい悟りを求める境地から絶対にしりぞかないという教えの輪を転じる者となりました。

　二千中世界、つまり千の二乗ですから、百万の世界を構成する原子の数に等しい数の菩薩たちが、煩悩にけっして汚されることのない、まことに清らかな教えの輪を転じる者となりました。

一千小世界、つまり千の世界を構成する原子の数に等しい数の菩薩たちが、八回生まれ変わったのち、このうえなく正しい悟りを得る者となりました。

勝身《しょうしん》洲・贍部《せんぶ》洲・牛貨《ごけ》洲・倶盧《くる》洲からなる四大洲四つ分を構成する原子の数に等しい数の菩薩たちが、四回生まれ変わったのち、このうえなく正しい悟りを得る者となりました。

勝身洲・贍部洲・牛貨洲・倶盧洲からなる四大洲三つ分を構成する原子の数に等しい数の菩薩たちが、三回生まれ変わったのち、このうえなく正しい悟りを得る者となりました。

勝身洲・贍部洲・牛貨洲・倶盧洲からなる四大洲二つ分を構成する原子の数に等しい数の菩薩たちが、二回生まれ変わったのち、このうえなく正しい悟りを得る者となりました。

勝身洲・贍部洲・牛貨洲・倶盧洲からなる四大洲を構成する原子の数に等しい数の菩薩たちが、一回生まれ変わったのち、このうえなく正しい悟りを得る者となりました。

また、三千大千世界を構成する原子の数を八倍した数、つまり八十億の菩薩たちが、このうえなく正しい悟りを求めて、発心しました」

このように、釈迦牟尼如来が「これらの菩薩たちはみな、真理にまつわる格別の利益を得たのですよ」とお説きになるやいなや、空中から、曼陀羅華や摩訶曼陀羅華がはらはらとふりそそぎました。

そして、数かぎりない、百万億もの宝樹のもとにしつらえられた獅子座のうえにお坐りになっていた如来たちのうえにはらはらとふりそそぎ、七宝の宝塔のなかの獅子座のうえにお坐りになっていた釈迦牟尼如来のうえにも、同じく完全な涅槃にお入りになってから膨大な時間が過ぎ去った多宝如来のうえにも、はらはらとふりそそぎました。また、ここにつどっていたあまたの菩薩たちはもとより、出家僧と尼僧と男女の在家修行者たちのうえにも、はらはらとふりそそぎました。

さらに、天上界の栴檀や沈香の粉末がふりそそぎました。空中からは、天上界の太鼓が、だれも打ちはしないのに、甘美かつ深遠に鳴り響いてきました。

神々が身につける衣が、数えきれないくらいたくさん、落ちてきました。さまざまな種類の垂れ飾り、たとえば真珠の垂れ飾り、摩尼宝珠の垂れ飾り、如意宝珠の垂れ飾りが、空いっぱいに垂れ下がりました。香炉には、値段が付かないくらい高価なお香が焚かれ、その香煙はありとあらゆる方向へただよって、この大集会をもりたてました。

お一人おひとりの如来の頭上には、菩薩たちがパラソルをかざし、その列ははるか上空の梵天の世界にまで達していました。これらの菩薩たちは、じつに美しい声で、如来たちをほめたたえる詩句を歌いあげました。

このとき、弥勒菩薩はいままで坐っていた座から立ちあがり、右の肩をあらわにして釈迦牟尼如来にたいする敬意をあらわし、合掌しました。それから、釈迦牟尼如来にむかって、自分の思いを詩句に託し、こう申し上げました。

世にも尊きお方はいま、希有な教えをお説きになりました。いまだかつて聞いたことがない教えでした。世にも尊きお方は偉大な力の持ち主であり、その寿命ははかりしれません。

如来の無数の息子たちは、おのおのが真理にまつわるすばらしい利益をたまわったことを、世にも尊きお方が説明してくださったものですから、からだいっぱいに喜びを感じております。

このうえなく正しい悟りを求めて、いかなる事態に遭遇しても、絶対にしりぞかない境地にみちびいていただいた者もあれば、如来の教えを正確に記憶する聖なる呪文を獲得させていただいた者もおります。自由自在な雄弁の力をいただいた者もあれば、数えきれない数の教えを会得して、あたかも旋回する車輪のように、思うがままに展開できる特別な陀羅尼を、万億も獲得させていただいた者もおります。

三千大千世界を構成する原子の数に等しい菩薩が、いかなる事態に遭遇しても、このうえなく正しい悟りを求める境地から絶対にしりぞかないという教えの輪を転じる者となりました。

二千中世界を構成する原子の数に等しい数の菩薩たちが、煩悩にけっして汚されることのない、まことに清らかな教えの輪を転じる者となりました。

一千小世界を構成する原子の数に等しい数の菩薩たちが、八回生まれ変わったのち、このうえなく正しい悟りを得る者となりました。

四大洲の四つ分、あるいは三つ分、あるいは二つ分を構成する原子の数に等しい数の菩薩たちが、四回あるいは三回あるいは二回生まれ変わったのち、このうえなく正しい悟りを得る者となりました。四大洲一つ分を構成する原子の数に等しい数の菩薩たちが、あと一回だけ生まれ変わったのち、ありとあらゆることを知る智恵の持ち主、すなわち如来になれるのです。

これらの者たちは、釈迦牟尼如来の寿命が無限であることをお聞きして、煩悩から解き放たれ、まったく汚れのない果報を、数えきれないくらい多くいただきました。

三千大千世界を構成する原子の数を八倍した数にあたる者たちが、世にも尊きお方がご自分の寿命についてお説きになるのを聞いて、このうえなく正しい悟りを求めて、発心しました。

世にも尊きお方が、はかりしれず、想像を絶する教えをお説きになったおかげで、それを聞いた者たちがいただいた利益の大きさといったら、虚空が際限なく大きいのとなんら変わりません。

神々は空中から曼陀羅華や摩訶曼陀羅華をふりそそぎました。ガンジス河の砂の数に等しい世界から、おのおの一つずつ世界を支配する帝釈天たちや梵天たちが、数かぎりなくやってきました。

天上界の栴檀や沈香が、粉状になって、如来たちを供養するために、はらはらと乱れ落ちるようすは、鳥が空中から舞い降りるのとそっくりでした。

天上界の太鼓が、だれも打たないのに、空高く妙なる音で響きわたり、神々が身につける衣が千万億枚も、くるくるまわりながら落ちてきました。

貴重きわまりない香炉には、値段も付かないくらい高価なお香が焚かれ、その香は自然にありとあらゆる方向へただよって、如来たちを供養しました。

とてつもない数の菩薩たちが、如来たちの頭上に、七宝でつくられた、とても背の高いパラソルを、数かぎりなくかざし、その列は梵天が支配する世界にまで達していました。

菩薩たちは、如来お一人おひとりの御前に、勝利の旗が縫いつけられた幢《はたぼこ》を懸け、幾千幾万もの詩句を歌にして、ほめたたえました。

このようなことは、いまだかつて見たことも聞いたこともありません。釈迦牟尼如来の寿命が無限であるとお聞きして、一同みな、歓喜に満たされております。

世にも尊きお方のお名前は全宇宙のいたるところにとどろきわたり、わたしたちは大いなる利益をいただきました。その結果、わたしたちはありとあらゆる善根をそなえ、このうえなく正しい悟りにむかう手がかりを得たのです。

弥勒菩薩が語り終えたとき、釈迦牟尼如来は、弥勒菩薩にむかって、こうおっしゃいました。

「アジタさん。もし、如来の寿命は無限であるという説法を、生きとし生けるものが耳にして、悟りを求める心を、たった一度でもよいから生じたとすれば、その者が得る功徳はかぎりありません。

信仰心あつい男女が、このうえなく正しい悟りを求めて、八十万億那由佗（千億）劫ものあいだ、六つの完成（六波羅蜜）のうち、智恵の完成をのぞいた残りの五つ、すなわち布施にいそしみ、戒律をまもり、耐えがたきを耐え、精進努力し、瞑想にはげんだとしても、かれらが得る功徳は、如来の寿命は無限であるという説法を耳にして、悟りを求める心をたった一度でも生じたおかげで得た功徳に比べれば、百分の一、いや千分の一、いや百千分の一、いや千万分の一、いや億分の一にもおよびません。それどころか、功徳がわずかなことは、計算もできなければ、たとえることもできないのです。

もし、如来の寿命は無限であるという説法を耳にして、悟りを求める心をたった一度でも生じたおかげで、功徳を得た者がいるとしましょう。そういう者が、このうえなく正しい悟りを求めるのを途中で止めてしまう道理は、絶対にないのです」

こうおっしゃると、世にも尊きお方はいまの説法をもう一度、詩句に託して、お説きになりました。

もし、如来の智恵を求め、八十万億那由佗劫ものあいだ、五つの完成を実践したとしましょう。

この間ずっと、如来はもちろん、縁覚や菩薩たちに、お布施をし、供養したとしましょう。美味しい食事をさしあげ、上等な衣服と寝具を献上し、すてきな園林付きの精舎を栴檀を素材にして建てたりと、いろいろ最高の手立てを講じて、数えきれないくらい長い劫にわたって、このようにお布施をおこない、その功徳を、自分の悟りへむけて廻向したとしましょう。

また、戒律をきちんと守って、汚らわしい行為はまったくせず、このうえなく正しい悟りを得た如来たちから、お褒めの言葉をいただくようにつとめたとしましょう。

また、忍耐力を鍛えあげて、心を完璧に制御した境地に達し、たとえどんな悪に遭遇しても、その心はまったく動揺しないとしましょう。あるいは、自分は悟りを得たと思い上がった者からさげすまれ、悩まされたとしても、堪え忍んだとしましょう。

　また、いっしょうけんめいに精進努力し、悟りを求める心はつねにゆるがず、数えきれないほど長い劫にわたって、修行を全然おこたらなかったとしましょう。

　また、数えきれないほど長い劫にわたって、人里離れた静かなところで、黙然と坐したり、経典をとなえながら静かに歩く修行を実践し、眠気をもよおさず、いつも集中していたとしましょう。そうすることで、さまざまな瞑想を体験し、八十万億劫にもわたり、瞑想の境地を維持して、心を乱さないとしましょう。そして、この瞑想からもたらされる精神統一という福徳をよりどころとして、最高の悟りを求め、自分こそ、ありとあらゆることを知る智恵の持ち主になろうとこころざして、ありとあらゆる瞑想を体験したとしましょう。

　このように、百千万億劫にもわたって、五つの完成を実践した者が、さまざまな功徳を得るという点については、いま述べたとおりです。

　しかし、信仰心あつい男女が、わたしがわたし自身の寿命について説くのを聞いて、たった一度でも信じるならば、その功徳は、五つの完成を実践した者が得る功徳を、はるかに超えるのです。

　わたしがわたし自身の寿命について説くのを聞いて、疑いをまったくもたず、心の底から、たった一瞬でも信じるならば、その者が得る功徳は、こんなにすばらしいのです。

　まして、数えきれないくらい長い劫にわたって修行を積んできた菩薩たちが、わたしが寿命について説くのを聞いて、そのとおりに信じたとしましょう。これらの者たちは、この法華経を奉じて、こう誓うでしょう。

「わたしは、未来世において、長大な寿命をたもち、生きとし生けるものすべてを悟りへみちびきましょう。それは、いま、世にも尊きお方が、釈迦族の王として、悟りの座にお坐りになって、ライオンのように大音声をあげ、なにものをも恐れることなく、教えをお説きになっておられるのと、まったく同じです。

　わたしたちも、未来世において、生きとし生けるものすべてから尊敬され、悟りの座に坐って、自分の寿命について、世にも尊きお方がなさったとおりに、説きましょう」

　深い信仰をもつ者は、清らかに、かつ実直に暮らしなさい。如来からお聞きしたことをよく記憶し、その言葉を正しく理解しなさい。そうすれば、疑いが生じる余地はまったくありません。

「また、アジタさん。信仰心あつい男女が、わたしの寿命が長大なことを語る説法を聞いて、心の底から信じるならば、こういう貴重な体験を得るのです。すなわち、わたしがつねに霊鷲山にいて、あまたの菩薩や声聞たちにかこまれながら、説法している姿を見るでしょう。わたしがおさめる娑婆世界が、大地はラピスラズリでつくられ、真っ平らであり、赤黄色の良質の金で碁盤の目のように区画され、宝樹が立ちならび、いろいろな宝物で装飾された高層建築のなかで菩薩たちが暮らしているのを見るでしょう。もし、このような様相を目の当たりにできるとすれば、それは深い信仰の特徴にほかならないのです。

また、わたしが完全な涅槃に入ったのち、この法華経を聞いて、そしらず、心の底から喜ぶとすれば、それは深い信仰の特徴にほかならないのです。まして、法華経を読み、記憶し、いちずに信じつづける者については、もはや語るまでもありません。こういう人こそ、如来をその肩にになうにふさわしい人なのです。

アジタさん。これら信仰心あつい男女は、わたしのためにわざわざ仏塔を造立したりお寺を建てたり、あるいは出家僧たちのために四事、つまり寝具や衣服や飲食や湯薬を進呈したりする必要がありません。

なぜなら、これら信仰心あつい男女は、この法華経をいちずに信じ、読み、記憶することで、わたしのためにわざわざ仏塔を建立したりお寺を造立したり、あるいは出家僧たちのために寝具や衣服や飲食や湯薬を進呈したりしたのと、同じ功徳があるからです。

わたしの遺骨をまつる七宝づくりの仏塔を建立したのと、同じ功徳があるからです。その仏塔は、先の方へいくにしたがって少しずつ細くなりながら、高さは梵天が住む世界にまで達しています。そして、あまたの豪華なパラソルや宝鈴が懸けられ、花々やお香や垂れ飾りや抹香や塗香や焼香、あるいはたくさんの太鼓や楽器や笙の笛やハープや歌や踊りによって供養され、妙なる声で讃美されています。そんな仏塔を建立し、しかも数えきれない、千万億劫ものあいだずっと、供養しつづけたのと同じ功徳を、これらこの法華経をいちずに信じ、読み、記憶する信仰心あつい男女は、得られるのです。

アジタさん。もし、わたしが完全な涅槃に入ったのち、この法華経を聞いて、いちずに信じ、自分でも書き写し、他人にも書き写させるとすれば、その功徳は、以下に述べるような、完備した施設をそなえるお寺を、数かぎりなく、いままさにわたしの目の前で、わたしと出家僧たちに供養する行為に、匹敵するのです。

そのお寺は、多羅樹にして八本分の高さ、すなわち一六〇メートルもある、三十二のテラス付きで、きわめて高価な赤い栴檀を材料にして建てられ、幾千人もの出家僧を収容できます。また、花園や水浴び用の池やそぞろ歩きしながら修行の疲れを癒す森林や瞑想に適した洞窟、あるいは衣服や飲食や寝具や湯薬、そして快適な生活を送るための必需品が、完備しているのです。

ですから、わたしはあなたたちにこう説いているのです。わたしが完全な涅槃に入ったのち、この法華経をいちずに信じ、読み、記憶して、他人のために説いたり、あるいは自分でも書き写し、他人にも書き写させたりして、この法華経を供養することができれば、なにも仏塔をはじめお寺の伽藍を建てたり、僧坊をつくったり、出家僧たちをたくさん供養する必要はないのです。

いわんや、この法華経をいちずに信じたうえで、さらに布施にいそしみ、戒律をまもり、耐えがたきを耐え、精進努力し、瞑想にはげみ、智恵を求めるとすれば、その功徳は無限大です。たとえていえば、虚空が東・西・南・北・東南・西南・北西・北東の方角も、上と下の方角も、みな無限であるように、この法華経をいちずに信じ、さらに布施にいそしみ、戒律をまもり、耐えがたきを耐え、精進努力し、瞑想にはげみ、智恵を求める人が得る功徳もまた無限なのであり、そのおかげで、ありとあらゆることを知る智恵を、いちはやく獲得することになるのです。

もし、この法華経を読み、記憶し、いちずに信じて、他人のためにとき、自分でも書き写し、他人にも書き写させるならば、その人は、仏塔を建てたり、お寺をつくったりして、声聞たちを供養し、讃歎し、また百万億にもおよぶさまざまな方法で菩薩たちを讃歎する者になれるでしょう。また、他人のために、いろいろな体験談をつかい、道理にしたがって、この法華経を解説する者になれるでしょう。さらに、戒律をまもって清らかな生活を送り、柔和な性格の持ち主と仲良くなり、耐えがたきを耐え、けっして怒らず、悟りを求めるこころざしを堅固にたもつ者になれるでしょう。つねに坐禅を好んで深遠な境地をさまざま体験し、努力を怠らず、勇猛果敢な者になれるでしょう。あまたの善き教えを受けいれて、賢く、智恵ある者となって、どんな難問にもちゃんと答えられるようになるでしょう。

アジタさん。もし、わたしが完全な涅槃に入ったのち、信仰あつい男女が、この法華経をいちずに信じ、読み、記憶するならば、このようなもろもろのすばらしい功徳にあずかれるのです。よくおぼえておきなさい。こういう人は、すでに悟りの座にむかって歩みはじめ、このうえなく正しい悟りに近づいて、菩提樹のもとに坐っているのです。

アジタさん。これらの信仰あつい男女が、坐ったところに、あるいはたたずんだところに、あるいは歩きながら経典をとなえたところに、仏塔を建立しなさい。そして、如来の遺骨をまつる塔と同じように、神々も人々も供養しなさい」

こうおっしゃると、世にも尊きお方はいまの説法をもう一度、詩句に託して、お説きになりました。

もし、わたしが完全な涅槃に入ったのち、この法華経をいちずに信じつづけるならば、その人が無限大の福徳を得ることは、いままで述べてきたとおりです。

この法華経をいちずに信じつづけることによって、ありとあらゆる供養をすべて成就し、わたしの遺骨をまつる塔を建立したことになるのです。

その仏塔は、七宝で荘厳され、先にいくほど細くなっていて、高さは梵天が住む世界にまで達しています。そこここに懸けられた千万億もの宝鈴が、風が吹くたびに、妙なる音を立てています。

また、この仏塔は、花々やお香、いろいろな垂れ飾りや神々が身につける衣、あるいはさまざまな歌と踊りで供養され、香油やバターの燈明がともされて、まわりを明るく照らし出しています。

悪しきものたちが跳梁跋扈し、正法が滅びようとしている末法の世に、この法華経をいちずに信じつづける者は、これまで述べてきたように、もろもろの功徳をすべて満たしています。

この法華経をいちずに信じつづける者は、わたしの目の前で、貴重な牛頭栴檀を材料にして、お寺を建てて供養するのと同じ功徳を得るのです。そのお寺は、テラスを三十二もそなえ、高さは多羅樹の八本分にあたりますから、一六〇メートルもあります。

最高級の衣服も寝具もみなそなえられ、幾千人もの出家僧たちが住む広さがあり、花園をはじめ、水浴び用の池、歩きながら修行の疲れを癒す森林、瞑想のための洞窟などが、完備しています。そんなお寺を建てて供養するのと同じ功徳があるのです。

もし、わたしの教えを信じ正しく理解する者が、この法華経をいちずに信じ、読み、記憶し、自分で書き写し、もしくは他人にも書き写させ、その経巻を供養するために、花々をおそなえし、お香や抹香をまき散らし、黄色の芳しい香の花を咲かせるチャンパカや真っ白な香り高い花を咲かせるアティムクタカから採取された香油を、燈明としてつねにともすならば、その者は、虚空に際限がないように、無限大の功徳を得るでしょう。そして、得る福徳もまた、無限大でしょう。

まして、この法華経を護持したうえで、さらにお布施をし、戒律をまもり、耐えがたきを耐え、瞑想を好み、けっして怒らず、悪口をいわないとすれば、その者が得る功徳の大きさは、ことさらあげつらうまでもありません。

また、わたしの遺骨をまつる塔をあがめ、出家僧たちに頭を下げ、思い上がったりせず、いつも智恵について思案し、いくら非難されても絶対に怒らず、相手の資質に応じて教えを説くならば、その者が得る功徳は想像もできないくらい大きいのです。

もし、こういうふうに教えをひろめる人がいて、以上のような功徳を成就するのを見たならば、その人にたいして、天上界の花々をまき散らし、神々が身につける衣をその人に着せ、自分の頭にその人の足をのせて敬意をあらわし、心のなかで、「ああ、この人は如来のようだ！」と思いなさい。

また、こうも思いなさい。「この人は、まもなく悟りの座にむかわれるだろう。そして、最高の悟りを得て、神々と人々をひろくお救いになるだろう」と。

そういう人がお住みになっていた場所、歩きながらお経をとなえていた場所、お坐りになったりお眠りになっていた場所、あるいは法華経のなかの詩句を一つでもお説きになっていた場所、そういう場所に、すばらしく立派な塔を建て、いろいろな供養をしなさい。

もし、如来であるわたしの子どもたちが、この地上のどこかにいるならば、その場所をわたしは必ずや訪れるでしょう。そして、そこにとどまって、いっしょに歩きながらお経をとなえ、あるいはともに腰を下ろすでしょう。

18　随喜功徳品《ずいきくどくほん》

そのとき、弥勒菩薩が釈迦牟尼如来に、こうお尋ねしました。

「世にも尊きお方。もし、信仰あつい男女が、この法華経を聞いて、喜んで信じるとすれば、いったいどれくらいの功徳を得られるのでしょうか」

そして、自分の思いを、詩句に託して、申し上げました。

世にも尊きお方が完全な涅槃にお入りになったのち、この法華経を聞いて、喜んで信じる者は、どれほどの功徳を得られるのでしょうか。

弥勒菩薩の質問に、世にも尊きお方はこうお答えになりました。

「アジタ（弥勒）さん。わたしが完全な涅槃に入ったのちに、出家僧や尼僧や男女の在家修行者、あるいはそのほかの賢者が、老いも若きも、この法華経を聞いて、喜んで信じ、説法の会場から出ていって、どこかほかのところ、たとえばお寺や人里離れた静かな場所、あるいは都城や街道や集落や田舎などにおいて、自分が聞いたことを、父や母や親戚や親友や知人のために、そのひとなりの力に応じて、説いたとしましょう。

これらの人々が説法を聞き終わって、喜んで信じ、今度はこの人々がほかの人々に教えを説いたとしましょう。さらに、その説法を聞いた人々が、また喜んで信じ、またまたほかの人々に、教えを説いたとしましょう。こういうぐあいに、つぎつぎひとづてに語り伝えていって、その回数が五十に達したとしましょう。

アジタさん。その五十回目に教えを聞くことになった信仰あつい男女が、法華経を喜んで信じたときに得る功徳を、あなたに教えてあげましょう。だから、耳を澄まして、よくお聞きなさい。

四百万億×十の五十九乗（阿僧祇）もある世界には、天・人・阿修羅・畜生・餓鬼・地獄という六道それぞれに、母親の胎内から出生するもの、卵から孵化するもの、湿気のなかから出生するもの、業により忽然と出生するものという四つの生命体が生存しています。あるいは、形のあるもの、形のないもの、意識のあるもの、意識のないもの、意識があるのでもなければ意識がないのでもないもの、足のまったくないもの、一本足のもの、四本足のもの、足がたくさんあるものが、生存しています。

このように数かぎりなくある各種の生命体のなかに、人として生まれあわせた者が、他の者たちの功徳を求め、かれらが望むままに、ありとあらゆる欲望を満たし快楽を提供する物品を、ことごとくあたえたとしましょう。一人ひとりに、人が住む世界（閻浮提）いっぱいの金、銀、ラピスラズリ、シャコガイ、瑪瑙、珊瑚、琥珀をはじめ、もろもろの貴重な宝物をあたえたとしましょう。さらに、象、馬、車、七宝でつくられた宮殿、高層建築をあたえたとしましょう。

　この大施主は、以上のような布施をつづけること八十年をへたとき、こう考えました。『わたしはあまたの人々に、かれらが欲しがる物品を、かれらが望むままに、あたえてきた。ところが、かれらは例外なく老い、衰えてしまった。年は八十歳を超え、髪は白く、顔は皺だらけだ。もうまもなく死んでしまうにちがいない。いまこそ、仏法をもって、かれらを正しい方向へみちびいてあげなくては……』

　そこで、人々をあつめて、教えをひろめ、指導しました。まずはじめに、仏法の概要を説きました。つぎに、聴衆が少し理解できたとき、もう少し深い意味を説きました。さらに、聴衆が深い理解に達したとき、その教えを実践することで、利益が得られるように指導しました。そして、最後に、その教えをいちずに信じつづけることこそ、人生の喜びにほかならないという方向へとみちびいていったのでした。

　そうすることで、聴衆は即座に、迷いを断って仏道に入った者（＝須陀洹《しゅだおん》）となり、修行に励んであと一回だけ人に生まれ変わったのち涅槃に入る者（＝斯陀含《しだごん》）となり、いまの生が尽きればもはや人に生まれ変わらない者（＝阿《あ》那含《なごん》）となり、あらゆる迷いを完全に断ち涅槃に入ってふたたび輪廻転生しない者（＝阿羅漢《あらかん》）となったのです。

　こうして、すべての煩悩を克服させ、深遠な瞑想を自在に体験させた結果、八種類の解脱を成就させたのでした。すなわち、物質的なものの知覚をもつ者が、外界に物質的なものを見る第一の解脱。心の中に物質的ではないものの知覚をもつ者が、外界に物質的なものを見る第二の解脱。物質的なものも物質的ではないものも、ともに汚れなく清らかなものと認識する第三の解脱。心の中に物質的なものの知覚も物質的ではないものの知覚もともに存在せず、すべては無限の虚空にほかならないと見抜く第四の解脱（空無辺処）。第四の解脱を超越して、すべては無限の意識にほかならないと見抜く第五の解脱（識無辺処）。第五の解脱を超越して、なにものも存在しないと見抜く第六の解脱（無所有処）。第六の解脱を超越して、知覚があるのでもなく知覚がないのでもないと見抜く第七の解脱（非想非非想処）。第七の解脱を超越して、認識が生まれる前の瞬間に経験する感覚的な印象（受）も、生まれたばかりの認識（想）も、ともに消滅する第八の解脱（滅尽定解脱）を、ことごとく成就させたのでした。

アジタさん。あなたは、この大施主の行為に大きな功徳があると思いますか」

弥勒菩薩は、釈迦牟尼如来に、こうお答えしました。

「世にも尊きお方。この方の功徳はひじょうに多くて、無限大です。この方が人々に、あらゆる欲望を満たし快楽を提供する物品をあたえただけでも、功徳は莫大です。まして、阿羅漢の境地にまでみちびいたのですから、功徳の甚大さはいうまでもありません」

釈迦牟尼如来は弥勒菩薩の返答を聞いて、こうおっしゃいました。

「あなたは全然わかっていませんね。わたしがいま、よくわからせてあげましょう。

この大施主が、四百万億×十の五十九乗もある世界に生存するありとあらゆる生命体すべてに、ありとあらゆる欲望を満たし快楽を提供する物品をあたえ、また阿羅漢の境地にみちびいたとしても、得られる功徳は、最初から数えて五十回目にやっと、法華経のなかの詩句をたった一つだけ聞いて、喜んで信じる人が得る功徳に比べれば、百分の一、千分の一、百千万分の一にも、およばないのです。そのわずかなことといったら、とても計算できませんし、たとえることもできません。

アジタさん。このように、最初から数えて五十回もつぎからつぎへと、ひとづてに語り伝えていったあげく、やっと法華経を聞いて、喜んで信じる人が得る功徳ですら、まったくはかりしれないくらい、莫大な功徳を生むのです。まして、わたし自身が説法しているときに、法華経を聞いて、喜んで信じる者が得る功徳の尋常ならざることは、どんなに言葉を尽くしても尽くしきれませんし、なにかに比べることなど、まったくもって問題外なのです。

また、アジタさん。もし、この法華経を聞くために、お寺を訪ね、坐ってあるいは立ったままで、ほんの一瞬でも聞いたとしましょう。この功徳のおかげで、その人は、死んでふたたび生まれ変わったとき、象や馬が引く貴重な宝物で飾られた高級な車に乗って、天上界の宮殿に行くことができるでしょう。

もし、法華経を講説しているところに行って、坐って聞いているときに、ほかのだれかに『さあ、どうぞ』といって、自分の席をゆずったり、自分の座席を分けあたえたりするならば、その人は、死んでふたたび生まれ変わったとき、帝釈天の玉座か梵天の玉座か転輪聖王の玉座のおそばに坐れるという功徳にめぐまれるでしょう。

アジタさん。『法華経というお経があるのですが、わたしといっしょに行って、お聞きになりませんか』というぐあいに、他人に勧め、実際に出かけていって、ほんのわずかな時間でも法華経をともに聞いた人は、死んでふたたび生まれ変わったとき、正法を記憶してまもり魔を退散させる聖なる呪文（陀羅尼）を獲得した菩薩にお会いできるという功徳を得るのです。そして、その人は賢くなり、智恵ある者となるでしょう。

たとえ百千万回生まれ変わっても、口がきけない障害に悩まされることはありません。また、口臭もなければ、舌の病もなく、口の病にもかかりません。歯が汚れて黒くなったり黄色くなったりしませんし、歯と歯のあいだが開いていたり、抜けたりしませんし、不揃いになったり、曲がったりもしません。口唇は垂れ下がっていたり硬くかたまったりしませんし、病におかされることもなければ、欠落してしまうこともありません。邪悪な相にはなりませんし、厚すぎることもなければ、大きすぎることもありませんし、黒くなったりして悪相の原因になることもありません。鼻はぺちゃんこになりませんし、曲がったりもしません。顔の色は黒くなりませんし、細長すぎることもなければ、歪むこともありません。

ようするに、悪相の条件はなにひとつなく、口唇も舌も歯もすべて理想的になるのです。鼻は高くて真っ直ぐで、容貌は円満このうえなく、眉は高くしかも長く、額は広くて平らという具合に、ひじょうに良く整っています。おまけに、何回生まれ変わっても、つねに如来にお会いして、その教えをお聞きし、さらに指導していただけるのです。

アジタさん。あなたはこの点をよくよく考えなさい。たった一人でも、法華経を聞くように勧めただけで、得られる功徳は、いま述べたとおりなのです。まして、法華経を一心に聞き、読み、記憶して、おおぜいの聴衆を前にして、かれらのために説明し、教えのとおりに修行するならば、いかに大きな功徳が得られるか、よくよく考えてみなさい」

こうおっしゃると、世にも尊きお方はいまの説法をもう一度、詩句に託して、お説きになりました。

もし、説法の会場において、この法華経を聞く機会を得て、喜んで信じ、法華経のなかの詩句をたった一つだけでもおぼえて、ほかの人のために説いたとしましょう。

このようにして、つぎからつぎへとひとづてに語り伝えていって、その回数が五十に達したとしましょう。

こういうぐあいにして、最後の五十回目にあたる人が得る功徳について教えてあげますから、よく聞いて、よく考えなさい。

人々にたいそうな施しをする人がいて、数かぎりない人々に、かれらが望むままに施しをつづけて、八十年におよびました。

そのあげく、人々が衰えて老いしぼみ、髪は真っ白、顔は皺だらけになってしまったのを目にして、「これはもうすぐ死んでしまうな！」と思い、こうなったらかれらを仏法によってみちびいてあげようと決心しました。

方便を駆使して、涅槃にまつわる真実を説きました。「この世は、あたかも水泡や陽炎のように、はかないものなのだから、執着するにあたいしない。一刻も早く、捨て去りなさい」と説いたのです。

人々はその説法を聞いて、みな阿羅漢の境地を得ました。そして、六種類の神通力はもとより、自分と他人の過去世を知る宿住智証明、生きとし生けるものの未来の生死を知る死生智証明、仏法の真理を知り煩悩を断絶する漏尽智証明という三つの智恵、および八種類の解脱を、すべて成就したのでした。

ところが、このような偉大な行為を成し遂げた大布施主が得る功徳に比べても、最後の五十回目にやっと、たった一つだけ法華経のなかの詩句を聞き、喜んで信じた人が得る功徳は、どんなたとえも無意味なくらい、大きいのです。

このように、つぎからつぎへとひとづてに語り伝えられたかたちで、法華経を聞いてさえ、その功徳は無限大なのですから、説法の会場で、わたしから直接、法華経を聞いて、喜んで信じた人が得る功徳の大きさは、想像を絶しています。

あるいは、だれかが、たとえたった一人にたいしてでも、「法華経をぜひお聞きなさい。なぜなら、このお経はまことに深遠ですばらしいもので、かりに千万劫かけても出会いがたいからです」といって、勧めるとしましょう。そして、勧められた人が、ほんのわずかな時間だけ聞くとしましょう。

こういうふうに、法華経を聞くことを勧めた人が得る功徳について、くわしく教えてあげますから、耳を澄ませなさい。

この人は、何回生まれ変わろうとも、口の病にかかりません。歯に隙間があったり、黄色くなったり黒くなったりしません。口唇が厚くなったり、欠落したりせず、悪相に絶対なりません。

舌が渇くこともなければ、黒くなることも短くなることもありません。鼻は高く、しかも真っ直ぐ。額は広く、平らです。とにかく、容貌は秀麗をきわめ、だれからもぜひ会いたいと思わせます。口臭はなく、むしろ優曇華のような芳香をただよわせます。

さらに、みずからすすんでお寺に足を運び、法華経を聞きたいと願い、ほんのわずかなあいだでも聞いて、喜んで信じた人が得る功徳について、説きましょう。その人は、死後、神々もしくは人間として生まれ変わり、象や馬が引く豪華な車に乗って、神々が住む宮殿に行けるでしょう。

もし、法華経が説かれる会場で、ほかの人に、「さあ、どうぞ」といって、席をゆずり、法華経を聞かせる者は、その功徳ゆえに、帝釈天や梵天や転輪聖王のすぐおそばに坐ることができるでしょう。

まして、一心に法華経を聞き、その意味をほかの人々に解きあかしてあげ、法華経が説いているとおりに修行する者が得る功徳については、いまさら語るまでもありません。

19　法師功徳品《ほっしくどくほん》

そのとき、釈迦牟尼如来は、「つねに精進努力する者」とよばれる菩薩（常精進《じょうしょうじん》菩薩）に、こうおっしゃいました。

「もし、信仰あつき男女が、この法華経をいちずに信じ、読んだり、記憶したり、解きあかしたり、書き写したりするならば、この人が得る功徳は、こんなにも多いのです。すなわち、眼には八百の功徳があり、耳には千二百の功徳があり、鼻には八百の功徳があり、舌には千二百の功徳があり、皮膚には八百の功徳があり、心には千二百の功徳があるのです。そして、これらの功徳のおかげで、六つの感覚器官はすこぶる清らかな状態になるでしょう。

これらの信仰あつき男女は、父母からさずかった肉眼で、三千大千世界の内外を、そこにある山や林や河や海はもちろん、下は最悪の地獄である無間地獄から、上は欲界・色界・無色界から構成される三界の最高所である有頂天にいたるまで、すべて見るでしょう。また、そこにいる生きとし生けるものすべてを、見るでしょう。さらに、それらの者たちがなす行為がどのような結果をもたらすか、どのような境涯に生まれ変わるか、ことごとく知るでしょう」
こうおっしゃると、世にも尊きお方はいまの説法をもう一度、詩句に託して、お説きになりました。

もし、おおぜいのなかで、恐れることなく、この法華経を説く者がいたとしましょう。この人が得る功徳について語るので、よくお聞きなさい。

この人は、得た八百もの功徳のおかげで、まことに清らかな状態になった眼をもつことになるでしょう。そして、父母からさずかった肉眼で、三千大千世界の内外をあますところなく見ることができるでしょう。世界の中心にそびえる須弥山から、世界のいちばん外側をかこむようにそびえる鉄囲山までを見ることができるでしょう。また、世界のなかにあるあまたの山林や大海や大河を見ることができるでしょう。垂直方向も、下は無間地獄から上は有頂天までを、ありありと見ることができるでしょう。

さらに、そのなかに住む生きとし生けるものをすべて、見ることができるでしょう。世界中どこでも透視できる天眼はまだもてないものの、生まれもった肉眼のままで、法華経の功徳によって、以上のような力を発揮できるのです。

「常精進菩薩さん。もし、信仰あつき男女が、この法華経をいちずに信じ、読んだり、記憶したり、解きあかしたり、書き写したりするならば、この人は、耳に千二百もの功徳を得るでしょう。そして、そのまことに清らかな状態になった耳で、三千大千世界の内外で発せられるありとあらゆる声や音を、下は無間地獄から上は有頂天まで、すべて聞くことができるでしょう。

象の声、馬の声、牛の声、車の音、泣き声、嘆き声、法螺貝の音、太鼓の音、鐘の音、鈴の音、笑い声、話し声、男の声、女の声、男の子の声、女の子の声、正法の声、非法の声、苦しい声、楽しい声、凡人の声、聖人の声、ご機嫌な声、不機嫌な声、神々の声、龍の声、夜叉の声、乾闥婆の声、阿修羅の声、迦樓羅の声、緊那羅の声、摩睺羅伽の声、火の声、水の声、風の声、地獄道の音、畜生道の音、餓鬼道の音、出家僧の声、尼僧の声、声聞の声、辟支仏の声、菩薩の声、如来の声。これらいっさいがっさいの声や音を、耳にすることができるでしょう。

ようするに、世界中の声を聞ける天耳はまだもてないものの、父母からさずかった耳を、法華経の功徳によって清められたおかげで、三千大千世界の内外で発せられるありとあらゆる声と音を、ことごとく聞くことができるでしょう。しかも、このように多種多様の声や音を聞いても、この人の耳が混乱することはないのです」

こうおっしゃると、世にも尊きお方はいまの説法をもう一度、詩句に託して、お説きになりました。

法華経をいちずに信じ、読んだり、記憶したり、解きあかしたり、書き写したりする人の耳は、父母から授かったままでありながら、清らかで汚れなく、三千大千世界の音を聞くことができるでしょう。

象の声、馬の声、車の声、鐘の音、鈴の音、法螺貝の音、太鼓の音、琴の音、大琴の音、笙の笛の音、リュートの音、清らかで甘美な声。その人の耳は、これらの声や音を聞くことができて、しかも執着を生じません。

膨大な種類の人々の声を聞くことができて、しかもその内容をすべて理解できるでしょう。

また、神々の声、美しい歌声、男の声、女の声、少年少女の声を聞くことができるでしょう。

深山幽谷に住む迦陵頻伽の声、浄土に住むという双頭の鳥（命命鳥）をはじめありとあらゆる鳥の声を聞くことができるでしょう。

地獄でもろもろの責め苦にあえぐ人々の声、餓鬼が飢えと渇きに苦しんで飲食を求める声を聞くことができるでしょう。

大海のほとりに住む阿修羅たちが、互いにとてつもなく大きな声でがなり立てているときも、かの法師は、この世にいながらにして、阿修羅たちの声を聞くことができ、しかも耳を壊されることがありません。

全宇宙のありとしある畜生たちが、互いに話し合う声を、かの法師は、この世にいながらにして、聞くことができるでしょう。

梵天に住まう神々の声も、音声ではなく口から浄らかな光を発して言葉をかわしあう光音天《こうおん》に住まう神々の声も、快楽と清浄に満ちあふれ清らかな光があまねく照らす徧浄天《へんじょう》に住まう神々の声も、天上界における最高の天にほかならない有頂天に住まう神々の声も、ことごとくかの法師は、この世にいながらにして、聞くことができるでしょう。

この世で、出家僧たちや尼僧たちが、経典を読み、記憶し、多くの人々のために説いている声を、かの法師はいながらにして聞くことができるでしょう。

あまたの菩薩たちが、経典や教えを読み、記憶し、多くの人々のために説き、また編集してその意義を解きあかしている声を、ことごとくかの法師は聞くことができるでしょう。

もろもろの聖なる尊敬される如来たちが、生きとし生けるものを教化するために、大集会の真ん中で、このうえなくすばらしい教えを説法する声を、この法華経を信じる人は、ことごとく聞くことができるでしょう。

三千大千世界の内外で発せられるありとあらゆる声を、下は無間地獄から、上は有頂天にいたるまで、みな聞いて、しかも耳を壊されることがありません。

かの法師の耳はたいそうさといので、すべてをちゃんと聞き分けることができるのです。

この法華経をいちずに信じつづける人は、世界中どこでも聴取できる天耳はまだもてないものの、生まれもった耳のままで、法華経の功徳によって、以上のような力を発揮できるのです。

世にも尊きお方は説法をおつづけになりました。

「さらにまた、常精進菩薩さん。もし、信仰あつき男女が、この法華経をいちずに信じ、読んだり、記憶したり、解きあかしたり、書き写したりするならば、この人は、鼻に八百の功徳を得るでしょう。そして、この清らかな鼻をつかって、三千大千世界の上下内外のさまざまな香りや匂いを嗅ぎ分けることができるでしょう。

スマナの花の香り、ジャスミンの花の香り、チャンパカの花の香り、パータラの花の香り、赤い蓮華の花の香り、青い蓮華の花の香り、白い蓮華の花の香り、花をつける樹木の香り、実をつける樹木の香り、栴檀の香り、沈香の香り、タマーラ樹の香りを、かの人は嗅ぎ分けることができるでしょう。また、千万種を混ぜたり、粉末にしたり、練って丸くしたり、塗るタイプにしたお香を、この法華経をいちずに信じつづける人は、この世にいながらにして、嗅ぎ分けることができるでしょう。

また、人々が出すいろいろな匂い、象の匂い、馬の匂い、牛の匂い、羊の匂い、男の匂い、女の匂い、少年の匂い、少女の匂い、および草木や林や森の匂いを、嗅ぎ分けることができるでしょう。近かろうと遠かろうと、どんな香りや匂いでも、ちゃんと嗅ぎ分け、まちがえることは絶対にありません。

この法華経をいちずに信じつづける人は、この世にいながらにして、天上界の香りや匂い、そこに住まう神々の香りや匂いを、嗅ぐことができるでしょう。

パーリジャータカの花の香り、コーヴィダーラの花の香り、曼陀羅華の花の香り、摩訶曼陀羅華の香り、曼珠沙華の香り、摩訶曼珠沙華の香り、栴檀の香り、沈香の香りを嗅ぐことができるでしょう。さまざまな種類の抹香の香り、もろもろの花々の香りを嗅ぐことができるでしょう。さらに、これらの天上界の香りが混ぜ合わされた香りを嗅いで、それが何の香りか、みな嗅ぎ分けることができるでしょう。

また、神々の身体からただよい出る香りを、嗅ぐことができるでしょう。帝釈天が須弥山頂上にある殊勝殿とよばれる自分の宮殿で、五欲を満たそうと、遊び戯れているときに、その身体からただよい出る香り、あるいは須弥山頂上の西南の隅にある妙法堂で、帝釈天が他の三十二人の神々のために説法するときに、その身体からただよい出る香り、あるいは帝釈天が須弥山頂上にある遊楽の園で遊び戯れているときに、その身体からただよい出る香り、それらをことごとく嗅ぎ分けて、帝釈天がいまどこで何をしているか、わかるでしょう。帝釈天以外の男神の身体からただよい出る香りも女神の身体からただよい出る香りも、はるか遠くから嗅ぎ分けることができるでしょう。

このようにして、梵天の身体からただよい出る香りを、嗅ぐことができるでしょう。有頂天に住まう神々の身体からただよい出る香りを、嗅ぐことができるでしょう。さらに、神々がお焚きになるお香の香りを、嗅ぐことができるでしょう。

声聞の身体からただよい出る香りも、辟支仏の身体からただよい出る香りも、菩薩の身体からただよい出る香りも、如来の身体からただよい出る香りも、はるかかなたから嗅ぎ分けて、いまどこで何をしているか、わかるでしょう。

このように香りや匂いを嗅いでも、その人の鼻が効かなくなることはありませんし、嗅ぎまちがえることもありません。ほかの人々のために、自分が嗅ぎ分けた香りや匂いについて説明することもできますし、記憶違いを起こすこともありません」

こうおっしゃると、世にも尊きお方はいまの説法をもう一度、詩句に託して、お説きになりました。

この人の鼻は汚れを離れているため、世界中のいたるところで、良い香りのするものと臭い匂いのするものを、どんな種類であろうと、嗅ぎ分けることができるでしょう。

スマナの花の香り、タマーラ樹の葉の香り、栴檀の香り、沈香の香り、桂香の香り、さまざまな花や実の香り、および生きとし生けるものたちの匂い、男の匂い、女の匂いを嗅ぎ分けることができるでしょう。

法華経を説く者は、はるか遠くにいながら、その香りを嗅ぎ分けて、そこにだれがいるかを知ることができるでしょう。大国の転輪聖王も、小国の転輪聖王も、その王子たちも、群臣たちも、官僚たちも、その香りを嗅ぎ分けて、それがだれか、知ることができるでしょう。

だれかが身につけている貴重な宝物も、地下深くに秘められた宝蔵も、転輪聖王の宝物にほかならない美女たちも、その香りを嗅ぎ分けて、それが何か、知ることができるでしょう。

いろいろな人々が身につける装身具も、衣服も、ネックレスも、その香りを嗅ぎ分けて、そこにだれがいるかを知ることができるでしょう。

神々が歩いているのか、坐っているのか、遊び戯れているのか、神通力を行使しているのか、法華経をいちずに信じつづける者は、その香りを嗅ぎ分けて、知ることができるでしょう。

さまざまな種類の樹木がつける花々も果実も、およびバター油の香りも、法華経をいちずに信じつづける者は、ここにいながらにして、どこにあるのか、その香りを嗅ぎ分けて、知ることができるでしょう。

深山幽谷の峨々たるところに栴檀が花を咲かせ、またそこに人々が住んでいることを、その香りを嗅ぎ分けて、知ることができるでしょう。

鉄囲山や大海や地下深くに、生きとし生けるものがいることを、法華経をいちずに信じつづける者は、その香りや匂いを嗅ぎ分けて、みな知ることができるでしょう。

男女の阿修羅たちやその従者たちが、争ったり、遊んだりするようすを、その香りや匂いを嗅ぎ分けて、みな知ることができるでしょう。

危険な荒野のどこに、ライオンや象や虎や狼、あるいは野牛や水牛がいるか、その香りや匂いを嗅ぎ分けて、みな知ることができるでしょう。

妊娠中に、これから生まれてくる子どもが、男か女か、男でも女でもない者か、人間ではない者か、その香りや匂いを嗅ぎ分けて、みな知ることができるでしょう。香りや匂いを嗅ぎ分ける力のおかげで、妊娠の初期に、無事に出産できるかできないか、妊婦が苦しむこともなく福々しい赤ちゃんが生まれるかどうか、事前に知ることができるでしょう。

香りや匂いを嗅ぎ分ける力のおかげで、男であろうと女であろうと、その心の奥底を知ることができるでしょう。かれらの心が、貪欲か否か、愚かか否か、怒りに満ちているか否か、知ることができるでしょう。また、善き行いを実践するか否か、知ることができるでしょう。

地中深く眠っているもろもろの秘宝、金銀などさまざまな貴重な宝物、中身がいっぱい詰められた銅器などがどこにあるか、その香りや匂いを嗅ぎ分けて、みな知ることができるでしょう。

あまりに高価すぎて、値段が付かないようなネックレスのたぐいを、上等か上等でないか、どこにあるのか、その香りや匂いを嗅ぎ分けて、みな知ることができるでしょう。

天上界に咲く曼陀羅華や曼珠沙華の香り、あるいはパーリジャータカの花の香りを、その香りや匂いを嗅ぎ分けて、みな知ることができるでしょう。

天上界にある神々の宮殿について、すごく立派か、まあまあ立派か、それほど立派でもないか、あるいは宝華によってどのように荘厳されているか、その香りや匂いを嗅ぎ分けて、みな知ることができるでしょう。


天上界の花園や立派な宮殿、あるいは妙法堂などのなかで、神々が楽しんでいるようすを、その香りや匂いを嗅ぎ分けて、みな知ることができるでしょう。

天上界で、神々が説法に耳をかたむけたり五欲を満たしたりしているときに、かれらが行き来したり、坐ったり、横になったりしているようすを、その香りや匂いを嗅ぎ分けて、みな知ることができるでしょう。

天女が、すばらしい香りのついた衣を身にまとい、あっちに行ったりこっちに来たりしながら、楽しげに遊んでいるようすを、その香りや匂いを嗅ぎ分けて、みな知ることができるでしょう。

このように、少しずつ上昇していって、ついに梵天のいる世界にまで達し、そこで梵天たちが、いま、瞑想に入っているか、それともすでに瞑想から出たか、その香りや匂いを嗅ぎ分けて、みな知ることができるでしょう。

さらに、音声ではなく口から浄らかな光を発して言葉をかわしあう光音天をすぎ、快楽と清浄に満ちあふれ清らかな光があまねく照らす偏浄天《へんじょうてん》もすぎ、天上界における最高の天にほかならない有頂天にいたるまで、そこで神々が生まれ死んでいくようすを、その香りや匂いを嗅ぎ分けて、みな知ることができるでしょう。

あまたの出家僧たちが、如来の教えにしたがって、つねに精進努力し、坐って瞑想したり、歩きながらお経をとなえたり、あるいは法華経を読んだり、記憶したり、あるいは樹木の根もとに坐して一心に瞑想していたりするようすを、法華経をいちずに信じつづける者は、その香りや匂いを嗅ぎ分けて、みな知ることができるでしょう。

悟りを求めて絶対にしりぞかないと決心した菩薩たちが、坐禅をし、お経を読み、あるいはほかの人々のために説法したりするようすを、その香りや匂いを嗅ぎ分けて、みな知ることができるでしょう。

如来が、たとえ宇宙のどこにいらっしゃろうと、生きとし生けるものすべてに敬われつつ、かれらを哀れんで、説法なさっているようすを、その香りや匂いを嗅ぎ分けて、みな知ることができるでしょう。

生きとし生けるものが、如来から直接、この法華経をお聞きして、みな歓喜に満ちあふれ、教えのとおりに修行するようすを、その香りや匂いを嗅ぎ分けて、みな知ることができるでしょう。

法華経をいちずに信じつづける者は、完璧な鼻はまだもてないものの、生まれもった鼻のままで、法華経の功徳によって、以上のような力を発揮できるのです。

世にも尊きお方は説法をおつづけになりました。

「常精進菩薩さん。もし、信仰あつき男女が、この法華経をいちずに信じ、読んだり、記憶したり、解きあかしたり、書き写したりするならば、この人は、舌に一千二百の功徳を得るでしょう。

きれいだろうときたなかろうと、うまかろうとまずかろうと、あるいは苦かろうと渋かろうと、その食べ物を舌にのせると、変化して、みな美味しくなってしまい、天上界の甘露のように、まずいものなどなくなってしまうのです。

もし、その舌をつかって、大勢の人々を相手に説法するならば、すばらしく深く美しい声となって、聞く人々の心の琴線に触れ、かれらを満足させ、いたく喜ばせるでしょう。

また、もろもろの天上界の王たち、天女たち、帝釈天、梵天をはじめ、さまざまな神々が、そのすばらしく深く美しい声で説法されている教えを聞きたいと思い、みなこぞってやって来るでしょう。

龍王と龍女、夜叉と夜叉女、乾闥婆と乾闥婆女、阿修羅と阿修羅女、迦楼羅と迦楼羅女、緊那羅と緊那羅女、摩睺羅伽と摩睺羅伽女が、説法を聞きたいとやってきて、説法者に親しく近づき、敬礼し、供養するでしょう。

出家僧、尼僧、男女の在家修行者、国王、王子、群臣、従者、小国の転輪聖王、大国の転輪聖王、国土を平定する力をもつ輪宝・空も飛べる白い象・空も飛べる白い馬・一由旬にも達する光明を放つ珠宝・美貌と芳香をもち従順かつ貞節な王妃・富裕な経済人・有能な軍人という七宝と千人の子どもをもつ最高位の転輪聖王、およびかれらの従者たちが、住んでいる宮殿ごとやってきて、説法を聞くでしょう。

この菩薩は説法がひじょうにうまいので、バラモン僧も、お金持ちも、都会に住む人も田舎に住む人も、命あるかぎり、その菩薩に仕えつづけるでしょう。

声聞も、辟支仏も、菩薩も、如来たちも、つねにこの人に会いたいと願うでしょう。

この人がいるところが、たとえどの方角であろうと、如来たちはこぞって、この人がいる方角にむかって、教えを説くでしょう。

この人は、如来の教えをことごとく受けいれ、それを深く美しい声で、人々に語り伝えるでしょう」

こうおっしゃると、世にも尊きお方はいまの説法をもう一度、詩句に託して、お説きになりました。

この人は、舌にまったく汚れがないので、まずいものを口にすることは絶対にないでしょう。食べるものは、なんであれ、すべて甘露のように、美味しくなるでしょう。

深く清らかな声で、大勢の人々を相手に、教えを説くでしょう。さまざまな体験談やたとえ話をつかって、聞く者たちの心をみちびいていくでしょう。

この人の話を聞く者たちは、みな喜び、そのお礼として、すばらしい接待を用意してくれるでしょう。

神々も龍も夜叉も阿修羅も、この人にたいして尊敬の心をいだき、こぞってやってきて、教えを聞くでしょう。

この説法者は、その美しい声を、三千大千世界のすみずみまで、思いどおりにとどけることができるでしょう。

大国の転輪聖王も小国の転輪聖王も、さらに最高位の転輪聖王も、この人にむかって合掌し、尊敬の心をいだきつつ、つねにやってきては、教えを聞くでしょう。

神々も龍も夜叉も、羅刹も食人鬼も、同じように喜びいさんで、つねにこの人のところへやってきて、供養するでしょう。

梵天王や魔王や自在天や大自在天はもちろん、たくさんの神々が、つねにこの人のもとを訪れるでしょう。
もろもろの如来たちとその弟子たちも、この人が説法する声を聞いて、つねにこの人を守護し、ときにはそのお姿をあらわすこともあるでしょう。

「常精進菩薩さん。もし、信仰あつき男女が、この法華経をいちずに信じ、読んだり、記憶したり、解きあかしたり、書き写したりするならば、この人は、身体に八百の功徳を得るでしょう。

その清らかな身体はまるでラピスラズリみたいで、大勢の人々がぜひ見たいとねがうことになるでしょう。

その身体になにひとつ汚れがないので、三千大千世界の生きとし生けるものが生まれる瞬間から死ぬ瞬間までを、資質が優れていたり劣っていたりを、容姿容貌が整っていたり醜かったりを、良い境遇に生まれついたり悪い境遇に生まれついたりを、ことごとくみずからの身体のなかにありありと見るでしょう。

また、宇宙の中心にそびえたつ須弥山、およびその周囲をとりかこむようにそびえたつ鉄囲山、大鉄囲山、弥楼山、大弥楼山などの山々の王を、そしてそこに住む生きとし生けるものを、ことごとくみずからの身体のなかにありありと見るでしょう。

また、下は無間地獄から上は有頂天にいたるまでのあいだに存在するなにもかも、そこに住む生きとし生けるものを、ことごとくみずからの身体のなかにありありと見るでしょう。

声聞であろうと、辟支仏であろうと、菩薩であろうと、もろもろの如来たちが説法するすがたであろうと、ことごとくみずからの身体のなかに、具体的に、しかもありのままに見るでしょう」

こうおっしゃると、世にも尊きお方はいまの説法をもう一度、詩句に託して、お説きになりました。

もし、法華経をいちずに信じつづけるならば、その人の身体は、まるでラピスラズリみたいに清らかになり、生きとし生けるものすべてがぜひ見たいとねがうことになるでしょう。

また、塵一つついていない鏡に、もろもろの形象がありのままに映し出されるように、菩薩の清らかな身体に、この世界に存在するなにもかもが、ありのままに映し出されるでしょう。

しかし、法華経をいちずに信じつづける人にだけ見えるのであって、ほかの人には見えないのです。

三千大千世界のなかにいるありとあらゆる生命体を、天界・人間界・修羅界・地獄道・餓鬼道・畜生道にいる者たちを、法華経をいちずに信じつづける人は、みずからの身体のなかに、具体的に、しかもありのままに見るでしょう。

有頂天にいたるまでの間に存在する神々の宮殿を、鉄囲山や大鉄囲山や弥樓山や大弥樓山などの山々を、ありとあらゆる大海を、ことごとくみずからの身体のなかに、具体的に、しかもありのままに見るでしょう。

もろもろの如来たちや声聞たちを、如来の子どもである菩薩たちが孤独に耐えて仏道修行に励むすがたを、あるいは大勢の人々を相手に説法するすがたを、ことごとくみずからの身体のなかに、具体的に、しかもありのままに見るでしょう。

煩悩からまだ完璧に解き放たれていないので、真理そのものをみずからの身体とすることはできないものの、法華経をいちずに信じつづける功徳によって、生まれながらの身体には汚れがまったくなくなるので、みずからの身体のなかに、ありとあらゆるものを、具体的に、しかもありのままに見るでしょう。

「また、常精進菩薩さん。もし、信仰あつき男女が、如来が涅槃に入ったのち、この法華経をいちずに信じ、読んだり、記憶したり、解きあかしたり、書き写したりするならば、この人は、心に一千二百の功徳を得るでしょう。

完璧に清められた心の働きのおかげで、たった一つの詩句や文言を聞くだけで、そこに秘められたありとあらゆる意義を理解するでしょう。意義をことごとく理解しているので、たった一つの詩句や文言について、一ヶ月間でも四ヶ月間でも一年間でも、ずっと説法をつづけられるでしょう。

どんな教えを説いても、その意義をちゃんと理解しているので、真理にそむくことはないでしょう。

俗世間にまつわる著作や言行録について、政治経済にまつわる理論や目的について、生きていくための仕事などについて、どれを説いても、なにひとつとして正法にそむくことはないでしょう。

三千大千世界の天界から地獄道までの六道に輪廻転生する生きとし生けるものすべての心が、活動し動揺し妄想するようすを、すべて認識するでしょう。

煩悩から完璧に解き放たれた智恵をまだ得ていないとはいえ、この人の心の働きに汚れがまったくなくなっていることは、いま述べた事例から証明できるはずです。

この人が思惟し熟慮し説法するならば、それはことごとく如来の教えであって、うそいつわりはなにひとつなく、過去世に出現した如来たちがお説きになった経典のなかに説かれていたことばかりなのです」

こうおっしゃると、世にも尊きお方はいまの説法をもう一度、詩句に託して、お説きになりました。

この人の心は清らかであり、透きとおっていて、なにひとつ汚れがなく、その絶妙な心の働きを駆使して、勝れた教えと中くらいの教えと劣った教えをわきまえ、たった一つの詩句を聞くだけで、そこに秘められた数かぎりない意義を理解するでしょう。そして、一ヶ月間でも四ヶ月間でも一年間でも、教えを説きつづけるでしょう。

この世界の内外にいる生きとし生けるものが何を思い考えているか、あるいは神々や龍や人間や夜叉や鬼神などが何を思い考えているか、六道に輪廻転生するものたちが何を思い考えているか、法華経をいちずに信じるならば、その人は瞬時にことごとく理解する果報を得るでしょう。

全宇宙のいたるところにおられる無数の如来たちが、百におよぶ福徳の瑞相をそなえて、生きとし生けるものすべてのためにおこなう説法を、一つとして漏れることなく耳にして、完全に理解するでしょう。

如来の教えに秘められている数かぎりない意義についてよくよく思案したうえで説法するので、いくら説法しても、忘れたり間違ったりすることは絶対にありません。これもまた、法華経をいちずに信じつづける功徳のおかげです。

この世の真実相をありのままに知り、その意義を理解したうえで、相互の関係を正しく解釈し、的確な言葉や表現をつかって、自分が知り得たとおりに説法するでしょう。

この人がおこなう説法は、過去世に出現した如来たちの教えに、なにからなにまでかなっています。ですから、大勢の聴衆を前にしても、なんら恐れることはないのです。

法華経をいちずに信じつづける者の、心の働きの清らかなことは、以上に述べたとおりです。煩悩から完璧に解き放たれた智恵をまだ得ていないにもかかわらず、すでにこのような好ましい特徴が得られるのです。

法華経をいちずに信じさえすれば、その人は、希有な境地に安住して、生きとし生けるものすべてから歓喜をもって迎え入れられるのです。そして、千にも万にもおよぶ巧みな言葉や表現を駆使して、思うがままに説法できるのです。これもまた、法華経をいちずに信じつづける功徳にほかなりません。

20 常不軽菩薩品《じょうふきょうぼさつほん》

そのとき、釈迦牟尼如来は得大勢菩薩（大いなる勢力を得た菩薩）にむかって、こうおっしゃいました。

「あなたはこういうことをよく知っておくべきです。もし将来、だれかが法華経を信仰する出家僧や尼僧や男女の在家修行者にたいして、悪口を言ったり、汚い言葉で侮辱したり、非難したりすれば、その人は大きな罪を犯すことになります。この点は、すでに説明したとおりです。法華経を信仰することによって得られる功徳は、すでに説明したとおり、眼・耳・鼻・舌・皮膚・心という六つの感覚器官すべての完璧な浄化なのです。

さて、得大勢《とくだいせい》菩薩さん。昔々、まったく数えきれず、かぎりなく広大で、考えもおよばない過去世に、ひとりの仏がおられた。そのお方は威音王《いおんおう》（とてつもなく響きわたる音声の王）とよばれる如来でした。

供養されるにふさわしい方であり、歴史や時間の制約を超えた智恵の持ち主であり、過去世を知り尽くし未来世を知り尽くし煩悩を完全に克服した方であり、完璧な悟りに到達した方であり、聖なる世界のことも俗なる世界のことも知り尽くした方であり、世間の動向にゆるがない最上の智恵と行動の方であり、穏やかな言葉と厳しい言葉を自在に使い分けて修行者を指導する方であり、神々と人間にとって共通の指導者であり、最高の智者であり、世の中の人々から尊敬されるべき方でした。

その仏が活動していたのは、享楽から解放されたとよばれる時代の、大いなる生成という世界でした。威音王如来はこの世界で、神々と人間と阿修羅たちのために、教えを説かれたのです。

自分自身の救いだけを求める者たちのためには、かれらにふさわしい苦集滅道という四諦の教えを説きました。すなわち、この世はすべて苦である。その苦の原因は飽くことなき愛執である。愛執の絶滅こそ、理想の境地である。理想の境地は、八正道の実践によってのみ得られると教えさとしました。

さらに、八正道とは、正しい見解、正しい心のあり方、正しい言葉、正しい行為、正しい生活、正しい努力、正しい目的を見失わないこと、正しい瞑想であると教えさとして、生老病死を克服させ、涅槃つまり悟りの境地を実現させました。

師なしに悟りを開こうとする者たちのためには、かれらにふさわしく、無明・行・識・名色・六処・触・受・愛・取・有・生・老死という十二因縁の教えを説きました。

つまり、こう教えさとしたのです。あらゆる苦の根底には、迷いそのものがある。迷いそのものから、ひたすら何かしようという勢いが生まれる。ひたすら何かしようという勢いから、認識が生まれる。認識から、認識の対象が生まれる。認識の対象から、眼・耳・鼻・舌・皮膚・心という六つの感覚器官が生まれる。眼・耳・鼻・舌・皮膚・心という六つの感覚器官から、認識されたものが生まれる。認識されたものから、好き嫌いとか暑い寒いとかいう感覚が生まれる。好き嫌いとか暑い寒いとかいう感覚から、尽きることのない欲望が生まれる。尽きることのない欲望から、何が何でも欲しいという執着が生まれる。何が何でも欲しいという執着から、人間の行為のすべてが生まれる。人間の行為のすべてから、苦しみに満ちた生命活動が生まれる。苦しみに満ちた生命活動から、年老いて死ぬことが生まれる。

だから、老死を滅するためには、この因果関係を逆転させる必要がある。すなわち、まず苦しみに満ちた生命活動を滅しなければならない。苦しみに満ちた生命活動を滅するためには、人間の行為のすべてを滅しなければならない。このようにして、最後に根本原因の無明を滅したとき、悟りの境地に到達できる。そう、教えさとしたのでした。

自分自身よりも他人さまの救いを優先する大乗仏教の修行者たちには、このうえなく正しい悟りについて、かれらにふさわしい六つの完成への道にまつわる教えを説きました。すなわち、完全な恵みや施し、完全な戒律の順守、完全な忍耐、完全な努力、完全な瞑想による完全な精神統一、完全な智慧が、修行には欠かせないと教えさとし、仏にしか得られない究極の智恵を獲得させたのでした。

得大勢菩薩さん。この威音王如来の寿命は、ガンジス河の砂の数を四十倍した数にもひとしいくらい長く、万億×千億劫でした。

正しい教えと正しい実践と正しい結果がある『正法』の時代の長さは、わたしたちが現在いる南贍部洲という世界を構成している原子の数にひとしいものでした。正しい教えと正しい実践がある『像法』の時代は、東勝身洲と南贍部洲と西牛貨洲と北倶盧洲からなる四大洲を構成する原子の数にひとしいものでした。

この威音王如来は、生きとし生けるものすべての救済を果たしてのち、完全な涅槃に入りました。そして、正法も像法も消滅したとき、この世にふたたび、威音王如来が出現しました。前と同じように、威音王如来とよばれ、供養されるにふさわしい方であり、歴史や時間の制約を超えた智恵の持ち主であり、過去世を知り尽くし未来世を知り尽くし煩悩を完全に克服した方であり、完璧な悟りに到達した方であり、聖なる世界のことも俗なる世界のことも知り尽くした方であり、世間の動向にゆるがない最上の智恵と行動の方であり、穏やかな言葉と厳しい言葉を自在に使い分けて修行者を指導する方であり、神々と人間にとって共通の指導者であり、最高の智者であり、世の中の人々から尊敬されるべき方でした。

このようなことは、二万億回もくり返されました。しかし、如来の名はみな同じ威音王如来でした。

最初の威音王如来が完全な涅槃に入り、正法が消滅して、像法となった時代に、勝手に自分は悟ったと思い込んでいる出家僧たちが、大きな勢力となっていました。そういうときに、自分自身よりも他人の救いを優先する大乗仏教を信仰する一人の出家僧がいました。かれの名前は常不軽《じょうふきょう》、つまり『つねに他人を軽蔑しない者』といいました。

得大勢菩薩さん。なぜ、かれが常不軽とよばれたのか、おわかりか。

この出家僧は、出会った人が、出家僧であろうと、尼僧であろうと、男女の在家修行者であろうと、だれかれおかまいなしに、みな礼拝し、ほめたたえて、こう言うのでした。

『わたしは、あなたがたを深く尊敬します。絶対に軽蔑しません。なぜかといいますと、あなたがたはみな大乗仏教の菩薩の道を実践して、将来は必ずや悟りを開き、仏になられるからです』

しかも、この出家僧は、まったく経典を読まず、ただひたすら他人を礼拝するのでした。また、遠くから仏教の信者を見つけると、わざわざ近寄ってきて、礼拝し、ほめたたえて、『わたしは、あなたがたを深く尊敬します。絶対に軽蔑しません。なぜかといいますと、あなたがたはみな大乗仏教の菩薩の道を実践して、将来きっと悟りを開き、仏になられるからです』というのでした。

仏教の信者のなかには、つよい怒りを感じ、心が清らかではない者もいました。そういうやからは、悪口を言い、汚い言葉で侮辱しました。

『このデクノボー。どこの馬の骨か知らないが、かってに自分はあなたを軽蔑しませんとか言って、将来きっと悟りを開き、仏になるなんて、予言してやがる。おまえの言うような嘘っぱちの予言なんて、これっぽっちも信じられないよ』と。

このように長年にわたって同じことをくり返し、いつも侮辱されつづけましたが、怒ったことは一度もありません。そして、こう言いつづけたのです。

『あなたがたは、将来きっと悟りを開き、仏になられます』と。

こう言われて、怒った人々が木の棒や石でかれを叩くと、逃げ出して、遠く離れてから、また大きな声でこう言うのでした。

『わたしは、あなたがたを絶対に軽蔑しません。将来きっと悟りを開き、仏になられるからです』と。

いつもいつもこう言いつづけたので、自分は悟ったと思い込んでいる出家僧や尼僧や男女の在家修行者たちは、かれのことを『つねに他人を軽蔑しない者（常不軽）』と名づけたのでした。

この出家僧は、臨終を迎えたとき、虚空から響きわたる声で、威音王如来がつねづね説いていた法華経を、二十×千×一万×一億からなる詩句（偈《げ》）のかたちで聞きました。そして、そのすべてを理解して、眼・耳・鼻・舌・皮膚・心からなる六つの感覚器官すべてを完璧に浄化したのでした。こうして六根の浄化を果たしたおかげで、この比丘は二百万×一億×千億歳という長寿を得て、すべての人々のために法華経を説きつづけたのです。

かつて、この出家僧を『常不軽』と名づけた、勝手に自分は悟ったと思い込んでいる出家僧や尼僧や男女の在家修行者たちも、この出家僧が、比類なき霊的な能力、だれでも説得されてしまう雄弁の力、善意に富む智恵の力を得たのを、見たり聞いたりして、ことごとく信伏し服従しました。こうして、この『常不軽』という菩薩は、千万億の人々を正しい教えにみちびき、ひとりのこらず、このうえなく正しい悟りに到達させたのです。

やがて命果てたのち、この菩薩は、みなひとしく日月燈《にちがつとう》明《みょう》（太陽と月を燈明とする者）という名前をもつ二千億の仏にお会いすることができたのです。この仏たちが主宰する世界でも、この菩薩は法華経を説きました。

そのおかげでさらに、みなひとしく雲自在燈王《うんじざいとうおう》（雲を自在に燈明とする王）という名前をもつ二千億の仏にお会いすることができたのです。この仏たちが主宰する世界でも、この菩薩は法華経をおぼえ、読み聞かせて、出家僧や尼僧や男女の在家修行者たちに、この経典を説きました。

そのおかげで、この菩薩は、眼・耳・鼻・舌・皮膚・心からなる六つの感覚器官すべてを完璧に浄化することができたのです。だから、出家僧や尼僧や男女の在家修行者たちに、教えを説くとき、心に恐れるものはなにひとつありませんでした。

得大勢菩薩さん。この常不軽菩薩は、このようにして、いくばくかの仏たちを供養し、あつくうやまい、尊重し、ほめたたえて、善の根源となる行為をたくさんおこなったので、千万億の仏たちにお会いすることができたのです。さらに、それらの仏たちが主宰する世界でこの経典を説くことで、過去からつみかさねてきた善根がことごとく成熟し、ついに仏となったのです。

得大勢菩薩さん。あなたはどう思っているのでしょうか。かのときの常不軽菩薩は、だれあろう、このわたし自身なのです。もし、わたしが過去世において、この経典をおぼえ、読み聞かせて、多くの人々のために説かなかったとしたら、短い時間で、このうえなく正しい悟りに到達することはできなかったのです。

過去の世にあらわれた仏たちのもとで、この経典をおぼえ、読み聞かせて、多くの人々のために説いたからこそ、短い時間で、このうえなく正しい悟りに到達することができたのです。

得大勢菩薩さん。あのときの出家僧や尼僧や男女の在家修行者たちは、ひどく怒ってわたしを軽蔑し侮辱したので、二百億劫もの長いあいだ、ずっと仏に出会えず、真実の法を聞けず、良き指導者にもまみえず、千劫ものあいだ、無間地獄でこれ以上はない苦しみにさいなまれました。そして、この罪をつぐない終えてやっと、常不軽菩薩が説くこのうえなく正しい悟りにふれることができたのです。

得大勢菩薩さん。あなたはどう思っているのでしょうか。かのときに、常不軽菩薩をいつも軽蔑し侮辱した出家僧や尼僧や男女の在家修行者たちは、あなたがたと無関係なのでしょうか。

いま、この説法の場には、跋陀婆羅（バッダバラ）をはじめ五百人の菩薩たち、師子月（シンハ・チャンドラー）はじめ五百人の出家僧と尼僧たち、尼思仏（スガタ・チュータナー）はじめ五百人の男女の在家修行者たちが集まっている。この人々はみな、このうえなく正しい悟りから絶対に後退したりはしない。じつはこの人々こそ、かつて常不軽菩薩をいつも軽蔑し侮辱した出家僧や尼僧や男女の在家修行者たちなのです。

得大勢菩薩さん。よく知っておくがいい。この法華経は、さまざまな大乗仏教の修行者たちを感化して、このうえなく正しい悟りを得させるのです。だからこそ、如来がこの世を去ったのちも、大乗仏教の修行者たる人は、この経典を読み聞かせ、読み解き、書き写すべきなのです」

このとき、世にも尊きお方は、これまで述べてきたことを、もう一度、詩句に託してお説きになりました。

過去の世に、「とてつもなく響きわたる音声の王」とよばれる如来がおられました。

この如来は無限の智恵の持ち主であり、生きとし生けるものすべての指導者でした。

神々からも、人間からも、ともに供養されるお方でした。

この仏がこの世を去ったのち、真実の法が尽きようとしていたとき、一人の菩薩がいました。

常不軽つまり「つねに他人を軽蔑しない者」という名前でした。

そのころ、出家僧や尼僧や男女の在家修行者も、みなそろって、真実の法を正しく理解していませんでした。

常不軽菩薩はそういう人々に出会うと、必ずこう言うのでした。

「わたしはあなたがたを絶対に軽蔑しません。あなたがたはみな大乗仏教の菩薩の道を実践して、将来きっと悟りを開き、仏になられます」

それを聞くと、みなそろって、常不軽菩薩を馬鹿にし、罵詈雑言を浴びせましたが、常不軽菩薩はけっして怒らず、堪え忍びました。

前世からの業が尽き果て、いよいよ臨終を迎えたとき、常不軽菩薩はこの法華経を聞くことができました。

そして、眼・耳・鼻・舌・皮膚・心からなる六つの感覚器官すべてを完璧に浄化することができたのです。

また、この経典が秘める神秘的な力のおかげで、寿命を大きく延ばし、多くの人々のために、この経典を説き広めたのでした。

自分は悟りを開いたと錯覚していた者たちはみな、この菩薩の教化をうけて成熟を遂げ、仏道の修行にはげむことになりました。

常不軽菩薩は命果てたのち、数かぎりない仏たちにお会いすることができました。

この経典を説いたおかげで、無限大の福徳を獲得し、功徳を満たして、仏道修行を完成しました。

あのときの常不軽菩薩こそ、いまのわたしにほかならないのです。

あのとき、自分は悟りを開いたと錯覚していた出家僧や尼僧や男女の在家修行者たちで、常不軽菩薩が「あなたは将来きっと悟りを開き、仏になられます」というのを聞いた者たちは、そのおかげで、数かぎりない仏たちとお目にかかることができました。

いま現に、この法会に参加している五百人の菩薩たち、および出家僧や尼僧や男女の在家修行者たち、男女の一般信者たちとして、わたしの眼前で、説教を聞いている者たちこそ、あのときの人々なのです。

わたしは前世において、これらの人々にたいし、この経典の最高の真理を説き聞かせ、開示して教えさとして、涅槃の境地に到達させたのです。

幾世代も幾世代も、このようにして法華経をおぼえつづけたのです。

無限に近い時間のあいだですら、この法華経を、だれも耳にすることはできませんでした。

無限に近い数、この世にあらわれた仏たちですら、この法華経を説くことはありませんでした。

ですから、仏教を信仰する者は、この法華経を耳にしたならば、ひたすら信じるべきなのです。

そして、できるかぎり多くの人々に、ひたすらこの法華経を説くべきなのです。

そうすれば、何度でも仏にお会いでき、ほかにどんなことをするより早く、仏道修行を完成できるのです。

21 如来神力品《にょらいじんりきほん》

そのとき、大地の裂け目から湧出してきた、一千個の世界をかたちづくる原子の数にひとしい数の菩薩たちが、みないっせいに、釈迦牟尼如来にむかって一心に手を合わせ、尊いお顔を仰ぎ見て、こう申し上げました。

「世にも尊きお方。あなたが入滅されたあと、あなたの分身がおられる仏国土において、わたしたちは、多くの者に、この経典を説きます。あなたが入滅されたところなら、どこであろうと、わたしたちは、多くの者に、この経典を説きます。

なぜかと申しますと、わたしたちは、このまことにきよらかで、偉大な真理を体得したので、いちずに信じ、読みし、記憶し、解きあかし、書き写して、この経典を供養したいとねがっているからです」

この言葉をお聞きになった瞬間、百千万億にもおよぶ膨大な数のこの世の菩薩たち、出家僧、尼僧、男女の在家修行者、神々、龍、夜叉、乾闥婆、阿修羅、迦楼羅、緊那羅、摩睺羅伽、人間、人間以外の者など、そこにつどうすべての者たちの目の前で、世にも尊きお方は、すばらしい神通力を発揮されました。すなわち、口から長い舌を出して、天上界にまで到達させ、全身の毛穴から、数えきれない量と種類の光を放って、全宇宙をあまねく照らし出したのです。

それに対応して、いろいろな世界において、宝樹のもとにある獅子座に坐っておられる如来たちも、同じように、とてつもなく長い舌を出し、あまたの光を放たれたのでした。こうして、釈迦牟尼如来と宝樹のもとに坐っておられる如来たちが、神通力を発揮されつづけた時間は、百千年におよびました。

それから、もとのとおりにもどって、長い舌をおさめ、みないっしょに、咳払いの音を立て、指をはじいて音を出されたのでした。この二つの音は、全宇宙に響きわたり、大地が六種類の震動を起こしました。

そのなかにいた生きとし生けるものすべて、神々、龍、夜叉、乾闥婆、阿修羅、迦楼羅、緊那羅、摩睺羅伽、人間、人間以外の者はみなそろって、如来の神通力のおかげで、この世の百千万億にもおよぶ如来たちが、それぞれ宝樹のもとに坐っておられるすがたを見ることができました。

また、釈迦牟尼如来と多宝如来が、宝塔のなかでごいっしょに、獅子座のうえに坐っておられるすがたを見ることができました。さらに、百千万億にもおよぶ膨大な数の菩薩たちと、出家僧、尼僧、男女の在家修行者たちが、釈迦牟尼如来をあがめたてまつり、とりかこんでいるすがたを見ることができました。見終わって、この未曾有の事態に、みなそろって大きな喜びを感じたのでした。

すると、虚空から神々が、声高く唱えるこんな言葉が聞こえてきました。

「百千万億×十の五十六乗もの膨大な数の世界を越えていくと、娑婆とよばれる世界があります。この娑婆世界に、釈迦牟尼如来というお名前の如来がおられます。いままさに、大乗仏典の『妙法蓮華教菩薩法仏所護念』とよばれる経典をお説きになっています。あなたがたは、心の底から、喜びなさい。釈迦牟尼如来を礼拝し、供養しなさい」

虚空から響きわたった声を聞いた者たちは、手を合わせ、娑婆世界にむかって、こう言いました。

「南無釈迦牟尼仏、南無釈迦牟尼仏」

また、いろいろな種類の花々、お香、垂れ飾り、宝で作られた傘、とりどりの装飾品、珍しい宝物、高価な品物を、はるかかなたの娑婆世界に送りとどけました。全宇宙のそこかしこから品々が送りとどけられるようすは、ちょうど雲があつまってくるようでした。そして、これらの品々はすがたを変えて途方もなく巨大な天幕となり、如来たちの頭上をあまねく覆いました。こうして、全宇宙は自由自在に交流し合い、一つの仏国土のようになったのでした。

そのとき、釈迦牟尼如来は、上行菩薩をはじめ、菩薩たちに、こうおっしゃいました。

「如来たちがおもちの神通力は、このようなものです。広大無辺で、想像することもできないのです。もしも、わたしがこの神通力を発揮して、百千万億×十の五十六乗劫もの膨大な時間にわたり、この真理を委嘱するために、法華経の功徳を説きつづけたとしても、その功徳を説き尽くすことはできません。

要約するならば、如来が体得した真理のすべて、如来がもつ自在な神通力のすべて、如来の秘密のすべて、如来の深遠な立場のすべて、これらがみな、この経典のなかに説かれているのです。

こういうわけですから、わたしが入滅したのち、あなたがたは一心に信じ、読み、記憶し、解きあかし、書き写して、経典に説かれているとおりに修行にはげみなさい。それぞれが暮らすところで、いちずに信じ、読み、記憶し、解きあかし、書き写して、経典に説かれているとおりに修行にはげみなさい。

この法華経を安置する場所を見つけなさい。庭園のなかでも、林のなかでも、樹木の下でも、お寺のなかでも、在家の者の家でも、宮殿でも、山中や荒野であっても、そこに仏塔を建立して、法華経を供養しなさい。

なぜならば、そういう場所は即、道場となるからです。そこで、如来たちはこのうえない悟りを体得され、如来たちは真理の法をお説きになり、如来たちは涅槃にお入りになるからです」

こう、おっしゃったうえで、釈迦牟尼如来は、もう一度、詩句に託してお説きになりました。

救世主たる如来たちは、すべてを見通す智恵の力をもち、この世の生きとし生けるものすべてを満足させるために、はかりしれぬ神通力を発揮するのです。

長い舌を天上界にまでとどかせ、全身から無数の光を放って、悟りを求める者のために、このような奇跡を実現するのです。

如来たちが咳払いする音、そして指をはじく音は、全宇宙のいたるところにあまねく響きわたり、大地は六種類の震動を起こしました。

わたしが入滅したのちも、この経典をたもつことができるようにとねがって、如来たちはみな大喜びしつつ、はかりしれぬ神通力を発揮したのです。

この経典を委嘱するのですから、この経典をたもつ者を、無限に近い時間にわたってほめたたえても、ほめたたえすぎることは、けっしてありません。

この経典をたもつ人の功徳はかぎりなく、想像を絶しています。それは、十方の虚空にかぎりがないのと、まったく同じです。

この経典をたもつ者は、わたしを見ることも、多宝如来を見ることも、わたしのさまざまな分身を見ることも、わたしがこれまで教化してきたおおぜいの菩薩たちを見ることも、できるのです。

この経典をたもつ者は、わたしとわたしの分身を、またすでに入滅された多宝如来を、おおいに喜ばせます。

さらに、いま現在、全宇宙のいたるところにおいでになる如来たちを、過去世に出現した如来たちを、未来世に出現するだろう如来たちを、目の当たりにして、供養し、それらの如来たちを満足させることができるのです。

如来たちが悟りの場において体得された秘密の真理を、この経典をたもつ者は、遠からず体得するでしょう。

この経典をたもつ者は、もろもろの真理にまつわる教えと意味と解釈を、風が空中でなにものにもさまたげられないように、だれにも邪魔されずに、雄弁に語るでしょう。

わたしが入滅したのちも、わたしが体得したあまたの経典のあいだにある関係や順序をよくわきまえ、正しい教えに沿って、真実を説くでしょう。

太陽や月の光がどんな闇もはらうように、この人はこの世を闊歩して、生きとし生けるものすべてから闇をはらい、ついに数かぎりない菩薩たちを、たった一つしかない悟りへの乗り物に乗せるでしょう。

だから、智恵ある者は、この功徳がすばらしいことを聞いて、わたしが入滅したのちは、この経典をおぼえなさい。その人は、まちがいなく、悟りを成就するでしょう。

22 嘱累品《ぞくるいほん》

そのとき、釈迦牟尼如来はそれまで説法されていた座からすっとお立ちになり、すばらしい神通力を発揮なさいました。まず右手の本数を数かぎりなく増やしたうえで、その無数の右手で、無数の菩薩たちの頭頂をお撫でになりながら、こうおっしゃったのです。

「わたしは、過去世において、十の五十九乗（阿僧祇）劫の百千万億倍もの長きにわたり、ほんとうに得がたいこのうえなく正しい悟り（阿耨多羅三藐三菩提《あのくたらさんみゃくさんぼだい》）を求めて修行し、ついに成就しました。

いままさに、このうえなく正しい悟りを、あなたがたにゆだねることとしましょう。ですから、あなたがたは全身全霊をもって、この教えをひろめ、あまねくいきわたるようにつとめなければなりません」

このようにして、世にも尊きお方はその右手で三回も、菩薩たちの頭頂を撫でながら、こうおっしゃいました。

「わたしは、過去世において、十の五十九乗（阿僧祇）劫の百千万億倍もの長きにわたり、ほんとうに得がたいこのうえなく正しい悟り（阿耨多羅三藐三菩提）を求めて修行し、ついに成就しました。

いままさに、このうえなく正しい悟りを、あなたがたにゆだねることとしましょう。ですから、あなたがたはこの法華経をいちずに信じ、読み、記憶し、だれかれとなくこの教えを説法して、生きとし生けるものすべてがこの法華経を聞き、理解するように、つとめなさい。

なぜなら、如来は大いなる慈悲をもち、物惜しみせず、こだわりもなく、また恐れの心もなく、ただひたすらブッダの智恵を、如来の智恵を、仏教そのものというべき智恵（自然智恵《じねんちえ》）を、生きとし生けるものすべてにあたえることだけを願っているからです。

如来という存在は、生きとし生けるものすべてにとって、偉大な施主にほかなりません。ですから、あなたがたは、如来のなさったとおりに、学ばなければなりません。

物惜しみしてはなりません。未来世において、もし如来の智恵を信じようとする善男善女があらわれたならば、その人々が如来の智恵を得られるように、この法華経を説き聞かせてあげなさい。もし、受けいれようとしない人々があらわれた場合は、この法華経以外の如来の深遠な教えを説いて、その人々に利益をあたえ、喜ばせてあげなさい。

そうすれば、あなたがたは如来から受けた恩に報いることになるのです」

このように、釈迦牟尼如来がお説きになったのを聞き終えて、そこにつどっていた菩薩たちは、身も心も喜びに満ちあふれました。ますます釈迦牟尼如来にたいする尊敬を増し、身をかがめ、頭を低くし、合掌しながら、声をそろえて、こう申し上げました。

「なにからなにまで、世にも尊きお方のおっしゃったとおり、実行いたしましょう。ですから、世にも尊きお方におかれましては、お心をわずらわせることなきよう、お願い申し上げます」

菩薩たちはこの言葉をつごう三回、声をそろえて申し上げました。

「なにからなにまで、世にも尊きお方のおっしゃったとおり、実行いたしましょう。ですから、世にも尊きお方におかれましては、お心をわずらわせることなきよう、お願い申し上げます。

なにからなにまで、世にも尊きお方のおっしゃったとおり、実行いたしましょう。ですから、世にも尊きお方におかれましては、お心をわずらわせることなきよう、お願い申し上げます」

すると、釈迦牟尼如来は、全宇宙からおいでになっていたご自分の分身の如来たちを、おのおのの仏国土へ帰らせようと、こうおっしゃいました。

「ここにお集まりの如来たちに申し上げる。どうぞ心安らかにお過ごしください。

多宝如来がおられる塔を、もとどおりの場所に安置してください」

釈迦牟尼如来がこうおっしゃったのを聞いて、全宇宙からおいでになって、宝樹のもとにしつらえられた獅子座のうえに坐っておられた無数の如来たちも、多宝如来も、上行菩薩をはじめとする無量にして無数の菩薩たちも、舎利弗をはじめとする声聞たちも、出家僧も尼僧も男女の在家修行者たちも、この世にありとしある神々も、人間も、阿修羅なども、みなそろって歓喜に打ち震えたのでした。

23
薬王《やくおう》菩薩《ぼさつ》本事品《ほんじほん》

そのとき、宿王華《しゅくおうけ》菩薩、すなわち「星宿の王によって開花された神通をもつ者」とよばれる菩薩が、釈迦牟尼如来にむかって、こう申し上げました。

「世にも尊きお方。なぜ、薬王菩薩はこの娑婆世界をあちこち訪ね歩いているのでしょうか。世にも尊きお方。おまけに、この薬王菩薩には百千万億那由佗（千億）にもおよぶ難行苦行が課せられているのです。

比類なき悟りを得られた世にも尊きお方。お願いですから、その理由を、ほんの少しだけでもけっこうですので、お解きあかしください」

こう宿王華菩薩が口にしたのを耳にして、神々も龍王たちも乾闥婆も緊那羅も摩睺羅伽も人間も人間以外の者たちも、また別の仏国土から来ていたあまたの菩薩たちも声聞たちも、「これは良い質問だ！」とおおいに喜びました。

すると、釈迦牟尼如来は宿王華菩薩に、こうお答えになりました。

「昔々、ガンジス河の砂の数に等しい劫の過去世に、如来が出現されました。その名は日月浄明徳《にちがつじょうみょうとく》如来、すなわち『太陽と月の汚れなき光明により吉祥なる者』とおっしゃいました。

この如来は、供養されるにふさわしい方（応供）であり、歴史や時間の制約を超えた智恵の持ち主（正偏知）であり、過去世を知り尽くし未来世を知り尽くし煩悩を完全に克服した方（明行足）であり、完璧な悟りに到達した方（善逝）であり、聖なる世界のことも俗なる世界のことも知り尽くした方（世間解）であり、世間の動向にゆるがない最上の智恵と行動の方（無上士）であり、穏やかな言葉と厳しい言葉を自在に使い分けて修行者を指導する方（調御丈夫）であり、神々と人間にとって共通の指導者（天人師）であり、最高の智者（仏）であり、世の中の人々から尊敬されるべき方（世尊）でした。

この如来には、八十億の菩薩たちとガンジス河七十二本分の砂の数に等しい数の声聞たちが、弟子として、お仕えしていました。

この如来の寿命は四万二千劫であり、菩薩たちの寿命も同じ四万二千劫でした。

この如来がおさめる仏国土には、女性もいなければ、地獄道や餓鬼道や畜生道や阿修羅界に苦しむものたちもいませんでした。

その仏国土が平坦なことは、まるで手のひらのようで、ラピスラズリでできていました。宝樹がたちならび、宝石でつくられたパラソルでおおわれ、パラソルからは宝石でつくられたベールが垂れ、宝石でつくられた瓶や香炉がいたるところにありました。一本の宝樹にはそれぞれ七宝でつくられた台が一つずつあてがわれ、宝樹は矢がとどく距離まで葉をひろげていました。そして、どの宝樹のもとにも、菩薩たちや声聞たちが坐っていました。七宝でつくられた台のうえでは、おのおの百億の神々が、天上界の音楽をかなで、如来をほめたたえる歌をうたって、供養していました。

　このような環境のもとで、かの如来は、とりわけ一切衆《いっさいしゅ》生《じょう》喜見《きけん》菩薩、すなわち『会えばだれもが喜ばざるを得ない者』とよばれる菩薩のために、またそのほかの菩薩たちのため声聞たちのために、法華経をお説きになりました。

　この一切衆生喜見菩薩は、みずからのぞんで、苦行に励みました。日月浄明徳如来の教えにしたがって努力を重ね、歩きながら経文を唱え、一心に如来の境地を求めつづけて、一万二千年にもおよびました。かくして一万二千年の修行を満行し終えて、現一切色身三昧《げんいっさいしきしんざんまい》、すなわち『布教の対象にあわせて、ありとあらゆる姿に変身できる』とよばれる境地を実現したのでした。

　この境地を実現したとき、一切衆生喜見菩薩の心は歓喜に満たされ、こういう思いに駆られました。

『わたしがこの現一切色身三昧を実現できたのは、ひとえに法華経を聞くことができたおかげなのだ。だから、こんにちただいまから、日月浄明徳如来と法華経を供養することにしよう』

　そういうと、一切衆生喜見菩薩は即座に現一切色身三昧に入りました。すると、虚空から曼陀羅華と摩訶曼陀羅華を、雨のように、降りそそぎました。カーラ・アヌサーリン栴檀香（随時檀香）を、空中で雲のようにして、降りそそぎました。また、ウラガ・サーラ栴檀香（海此岸《かいしがん》栴檀香）の雨を降りそそぎました。これらの香は、たったの六銖（約四グラム）でも、この娑婆世界をそっくりそのまま買い取れる値段に匹敵するほど、高価なものでした。それほど高価なお香をもって、一切衆生喜見菩薩は日月浄明徳如来を供養したのです。

　この供養をなし終えると、一切衆生喜見菩薩は現一切色身三昧から立ちあがり、こう自問自答しました。

『いくら神通力を駆使して如来を供養したところで、わたし自身の身体をもって供養することに比べたら、どうということはない』

　そう考えて、一切衆生喜見菩薩はさまざまな香、つまり栴檀香、クンドゥルカ香（薫陸《くんろく》香）、トゥルシュカ香（兜《と》楼《ろ》婆《ば》香）、畢力迦《ひつりきか》香、沈香、膠《きょう》香を服用し、さらにチャンパカ（瞻蔔《せんぷく》）香油をはじめ、さまざまな香油を一千二百年間にわたって飲みつづけました。

飲み終わると、こんどは香油を自分の身体に塗り、日月浄明徳如来の御前にまかりでました。そして、天上界の神々がまとう衣を身につけ、そのうえにさまざまな香油をそそぎ、日月浄明徳如来を供養するために、神通力をつかい、自身の身体を、燈明として、火をともしたのです。その光明は、ガンジス河八十億本分の砂の数に等しい世界をあまねく照らし出しました。

照らし出された世界に仏国土をもつ如来たちは、みないっせいに、一切衆生喜見菩薩をほめたたえて、こうおっしゃいました。

『すばらしい。すばらしい。信仰あつき息子さん。これこそ、まことの精進にほかなりません。これこそ、如来にたいする真の供養といってかまいません。もし、花々や香や瓔珞や焼香や抹香や塗香や天上界の衣（天繒《てんぞう》）やパラソルやサーラ栴檀香など、いろいろな物品をもって供養するとしても、いま一切衆生喜見菩薩が実践している供養にはおよびもつきません。

たとえ、一国を布施しようとも、妻子を布施しようとも、とうていおよびません。信仰あつき息子さん。これこそ、最高の布施にほかなりません。もろもろの布施のなかで、もっとも尊く、もっとも価値ある布施です。なぜなら、自分自身の存在すべてをもって、如来を供養しているからです』

照らし出された世界に仏国土をもつ如来たちはこうおっしゃると、みな沈黙されました。

一切衆生喜見菩薩の身体は一千二百年間にわたり、燃えつづけました。一千二百年後、その身体は跡形もなく、燃え尽きました。

一切衆生喜見菩薩は以上に述べたとおり、如来とその教えにたいする供養を成し遂げ、寿命が尽きたのち、ふたたび日月浄明徳如来の仏国土に生まれ変わりました。浄徳王の家に、忽然として、結跏趺坐したすがたであらわれ、父親の王のために、次のような詩句をとなえたのです。

大王さま。よく覚えておいてください。

わたしはあの場所で修行に励み、『布教の対象にあわせて、ありとあらゆる姿に変身できる』とよばれる境地を実現したのです。

そして、さらなる修行を成し遂げるために、いとしい我と我が身を、喜んで捨てたのです。

この詩句をとなえ終わると、父王にむかって、こう言いました。

『日月浄明徳如来は、いまもなお、この世にあって、法を説いておられます。わたしは前世において、かの如来を供養し終え、解《げ》一切衆生《いっさいしゅじょう》語言《ごごん》陀羅尼すなわち「生きとし生けるものすべてのことばを理解できる聖なる呪文」を得ました。また、この法華経を、八百千万億那由侘（千億）×甄迦羅《けんがら》（十の百十二乗）×頻婆羅《びんばら》（十の五十六乗）×阿閦婆《あしゅくば》（十の二百二十四乗）もの詩句をもって、かの如来からじかにお聞きしたのです。

大王さま。わたしはかの如来のもとへ帰り、供養してさしあげなければなりません』

こう言うと、一切衆生喜見菩薩は、七宝でつくられた台座のうえに坐したまま、ターラ樹の七倍の高さにあたる空中にのぼり、かの如来の坐しておられるところにいたりました。そして、自分の頭のうえに如来の両足をいただき、十本の指を合わせて、如来をたたえる詩句をとなえました。

あなたのお顔はまことに美しく、その光明は全宇宙を照らし出しておられます。

わたしは過去世においてあなたを供養し、いままたここに帰ってまいりました。

一切衆生喜見菩薩はこうして詩句をとなえ終えると、日月浄明徳如来にむかって、こう申し上げました。

『世にも尊きお方。あなたはいまなお、この世にいらっしゃいますよね』

こう問われて、日月浄明徳如来は一切衆生喜見菩薩に、お告げになりました。

『信仰あつき息子よ。わたしは完全な涅槃に入るときが来ました。涅槃のための寝床を用意しなさい。わたしはまさに今夜、涅槃に入るでしょうから』

さらに、日月浄明徳如来は一切衆生喜見菩薩に、こうお述べになりました。

『信仰あつき息子よ。あなたにわたしの教えをゆだねましょう。また、わたしの弟子たる菩薩たち、声聞たち、このうえなく正しい悟り、全宇宙にありとしある七宝でつくられた世界、そこにあるもろもろの宝樹や宝台、さらにわたしに仕えてきた神々を、ことごとくあなたにゆだねましょう。

わたしが完全な涅槃に入ったのちは、わたしの遺骨もまた、あなたにゆだねましょう。わたしの遺骨を多くの人々に分けあたえ、みんなで供養しなさい。そして、遺骨をまつる塔を、あちこちにたくさん建てなさい』

このように、一切衆生喜見菩薩にお述べになると、その夜の夜半から夜明け前のころ、日月浄明徳如来は完全な涅槃にお入りになりました。

かくして、如来が完全な涅槃にお入りになったのを目の当たりにして、一切衆生喜見菩薩は嘆き悲しみ、如来を恋い慕いました。

それから、一切衆生喜見菩薩はウラガ・サーラ栴檀を積み上げ、そこにかの如来の遺骸をのせて、荼毘にふしました。かの如来の遺骸が燃え尽き、火が消えると、舎利をひろいあつめ、八万四千の宝瓶をつくって納め、八万四千の塔を建立しました。これらの塔は、欲界と色界と無色界の三界を突き抜けるほど高くそびえ、とりどりの豪華絢爛たる垂れ飾りや鈴で荘厳されていました。

塔を建立し終えると、一切衆生喜見菩薩は心のなかで、こう思いました。

『わたしは日月浄明徳如来の遺骨供養をとどこおりなく済ませたけれど、まだとても満足できない。もっともっとすばらしい遺骨供養をおこなおう』

そこで、一切衆生喜見菩薩は、菩薩たち、声聞たち、神々、龍王たち、夜叉たちをはじめ、そこにつどっていたすべての者たちにむかって、こう呼びかけました。

『みなさん。心を一つにしてください。わたしといっしょに、日月浄明徳如来の舎利を供養しようではありませんか！』

こう言うと、一切衆生喜見菩薩は、八万四千の塔を前にして、百の福徳で飾られた自分の両腕に火をともし、そのまま七万二千年間ずっと供養しつづけたのでした。その間、一切衆生喜見菩薩は、声聞の境地を求める膨大な数の人々を教化して、このうえなく正しい悟りを求める心を起こさせ、ついには現一切色身三昧、すなわち『布教の対象にあわせて、ありとあらゆる姿に変身できる』とよばれる境地を実現させたのでした。

しかし、一切衆生喜見菩薩の両腕は燃え尽きてしまいました。それを見て、菩薩たちも神々も人間たちも阿修羅たちもみな、悲しみ憂い、涙を流しながら、こう言いました。

『この一切衆生喜見菩薩はわたしたちの世にも尊きお方であり、教化してくださったお方です。ところが、かの方の両腕は燃え尽きてしまって、もうありません』

みんながそう嘆いているのを知って、一切衆生喜見菩薩はかれらにむかい、こう誓いの言葉を述べました。

『わたしは自分の両腕を、かの如来を供養するために喜捨すれば、如来がもつべき金色の身体を必ずや獲得できると信じています。この誓いが真実であって、虚偽でないならば、わたしの両腕はもとどおりになるでしょう』

こう述べるやいなや、一切衆生喜見菩薩の両腕は自然にもとどおりになりました。それは、この菩薩の福徳や智恵がほんものだったからにほかなりません。

ちょうどそのとき、三千大千世界は六種類の震動を起こし、天から宝花が降りしきるという、神々も人間たちもかつて体験したことのなかった事態に遭遇したのでした」

ここまで語り終えると、釈迦牟尼如来は宿王華菩薩にこうおっしゃいました。

「あなたはどう思っているのでしょうか。いま述べた物語の一切衆生喜見菩薩は、だれあろう、いまの薬王菩薩そのひとなのです。薬王菩薩が自分の身体を捨てて布施したことは、いまわたしが語ったとおりです。時間にすれば、これほど多くの百千万億那由佗（千億）にもおよぶ長さになるのです。

ですから、宿王華菩薩さん。もし、あなたが誓ってこのうえなく正しい悟りを求めるのであれば、手の指一本もしくは足の指一本に火をともして、仏塔を供養しなさい。そうすれば、一国や妻子、あるいは三千大千世界の山林や河や池、もろもろの貴重な宝物を布施して供養するよりも、はるかに功徳があります。

また、三千大千世界を七宝で満たし、如来や大菩薩や辟支仏や阿羅漢に布施したところで、その人が得られる功徳は、この法華経におさめられている四句からなる詩句をいちずに信じつづけることから得られる功徳に比べたら、全然かないません。

宿王華菩薩さん。たとえていうなら、ありとあらゆる水域のなかで海が最大であるのと同じように、ありとあらゆる経典のなかでこの法華経こそ最高なのです。もろもろの如来たちがお説きになった経典のなかで、法華経こそ最深にして最大なのです。

また、宇宙の中心にそびえる土山・黒山・小鉄囲山・大鉄囲山・十宝山などの山々のなかで須弥山がもっとも高いように、この法華経こそ、ありとあらゆる経典のなかで最上位にあるのです。

満点の星々のなかで月がもっとも光り輝いているように、この法華経こそ、千万億にもおよぶ経典のなかでもっとも光り輝いているのです。

太陽がありとあらゆる闇を消し去るように、この法華経こそ、ありとあらゆる悪しき闇を破るのです。

あまたの王たちのなかで転輪聖王がもっとも尊貴なように、この法華経こそ、ありとあらゆる経典のなかでもっとも尊貴なのです。

帝釈天が三十三天のなかの王であるように、この法華経こそ、ありとあらゆる経典のなかの王なのです。

梵天王が生きとし生けるものすべてにとって父親であるように、この法華経こそ、賢者にとっても、聖者にとっても、まだ学ぶ必要のある者にとっても、もう学ぶ必要のない者にとっても、菩薩の境地を求める者にとっても、父親にほかならないのです。

凡人のなかにあっては、迷いを断って仏道に入った者（須陀洹）も、修行に励んであと一回だけ人に生まれ変わったのち涅槃に入る者（斯陀含）も、いまの生が尽きればもはや人に生まれ変わらない者（阿那含）も、あらゆる迷いを完全に断って涅槃に入りふたたび輪廻転生しない者（阿羅漢）も、師なしに悟りを開く者（辟支仏）も、第一人者であるように、ありとあらゆる如来たちの教え、ありとあらゆる菩薩たちの教え、ありとあらゆる声聞たちの教えをはじめ、どのような経典に比べても、この法華経こそ、最高の教えなのです。

ですから、この法華経をいちずに信じつづける者もまた、生きとし生けるものすべてのなかで、最高の者たちなのです。

ありとあらゆる声聞や辟支仏のなかで、菩薩が最高の存在といわれるように、この法華経こそ、ありとあらゆる経典のなかで最高の経典なのです。

如来がありとあらゆる声聞や辟支仏や菩薩に君臨する王であるように、この法華経こそ、ありとあらゆる経典に君臨する王なのです。

宿王華菩薩さん。この法華経は、生きとし生けるものすべてを救ってくださる存在です。この法華経は、生きとし生けるものすべてを、もろもろの苦悩から解き放ってくださいます。この法華経は、生きとし生けるものすべてにたいし、おおいに利益をあたえ、かれらの願いをことごとくかなえてくださいます。

喉の渇きに苦しむ者にとっての清らかな水をたたえた池のように、寒さに苦しむ者にとっての火のように、裸の者にとっての衣服のように、商人たちにとっての隊商をひきいる指導者のように、子どもにとっての母親のように、渡りに船のように、病人にとっての医者のように、闇中の燈火のように、貧しい者にとっての宝のように、人民にとっての王のように、商人たちにとって財貨をもたらす海のように、闇を照らす燈火のように、この法華経はありとあらゆる願いをかなえてくれるのです。すなわち、生きとし生けるものすべてを、ありとあらゆる苦悩や病苦から救いとり、輪廻転生の束縛から解き放ってくれるのです。

したがって、この法華経を聞く機会を得て、みずから書き写し、あるいはだれかに書き写させたりするならば、その功徳は、如来がその智恵を駆使して推量しようとしても、とても推量できないくらい、広大無辺なのです。

あるいは、この法華経を書き写し、花々や香や瓔珞や焼香や抹香や塗香やパラソルや衣服やいろいろな燈火やバターの燈明や香油の燈明やチャンパカ油の燈明やスマナー油の燈明やパータラ油の燈明やヴァールシカ油の燈明やナヴァ・マーリカー油の燈明をもって供養するならば、得られる功徳は無限大です。

宿王華菩薩さん。だれであろうと、この薬王菩薩本事品を聞くことができるならば、その人は無限大の功徳を得られます。

もし、女性がこの薬王菩薩本事品を聞くことができるならば、その人は二度と、女性には生まれ変わらないでしょう。

もし、釈迦牟尼如来が完全な涅槃に入ってから五百年ののち、女性がこの法華経を聞いて、説かれているとおりに修行するならば、この世の寿命が尽きたのち、極楽浄土の阿弥陀如来が菩薩たちといっしょにおられる場所のすぐ近く、蓮の花にしつらえられた宝座のうえに生まれ変わるでしょう。

その人はもはや、貪欲に苦しめられることもなく、また憎しみや迷いに悩まされることもないでしょう。おごり高ぶる心や嫉妬の心や汚らわしい心に悩まされることもないでしょう。

しかも、菩薩の神通力を獲得するとともに、何であれ、ものは生じることがないという認識（無生法忍）を獲得するでしょう。この認識を獲得すると、両眼の機能が完璧に清められ、その完璧に清められた両眼の機能によって、ガンジス河七百万二千億那由佗（千億）本分の砂の数に等しい数の如来たちのおすがたを、目の当たりにするでしょう。

そのとき、如来たちはその人をほめたたえ、声をそろえて、こうおっしゃるでしょう。

『すばらしい。すばらしい。あなたは釈迦牟尼如来の教えにしたがって、この法華経をいちずに信じ、読み、記憶し、思案し、ほかの人々のために説いています。その行為によって得られる福徳は無量にして無辺です。火も焼くことができず、水も流し去ることができません。あなたの功徳は、たとえ千人の如来たちをもってしても、とうてい説き尽くせません。

あなたはもうすでにあまたの魔賊を破滅させ、生死という敵軍を撃破し、そのほかもろもろの怨敵をことごとく打倒しました。

信仰あつき息子よ。百千もの如来たちが、神通力を駆使し、力を合わせて、あなたを守護してくださっています。この世にありとしある神々と人間のなかで、あなたに勝る者など、だれひとりいません。如来を唯一の例外として、そのほかのいかなる声聞も辟支仏も菩薩も、智恵ならびに瞑想において、あなたに匹敵する者などいないのです』

宿王華菩薩さん。この菩薩は、いまわたしが説明したとおりの功徳や智恵の力を成就しました。

もし、だれであれ、この薬王菩薩本事品を聞いて、『すばらしい！』といって、喜んでほめたたえるとすれば、その人は、現に生きているうちに、口からつねに青い蓮華の香りをただよわせ、からだじゅうの毛の穴からつねに牛頭《ごず》栴檀《せんだん》の香をただよわせるでしょう。そして、その人が獲得する功徳は、わたしがこれまで詳しく述べてきたとおりです。

以上のようなわけで、宿王華菩薩さん。この薬王菩薩本事品をあなたにゆだねますから、わたしが完全な涅槃に入ったのちの五百年間、人間たちが居住している閻浮提の津々浦々に広めてください。まかりまちがっても、この薬王菩薩本事品を失って、悪魔や悪魔の配下や悪しき神々や龍や夜叉や鳩槃茶《くはんだ》などが跳梁跋扈しないように、つとめなさい。

宿王華菩薩さん。あなたはわたしがあたえる神通力を駆使して、この法華経を守護しなさい。その理由は、この法華経こそ、閻浮提に居住する人々がかかる病の特効薬だからです。もし、病にかかっている人がいれば、この法華経を聞かせなさい。そうすれば、病はたちどころに消えて、不老不死となるでしょう。

宿王華菩薩さん。もし、この法華経をいちずに信じつづける人を見かけたならば、青い蓮華のうえに抹香をいっぱい盛りたてて、その人にふりかけてあげなさい。ふりかけ終わったら、心のなかでこう念じなさい。

『この人は遠からず、草を刈り取って、その草で悟りの座をしつらえるでしょう。そして、その座に坐って、悪魔の大群を撃滅するでしょう。真理の法螺貝を吹き鳴らし、真理の大太鼓を打ち鳴らして、生きとし生けるものすべてを、生老病死の苦海から救い出すでしょう』

　こういうわけですから、悟りへの道を求める者はこの法華経をいちずに信じつづける者を目にしたならば、これまでわたしが述べてきたように、尊敬の心を起こしなさい」

　このようにして、釈迦牟尼如来がこの薬王菩薩本事品をお説きになったとき、聴聞していた八万四千の菩薩たちは、解一切衆生語言陀羅尼すなわち「生きとし生けるものすべてのことばを理解できる聖なる呪文」を得ました。

　また、多宝如来は宝塔のなかから宿王華菩薩をほめたたえて、こうおっしゃいました。

「すばらしい。すばらしい。宿王華菩薩さん。あなたはどんな言葉もおよばない功徳を成就したのです。釈迦牟尼如来にたいし、まさに問われるべき問いを発して、生きとし生けるものを数かぎりなく救ったのです」

24　妙音《みょうおん》菩《ぼ》薩《さつ》品《ほん》

　そのとき、釈迦牟尼如来は、偉大な人物であることをしめすまるく盛り上がった頭頂部（肉髻《にくけい》）および眉間の白毫から光明を放って、はるか東方に位置する、ガンジス河百八万億那由佗（千億）本分の砂の数に等しい数の仏国土を照らし出しました。

　この膨大な数の仏国土を越えていくと、浄光荘厳《じょうこうしょうごん》すなわち「清らかな光に満たされたところ」とよばれる仏国土がありました。

　この仏国土には如来がおられました。名を浄華宿王智《じょうけしゅくおうち》如来、すなわち「蓮華の花びらのように清らかで、星宿の王によって開花された神通力をもつ者」といい、供養されるにふさわしい方（応供）であり、歴史や時間の制約を超えた智恵の持ち主（正徧知）であり、過去世を知り尽くし未来世を知り尽くし煩悩を完全に克服した方（明行足）であり、完璧な悟りに到達した方（善逝）であり、聖なる世界のことも俗なる世界のことも知り尽くした方（世間解）であり、世間の動向にゆるがない最上の智恵と行動の方（無上士）であり、穏やかな言葉と厳しい言葉を自在に使い分けて修行者を指導する方（調御丈夫）であり、神々と人間にとって共通の指導者（天人師）であり、最高の智者（仏）であり、世の中の人々から尊敬されるべき方（世尊）でした。

　この如来は、膨大な数の菩薩たちにかこまれて、教えを説いておられました。

釈迦牟尼如来の白毫から放たれた光明は、かの如来の仏国土をくまなく照らし出しました。すると、この浄光荘厳とよばれる仏国土に、妙音《みょうおん》すなわち「良い声の持ち主」とよばれる菩薩のすがたが見えました。この菩薩はずっと昔からもろもろの善根を植え、百千万億にも達する膨大な数の如来たちを供養し、また親しくお仕えし、まことに深遠な智恵をことごとく成就していました。

とりわけ、妙幢相《みょうどうそう》三昧すなわち「幢幡の先端にある腕輪」とよばれる境地を獲得し、法華《ほっけ》三昧すなわち「正しい教えの白蓮」とよばれる境地を獲得し、浄徳《じょうとく》三昧すなわち「汚れなきものから授けられた」とよばれる境地を獲得し、宿王戯《しゅくおうけ》三昧すなわち「星宿の王の遊戯」とよばれる境地を獲得し、無縁《むえん》三昧すなわち「ありとあらゆる事象から解き放たれた」とよばれる境地を獲得し、智印《ちいん》三昧すなわち「智恵の標識」とよばれる境地を獲得し、解一切衆生語言陀羅尼すなわち「生きとし生けるものすべてのことばを理解できる」とよばれる境地を獲得し、集一切功徳《しゅういっさいくどく》三昧すなわち「ありとあらゆる福徳の集積」とよばれる境地を獲得し、清浄《しょうじょう》三昧すなわち「いっさいに汚れを離れた」とよばれる境地を獲得し、神通遊戯《じんずうゆげ》三昧すなわち「神通力を駆使する自在な活動」とよばれる境地を獲得し、慧炬《えこ》三昧すなわち「智恵の炬火」とよばれる境地を獲得し、荘厳王《しょうごんのう》三昧すなわち「装飾の王」とよばれる境地を獲得し、浄光明《じょうこうみょう》三昧すなわち「汚れなき光明」とよばれる境地を獲得し、浄蔵《じょうぞう》三昧すなわち「汚れなき子宮」とよばれる境地を獲得し、不共《ふぐ》三昧すなわち「三乗を否定し一乗を肯定する」とよばれる境地を獲得し、日旋《にっせん》三昧すなわち「太陽の運行」とよばれる境地を獲得していました。そのほかにも、ガンジス河百千万億本分の砂の数に等しい数の、偉大な境地をすでに獲得していました。

釈迦牟尼如来から放たれた光明が、この妙音菩薩のからだを照らし出しました。すると、妙音菩薩は浄華宿王智如来にむかって、こう申し上げました。

「世にも尊きお方。わたしは娑婆世界に往って、釈迦牟尼如来を礼拝し、親しくお仕えし、供養したいと存じます。また、文殊師利法王子や薬王菩薩や勇施菩薩や宿王華菩薩や行上意菩薩や荘厳王菩薩や薬上菩薩にも、お目にかかりたいと存じます」

妙音菩薩がこう申し上げると、浄華宿王智如来はこう返答なさいました。

「往くのはよいが、かの仏国土を軽蔑して、『ひどいところだなあ！』などと思ってはいけません。信仰あつき息子さん。娑婆世界はでこぼこしていて、土や石ばかり。山はたくさんあるうえに、あたり一面は糞尿だらけです。

如来にしても、その背丈はとても小さく、菩薩たちもみな小柄な者ばかりです。

ところが、あなたの身長ときたら、三〇万キロメートル。わたしにいたっては五〇〇〇万キロメートルもあります。あなたのからだは最高に端正で、百千万の福徳に光り輝いています。

しかし、だからといって、かの仏国土に往って、かの仏国土を軽蔑してはいけません。如来や菩薩はもとより、国土にたいしても、『ひどいところだなあ！』などと夢にも思わないようにつとめなさい」

そうさとされて、妙音菩薩は如来にたいし、こうお答えしました。

「世にも尊きお方。いま、わたしが娑婆世界に往けるのも、ひとえに如来のお力、如来の自在な神通力、如来の功徳、如来の智恵、如来の麗しさのおかげでございます」

如来にこう申し上げると、妙音菩薩は坐ったまま、まったくからだを動かさず、瞑想に入り、その瞑想の力によって、娑婆世界の霊鷲山にある釈迦牟尼如来の法座のすぐ近くに、とりどりの貴重な宝物でつくられた八万四千もの蓮華を出現させました。それらの蓮華は、茎が閻浮樹の森を流れる川の底からとれる赤黄色の良質の金、葉が白銀、雄しべと雌しべがダイアモンド、うてながキンシュカの木に咲く花の色に似た赤い宝石で、おのおのつくられていました。

八万四千もの蓮華が忽然として出現したのを目にして、文殊師利法王子は釈迦牟尼如来にむかい、こうお尋ねしました。

「世にも尊きお方。この奇瑞はいかなる理由で生じたのでしょうか。茎が閻浮樹の森を流れる川の底からとれる赤黄色の良質の金、葉が白銀、雄しべと雌しべがダイアモンド、うてながキンシュカの木に咲く花の色に似た赤い宝石でおのおのつくられた、膨大な数の蓮華が出現しております」

文殊師利法王子の問いに、釈迦牟尼如来はこうお答えになりました。

「これは、妙音菩薩が浄華宿王智如来の仏国土から、八万四千の菩薩たちとともに、この娑婆世界をおとずれ、わたしを供養し、親しく仕え、礼拝したいと願い、同時に法華経を供養し、ぜひ聴聞したいとのぞんだゆえに、生じた奇瑞です」

そうお聞きして、文殊師利法王子はまた釈迦牟尼如来にお尋ねしました。

「世にも尊きお方。この菩薩は、いったいどのような善根を植え、どのような功徳をおさめたために、このようなすばらしい神通力を発揮できたのでしょうか。また、いったいどのような瞑想を実践したのでしょうか。

お願いですから、その瞑想の名をお教えください。わたしたちもその瞑想に励みたいと存じます。その瞑想を実践して、この菩薩のすがたが、どのような色で、どのような形で、どのような特徴をもち、またどのような行動をするのか、ぜひ見たいと存じます。

お願いですから、世にも尊きお方。神通力をおつかいになって、かの菩薩がこの娑婆世界にやってきたとき、わたしの目にも見えるようにしてください」

釈迦牟尼如来は文殊師利法王子に、こうお答えになりました。

「はるかな過去世において完全な涅槃にお入りになった多宝如来が、あなたのために、その願いをかなえてくださいます」

釈迦牟尼如来がこうおっしゃると、多宝如来は妙音菩薩にむかって、言葉をおかけになりました。

「信仰あつき息子さん。おいでなさい。文殊師利法王子があなたのすがたを見たいとのぞんでいます」

この言葉が発せられるやいなや、妙音菩薩はかの仏国土からすがたを消して、八万四千の菩薩たちとともに、娑婆世界に到着しました。途中にある仏国土は六種類の震動を起こし、どこもかしこも七宝の蓮華を雨のように降らし、百千もの天上界の太鼓が打ちもしないのに自然に鳴り響きました。

妙音菩薩の両眼は、大きな青い蓮華の葉のようなかたちをしていました。その容貌の美しいことといったら、たとえ月を百千万個あわせても、とうていかないませんでした。からだはほんものの黄金の色であり、膨大な数におよぶ功徳の瑞相で飾られていました。威厳に満ちあふれ、光り輝き、さまざまな徳の相をかねそなえて、まるでヴィシュヌ神のような頑丈なからだつきでした。

そういうすがたの妙音菩薩が、七宝でつくられた大楼閣のなかに入ったまま、地面からターラ樹の七倍の高さに匹敵する空中に、もろもろの菩薩たちに崇敬され、そのまわりをかこまれて、この娑婆世界の霊鷲山をおとずれたのでした。

霊鷲山に到着すると、七宝の大楼閣から降り立ち、その価格が幾百幾千金にあたる瓔珞を手にして、釈迦牟尼如来のみもとにいたり、如来の両足を自分の頭頂にいただき、瓔珞を献上しつつ、こう申し上げたのでした。

『世にも尊きお方。浄華宿王智如来さまから、つぎのようなご伝言をさずかっております。

世にも尊きお方におかれましては、無病息災であられますか。起居に問題はございませんか。心安らかにお過ごしでしょうか。身体の健康をつかさどる地水火風の四大は調和しておられますか。世の中はうまく動いておりますか。人々は教化しやすいでしょうか。強い愛着や激しい怒りや救いがたい迷いや妬みの心やひねくれあなどる心に、満ちあふれてはいないでしょうか。父母に孝養を尽くさず、僧侶をうやまわず、あやまった見解や悪しき心にとらわれて、喜怒哀楽および怨みという五つの感情をうまく制御できていないのではないでしょうか。

世にも尊きお方。人々はもろもろの魔を打破できているでしょうか。はるかな過去世において完全な涅槃にお入りになった多宝如来さまは、娑婆世界においでになられて、七宝でつくられた仏塔のなかで、あなたの説法をお聞きでしょうか』

また、浄華宿王智如来さまから、多宝如来さまについて、つぎのようなご伝言をさずかっております。

『かの如来さまは、つつがなくお過ごしでしょうか。耐え難いことはございませんでしょうか。多宝如来さまは娑婆世界にながくとどまられるのでしょうか』

世にも尊きお方。ぜひとも多宝如来さまのおすがたを拝見したいと存じます。お願いですから、多宝如来さまのおすがたを、わたしにお見せください」

そう請われ、釈迦牟尼如来は多宝如来にむかって、こうおっしゃいました。

「妙音菩薩さんがあなたのおすがたを見たいとのぞんでいます」

すると、多宝如来は妙音菩薩にこうお答えになりました。

「けっこう。けっこう。釈迦牟尼如来を供養し、法華経を聞き、文殊師利法王子などとあいまみえるために、あなたはここにおいでになったのだから」

多宝如来がそうおっしゃると、華徳菩薩すなわち「吉祥なる蓮華」とよばれる菩薩が、釈迦牟尼如来にこう尋ねました。

「世にも尊きお方。この妙音菩薩は、いったいどのような善根を植えたゆえに、どのような功徳を積んだゆえに、このような神通力を獲得できたのでしょうか」

釈迦牟尼如来はこうお答えになりました。

「はるかな過去世に、一人の如来が出現されました。その名は、雲雷音王《うんらいおんのう》多陀阿伽度《ただあかど》阿羅訶《あらか》三藐三仏陀《さんみゃくさんぶっだ》、すなわち『雷電の音の王とよばれる如来であり、供養されるにふさわしい方（応供）であり、歴史や時間の制約を超えた智恵の持ち主（正偏知）であり、最高の智者（仏陀）』といいました。

この如来がおさめる仏国土は、現一切世間すなわち『ありとあらゆるすがたかたちをあらわし出す世界』といい、喜見すなわち『見る目に快い』という劫のことでした。

妙音菩薩はこの雲雷音王如来を、一万二千年にわたり、十万種類の音楽をかなでて供養し、八万四千におよぶ七宝造りの鉢を献上したのです。こんな因縁のおかげで、妙音菩薩はいまは浄華宿王智如来の仏国土に生まれ、こういう神通力を獲得できたのです。

華徳菩薩さん。あなたはどう思っているのでしょうか。かのときに、雲雷音王如来の御前で、妙音菩薩という名のもとに、音楽をかなでて如来を供養し、かつ宝器を献上したのは、だれあろう、いまここにこうしている妙音菩薩にほかならないのです。

華徳菩薩さん。この妙音菩薩は過去世において、膨大な数の如来たちを供養し、また親しくお仕えし、ながきにわたって善根を植えつづけ、さらにガンジス河の砂の数に等しい百千万億那由佗（千億）もの如来たちにお会いしているのです。

華徳菩薩さん。あなたは、妙音菩薩はいまここにいる妙音菩薩しかいないと思っているでしょうが、じつは妙音菩薩はさまざまなすがたに変身して、生きとし生けるものすべてのために、この法華経を説いてきたのです。

梵天王のすがたに変身し、帝釈天のすがたに変身し、自在天のすがたに変身し、大自在天のすがたに変身し、天大将軍のすがたに変身し、毘沙門天《びしゃもんてん》のすがたに変身し、転輪聖王のすがたに変身し、さまざまな小国の王たちのすがたに変身し、大金持ちのすがたに変身し、居士のすがたに変身し、宰相のすがたに変身し、バラモン僧のすがたに変身し、出家僧のすがたに変身し、尼僧のすがたに変身し、男女の在家修行者のすがたに変身し、大金持ちや居士の妻のすがたに変身し、宰相の妻のすがたに変身し、バラモン僧の妻のすがたに変身し、少年少女のすがたに変身し、神々のすがたに変身し、龍王のすがたに変身し、夜叉のすがたに変身し、乾闥婆のすがたに変身し、阿修羅のすがたに変身し、迦楼羅のすがたに変身し、緊那羅のすがたに変身し、摩睺羅伽のすがたに変身し、人間あるいは人間以外の者のすがたに変身して、この法華経を説いてきたのです。

さらに、地獄道や餓鬼道や畜生道をはじめ、もろもろの悪しき境涯にある者たちのために、法華経を説いて救済してきたのです。また、王の後宮においては、女性に変身して、この法華経を説いてきたのです。

華徳菩薩さん。この妙音菩薩は、娑婆世界に住む生きとし生けるものすべてにとって、救済者なのです。いま述べてきたとおり、この妙音菩薩はいろいろなすがたに変身し、この娑婆世界に住む生きとし生けるものすべてのために、この法華経を説くのです。

妙音菩薩はどんなに変身しても、その神通力や変身する力や智恵が損耗することはありません。この菩薩は、あまたの智恵をもって、娑婆世界を明るく照らし出し、生きとし生けるものすべてに、その智恵を分けあたえるのです。これらの点は、全宇宙にガンジス河の砂の数に等しい数ほどもある仏国土のどこであろうと、まったくかわりません。

もし、声聞の悟りをめざす者があれば、声聞のすがたであらわれて説法します。もし、辟支仏の悟りをめざす者があれば、辟支仏のすがたであらわれて説法します。もし、菩薩の悟りをめざす者があれば、菩薩のすがたであらわれて説法します。もし、如来の悟りをめざす者があれば、如来のすがたであらわれて説法します。このように、さまざまな悟りをめざす者には、かれらが求める悟りの種類にしたがって、さまざまなすがたであらわれて、説法するのです。あるいは、もし、完全な涅槃を求める者があれば、完全な涅槃をもって、自分をさししめすのです。

華徳菩薩さん。妙音菩薩が成就した神通力や智恵の力は、このようなものなのです」

そうお聞きして、華徳菩薩は釈迦牟尼如来にこう、お尋ねしました。

「世にも尊きお方。この妙音菩薩は深く善根を植えております。世にも尊きお方。この菩薩はいったいどのような境地に入ったおかげで、このように相手次第で変幻自在な教化のすべを得たのでしょうか」

釈迦牟尼如来は華徳菩薩に、こうお答えになりました。

「信仰あつき息子さん。その境地は現一切色身、すなわち『ありとあらゆるすがたかたちであらわれる』とよばれる境地にほかなりません。妙音菩薩はこの境地に入って、これまで述べてきたように、生きとし生けるものを数かぎりなく救ってきたのです」

以上のように、釈迦牟尼如来がこの「妙音菩薩品」をお説きになったとき、妙音菩薩といっしょに娑婆世界を訪れた八万四千の者たちは、みないっせいに現一切色身とよばれる境地を成就し、同時に娑婆世界にいる膨大な数の菩薩たちも、この境地を成就するとともに、聖なる力ある言葉（陀羅尼）を得たのでした。

そのあと、妙音菩薩は釈迦牟尼如来と多宝如来を供養してから、もとの仏国土へ帰っていきました。妙音菩薩が通過する仏国土はどこもかしこも六種類に震動し、宝蓮華が降りしきり、百万億もの音楽がかなでられました。

もとの仏国土へ帰り着くと、八万四千の菩薩たちにとりかこまれながら、浄華宿王智如来の御前にいたり、如来にむかって、こう申し上げました。

「世にも尊きお方。わたしは娑婆世界をおとずれて、かの仏国土にある生きとし生けるものに利益をあたえ、釈迦牟尼如来さまにお会いいたしました。また、多宝如来さまにもお会いし、礼拝し、供養させていただきました。さらに、文殊師利法王子さまをはじめ、薬王菩薩さまや得勤《とくごん》精進力《しょうじんりき》菩薩さまや勇施菩薩さまなどにも、お目にかかりました。同行した八万四千の菩薩たちに、現一切色身とよばれる境地を成就させせました」

このように、この「妙音菩薩の往来」とよばれる章が説かれているあいだに、四万二千の菩薩たちは無生法忍、すなわち「この世の事象は本来、生じることがないと認識する」智恵を獲得し、正しい教えの白蓮という境地を得たのでした。

25 観世音菩薩普門品《かんぜおんぼさつふもんぼん》

そのとき、「不滅の心の持ち主」という意味の名をもつ無尽意《むじんに》菩薩が、坐っていた座から立ちあがり、右肩にかかっていた衣を脱いで、釈迦牟尼如来にむかって手を合わせ、こうおたずねしました。

「世にも尊きお方。観世音菩薩は、なぜ観世音菩薩と名づけられているのでしょうか」

釈迦牟尼如来は無尽意菩薩に、こうお答えになりました。

「信仰あつき息子さん。もしも、百千万億もの生きとし生けるものたちが、さまざまな苦難に遭遇したとき、この観世音菩薩の名前を一心にとなえるならば、観世音菩薩はその声を聞いて、すべてのものをその苦難から救い出すでしょう。

もしも、この観世音菩薩の名前を知っていれば、たとえ巨大な火の塊のなかに入ったとしても、絶対に焼かれません。この菩薩の想像を絶する力のおかげで、大洪水のただなかに漂っていても、菩薩の名前をとなえれば、浅いところに流れ着きます。

もしも、百千万億の者たちが、金や銀やラピスラズリやシャコガイの玉や瑪瑙や珊瑚や琥珀や真珠などを求めて大海原に船出し、船団が暴風に吹かれて、羅刹たちが住む島に漂着したとしましょう。その者たちのなかの、たった一人でも、観世音菩薩の名前をとなえれば、羅刹たちから危害をくわえられることはありません。

以上のような理由で、観世音、つまり『自在に音を観察する者』と名づけられているのです。

もしも、殺されそうになったとき、観世音菩薩の名前をとなえれば、相手のもっている刀や杖は粉々になって、命が助かるでしょう。

もしも、宇宙のどこであろうと、夜叉や羅刹たちが人に危害をあたえようとやってきても、観世音菩薩の名前をとなえれば、悪鬼たちはその人のすがたを見ることができなくなるでしょう。ましてや、殺すことなどできなくなるでしょう。

たとえ、ある人が、有罪か無罪かを問わず、鉄製あるいは木製の手かせ足かせをされていたとしても、観世音菩薩の名前をとなえれば、手かせ足かせは、たちどころにこわれて、自由の身になるでしょう。

宇宙のどこかに、残虐無道な盗賊たちがいるとしましょう。ある豪商が、仲間の商人たちをひきつれ、高価な財宝を荷に積み、険しい道を通り抜けるとしましょう。そのなかの一人が、観世音菩薩の名前をとなえさえすれば、良き息子よ。なんら恐れることはありません。一心に観世音菩薩の名前をとなえさえすれば、この菩薩は恐怖心をとりさってくださいます。みんなで心を一つにして、観世音菩薩の名前をとなえさえすれば、盗賊たちに襲われることはありません。商人たちよ、これを聞いて、いっしょに声を合わせて、『南無《なむ》観世音《かんぜおん》菩薩《ぼさつ》』ととなえなさい。その名前さえとなえれば、必ず救われるのです。

無尽意菩薩さん。観世音菩薩の想像を絶する力がきわめて強大なことは、以上のとおりです。

もしも、性欲があまりにも強すぎる人がいれば、つねに観世音菩薩を心に思い浮かべ、うやまうことで、性欲から解放されるでしょう。

もしも、いつも怒りに駆られてばかりいる人がいれば、つねに観世音菩薩を心に思い浮かべ、うやまうことで、怒りから解放されるでしょう。

もしも、迷ってばかりいる人がいれば、つねに観世音菩薩を心に思い浮かべ、うやまうことで、迷いから解放されるでしょう。

無尽意菩薩さん。観世音菩薩は、以上のように、想像を絶する力の持ち主なので、はなはだ大きな利益をもたらしてくれるのです。ですから、つねに観世音菩薩を心に思い浮かべなさい。

もしも、女性が男の子を産みたいのであれば、観世音菩薩を礼拝し、供養なさい。そうすれば、さまざまな徳をそなえ、頭のとても良い男の子を産むことができるでしょう。もしも、女の子を産みたいのであれば、容姿端麗で、前世で積んだ功徳ゆえに、だれからも愛される女の子を産むことができるでしょう。

無尽意菩薩さん。観世音菩薩には、以上のような力があるのです。観世音菩薩をあがめたてまつり、礼拝するならば、まちがいなく福徳が得られるでしょう。ですから、みなさん。観世音菩薩の名前をよくおぼえておきなさい。

無尽意菩薩さん。だれかが、ガンジス河六十二本分の砂の数にひとしい菩薩たちの名前をおぼえ、また生涯をかけて、飲食や衣服や寝具や医薬を供養するとしましょう。これを、あなたはどう考えますか。こういうことをする善男善女は、功徳が多いでしょうか少ないでしょうか」

無尽意菩薩は、こうお答えしました。

「世にも尊きお方。ひじょうに多いとおもいます」

答えを聞いて、釈迦牟尼如来がこうおっしゃいました。

「では、もしも、別のだれかが、観世音菩薩の名前をおぼえ、たった一回だけ、礼拝し、供養するとしましょう。この二人が得る功徳は、まったく同じで、異ならないのです。その違いは、百千万億劫という時間をかけても、きわめ尽くせないのです。無尽意菩薩さんよ。観世音菩薩の名前をおぼえることができれば、このように、はかりしれない福徳が得られるのです」

無尽意菩薩は、釈迦牟尼如来に、こうお尋ねしました。

「世にも尊きお方。観世音菩薩は、どのようにしてこの娑婆世界をめぐり歩き、どのようにして生きとし生けるものすべてに、真理を説くのでしょうか。方便の力は、いかがなものでしょうか」

釈迦牟尼如来は、無尽意菩薩に、こうお答えになりました。

「信仰あつき息子さん。もしも、その世界の生きとし生けるものが、如来のすがたをした者によって、真理を説いていただけたらいいなあ、とねがっているのであれば、観世音菩薩は如来のすがたであらわれて、真理を説きます。

もしも、辟支仏のすがたをした者によって、真理を説いていただけたらいいなあ、とねがっているのであれば、辟支仏のすがたであらわれて、真理を説きます。

もしも、声聞のすがたをした者によって、真理を説いていただけたらいいなあ、とねがっているのであれば、声聞のすがたであらわれて、真理を説きます。

もしも、梵天のすがたをした者によって、真理を説いていただけたらいいなあ、とねがっているのであれば、梵天のすがたであらわれて、真理を説きます。

もしも、帝釈天のすがたをした者によって、真理を説いていただけたらいいなあ、とねがっているのであれば、帝釈天のすがたであらわれて、真理を説きます。

もしも、シヴァ神のすがたをした者によって、真理を説いていただけたらいいなあ、とねがっているのであれば、シヴァ神のすがたであらわれて、真理を説きます。

もしも、天大将軍神のすがたをした者によって、真理を説いていただけたらいいなあ、とねがっているのであれば、天大将軍神のすがたであらわれて、真理を説きます。

もしも、毘沙門天のすがたをした者によって、真理を説いていただけたらいいなあ、とねがっているのであれば、毘沙門天のすがたであらわれて、真理を説きます。

もしも、小さな国の王のすがたをした者によって、真理を説いていただけたらいいなあ、とねがっているのであれば、小さな国の王のすがたであらわれて、真理を説きます。

もしも、大金持ちのすがたをした者によって、真理を説いていただけたらいいなあ、とねがっているのであれば、大金持ちのすがたであらわれて、真理を説きます。

もしも、居士のすがたをした者によって、真理を説いていただけたらいいなあ、とねがっているのであれば、居士のすがたであらわれて、真理を説きます。

もしも、政府の高官のすがたをした者によって、真理を説いていただけたらいいなあ、とねがっているのであれば、政府の高官のすがたであらわれて、真理を説きます。

もしも、バラモン僧のすがたをした者によって、真理を説いていただけたらいいなあ、とねがっているのであれば、バラモン僧のすがたであらわれて、真理を説きます。

もしも、出家僧や尼僧や男女の在家修行者のすがたをした者によって、真理を説いていただけたらいいなあ、とねがっているのであれば、出家僧や尼僧や男女の在家修行者のすがたであらわれて、真理を説きます。

もしも、大金持ちや居士や政府の高官やバラモン僧の奥さんたちのすがたをした者によって、真理を説いていただけたらいいなあ、とねがっているのであれば、大金持ちや居士や政府の高官やバラモン僧の奥さんたちのすがたであらわれて、真理を説きます。

もしも、男の子や女の子のすがたをした者によって、真理を説いていただけたらいいなあ、とねがっているのであれば、男の子や女の子のすがたであらわれて、真理を説きます。

もしも、神々、龍王、夜叉、乾闥婆、阿修羅、迦楼羅、緊那羅、摩睺羅伽、人間、人間以外のもののすがたをした者によって、真理を説いていただけたらいいなあ、とねがっているのであれば、神々、龍王、夜叉、乾闥婆、阿修羅、迦楼羅、緊那羅、摩睺羅伽、人間、人間以外のもののすがたであらわれて、真理を説きます。

もしも、執金剛神《しゅうこんごうしん》のすがたをした者によって、真理を説いていただけたらいいなあ、とねがっているのであれば、執金剛神のすがたであらわれて、真理を説きます。

無尽意菩薩さん。この観世音菩薩は、このような功徳を成し遂げ、いろいろなすがたかたちに変身して、いろいろな世界をめぐり歩き、生きとし生けるものすべてに、真理を説くのです。ですから、みなさん。一心に観世音菩薩を供養なさい。

この観世音菩薩は、どんな恐ろしい緊急事態でも、みなさんを安全にしてくれるのです。ですから、娑婆世界の人々は、観世音菩薩を『施無畏者《せむいしゃ》』、つまり『安全にしてくれる者』とよぶのです」

こう聞いて、無尽意菩薩は釈迦牟尼如来に申し上げました。

「世にも尊きお方。わたしは、いま、この場で、観世音菩薩を供養いたしましょう」

こう言って、無尽意菩薩は、首につけていた百×千両もする高価なネックレスをはずすと、観世音菩薩にさしあげ、つぎのように言いました。

「慈愛あふれるお方。この供養のための宝石尽くしのネックレスをおうけとりください」

しかし、観世音菩薩はうけとろうとはしませんでした。

無尽意菩薩は、もう一度、観世音菩薩に言いました。

「慈愛あふれるお方。わたしたちを哀れとおもって、ぜひともおうけとりください」

こういうようすをご覧になっていた釈迦牟尼如来は、観世音菩薩に、こうおっしゃいました。

「無尽意菩薩をはじめ、出家僧、尼僧、男女の在家修行者たち、神々、龍王、夜叉、乾闥婆、阿修羅、迦楼羅、緊那羅、摩睺羅伽、人間、人間以外のものを哀れんで、このネックレスをうけとってあげなさい」

するとと、観世音菩薩はすぐに、出家僧、尼僧、男女の在家修行者たち、神々、龍王、夜叉、乾闥婆、阿修羅、迦楼羅、緊那羅、摩睺羅伽、人間、人間以外のものを哀れんで、ネックレスをうけとり、それを二つに分けて、一つを釈迦牟尼如来に、もう一つを多宝如来に、おのおのさしあげました。

釈迦牟尼如来がおっしゃいました。

「無尽意菩薩さん。観世音菩薩はこのような超能力を発揮しつつ、娑婆世界をめぐり歩くのです」

この言葉を聞くと、無尽意菩薩は詩句をとなえて、釈迦牟尼如来にこう尋ねました。

世にも尊きお方は、まことに美しいおすがたでいらっしゃいます。

わたしはもう一度、尋ねさせていただきます。

あのお弟子は、どういう理由で、観世音と名づけられたのでしょうか。

まことに美しいおすがたの釈迦牟尼如来は、詩句をとなえて、無尽意菩薩にお答えになりました。

あなたは観世音菩薩の修行について、よくお聞きなさい。

あの者は、どこから救いを求められても、すぐに対応します。

その誓願は、海のように深いのです。

それは、一劫かけて考えつづけても、理解できないほどです。

あまたの如来たちにまごころを尽くしてお仕えし、これ以上はないくらい清らかな誓願を起こしたのです。

わたしはあなたのために、要約して教えてあげましょう。

観世音菩薩の名前を聞いたり、そのすがたを見たり、心に思い描いたりすれば、さまざまな苦しみを滅し去ってくれるのです。

その人を殺そうとおもって、火が燃えさかる大きな穴に投げ落としても、その人が観世音菩薩の力を心に思い描けば、火の穴は水池に変わってしまいます。

大海原に漂流して、龍のような魚やさまざまな鬼神に襲われても、観世音菩薩の力を心に思い描けば、大波もその人を溺れさせることはできません。

須弥山の頂上から投げ落とされても、観世音菩薩の力を心に思い描けば、太陽のように、中空に浮くことができます。

悪人に追われて、ダイアモンドでできている山から墜落しても、観世音菩薩の力を心に思い描けば、けが一つしません。

残虐無道な盗賊にとりかこまれて、たくさんの刀で殺されそうになっても、観世音菩薩の力を心に思い描けば、盗賊たちの心に慈悲の思いが生まれます。

王のために迫害されて、処刑されることになり、これで命を絶たれるというときに、観世音菩薩の力を心に思い描けば、刀は粉々になってしまいます。

首かせをされ、手かせ足かせをされていても、観世音菩薩の力を心に思い描けば、たちどころに解き放たれます。

呪詛や毒薬で殺されそうになっても、観世音菩薩の力を心に思い描けば、殺そうとした人が逆に自滅します。

悪しき羅刹や毒龍やいろいろな鬼神にとりつかれても、観世音菩薩の力を心に思い描けば、まったく害はうけません。

獰猛な獣たちにとりかこまれ、鋭い牙の餌食になりそうになっても、観世音菩薩の力を心に思い描けば、獣たちはたちまち逃げ去ってしまいます。

マムシのような毒蛇や猛毒をもつサソリが、燃えるような毒気を吐きながら襲ってきても、観世音菩薩の力を心に思い描けば、思い描いたとたん、逃げ去ってしまいます。

雷が雷鳴をとどろかせ、雷電を放ち、あられを降らし、大雨を降らしても、観世音菩薩の力を心に思い描けば、たちまち雲散霧消してしまいます。

この世の生きとし生けるものが困難にあい、数えきれぬ苦しみにあえいでいても、観世音菩薩のこのうえない智恵の力は、世間にはびこる苦難を救ってくれるのです。

神通力を完璧にそなえ、智恵にもとづく方便を駆使して、全宇宙のありとあらゆるところすべてに、瞬間的にそのすがたをあらわすのです。

ありとあらゆる悪しき世界、すなわち地獄や餓鬼や畜生の世界の苦しみも、この世の生老病死の苦しみも、ことごとく滅し去ってくれるのです。

観世音菩薩は五観、すなわちあらゆる対象を、真実の眼で観察し、清らかで汚れのない眼で観察し、ほんとうの智恵の眼で観察し、あわれみの眼で観察し、いつくしみの眼で観察するのです。

ですから、観世音菩薩につねに願をかけ、つねにあがめたてまつりなさい。

観世音菩薩は汚れがまったくない清らかな光を発して、智恵の太陽で闇をうちやぶります。

風の災いも火の災いもふせぎ、世界全体を明るく照らし出します。

慈愛を本体とする戒律を、雷鳴のようにとどろかせ、いつくしみの心は、たとえようもなく大きな雲のようです。

真理を甘露のようにふりそそぎ、煩悩の炎をしずめます。

訴訟で裁判所に出頭したときも、戦いの最中に恐怖にとらわれたときも、観世音菩薩の力を心に思い描けば、敵はことごとく退散してしまいます。

観世音菩薩は、妙音すなわちこのうえなく美しい声、梵音すなわち梵天のようなすばらしい声、海潮音すなわち海鳴りのようにとどろく声、勝彼世間音すなわち世間一般の人々が発する声とは次元の異なる声をもっているのです。

ですから、観世音菩薩をつねに心に思い描きなさい。

一瞬たりとも、疑ってはなりません。

最高に清らかな存在である観世音菩薩は、苦しむとき、悩むとき、死に瀕するとき、災いにあうとき、救い手となるのです。

観世音菩薩は、ありとあらゆる功徳をそなえ、いつくしみの眼で、この世の生きとし生けるものすべてを観察しています。

その福徳は、海のように、限りがありません。

ですから、足もとにひれ伏し、全身であがめたてまつりなさい。

釈迦牟尼如来が詩句をとなえ終えると、「大地を支える者」という意味の名をもつ持地《じじ》菩薩が、それまで坐っていた座から立ちあがり、釈迦牟尼如来の御前にすすみでて、こう申し上げました。

「世にも尊きお方。もしも、生きとし生けるものが、この観世音菩薩の章に説かれる観世音菩薩の自在な行動について、『すべての方向に顔を向ける者』とよばれる観世音菩薩の神通力について聞くとすれば、功徳は少なくないと存じます」

こうして釈迦牟尼如来がこの「普門品」をお説きになったとき、そこにつどう八万四千の生きとし生けるものたちはみな、比類のない、このうえなく正しい悟りにむかって、発心《ほっしん》したのでした。

26 陀羅尼品《だらにほん》

そのとき、薬王菩薩はそれまで坐っていた席から立ちあがり、右肩にかけていた衣を脱いで肩をあらわにし、釈迦牟尼如来にむかって礼拝してから、こう申し上げました。

「世にも尊きお方。法華経をいちずに信じつづける信仰あつき男女が、法華経を読み、記憶し、その意味を理解し、あるいは経巻を書き写したりするならば、いったいどのような福徳を得られるのでしょうか」

そう問われて、釈迦牟尼如来は薬王菩薩に、こうお答えになりました。

「もし、信仰あつき男女が、八百万億那由佗（千億）本のガンジス河の砂の数に等しい数の如来たちを供養したとしましょう。薬王菩薩さん、あなたは、この行為によって得られる福徳は多いと思いますか」

「もちろん、たいへん多いと存じます。世にも尊きお方」

それを聞いて、釈迦牟尼如来は薬王菩薩に、またこうおっしゃいました。

「もし、信仰あつき男女が、この法華経のなかに説かれている、四句からなる詩句を、たった一つでもいちずに信じ、読み、記憶し、解きあかし、説かれているとおりに修行したとしましょう。この行為によって得られる福徳は、とてつもなく多いのです」

そうお聞きして、薬王菩薩は釈迦牟尼如来にむかい、こう申し上げました。

「世にも尊きお方。わたしは、法華経を教えひろめる者に、聖なる呪文（陀羅尼）をあたえ、かれらを守護いたします」

そう言って、つぎの呪文をとなえました。

アニ・マニ・マネイ・ママネ・シレイ・シャリティ・シャミヤ・シャビタイ・センテイ・モクテイ・モクタビ・シャビ・アイシャビ・ソウビ・シャビ・シャエイ・アキシャエイ・アギニ・センテイ・シャビ・ダラニ・アロキャバサイハシャビシャニ・ネビテイ・アベンタラネ

イビテイ・アタンダハレイシュタイ・ウクレイ・ムクレイ・アラレイ・ハラレイ・シュギャシ・アサンマサンビ・ボッダビキリジリテイ・ダルマハリシテイ・ソウギャチリクシャネイ・バシャバシャシュタイ・マンダラ・マンダラシャヤタ・ウロタ・ウロタキョウシャリヤ・アキシャラ・アキシャヤタヤ・アバロ・アマニャナタヤ

（不思議の思惟は思惟を超えています。久遠の行為は、煩悩を離れて、解脱をもたらします。寂滅と解脱は暗冥を救済し、平等です。邪悪を離れ、安穏かつ平等であり、滅尽に見えても、じつは滅尽ではなく、災厄はないのです。煩悩を離れ、精神を集中して、すべての現象に内在する光明を観察しなさい。みずからを燈明とし、あまねく絶対の真理にほかならない究極の清浄なる境地をめざしなさい。そこには凹凸なく、高低なく、動揺なく、旋回もありません。清浄な眼から見れば、差異すなわち平等です。如来の認識を覚って輪廻転生から抜け出しなさい。真理を如実に観察し、僧侶たちに信受させなさい。言葉をもちいずに、相手を納得させ、真理を明らかにしなさい。祈りの言葉よ。祈りの言葉をよりどころとして、声に出し、となえつづければ、尽きることなき幸福はさらに増すでしょう。心を煩わせることなく、力強くお進みなさい）

陀羅尼をとなえ終わると、薬王菩薩は釈迦牟尼如来にむかって、こう申し上げました。

「世にも尊きお方。この聖なる呪文は、六十二億本のガンジス河の砂の数に等しい数の如来たちがお説きになったものです。ですから、もし、法華経を説きひろめる者を傷つけようとする者がいるとすれば、その者はこれらの如来たちを傷つけてしまうことになります」

そう薬王菩薩が申し上げると、釈迦牟尼如来は薬王菩薩をお褒めになって、こうおっしゃいました。

「すばらしい。すばらしい。薬王菩薩さん。あなたは法華経を説きひろめる者を慈しみ、守護するために、この聖なる呪文を説きました。そのおかげで、数多くの者が救われるでしょう」

そのとき、勇施菩薩、すなわち「勇敢な布施者」とよばれる菩薩が、釈迦牟尼如来にむかって、こう申し上げました。

「世にも尊きお方。わたしもまた、法華経を読み、記憶し、いちずに信じつづける者を守護するために、聖なる呪文を説きたいと存じます。もし、法華経を説きひろめる者がこの聖なる呪文を得るならば、たとえ夜叉や羅刹や富単《ふたん》那《な》（ブータナ吸血鬼）や吉蔗《きっしゃ》（クリティヤ悪霊）や夜叉をひきいる鳩槃荼鬼《くはんだき》（クバンダ）や餓鬼などが、隙あらば取り憑こうとしても、取り憑けません」

そう言うと、釈迦牟尼如来の御前において、こういう呪文を説きました。

ザレイ・マカザレイ・ウキ・モキ・アレイ・アラバテイ・ネリテイ・ネリタハテイ・イチニ・イチニ・シチニ・ニリチニ・ニリチハナ

（光り輝く焔、偉大なる光り輝く焔にほかならぬ智恵の光を展開し、豊かな実りを獲得しなさい。歓喜しなさい。欣然として、したがうべき規律を立てて、そこに久遠に住するならば、いかなる悪鬼悪霊もつけ込めません）

陀羅尼をとなえ終わると、勇施菩薩は釈迦牟尼如来にむかって、こう申し上げました。

「世にも尊きお方。この聖なる呪文は、ガンジス河の砂の数に等しい数の如来たちがお説きになったものです。ですから、もし、法華経を説きひろめる者を傷つけようとする者がいるとすれば、その者はこれらの如来たちを傷つけてしまうことになります」

そのとき、世界を守護する役割をになう毘沙門天王が、釈迦牟尼如来にむかって、こう申し上げました。

「世にも尊きお方。わたしもまた、生きとし生けるものを慈しむがゆえに、聖なる呪文を説きましょう」

そう言うと、こういう呪文を説きました。

アリ・ナリ・トナリ・アナロ・ナビ・クナビ

（富める者よ。曲芸する者よ。讃歌によって踊る者よ。火の神よ。歌の神よ。醜悪な歌の神よ）

陀羅尼をとなえ終わると、毘沙門天王は釈迦牟尼如来にむかって、こう申し上げました。

「世にも尊きお方。わたしはこの聖なる呪文をもって、法華経を説きひろめる者を守護いたしましょう。この法華経をいちずに信じつづける者がいれば、わたし自身が守護して、七〇〇キロメートル以内に、危害を加えたり生命を脅かしたりするものがいないようにつとめましょう」

そのとき、この集会に、千万億那由佗（千億）もの乾闥婆たちにかしずかれて参加していた持国天王が、釈迦牟尼如来の御前にまかりでて、両手を合わせながら、こう申し上げました。

「世にも尊きお方。わたしもまた、聖なる呪文をもって、法華経をいちずに信じつづける者を守護いたしましょう」

そう言うと、こういう呪文を説きました。

アキャネイ・キャネイ・クリ・ケンダリ・センダリ・マトウギ・ジョウグリ・フロシャニ・アンチ

(無数の鬼神たちよ。ガネーシャー女神よ。ガウリー女神よ。ガーンダーリー女神よ。チャンダーリー女神よ。マータンギー女神よ。ジャーグリー女神よ。言え、行け、縛るぞ、縛るぞ)

陀羅尼をとなえ終わると、持国天天王は釈迦牟尼如来にむかって、こう申し上げました。

「世にも尊きお方。この聖なる呪文は四十二億もの如来たちがお説きになったものです。ですから、もし法華経を説きひろめる者を傷つけようとする者がいるとすれば、その者はこれらの如来たちを傷つけてしまうことになります」

そのとき、藍婆《らんば》(ランバー)、毗藍婆《びらんば》(ヴィランバー)、曲歯《こくし》(クータ・ダンティー)、華歯《けし》(プシュパ・ダンティー)、黒歯《こくし》(マクタ・ダンティー)、多髪《たはつ》(ケーシニー)、無厭足《むえんそく》(アチャラー)、持瓔珞《じょうらく》(マーラー・ダーリー)、皇諦(クンティー)、奪一切衆生精気《だついっさいしゅじょうしょうけ》(サルヴァ・サットヴォージョーハーリー)という名の十人の羅刹女(ラークシャサー)たちが、たくさんの子どもたちと従者をひきつれた鬼子母神(ハーリーティー)とともに、釈迦牟尼如来の御前にまかりでて、声をそろえ、こう申し上げました。

「世にも尊きお方。わたしたちも、法華経を読み、記憶し、いちずに信じつづける者を守護して、危害を加えたり生命を脅かしたりするものがいないようにつとめましょう。もし、法華経を説きひろめる者の隙をうかがうやからがいても、つけこめないようにいたしたいと存じます」

そう言うと、こういう呪文を説きました。

イデイビ・イデイビン・イデイビ・アデイビ・イデイビ・デイビ・デイビ・デイビ・デイビ・デイビ・ロケイ・ロケイ・ロケイ・ロケイ・タケイ・タケイ・タケイ・トケイ・トケイ

(イチマー女神よ、イチマー女神よ、イチマー女神よ、イチマー女神よ、ニマー女神よ、ニマー女神よ、ニマー女神よ、ニマー女神よ、ルハー女神よ、ルハー女神よ、ルハー女神よ、ルハー女神よ、ルハー女神よ、ルハー女神よ、ストゥハー女神よ、ストゥハー女神よ、ストゥハー女神よ、ストゥハー女

神よ、ストゥハー女神よ）

陀羅尼をとなえ終わると、羅刹女たちと鬼子母神は声をそろえて、こう言いました。

「たとえわたしの頭を悩ますことがあろうとも、法華経を説きひろめる者の頭を悩ますことなかれ。夜叉であろうと、羅刹であろうと、餓鬼であろうと、富単那（ブータナ吸血鬼）であろうと、吉蔗《きっしゃ》（クリティヤ悪霊）であろうと、起死鬼《きしき》（ヴェーターダ）であろうと、鳩槃荼鬼（クバンダ）であろうと、烏摩勒伽《うまろぎゃ》（オーマーラカ悪霊）であろうと、阿跋摩羅《あばつまら》（アバスマーラカ悪霊）であろうと、夜叉吉蔗《やしゃきっしゃ》（クリティヤ夜叉）であろうと、人夜叉《にんやしゃ》（人間夜叉）であろうと、毎日か二日おきか三日おきか四日おきか七日おきかに発病する熱病であろうと、男のすがたで、女のすがたで、少年のすがたで、少女のすがたであらわれる魔性の者であろうと、あるいは夢のなかにあらわれる魔性の者であろうと、法華経を説きひろめる者を悩ませてはなりません」

こう言うと、釈迦牟尼如来の御前で、羅刹女たちと鬼子母神は声をそろえ、詩句に託して、こう申し上げました。

もし、わたしたちが説く呪文にしたがわず、法華経を説きひろめる者を悩ませるようなことがあれば、かれらの頭は、アルジャカ樹の枝のように、七つに割れてしまうでしょう。もしくは、父母を殺すという罪を犯す者と同じ末路をたどるでしょう。もしくは、胡麻を圧搾して油を搾りとる者と同じ末路をたどるでしょう。もしくは、秤の目方をごまかす者と同じ末路をたどるでしょう。もしくは、教団を分裂させる者と同じ末路をたどるでしょう。法華経を説きひろめる者に危害を加えるならば、以上に述べたとおりの罪を犯すことになるのです。

羅刹女たちは、この詩句をとなえ終えると、釈迦牟尼如来にむかって、こう申し上げました。

「世にも尊きお方。わたしたちもまた身命を賭して、この法華経をいちずに信じ、読み、記憶し、修行する者を守護して、安穏な状態にみちびき、もろもろの苦悩から解放し、いかなる毒薬も効かないようにしてあげましょう」

その言葉をお聞きになって、釈迦牟尼如来は羅刹女たちに、こうおっしゃいました。

「けっこう。けっこう。法華経の名前しか覚えていない者を守護するだけでも、あなたがたが得る福徳ははかり知れません。ましてや、この法華経を初めから終わりまですべて信じ、経巻に、花々やお香や瓔珞や抹香や塗香や焼香やパラソルや音楽をささげて供養し、さらにさまざまな燈明やバター燈明やいろいろな香油の燈明やジャスミン香油の燈明やチャンパカ香油の燈明やヴァールシカ香油の燈明や蓮華香油の燈明をともすなど、幾百幾千の供養の品々をもって供養する者を守護する意義については、いまさら述べるまでもありません。

皇諦（クンティー）さん。あなたは従者たちといっしょに、いま述べたように法華経の伝道者を守護しなさい」

こうして釈迦牟尼如来がこの陀羅尼品をお説きになっているあいだに、六万八千人の者たちが無生法忍、すなわち「この世の事象は本来、生じることがないと認識する」智恵を獲得したのでした。

27 妙荘厳王本事品《みょうしょうごんのうほんじほん》

そのとき、釈迦牟尼如来は、集会に参加していた菩薩たちにむかって、こうおっしゃいました。

「昔々、それこそ計算も想像もできないくらい過去世に、如来が出現されました。その名を雲雷音宿王華智《うんらいおんしゅくおうけち》、すなわち『雲から響きわたる雷鳴のごとくすばらしい声の持ち主であり、星宿の王によって開花された神通力の持ち主』とよばれる如来であり、供養されるにふさわしい方であり、歴史や時間の制約を超えた智恵の持ち主でありました。

その如来がおさめる仏国土は光明荘厳《こうみょうしょうごん》、すなわち『光明に満たされたところ』とよばれ、その劫は喜見、すなわち『見る目に快い』とよばれていました。

この如来の弟子のなかに、一人の王がいました。かれの名は妙荘厳《みょうしょうごん》、すなわち『清らかに飾られた者』といい、その妃の名は浄徳《じょうとく》、すなわち『清浄無垢なる者』といいました。

この夫婦には王子が二人おりました。一人は名を浄蔵《じょうぞう》、すなわち『清浄無垢な子宮の持ち主』といい、もう一人は名を浄眼《じょうげん》、すなわち『清浄無垢な眼の持ち主』といいました。

この二人の王子は大きな神通力をもち、福徳をそなえ、智恵にめぐまれていました。そして、菩薩としての修行に、ながらく励んでいました。

その修行とはまず六波羅蜜、すなわち布施を完成させる修行、戒律を完成させる修行、忍耐を完成させる修行、精進を完成させる修行、禅定を完成させる修行、智恵を完成させる修行、巧みな方便を完成させる修行、ついで四無量心、すなわち慈しみと憐れみと共感する喜びとだれにも平等に接する修行をはじめ、全部で三十七におよぶ菩薩としての修行をすべて、みごとに成就していました。

また、菩薩として成就すべきもろもろの境地、すなわち清浄無垢の境地をきわめ、星宿の王と太陽とよばれる境地をきわめ、無垢の光輝とよばれる境地をきわめ、無垢の光明とよばれる境地をきわめ、絢爛たる装飾とよばれる境地をきわめ、大威力ある子宮とよばれる境地をきわめていました。

ちょうどそのころ、かの雲雷音宿王華智如来は、妙荘厳王を悟りへみちびこうと願い、また生きとし生けるものすべてをいつくしむがゆえに、この法華経をお説きになりました。

そこで、浄蔵と浄眼の二人の王子は、母親の王妃のところにおもむき、十指を合わせて合掌して、こう言いました。

『お母さま。お願いがございます。雲雷音宿王華智如来の御前にまいりましょう。わたしどももごいっしょいたします。かの如来にお目通りし、お仕えし、供養し、礼拝いたしましょう。

なぜかと申しますと、かの如来が、神々と人間たちがいちどうに会する前で、法華経をお説きになっているからです。ですから、ぜひとも聞きにまいりましょう』

すると、王妃はこう答えました。

『おまえたちの父親は外道を信奉して、バラモン教に帰依しています。おまえたちはお父さまのところに行って、いっしょにまいりましょうと説得しなさい』

浄蔵と浄眼の二人の王子は十指を合わせて合掌して、王妃にこう言いました。

『わたしどもは法の王たる如来の息子です。ところが、このような邪教を信奉する家に生まれついてしまいました』

そう嘆くと、王妃は息子たちに、こう言いました。

『お父さまのことがほんとうに心配ならば、神通力をつかって、奇跡を見せつけなさい。もし、それを見ることができるならば、お父さまの心もきっと清らかになるでしょう。そうなれば、わたしたちがかの如来の御前におもむくことを、許してくださるでしょう』

こう聞いて、二人の王子は、父親を心底からおもうがゆえに、神通力をつかって、さまざまな奇跡を起こしてみせました。ターラ樹の高さの七倍にあたる空中を自在に飛翔したり、停止したり、坐ったり、寝たりしました。上半身から水を出し、下半身から火を出したり、あるいは逆に下半身から水を出したり、上半身から火を出したりしました。空いっぱいに身体を拡大したかとおもうと、こんどは小さくしたり、あるいは小さくなったかとおもうと、また空いっぱいに身体を拡大したりしました。空中からすがたを消したかとおもうと、突然、地上にすがたをあらわしたりしました。地中にまるで水のように吸い込まれたかとおもうと、水の上を地面を歩くのと同じように歩いてみせました。

以上のように、二人の王子はさまざまな奇跡を起こして、父親の王の心を清らかにし、信仰に目覚めさせたのでした。

父王は、息子たちがこのような神通力を駆使するのを目の当たりにして、たいそう喜び、いまだかつてなかった体験を得て、息子たちに十指を合わせて合掌し、こう尋ねました。

『おまえたちの師はいったいだれなのか。おまえたちはだれの弟子なのか』

二人の王子は、こう答えました。

『大王さま。雲雷音宿王華智如来さまでございます。かの如来は、ちょうどいま、七宝でつくられた菩提樹のもとの法座のうえに坐っておられます。そして、神々と人間たちがいちどうに会する前で、法華経をお説きになっています。この方こそ、わたしどもの師でございます。わたしどもはかの方の弟子でございます』

そう聞いて、父王は息子たちにこう言いました。

『わたしもおまえたちの師にお目にかかりたいものだ。いっしょに行こう』

すると、二人の王子は、空中から地上に降り立ち、母親の王妃のもとに近づき、合掌して、こう言いました。

『お父さまはいまはもう信仰に目覚め、このうえなく正しい悟りを求める心を起こしました。わたしどもはお父さまにたいし、真理にみちびく師としての役割を果たし終えたのです。ですから、お願いでございます。お母さま。かの如来のみもとで出家し、修行にはげむことをお許しください』

こう言うと、二人の王子は心のうちをもう一度、詩句に託し、王妃にむかって、こう述べました。

お願いですから、お母さま。出家して沙門となることをお許しください。

如来にお会いする機会は、きわめて希有なのです。

わたしたちは、如来の弟子となって、学びたいと存じます。

優曇華《うどんげ》の花のごとく、いやそれ以上に、如来にお会いできる機会は稀なのです。

弟子になれなければ、苦難から逃れるすべはありません。

お願いですから、わたしたちの出家をお許しください。

そう願われて、王妃はこう答えました。

『あなたがたの出家を許しましょう。なぜかというなら、如来にお会いできる機会はめったにないからです』

出家を許されて、二人の王子は父母にむかい、こう申し上げました。

『お父さま、お母さま。ありがとうございます。願わくは、雲雷音宿王華智如来さまの御前までごいっしょし、ともに親しくお仕えし、供養させていただきましょう。なぜかと申しますと、如来にはめったにお会いできないからでございます。その確率といったら、優曇華の花のごとく、すこぶる稀だからでございます。あるいは、片方の眼しかない亀が、大海をただよう樹木の穴に、すっぽり入る確率のごとく、すこぶる稀だからでございます。

ところが、わたしどもはまことに幸運なことに、如来が法をお説きになる機会に巡りあわせました。こんな機会はめったにございません。お父さま、お母さま。わたしどもが出家するのを、ぜひともお許しください。なぜなら、如来たちにお会いできる機会はじつに稀でございますし、如来が出現しているときにちょうど生まれあわせることもじつに稀だからでございます』

このとき、妙荘厳王の後宮につかえる女官たちのうち、八万四千人がみなそろって、この法華経を信仰するにあたいする資格を得ました。

浄眼王子は、法華経を徹底的に読誦することによって真理をきわめる修行に、長い時間をついやしてきました。また、浄蔵王子は、生きとし生けるものを悪しき境涯から救おうと願うがゆえに、百千万億劫にもおよぶ膨大な時間をかけて、ありとあらゆる悪を除去する修行にはげんできました。

王妃は、もろもろの如来たちについて深く理解できる境地に到達していたので、如来たちがお説きになる秘奥の教えをよくわかっていました。さらに、二人の王子は、さきほどしめしたように、方便の力を駆使して父王を教化し、その心に、如来の教えを心の底から信じ愛好するようにみちびきました。

その結果、妙荘厳王は臣下や一族をひきつれ、王妃の浄徳夫人は後宮につかえる女官や一族をひきつれ、二人の王子は四万二千人の者たちをひきつれて、いっしょに如来の御前にやってきました。御前に到着すると、如来の両足を自分の頭のうえにいただき、如来のまわりを右回りに三周してから、一方に立ちました。

そのとき、かの雲雷音宿王華智如来は妙荘厳王のために説法されて、王を教えさとし、利益をあたえ、喜ばせたのでした。妙荘厳王の喜びは尋常ではありませんでした。

妙荘厳王と妃は、価格が百千金もする真珠のネックレスを首からはずし、玉をばらばらにして、如来の身体のうえに散じました。すると、真珠の玉は、空中で四本柱の宝台にすがたを変えました。宝台のなかには、高価な宝玉でつくられた床があり、そのうえには百千万もの天上界の絨毯が敷きつめられていました。その絨毯のうえには、結跏趺坐した如来がいて、巨大な光明を放っておられました。

それを見て、妙荘厳王はこう思いました。

『如来の身体はまことに希有な存在であり、たとえようもなくお美しい。このうえなくすばらしい容姿容貌をしておられる』

このとき、雲雷音宿王華智如来は、おそばにひかえる出家僧と尼僧と男女の在家修行者にむかって、こうおっしゃいました。

『みなさん。妙荘厳王がわたしの眼前に立って、合掌しているのが見えますか。この王は、わたしの説法を聞いて出家僧となり、成仏の助けとなる修行に一生懸命にはげみ、ついには如来となるでしょう。

その如来の名は娑羅樹王、すなわち「シャーラ樹の主の王」とよばれ、その仏国土は大光、すなわち『大いなる広がり』とよばれ、その劫は大高王、すなわち「傑出する王」とよばれるでしょう。娑羅樹王には膨大な数の菩薩と声聞からなる弟子たちがいて、その仏国土はどこもかしこも平坦でしょう。

娑羅樹王の功徳は、いま述べたとおりです』

妙荘厳王は雲雷音宿王華智如来がこうおっしゃったのを聞いて、ただちに王位を弟に譲りわたし、妃と二人の王子と従者の者たちとともに、悟りの道を求めて出家し、修行にはげみました。こうして出家してから八万四千年の長きにわたり、妙荘厳王はつねに精進を怠らず、法華経を完璧に理解するための修行にひたすらはげんだのでした。

修行をつづけて八万四千年後、妙荘厳王は一切浄功徳荘厳三昧、すなわち『ありとあらゆる功徳の輝き』とよばれる境地を獲得しました。この境地を獲得するやいなや、王はターラ樹の八倍の高さにあたる空中に飛翔して、そこにとどまり、雲雷音宿王華智如来にむかって、こう申し上げたのです。

『世にも尊きお方。わたしの二人の息子たちは、わたしに先んじて仏道修行にはげんだ結果、神通力を獲得し、その神通力をつかって、わたしのあやまった見解を転換させ、如来の教えにみちびいてくれました。おかげで、わたしは如来にまみえることができました。

この二人の息子たちは、わたしにとって、かけがえのない師でございます。かれらはきっと、過去世においてわたしが植えた善根を思い出させ、わたしを仏道へみちびくために、わたしの家に生まれてきたにちがいありません』

妙荘厳王がこう言うのをお聞きになって、雲雷音宿王華智如来はこうおっしゃいました。

『そのとおり。そのとおり。あなたが言うとおりなのです。

過去世において善根を植えた信仰あつき男女は、どこに生まれ変わろうとも、かならずや仏道の師にめぐりあうことができるのです。その師は如来の教えを説き、教えさとし、利益をあたえ、喜ばせ、このうえなく正しい悟りへとみちびいてくれます。

大王。よくおぼえておきなさい。こうして如来の教えにみちびいてくれる師に出会うことは、偶然ではなく、まったく必然の道理にほかならないのです。その師は人々を教化しみちびいて、如来にまみえたい、このうえなく正しい悟りを求めたいという心を起こさせるのです。

大王。あなたにはここにいる二人の王子が見えますか。この二人は、じつは六十五×百千万那由佗（千億）本分のガンジス河の砂の数に等しい如来たちを供養し、親しくお仕えし、礼拝し、如来たちのご指導のもとで法華経をいちずに信じ、あやまった見解にとらわれている人々を、正しい見解に転換させてきたのです』

そうお聞きして、妙荘厳王は空中から地上へ降りたち、雲雷音宿王華智如来にむかって、こう申し上げました。

『世にも尊きお方。如来はまことに希有な存在です。頭頂の肉髻から輝かしい光明が放たれているのは、功徳と智恵をおそなえになっているなによりの証拠と存じます。両眼はぱっちりと大きく、瞳は紺青の色。眉間の白毫は、まるでくつわ貝か満月のように、真っ白です。歯は白くて歯並びも良く、いつも光り輝いています。唇は、ビンバの果実みたいに、真っ赤です』

妙荘厳王はこういうぐあいに、如来のもつ数かぎりない功徳を讃歎し終えると、雲雷音宿王華智如来の御前で、心を込めて合掌し、ふたたびこう申し上げました。

『世にも尊きお方。こんなことはかつてありませんでした。如来の教えは、どんな思惟もおよばない最高の功徳をすべて兼ねそなえております。その教えも戒めも、ゆきとどかないところはまったくありません。

　今日というこの日から、わたしどもは二度とふたたび私心のとりことならず、邪見や驕慢や憤怒といったもろもろの悪に、心を奪われることはございません』

　妙荘厳王はこう申し上げると、如来に礼拝してから、その場から立ち去りました」

　釈迦牟尼如来は以上の物語を語り終えると、そこにつどっていた者たちにむかって、こうおっしゃいました。

「あなたがたは、どう考えているのだろうか。だれあろう、いま、ここにいる華徳菩薩、すなわち『吉祥なる蓮華』とよばれる菩薩こそ、かつての妙荘厳王そのひとだったのです。

　いま、わたしの前にいる光照荘厳相《こうしょうしょうごんそう》菩薩、すなわち『陽光に輝く旗の持ち主』とよばれる菩薩こそ、かつての浄徳夫人そのひとだったのです。かの菩薩は妙荘厳王とその従者たちをいとおしむがゆえに、かつては妙荘厳王の妃として生まれついたのです。

　いま、わたしの前にいる薬王菩薩と薬上菩薩こそ、かつての二人の王子そのひとだったのです。この薬王菩薩と薬上菩薩は、このようなすばらしい功徳をあまた成就しただけではありません。すでに数かぎりない百千万億もの如来たちのもとでもろもろの善根を植え、想像すらできないもろもろの功徳を成就してきたのです。ですから、だれであろうと、この二人の菩薩の名前を知っている者は、それだけで、神々や世間の人々から礼拝されるでしょう」

　こうして釈迦牟尼如来がこの妙荘厳王の物語をお説きになったとき、それを聞いた八万四千の人々は、汚れを洗い流されて無垢となり、あるとあらゆる事象において、真理をありのままに見抜けるように、その眼を清められたのでした。

28 普賢《ふげん》菩薩《ぼさつ》勧発品《かんぼっぽん》

　そのとき、普賢菩薩、すなわち「あまねく吉祥なる者」とよばれる菩薩は、娑婆世界のはるか東方にいて、万能の神通力と名にしおう威徳ゆえに、数え上げることなどまったく不可能な数の菩薩たちからあがめたてまつられていましたが、それらの菩薩の大集団をそっくりそのままひきつれて、娑婆世界にやってきました。

その間に通過した仏国土は、どこもかしこも震動し、宝蓮華の雨が降りそそぎ、数かぎりない百千万億にもおよぶ種類の音楽が鳴り響きました。

また、普賢菩薩は、かれをあがめる膨大な数の神々や龍王や夜叉や乾闥婆や阿修羅や迦楼羅や緊那羅や摩睺羅伽や人間や人間以外の者たちにとりまかれ、さまざまな神通力と威徳をあらわしながら、娑婆世界の霊鷲山に到着したのでした。

霊鷲山に到着すると、普賢菩薩は釈迦牟尼如来の両足を自分の頭上にいただいて礼拝し、如来の周囲を右回りに七回まわってあつい敬意をあらわしてから、如来にむかって、こう申し上げたのでした。

「世にも尊きお方。宝威徳上王如来、すなわち『宝玉の輝きが立ちのぼる王』とよばれる如来さまがおさめる仏国土におきまして、世にも尊きお方がはるかかなたの娑婆世界で、法華経をお説きになっているのを聞き、数かぎりない百千万億もの菩薩たちとともに、ぜひ法華経の説法を聴聞しようとおもい、やってまいりました。お願いですから、このような事情をおくみとりいただき、法華経をお説きになってください。

もし、信仰あつき男女がいるとして、かれらは釈迦牟尼如来さまが完全な涅槃にお入りになったのちの時代に、いったいどうすれば、この法華経を得られましょうか」

こう問われて、釈迦牟尼如来は普賢菩薩に、こうお答えになりました。

「もし、信仰あつき男女が、四法を成就するならば、わたしが完全な涅槃に入ったのちの時代に、この法華経を得られるでしょう。四法とはすなわち、かれらが如来の加護を受けるにあたいする者となり、善根を植える者となり、正しい方向に向かうことが決定された集団の構成員となり、生きとし生けるものすべてを救うためにこのうえなく正しい悟りにむかって歩んでいこうと決心することにほかなりません。もし、信仰あつき男女が、いま述べた四法を成就するならば、わたしが完全な涅槃に入ったのちの時代であっても、必ずやこの法華経を得られるでしょう」

釈迦牟尼如来の答えをお聞きして、普賢菩薩はこう申し上げました。

「世にも尊きお方。あなたさまが完全な涅槃にお入りになったのちに、五百年にわたっておとずれるであろう、汚れに汚れた時代において、もしこの法華経をいちずに信じつづける者があれば、わたしはその人を守護して、その苦しみや悩みをとりのぞき、心安らかに過ごせるようにつとめましょう。そして、隙あらばつけ込もうとする悪しき者どもから守りとおしましょう。

魔王であろうと、魔王の息子であろうと、魔王の妃であろうと、魔王の従者たちであろうと、魔王にとり憑かれた者であろうと、夜叉であろうと、羅刹であろうと、夜叉をひきいるクバンダ鬼であろうと、クリティヤ悪霊であろうと、ブータナ吸血鬼であろうと、ヴェーターダ起死鬼であろうと、人間に災いをもたらすいかなる悪鬼も、けっして隙を見出すことはできません。

もし、その人が歩きながら、あるいは立ったままで、この法華経を読誦するならば、わたしは六本の牙をもつ白い像の王に騎乗して、菩薩の集団とともに、その人のすぐそばに行き、すがたをあらわして、その人を供養し守護して、その人の心を安らかにいたします。

また、法華経を供養するために、その人が坐ってこの法華経について思索するならば、わたしは六本の牙をもつ白い像の王に騎乗して、その人の前にすがたをあらわすでしょう。

もし、その人が法華経の一句や一偈を忘れてしまうようなことがあれば、わたしがその人のところに出かけていって、忘れた一句や一偈を教え、いっしょに読誦し、その結果、経文の意味を深く理解できるようになるでしょう。

そのとき、法華経をいちずに信じ読誦する人は、わたしのすがたをありありと見て、おおいに喜び、その結果、なおいっそう精進することになるでしょう。わたしのすがたをありありと見れば、すぐにすぐれた境地を獲得し、陀羅尼を獲得するでしょう。

その陀羅尼は三つあります。旋陀羅尼、すなわち『陀羅尼を旋回する陀羅尼』。百千万億旋陀羅尼、すなわち『陀羅尼を百千万億も旋回する陀羅尼』。法音方便陀羅尼、すなわち『あらゆる音声を自在に駆使できる陀羅尼』。わたしのすがたをありありと見る人は、この三つの陀羅尼を獲得できるでしょう。

世にも尊きお方。あなたさまが完全な涅槃にお入りになったのちに、五百年にわたっておとずれるであろう、汚れに汚れた時代において、出家僧や尼僧や男女の在家修行者のなかに、真実の教えを求めて、いちずに信じ、読誦し、書写したいと願う人があらわれて、この法華経を学習し修行したいと願うならば、その人は二十一日間のあいだ、一心に精進すべきであります。

そうするならば、二十一日間の精進が満行するときに、ありとあらゆる人々がぜひそのすがたを拝みたいと願っているとおりのすがたで、その人の前にあらわれるでしょう。すなわち、六本の牙をもつ白い像に騎乗し、あまたの菩薩たちにとりかこまれているというすがたであらわれ、説法し、教えさとし、歓喜させるでしょう。

さらに、陀羅尼もあたえるでしょう。この陀羅尼を得れば、人間以外の悪鬼などにとり憑かれることは、絶えてなくなるでしょう。また、女性の魅力に惑わされることも、絶えてなくなるでしょう。

わたし自身も、まさに身をもって、その人を守護いたします。こういう事情ですので、世にも尊きお方、わたしが陀羅尼を説くことをお許しいただきたく存じます」

こう言って、普賢菩薩は、釈迦牟尼如来の御前で、聖なる呪文を説きました。

アタンダイ・タンダハチ・タンダバテイ・タンダクシャレイ・タンダシュダレイ・シュダレイ・シュダラハチ・ボダハセンネイ・サルバダラニアバタニ・サルバシャアバタニ・シュアバタニ・ソウギャバビシャニ・ソウギャネキャダニ・アソウギ・ソウギャハギャチ・テイレイアダソウギャトリャアラテイハラテイ・サルバソウギャサマチキャランチ・サルバダルマシュハリセッテイ・サルバサタロダキョウシャリヤアトギャチ・シンアビキリチテイ

（刑罰用の杖を打ち破る者よ。刑罰用の杖の持ち主よ。刑罰用の杖を旋回させる者よ。刑罰用の杖を巧みにあつかう者よ。刑罰用の杖をよく保持する者よ。刑罰用の杖をよく保持する者の主よ。ブッダをよく知る者よ。ありとあらゆる陀羅尼を旋回させる者よ。よく旋回させる者よ。僧の集団に試練をあたえる者よ。僧の集団における非行を除滅する者よ。真理を学ばせ修めさせる者よ。ありとあらゆる言葉に通達する者よ。ライオンのごとく自在に遊戯する者よ）

「世にも尊きお方。この陀羅尼を耳にすることができる菩薩は、こう知るべきです。法華経を説くことができるのは、ひとえに普賢菩薩の神通力のおかげなのだ、と。

もし、人間たちが暮らす閻浮提において、法華経の布教につとめようとするのであれば、こう思うべきです。布教ができるのは、ひとえに人間たちの思惟を超える普賢菩薩の神秘的な力のおかげなのだ、と。

もし、法華経をいちずに信じ、読誦し、正しく記憶し、その意味を理解し、説かれているとおりに修行しようとするならば、こう知るべきです。自分はいま普賢菩薩の修行を実践しているのだ、と。

そういう人こそ、数かぎりない如来たちのもとで、善根を深く植えることになるのです。そして、如来たちの御手によって、その頭をなでていただくことになるのです。

法華経を書き写すだけでも、この世の生を終えたのち、神々が住む忉利天に生まれ変わるでしょう。生まれ変わるときは、八万四千人の天女たちが、いろいろな音楽をかなでながら、出迎えてくれるでしょう。生まれ変わった人は、七宝でつくられた宝冠をかぶり、美しい天女たちにかこまれて、楽しく暮らすことでしょう。

法華経を書き写しただけで、これほどの功徳があるのですから、ましていちずに信じ、読誦し、正しく記憶し、その意味を理解し、説かれているとおりに修行するならば、どんなにすばらしい功徳があるか、想像もできません。

もし、法華経をいちずに信じ、読誦し、その意味を理解するとすれば、その人は、この世の生を終えるとき、千人の如来たちの手にいだかれて、悪しき境涯に堕ちることなく、兜率天《とそつてん》にいらっしゃる弥勒菩薩のもとに生まれ変わるでしょう。弥勒菩薩が如来の三十二相をすべてそなえ、あまたの菩薩たちにとりかこまれているでしょう。そこには、百万億ものお世話役の天女たちもいます。そういうところに、かの人は生まれ変わるのです。法華経をいちずに信じ、読誦し、その意味を理解する人には、このような功徳があるのです。

ですから、智恵ある者は、みずから心を込めて法華経を書き写し、あるいはだれか他人にも法華経を書き写させるべきです。いちずに信じ、読誦し、正しく記憶し、説かれているとおりに修行すべきです。

世にも尊きお方。わたしは神通力を駆使して、この法華経を守護し、あなたさまが完全な涅槃にお入りになったのち、この閻浮提において、広く流布させ、けっして断絶させないとお約束いたします」

普賢菩薩がこう誓うのをお聞きになって、釈迦牟尼如来はお褒めの言葉をおかけになりました。

「すばらしい。すばらしい。普賢菩薩さん。あなたがこの法華経を守護して、あまたの人々を安楽な境地にみちびき、利益をあたえようとしているのは、なんとすばらしいことでしょう。だれにも想像すらできない功徳と慈悲を、あなたはすでに成し遂げているのです。久遠の過去世から現在にいたるまで、このうえなく正しい悟りをもとめる心をいだき、神通力を駆使して法華経を守護してきたことは、称讃にあたいします。

ですから、普賢菩薩の名をとなえる人があれば、わたし自身が神通力を駆使して、その人を必ずや守護するでしょう。

普賢菩薩さん。よくおぼえておきなさい。もし、この法華経をいちずに信じ、読誦し、正しく記憶し、学習し、書き写す人があるならば、その人はわたし、すなわち釈迦牟尼如来にまみえることになるのです。わたしの口から直接、教えを聞くことになるのです。よくおぼえておきなさい。その人はわたしを供養することになるのです。よくおぼえておきなさい。その人はわたしから、『よくやっている』とほめられることになるのです。よくおぼえておきなさい。その人はわたしの手で、頭をなでられることになるのです。よくおぼえておきなさい。その人はわたしが着ている衣でつつまれることになるのです。

このような人は、世俗の快楽に執着しません。外道の教典や書物を好みません。また、このような人は、屠殺業をいとなむ者、豚を飼う者、羊を飼う者、鶏を飼う者、食用犬を飼う者、猟師、売春業をいとなむ者みたいな、悪しき人々とは付き合いません。このような人は、性格が純朴かつ正直で、記憶力にすぐれ、福徳の力にめぐまれています。このような人は、貪りと怒りと智恵なき状態という三毒に悩まされません。このような人は、我を張ったり、自分のあやまちを認めなかったり、おごり高ぶったりしません。このような人は、欲望が少なく、足るを知り、普賢菩薩と同じ修行にはげみます。

普賢菩薩さん。もし、わたしが完全な涅槃に入ったのちの五百年間に、法華経をいちずに信じ、読誦する人があれば、こう思いなさい。

この人は遠からず悟りの場におもむき、もろもろの悪魔たちに打ち勝ち、このうえなく正しい悟りを得て、教えの輪を転じ、教えの太鼓を打ち鳴らし、教えの雨を降らすにちがいない。そして、神々と人間のまんなかにしつらえられた獅子座に坐すにちがいない、とです。

普賢菩薩さん。わたしが完全な涅槃に入ったのちの時代において、この法華経をいちずに信じ、読誦する人は、衣服にも寝具にも飲食物にも経済力にも執着しませんが、願いは必ずかなえられ、生きているあいだにすばらしい果報を得られるのです。

この法華経をいちずに信じ、読誦する人にむかって、だれかが罵倒して、こう言うかもしれません。『おまえは狂っている。そんなことをしても、なんの得にもならない』。

こういうことを言った者の罪はまことに重く、次の世でも、さらに次の世でもずっと、生まれつき両眼がつぶれたままになるでしょう。

この法華経をいちずに信じ、読誦する人に親しく接し、ほめたたえる者は、この世で生きているあいだに、果報を得るでしょう。

この法華経をいちずに信じつづける人にむかって、その過失をあげつらう者は、その指摘があたっていようがいまいが、この世で生きているあいだに、ひじょうに重い病にかかって肌に白い斑文があらわれるでしょう。

この法華経をいちずに信じつづける人にむかって、せせら笑う者は、次の世でも、さらに次の世でもずっと、生まれつき歯並びが悪かったり欠けていたり、あるいは唇のかたちが悪かったり、鼻がとても低かったり、手や脚がねじれていたり、眼が斜視になったり、体臭がひどかったり、腫れ物の血膿だらけだったり、腹に水がたまったり、短気だったりなど、いろいろな重病にかかりっぱなしになるでしょう。

こういうわけですから、普賢菩薩さん。もし、この法華経をいちずに信じつづける人を見たならば、たとえ遠くにいても、立ちあがって、如来をうやまうのと同じように、敬意をはらいなさい」

釈迦牟尼如来がこの普賢菩薩勧発品をお説きになっているあいだに、ガンジス河の砂の数に等しい膨大な数の菩薩たちが、百千万億もの陀羅尼を獲得し、三千大千世界を構成する原子の数に等しい数の菩薩たちが、普賢菩薩と同じ悟りの境地に到達したのでした。

釈迦牟尼如来がこの法華経を説き終えられたとき、普賢菩薩をはじめとするもろもろの菩薩たちも、舎利弗をはじめとする声聞たちも、さらにはもろもろの神々も龍王も人間も人間以外の者たちも、この集会に参加していた者たちはみなそろって歓喜に満たされ、釈迦牟尼如来のお言葉をかたく胸に刻み込み、敬礼し、帰って行きました。

第Ⅱ部 解説

1　法華経とは何か

名　称

法華経は正式には妙法蓮華経《みょうほうれんげきょう》といいます。

私たちが通常、眼にする法華経は漢文ですが、もとはサンスクリットという言語で書かれています。サンスクリットは梵語ともいい、古代インドの公式言語でした。言語の系統からいうと、ヨーロッパ系の言語に近く、たとえば古代ローマ帝国で話されていたラテン語と、ほぼ共通する単語もかなりあります。

ちなみに、歴史上のブッダは、古代マガダ語という言語で説法していました。しかし、ブッダの説法が最初に文字にされたとき、つかわれていたのは古代マガダ語ではなく、系統の異なるパーリ語という別の言語でした。理由はよくわかっていません。いずれにしても、いわゆる原始仏典の多くは、このパーリ語で書かれています。

さらに、大乗仏教の経典になると、サンスクリットで書かれるようになりました。サンスクリットは、すでに述べたとおり、古代インドの公式言語でしたから、当然の成り行きだったのでしょう。

このサンスクリットでは、法華経は「サッダルマ・プンダリーカ・スートラ」といいました。「サッ」は、ほんとうは「サット」ですが、次にくる単語との関係で、音がつまり、「サッ」と表記されています。意味は「正しい」とか「善い」です。ですから、「正」と漢訳するのが常道ですが、訳者の鳩摩羅什《くまらじゅう》は、そこに「神秘的」とか「不思議」という思いを込めて、「妙」と漢訳したようです。

「ダルマ」は「法」とか「真理」という意味です。これはそのまま「法」と漢訳されました。

「プンダリーカ」は、「白い蓮華」という意味です。仏像の多くが、蓮台といって、蓮華をかたどった座に坐っていることからわかるように、仏教にとって蓮華は特別な意味をもっていました。汚い泥の中から、きよらかな花を咲かせるという特徴が、煩悩にわずらわされない清浄無垢な性格を象徴するとみなされたのです。

「スートラ」は「お経」という意味です。もともとの意味は「糸」とか「紐」でしたが、そこから派生して「糸や紐によって貫かれ、たもたれているもの」という意味に転じ、ついで「聖典」という意味に転用されたようです。なお、漢字の「経」も、もともとは「縦糸」という意味です。

以上を総合すると、妙＋法＋白蓮華＋経となります。これが直訳したときのタイトルです。このうちの「白」だけが省略されて、妙法蓮華経となり、さらに「妙」と「蓮」が省略されて、法華経になったというわけです。

いつ、どこで、成立したのか

インド仏教の歴史を簡単におさらいすると、次のようになります。

①初期仏教（紀元前五、四世紀～紀元一世紀）
②中期仏教（紀元一～七世紀初）
③後期仏教（七世紀初～一三世紀初）

ブッダはいまからだいたい二千四百年くらい前に、在世していました。ブッダが入滅、つまり亡くなったあとは、弟子たちがその教えを引き継ぎました。そして、ブッダの入滅後、三百年くらいしてから、ブッダの教えは文字として書かれることになったと推測されています。これが、いわゆる原始仏典です。

ほぼ同じころ、インドの仏教界では新しい動向が生まれました。それが大乗仏教です。この大乗仏教の登場をもって、インド仏教の歴史は中期に入ります。

大乗とは、悟りへの大きな乗り物という意味です。大乗仏教の推進者たちは、これまでの初期仏教では悟りへの乗り物が小さくて話にならない、と批判しました。初期仏教を、小乗仏教というのは、ここにゆらいしています。

小乗の原語はヒーナヤーナ、つまり「劣った乗り物」なので、ほんとうは劣乗というべきですが、大乗仏教が「大乗」と自称した以上、反対語としては小乗をつかわざるをえなかったのでしょう。

なお、小乗仏教という表現は、あくまで大乗仏教からの一方的な言い方です。小乗仏教と批判されたがわは、自分たちこそ、ブッダの教えを忠実に伝える正統派を自認していますから、小乗仏教という表現はじつに心外です。学問研究の領域では客観性が重んじられるので、小乗仏教という表現はつかわず、「主流派」とよんでいます。

大乗仏教が、いつ、どこで、なぜ、だれによって、生まれたのかをめぐっては、現在でも論争がつづいていて、定説といえるものはありません。というより、従来の学説がことごとく否定されるかもしれないような状況になっていて、文字どおり、かんかんがくがくの状態なのです。

大乗仏教が初期仏教を否定するかたちで、あるいは乗りこえるかたちで、登場してきたことは事実ですが、大乗仏教が登場したからといって、初期仏教が衰退したわけではありません。近年の研究によれば、大乗仏教は、これまで考えられてきたほど、大きな勢力ではなかった可能性があります。学問研究の領域で、初期仏教＝小乗仏教を、「主流派」とよぶ理由は、ここにもあります。

　また、ひとくちに大乗仏教といっても、いろいろです。西暦一世紀から一三世紀まで、千年以上つづきましたから、当然です。後半になると、大乗仏教から派生した新しいタイプの仏教、すなわち密教が中心になっていきます。日本仏教の宗派でいえば、弘法大師空海を開祖とする真言宗が密教です。

　このうち、法華経は、中期仏教の最初のころに成立しました。もう少し具体的にいうと、西暦一〜二世紀ころに成立したとみなされています。大乗仏典としては、かなり古いタイプですが、最初期の成立とはいえません。

　成立した順番からすると、八千頌般若経がいちばん最初で、つぎに阿弥陀経とつづき、法華経はさらにそのあとになります。

　二十八品（章）から構成される法華経が、全部ほぼ同時に、ということはわりあい短い時間で成立したのか、それとも長い時間をかけ、いくつかの段階をへて成立したのか、いろいろな説があって、まだ確定していません。ようするに、みな仮説なのです。成立した場所については、西北インド説が有力ですが、これまた定説とまではいえません。

鳩摩羅什

　法華経は、もちろんサンスクリットで書かれていました。それを中国語に翻訳したのが鳩摩羅什です。実際には、鳩摩羅什訳（四〇六年訳）のほかにも、竺法護《じくほうご》訳の正法華経《しょうほけきょう》（二八八年訳）と闍那崛多《じゃなくった》・達磨笈多《だるまぎゅうた》訳の添品妙法蓮華経《てんぽんみょうほうれんげきょう》（六〇一年訳）の二つの訳本がありますが、どちらも訳文がわかりにくかったり、時代とうまく合わなかったりして、ほとんど広まりませんでした。ですから、古来、漢訳の法華経といえば、もっぱら鳩摩羅什訳と相場が決まっています。

　鳩摩羅什（三五〇〜四〇九ころ）は、現在は中国の新疆ウイグル自治区クチャ県となっている亀茲《きじ》国で生まれました。鳩摩羅什という名前は、クマラジーヴァというサンスクリットの名前を漢字で音写したものです。

　父親はインド西北部のカシミール地方生まれの名門貴族。母親は亀茲国王の妹と伝えられています。

　母親とともに、十代後半で出家し、はじめは初期仏教を学びましたが、のちに大乗仏教に転向しました。天才的な頭脳の持ち主で、仏教のほかにも、いろいろな才能に恵まれていたようです。

当時は戦乱の時代で、亀茲国も、東の方から侵入してきた後涼《こうりょう》という国に攻略され、鳩摩羅什も捕虜になってしまいました。しかし、鳩摩羅什はすでに、仏教僧としてたいへん有名だったこともあって、後涼をひきいていた呂光《りょこう》は、鳩摩羅什を優遇しました。それにこたえて鳩摩羅什は、呂光のもとで、風水を占う風水師や軍師をつとめたという伝承があります。

このころ、仏教僧は、神異僧《じんいそう》といって、神秘的な力があると信じられていたため、政治や戦争で重要な役割をえんじる例が少なからずありました。

ただし、このとき呂光は、鳩摩羅什を亀茲でも抜群に美しい王女と一室に監禁し、女犯の罪により破戒させようとしました。

ところが、鳩摩羅什は何日たっても王女に手をふれません。そこで呂光は王女をよびだし、「鳩摩羅什が三日以内に、おまえ妻にしていなかったら、おまえを殺す」と脅します。部屋にもどって、しくしく泣いている王女から事情を聞いた鳩摩羅什は、ついに王女を妻にして破戒をしたという話です。

別の伝承もあります。鳩摩羅什と王女に酒をしこたま飲ませたうえで、密室に閉じ込めたところ、関係が生じてしまったというのです。どちらがほんとうか、いまとなってはわかりませんが、いずれにせよ、鳩摩羅什が三五歳のときでした。

後涼は呂光の死後、後継者争いなどから衰退し、後秦の姚興《ようこう》に滅ぼされてしまいます。しかし、この姚興もまた、鳩摩羅什を優遇しました。国師として礼遇したのですから、破格の対応です。そして、都の長安にまねき、仏典の翻訳に専念させたのです。

この姚興も鳩摩羅什を破戒させようとしました。つねに十人の妓女を、鳩摩羅什にはべらせたのです。この場合は、鳩摩羅什のような天才はきわめて稀で、もしかれが死んでしまえば、仏教の種が絶えてしまうと心配するあまり、鳩摩羅什の子供をつくらせようとしたようです。

その一方で、仏典の翻訳は順調にすすみました。翻訳は、まず鳩摩羅什が訳文を口にします。鳩摩羅什より前に翻訳されたものがあった場合は、照らし合わせます。弟子たちと質疑をかわしたのち、訳文を弟子たちが筆記します。これで問題なし、となれば、今度は鳩摩羅什が、持ち前の才能を発揮して、美しい文章に書きあらためます。

鳩摩羅什は、仏教に対する深い理解だけでなく、よほど語学や文学の才能にめぐまれていたらしく、その訳文は流暢かつ絶妙とたたえられてきました。鳩摩羅什とならんで、二大訳聖と称讃される玄奘三蔵にくらべると、玄奘三蔵の訳文は正確だけれど、鳩摩羅什ほど美しくないと評されています。

もっとも、鳩摩羅什自身は、漢訳した仏典は、サンスクリットの原典にくらべると、リズム感や表現の多様性などの点で、はるかに劣る、つまらないと嘆いていたようです。それどころか、「まるでご飯をかんで人にあたえると、味が失われるだけでなく、吐き気をもよおさせるようなものだ」とまで、言い残しています。

鳩摩羅什が翻訳した代表的な仏典には、以下があります。金剛般若経《こんごうはんにゃぎょう》、維摩経《ゆいまぎょう》、弥勒下生経《みろくげしょうきょう》、中論《ちゅうろん》、百論《ひゃくろん》、成実論《じょうじつろん》、そして法華経です。どれをとっても、日本をふくむ、東アジアの仏教に絶大な影響をあたえたものばかりです。

六十歳にこの世を去るにあたり、鳩摩羅什はこういう趣旨の遺言をのこしました。「私は中国生まれではなかったのに、いかなる因縁か、仏典の翻訳に従事し、三百巻あまりを訳しました。これらの経典を、正しくひろめていただきたい。もしも、私の翻訳に誤りがなかったならば、私の遺体を火葬しても、舌だけは焼けただれないで、そのままの形をとどめるでしょう」。

この遺言のとおり、鳩摩羅什の舌は、焼けずにのこったと伝えられます。

なお、日本の法華経信仰の歴史において、「悪人成仏《あくにんじょうぶつ》」と「女人成仏《にょにんじょうぶつ》」を説く章として、格別の扱いを受けてきた提婆達多品は、じつは鳩摩羅什の翻訳ではなく、後の時代に追加されたものです。

詳しいことは、このあとの「各品の解説」にありますので、お読みください。

全体の構成

法華経は、八巻二十八品で構成されています。「品」は「章」の意味ですから、全部で八巻、二十八章ということになります。ちなみに、たとえば第十六章にあたる如来寿量品は、現代の常識では「第十六章　如来寿量」というぐあいに、ナンバー＋タイトルの表記になりますが、仏教の伝統では「如来寿量品第十六」といって、タイトル＋ナンバーになります。

章立てと説かれる概要は、以下のとおりです。

①序品	法華経が説かれる時空にまつわる状況設定
②方便品	如来が巧みな方便を駆使する理由
③譬喩品	この世は火宅だというたとえ話
④信解品	貧しい息子と大金持ちの父親（＝如来）のたとえ話
⑤薬草喩品	あらゆる植物をはぐくむ雲（＝如来）のたとえ話
⑥授記品	五人のお坊さんが悟りを開くという予言
⑦化城喩品	過去の因縁について
⑧五百弟子受記品	五百人のお坊さんたちが悟りを開くという予言
⑨授学無学人記品	二千人のお坊さんたちが悟りを開くという予言
⑩法師品	真理を説法する者
⑪見宝塔品	仏塔と多宝如来の出現
⑫提婆達多品	悪人も女人も悟りを開けるという実例
⑬勧持品	たゆみない努力
⑭安楽行品	法華経を広める者に必要な四つの特性
⑮従地涌出品	数かぎりない菩薩たちの出現
⑯如来寿量品	如来の寿命は永遠という真理
⑰分別功徳品	正しい信仰がもたらす福徳
⑱随喜功徳品	正しい信仰がもたらす随喜
⑲法師功徳品	真理を説法する者が獲得するほんとうの利益
⑳常不軽菩薩品	デクノボーとよばれた菩薩の物語
㉑如来神力品	如来の偉大な神通力
㉒嘱累品	法華経の布教をゆだねられた者
㉓薬王菩薩本事品	過去世で自分の体に火をつけて喜捨した薬王菩薩の物語
㉔妙音菩薩品	瞑想が得意な妙音菩薩の物語
㉕観世音菩薩普門品	現世利益抜群の観世音菩薩の働き（観音経）
㉖陀羅尼品	法華経の信仰者を守護する聖なる呪文
㉗妙荘厳王本事品	過去世でバラモン教から仏教へ改宗した王の物語
㉘普賢菩薩勧発品	法華経の信仰者を守護することを誓う普賢菩薩

以上の二十八品を、伝統的な教学では、①序品から⑭安楽行品までと、⑮従地涌出品から㉘普賢菩薩勧発品までに、ちょうど半分ずつに分け、前半を「迹門《しゃくもん》」、後半を「本《ほん》門《もん》」とよんできました。

「迹門」の「迹」という漢字は、跡や蹟という漢字の異体字です。したがって、「迹門」は、この世に「あと」あるいは「すがた」をのこした、もしくはあらわした如来による教えという意味になります。専門的な用語をつかうなら、「迹仏」の教えです。具体的にいうと、いまから二千四百年ほど前に、インドで生まれて仏教を創始し、八十歳で亡くなったガウタマ・シッダールタ、すなわちブッダのことです。

それに対し、「本門」は「本仏《ほんぶつ》」による教えという意味です。「本仏」とは久遠、つまりほとんど永遠に近いくらい昔に悟りを開いて、如来になった存在を意味します。ようするに、神に匹敵する存在です。

法華経の考え方によれば、歴史上のブッダはこの「本仏」が、この世に「あと」あるいは「すがた」をのこした、あらわしたという話になります。もう少しわかりやすく表現するなら、ほとんど永遠の存在である「本仏」が、時期限定、地域限定で、この世に出現したというわけです。

発想としては、キリスト教における父なる神と子なるイエスの関係によく似ています。なぜなら、キリスト教の教義では、イエスは、永遠の存在である神が、いまから二千年ほど前という時間限定、パレスティナという地域限定であらわれた、とみなされているからです。ただし、両者のあいだに影響があったというつもりはありません。

「迹門」と「本門」のどちらをより高く評価するか、をめぐっては、見解が分かれます。日本では「本門」を重視してきましたが、先輩格の中国では逆に「迹門」を重視していた歴史があります。もっとも、この種の評価は、いわば教学上の解釈ですから、私たちはあまりとらわれないほうがよいとおもいます。

また、昔から方便品と安楽行品と如来寿量品と観世音菩薩普門品は、「四要品」とよばれ、とくに重要とされてきました。

なぜ、漢訳からの現代語訳なのか

日本に鳩摩羅什が翻訳した法華経がもたらされたのは、六世紀の中頃です。仏教公伝といって、仏教が大陸から正式に伝来してから、まもないころの話です。

それをうけて、聖徳太子（五七四〜六二二）は法華経を講義したと信じられてきました。もっとも、近年はこの伝承に疑問がもたれていて、ほんとうかどうかは確定できません。

法華経の存在がはっきりしてくるのは、奈良時代の神亀三年（七二六）です。この年、聖武天皇が姉の元正天皇のために、法華経を書写された記録がのこっています。以来、法華経は日本仏教の中核に位置づけられて、こんにちにいたりました。

この間ずっと、日本では鳩摩羅什が翻訳した法華経、すなわち漢訳の法華経がつかわれてきました。それにたいし近年では、サンスクリット原典から直接、現代日本語に翻訳することもおこなわれています。現時点でも、何種類かの翻訳が、わりあい簡単に入手できます。

たしかに、現代人にとって、漢訳の法華経を読んで、正確に理解することは、至難のわざです。なにしろ、漢文で書かれているのですから、そう簡単に読み解けるわけがありません。文字どおり、ちんぷんかんぷんです。専門家であるはずのお坊さんでも、ほとんどの場合、漢文の発音をちょうど呪文のようにとなえているだけで、意味まで理解できている例はごく稀なようです。

しかも、漢文つまり当時の中国語には、かなり大きな欠陥があります。文法的にひじょうに曖昧なのです。まず、その単語が動詞なのか名詞なのか形容詞なのか副詞なのか、とてもわかりづらい。時制もありません。つまり全部が現在形で、そこに過去をあらわす言葉をつければ過去の話になり、未来をあらわす言葉をつければ未来の話になるのです。文章がどこで切れるのか、もきわめてわかりづらいのが実情です。

そんなこんなで、論理的な表現がいたって不得意です。その結果、いろいろな解釈が可能になってしまいます。逆にいえば、本来の意図をつかむのはまことに難しいのです。くわえて、法華経をはじめ、仏教経典が表記されている中国語は、三世紀から八世紀ころの古い中国語なので、話はいっそう厄介になります。仏教独特の専門用語がしきりと出てきます。それを、まったく別の言葉をつかっている日本人が読むのですから、よくわかるほうがむしろ不思議です。

以上のような理由から、近年ではサンスクリット原典からの現代語訳がさかんにおこなわれているのです。しかし、この方法にも問題がないわけではありません。

まず、サンスクリット原典そのものに問題があります。

現時点で私たちが入手できるサンスクリット原典が、インドで西暦一〜二世紀、法華経が成立したころのヴァージョンが入手できるなら、なんの問題もありません。ところが、実際はそうではないのです。もっとずっと後世の写本しかのこっていないのです。

鳩摩羅什が翻訳した時期のヴァージョンすら、のこっていません。それは、鳩摩羅什が翻訳した法華経と、サンスクリット原典から翻訳された法華経の内容をくらべてみれば、すぐわかります。なにより、サンスクリット原典からの翻訳のほうが、量的に大きいのです。これは、後世になってから付け加えられた部分が、少なからずあることをしめしています。ほかにも、主語がちがっていたり、本文と偈《げ》（詩句）の分け方が異なっていたりします。

また、サンスクリット原典からの現代語訳だからといって、わかりやすくなっているかというと、必ずしもそうではありません。その理由は、翻訳を担当した学者や研究者の態度にあります。かれらにとって、もっとも避けるべきことは、訳語や文法のまちがいなのです。そこで、とにかく正確に、正確に、が金科玉条となります。

こうして厳密を期するあまり、できあがった訳文は、大概の場合、かたくて、読みづらくなってしまうのです。そもそも、サンスクリットと日本語では、構造がまるでちがいます。そのあたりを十分に考慮しないと、いちおう現代語にはなっていても、意味が通らない箇所がたくさん出てきてしまうのです。つまり、正確でも、よくわからないのです。これでは、どうしようもありません。

決定的なことは、日本では、聖徳太子も伝教大師最澄も日蓮もみな、漢訳の法華経を読んで、あのような偉大な業績を残したという、歴史的な事実です。この点は、どう転んでも無視できません。

となると、いま必要なのは、漢訳からの、正確でわかりやすい現代語訳という結論になります。これもまた、「言うは易く、行うは難し」の典型例ですが、是が非でも、なさなければなりません。

じつは、漢訳からの現代語訳はすでにあります。しかし、残念ながら、まったくのしろうとが、予備知識なしに読んでわかるかというと、はなはだ疑問です。これでもまだ、難しすぎるのです。一般の方々には、もっともっとわかりやすい方向へ努力しないと、理解できないのです。

今回、私が鳩摩羅什が翻訳した、いわゆる漢訳の法華経から、できるかぎりわかりやすく現代語訳しようと心に決めた理由は、以上のとおりです。

2　各品の解説

1　序品

法華経が説かれたきっかけと説かれた時空間、および聴衆があきらかにされます。

時はブッダ（釈迦牟尼）の最晩年です。ブッダは八十歳で入滅しましたから、その直前という設定です。この設定には、法華経こそ、最高の経典なのだという自負が込められています。

場所は、マガダ国の首都だった王舎城《おうしゃじょう》（ラージャグリハ）の郊外に位置する霊鷲山《りょうじゅせん》（グリドラクータ山）です。そのころ、マガダ国は北インドのガンジス河下流域、現在のビハール州にあたる地域を支配し、十六大国の一つに数えられていました。のちにこの国は勢力を拡大し、インド最初の統一国家として有名なマウリヤ帝国に発展しました。

霊鷲山は、そのかたちがちょうど鷲が翼を広げたすがたに似ているので、こうよばれました。ただし、けっして風光明媚なところではなく、むしろ荒漠たる岩山です。遺体を鷲に食わせる鳥葬場だったという説すらあるくらいです。そんな霊鷲山が、なぜ説法の場所に選ばれたのか、理由はいくつか考えられます。まず、歴史に実在したブッダが、この場所で実際に説法したという伝承が数多くあるからです。

歴史に実在したブッダが、霊鷲山を説法の場所に選んだ理由は、二つ想定されています。一つは、首都の中心には旧来の伝統がまだ根強く残っていたので、ブッダのような革新的な宗教者は入り込めなかったらしいのです。もう一つは、自分の説法には、鳥葬場のような、この世の無常を感じさせる場所がふさわしいと、ブッダが考えた可能性です。法華経でも、こういう思いが引き継がれているようです。

聴衆はたくさんいます。四衆とよばれる出家僧・尼僧・男女の在家修行者、菩薩たち、神々、国王、龍王とその従者たちです。もちろん、マガダ国王の阿闍世王とその母もいます。ざっと合計すると、聴衆の数は数十万どころではありません。

人間はともかく、神々や龍王までいるというのは、現代人には理解しがたいかもしれません。しかし、仏教は、人間のみならず、この世の生きとし生けるものすべてを救うとみなされていたので、こういう設定になるのです。そもそも、古代人の発想では、神々も龍王も、立派に実在していましたから、特に不思議とはおもっていなかったのです。

　ブッダは最初に無量義経とよばれる経典を説きました。そのあとで、無量義三昧とよばれる瞑想に入ります。すると、天からは花が降りそそぎ、大地が震動します。

　さらに、ブッダの眉間の白毫から光が放たれ、東の方向にある一万八千の世界を照らし出します。それらの世界ではどこでも、如来が説法していました。

　この奇瑞に驚いた弥勒菩薩が、奇瑞が起こったわけを文殊師利菩薩に尋ねると、文殊師利菩薩は自分の過去世における体験から、これはブッダが法華経を説く兆しだと答えます。かつて自分が、日月燈明如来という如来が二万人もあらわれ、法華経を説いたときにも、同じ奇瑞が起こったというのです。

　これらの設定は、さきほども指摘したとおり、現代人には理解しがたく、荒唐無稽ですらあります。しかし、古代人の感覚では、起こりえないことが起こることこそ、真理の証明になったのです。

　そして、いちばん大切な点は、次のことです。すなわち、「法華経はいま初めて説かれるのではなく、ほとんど無限の過去からずっと説かれていた、いわば永遠の真理である。ただし、その法華経を説く如来に出会えるチャンスは、かぎりなくゼロに近い。ところが、いままさに、その法華経が説かれようとしている。だから、心して、お聞きなさい」ということです。

　ここで釈迦牟尼如来が説法の対象にしているのは、おもに阿羅漢です。阿羅漢とは、声聞もしくは縁覚《えんがく》（辟支仏《びゃくしぶつ》）として修行し、悟りを得たとされる者たちです。ただし、阿羅漢の悟りはまだ不完全であり、如来にはなれないと信じられていました。現に、初期型の仏教をわりあい忠実に継承するスリランカやミャンマーのテーラワーダ仏教では阿羅漢が最高位であり、如来になれるとは考えられていません。

　法華経の場合、この声聞と縁覚については、注意が必要です。ふつうは、声聞といえば如来の教えを聞いて悟った人のことであり、実際上は出家僧を指しています。縁覚は独覚ともよばれるように、如来の教えを聞くことなく、独自に悟った人を指しています。

　ところが、こと法華経にかぎっては、いささかならず意味が違います。釈迦牟尼如来から、声聞は「四諦」の教えをしめされる存在であり、縁覚は「十二因縁」の教えをしめされる存在として描き出されているのです。

声聞と「四諦」はまあよいとして、縁覚が「十二因縁」を釈迦牟尼如来から教示されるという設定は、独自に悟った人という縁覚・独覚の定義からはずれています。どうやら、「十二因縁」の「縁」と縁覚の「縁」が、文字どおり縁つながりでむすびつけられた結果、縁覚は「十二因縁」の教えをしめされる存在になったようです。なお、菩薩の場合は、釈迦牟尼如来から「六波羅蜜」を教示される存在とみなされています。

2 方便品

方便品は、如来寿量品とならび、古来もっとも重要とみなされてきた章です。前半部の頂点といってもかまいません。

多くの経典は少しずつ盛り上げていって、かなり経過してから頂点を迎えるのですが、法華経にかぎっては、序品で説法が始まったかとおもうと、すぐに頂点が来るという設定になっています。そして、前半部はこの方便品の教えを、それこそ手を変え品を変え、さまざまな方策を駆使して展開していくことになります。

ブッダは、瞑想から出て、舎利弗を相手に話しはじめます。その内容は、如来が体得した真理は、如来にしか理解できないというものでした。

この話を聞いた声聞や縁覚たちは、自分たちは如来の教えにしたがって修行し、悟りを開いたのに、それをあたまから否定されたと、疑念をいだきます。そこで、舎利弗を代表に立てて、この疑念をブッダに問いただすのですが、ブッダは「どうせ、あなたがたには理解できないのだから、むだだ」といって、答えません。

同じ問いを舎利弗が三度も繰り返したので、ブッダも考え直して、ようやく答えようとします。しかし、自分はすでに悟りを開いたと思い上がった声聞や縁覚たちは、この間のやりとりに倦み、「いまさらブッダの話を聞いても、意味がない」と考え、席を立ってしまいます。

そのようすを尻目に、ブッダは語りはじめます。それを要約すると、こうなります。

悟りへといたる乗り物は、ほんとうは一つしかない（一乗）。しかし、それを正しく理解できるものは稀なので、如来は、方便を駆使して、悟りへといたる乗り物は三つある（三乗）とも説く。

私は菩提樹のもとで悟りを開いたとき、その内容があまりに深遠なので、だれからも理解されないとおもい、沈黙をたもとうとした。しかし、それでは真理が伝わらないと危惧した梵天の懇請もあって、ひろく真理を説くことを決心した。その際、過去世の如来たちも、方便を駆使して、真理を説かれたことを思いおこして、とりあえず悟りへといたる乗り物は、声聞乗・縁覚乗・菩薩乗の三つあると説くことにした。だが、悟りへといたる乗り物は、ほんとうは仏乗一つしかないのだ……。

このエピソードは、これまでの声聞や縁覚という仏教のありかたを否定するものです。いいかえれば、大乗仏教の独立宣言ともいえるものです。このとき、自分はすでに悟りを開いたと思い上がった出家僧と尼僧と男女の在家修行者たち五千人が席を立ったという記述は、新たに登場してきた大乗仏教にたいする旧来型の仏教、最近の学術用語でいうなら主流派の激しい反発を物語っています。

近年の研究によれば、少なくとも法華経が成立した一～二世紀のころは、主流派の勢力が圧倒的に強く、大乗仏教を信奉する人々の数はごく少数だったようです。しかし、やがて大乗仏教は大きく発展し、仏教がほんとうの意味で世界宗教となる道を開いたのでした。

このとき席を立った五千人がその後どうなったかは、法華経に書かれていません。ただし、五百弟子受記品において、釈迦牟尼如来が大迦葉に、法華経が説かれる集会に参加していない声聞であっても、如来になるチャンスはあるとかれらに伝えなさいと命じています。ですから、この五千人も、具体的な手段や方法はわかりませんが、救われるはずです。もし仮に、救われないようなら、法華経が約束する万人救済と矛盾してしまいます。

なお、五千人という数は、戒律や修行をめぐって釈迦牟尼と対立した提婆達多が、自分の賛同者五百人をひきつれて、教団を離脱したという事件から想を得たのではないか、という説があります。

五千人が席を立っていったあと、釈迦牟尼如来は「一大事因縁」を明かします。「一大事因縁」とは「唯一の重大な仕事」という意味です。釈迦牟尼がこの世に出現したのはそのためだというのです。

では、「唯一の重大な仕事」とは何かといえば、生きとし生けるものすべてに如来の智恵をひろめ、悟らせ、成仏させることにほかなりません。まさにこの目的のためにこそ、釈迦牟尼はこの世に出現したのです。このように法華経は釈迦牟尼がその本心を明かしたということにちなみ、「出世の本懐」を語る経典とみなされてきました。

ところで、方便というと、俗に「嘘も方便」というぐあいに使われることがあります。この場合、方便は真実と対比される関係にあって、「真実ではない」という意味を含んでいます。

しかし、方便品の「方便」はちがいます。智恵と対比されるのです。そうなると、方便は、智恵にもとづきながら、その智恵を生きとし生けるものすべてにとどけようとする大いなる慈悲ゆえに、たくみな手段を駆使できる力を意味します。ようするに、方便＝智恵＋慈悲という方程式なのです。

この方便品には、法華経の成立した場所と時期を考えるうえで、とても重要な文言も書かれています。それは仏像をつくる際の素材にまつわる記述です。

如来のために、さまざまな仏像をつくり、彫刻して三十二相をあらわした者たちは、すでに悟りを開きました。あるいは、七宝を素材につかって、仏像をつくった者たちもいました。

真鍮を素材につかって、仏像をつくった者たちもいました。銅とニッケルの合金を素材につかって、仏像をつくった者たちもいました。銅と金の合金を素材につかって、仏像をつくった者たちもいました。錫と鉛の合金を素材につかって、仏像をつくった者たちもいました。鉛を素材につかって、仏像をつくった者たちもいました。錫を素材につかって、仏像をつくった者たちもいました。鉄を素材につかって、仏像をつくった者たちもいました。

木材を素材につかって、仏像をつくった者たちもいました。粘土を素材につかって、仏像をつくった者たちもいました。漆や膠にひたした布を素材につかって、仏像をつくった者たちもいました。

これらの者たちは、ひとりのこらず悟りを開きました。

インドで最初に仏像がつくられたのは、ご存じのとおり、西北インドのガンダーラです。時期は一世紀の初めごろです。そして一世紀の中ごろから三世紀の中ごろには、仏像の造像は一般化していたとみなされています（宮治昭『仏像学入門』春秋社）。とすると、地域的にも時期的にも、法華経の成立と重なる可能性がきわめて高いことになります。

さらに、方便品に羅列された仏像の素材が七宝・真鍮・銅とニッケルの合金・銅と金の合金・錫と鉛の合金・鉛・錫・鉄・木材・粘土・漆や膠にひたした布というぐあいに、すこぶる多岐にわたっている点を見ると、この文章が書かれた時期は、仏像の制作がはじまった直後とはいえないでしょう。むしろ、仏像が数多く制作されるようになってからのことを考えたほうが自然です。そうなれば、法華経の成立時期とされる一～二世紀ころと、まさにぴったり重なります。

ちなみに、現存するインド仏教の仏像は、大半が石像ですが、方便品にはなぜか、素材として石材が記載されていません。そのいっぽうで、現存するインド仏教の仏像には、ここにあげられたような素材の事例はほとんどありません。七宝や合金製の仏像は、素材そのものが高価ですから、おそらく略奪の対象になって、失われてしまったのでしょう。木材や粘土や漆や膠にひたした布でつくられた仏像、すなわち木彫や塑像や乾漆像は壊れやすいので、後世まで残らなかったとおもわれます。

いずれにせよ、これほど多様な素材で仏像が制作されていた事実は、ほかの文献からはなかなか見出せません。その意味でも、まことに貴重な記述なのです。

3　譬喩品

譬喩品の「譬喩《ひゆ》」は、「たとえ話」を意味しています。法華
たとえ話を縦横に駆使して真意を説くという方法は、法華経のあちこちにあります。全部で七つあるので、「法華七《しち》喩《ゆ》」ともよばれます。仏典はおおむねたとえ話が得意ですが、法華経ほどうまく利用している例は他に見出せません。

三車火宅《さんしゃかたく》　譬喩品
長者窮子《ちょうじゃぐうじ》　信解品
三草二木《さんそうにもく》　薬草喩品
化城宝処《けじょうほうしょ》　化城喩品
衣裏繋珠《えりけいじゅ》　五百弟子受記品
髻中明珠《けいちゅうみょうじゅ》　安楽行品
良医治子《ろういびょうし》　如来寿量品

そもそも法華経は、説法の対象となる人々の資質や能力におうじ、「三周説法」といって、法説・譬喩・因縁という三つの説き方を採用しています。法説は理論、譬喩はたとえ話、因縁は理由や原因と考えていただければよいとおもいます。こういう方法が採用された理由は、法華経の布教対象が知識や教養のあまりない人々だったからではないか、という説もあります。

この三つの説き方が特に目立つのは、法華経の前半部分です。まず、方便品において、いわば理論的に説明された「三乗は方便、一乗（仏乗）が真実」という教えが、譬喩品ではたとえ話によって、だれでもわかるように説かれて

いるのです。譬喩はさらに信解品・薬草喩品で採用され、化城喩品にいたって因縁が説かれるという順序です。

譬喩品では、冒頭のところで、舎利弗が声聞乗と縁覚乗を信奉してしまったばかりに、もう如来にはなれないと諦めていたが、方便品の説法を聞いて、将来は自分も如来になれる確信を得ました、と述べます。これにたいし、釈迦牟尼如来は舎利弗が将来、華光とよばれる如来になると予言したうえで、その仏国土や寿命などについて、ことこまかに解きあかします。そして、なぜ、最初は三乗を説いたのかという理由を、「三車火宅」のたとえ話に託して語るのです。

法華経の七つあるたとえ話のうち、もっとも有名なたとえ話が「三車火宅」にほかなりません。「火宅」は「燃えさかる家」、つまり「救いようのない状態」を象徴しています。しかし、この「火宅＝救いようのない状態」こそ、悟りを開いた釈迦牟尼如来の眼に映る現実世界の実相なのです。

「火宅」という発想は、歴代の宗教者にとどまらず、多くの芸術家にも霊感をあたえてきました。たとえば、最後の無頼派とうたわれた小説家の檀一雄（一九一二〜一九七六）が、この「三車火宅」に想を得て、『火宅の人』という小説を書きました。この小説は、妻子をほったらかしにして、通俗小説を書きながら、愛人の女優と放浪をつづける作家の行状を描いたもので、あきらかに檀一雄自身がモデルになっています。ちなみに、最終的に女優との関係は破局をむかえ、檀一雄は肺がんにかかり、病床で口述筆記して、ようやく『火宅の人』を完成させ、まもなく死去したという逸話がのこされています。

譬喩品に登場する「火宅」は、広大なボロ家です。どこもかしこも朽ち果て、倒壊寸前の状態です。しかもその邸内には、人間以外に獰猛な野獣や魑魅魍魎《ちみもうりょう》とよぶしかない、うぞうむぞうがうごめいています。しかも、その描写が妙にリアルなのです。

注目すべきは、広大な家屋敷にもかかわらず、門がたった一つしかない点です。これは現実にはありえない設定ですが、この世は「火宅」であり、救いの道は一つしかないと主張したい法華経の立場からすれば、門が複数あってはならなかったのです。

「三車」は、父親すなわち釈迦牟尼如来が、遊びほうけていて猛火につつまれていることにまったく気づかない大勢の子どもたち、すなわち私たち衆生を、火宅から連れ出すために用意した羊の車・鹿の車・牛の車を指しています。

今流にいうなら、軽自動車と普通車と高級車にあたります。もちろん、この「三車」がじつは声聞乗・縁覚乗・菩薩乗を象徴していることは、あらためて指摘するまでもありません。

さらに注目すべきは、「三車」を欲しいばかりに「火宅」を出てきた子どもたちに、わけへだてなく父親があたえたのが「大白牛車」だった点です。大白牛車ですから、牛車よりももっとずっと高級です。クラウンでじゅうぶんに満足していたのに、レクサスかロールスロイスかフェラーリをもらったようなものです。子どもたちは喜ばないはずがありません。

「大白牛車」はむろん、仏乗を象徴しています。法華経の法華経たるゆえんの一つは、信仰者自身が、修行を積めば、いつかは仏＝如来になれるという発想です。初期型の仏教は、自分たちが如来になれるとは考えていなかったようです。しかし、法華経はこのあとで展開されるさまざまな逸話からわかるとおり、如来になることを究極の目標に設定しました。

ただし、その一方で、法華経は声聞乗や縁覚乗をあたまから否定してはいません。それなりの役割をみとめています。また、声聞や縁覚も、修行次第で菩薩になれると説いています。この点は、声聞乗や縁覚乗を一方的に見下したり、全面的に否定しがちなほかの大乗仏典とは異なります。そして、ここに法華経が重要視された理由の一つがあるとみなす見解もあります（立川武蔵『ブッダをたずねて』〈集英社新書〉）。

こういう考え方は、じつはチベット仏教の立場とも共通しています。チベット仏教では、一一世紀の初頭にインドから、当時としては最高レベルの仏教をチベットに伝えたアティーシャ（九八二〜一〇五四）が、初期型仏教（小乗仏教）と大乗仏教と大乗仏教の最終形態である密教に、それぞれ存在価値をみとめたうえで、一つの体系にまとめました。アティーシャがきずきあげた体系はその後、ダライ・ラマを最高指導者とするゲルク派の開祖ツォンカパ（一三五七〜一四一九）に受け継がれ、宗派の基本教義となり、こんにちに至っているのです。

この事実を見ても、法華経が採用した方法はとても賢かったとおもわれます。法華経というと、とかく唯我独尊的とみなされがちですが、ほんとうはひじょうに寛容なところがあるのです。

4　信解品

信解品の「信解」は、信仰の受容と理解を意味しています。ですから、この章では、法華経の教えが、どのように受容され、正しく理解されていくのか、説明されることになります。

ここでも譬喩が登場します。「長者窮子」のたとえ話です。このたとえ話は、各地を放浪したあげく、落ちぶれ果てた息子を、五十年以上もたってからようやくめぐり会った父親が、あたたかく迎えるというあらすじです。いまさらいうまでもありませんが、父親は如来を、息子は私たち衆生を、それぞれ象徴しています。

この「長者窮子」は、新約聖書においてイエス・キリストが語る「放蕩息子のたとえ」（「ルカによる福音書」第一五章）によく似ていることでも知られています。あらすじだけでなく、細部の設定でも似たところがあります。たとえば、新約聖書の放蕩息子は、生活に困って、ユダヤ人たちが不浄な動物として忌み嫌う豚を世話して生計を立てています。法華経の窮子も、だれもが嫌がる汚物の処理を担当しています。

ただし、まったく同じではありません。「放蕩息子のたとえ」では、放蕩息子には兄がいて、父親が弟をあたたかく迎えたことを非難します。キリスト教の伝統的な解釈では、父親は神、放蕩息子は罪深い人間たち、あるいは差別された人々であり、兄は戒律にうるさいユダヤ教のファリサイ派とされます。しかし、信解品の「長者窮子」には兄にあたる人物は出てきません。

また、「放蕩息子のたとえ」では、放蕩息子は父親から財産を兄より多く分けてもらって、家を出て行き、放蕩三昧して、落ちぶれ果てたことになっています。ところが、「長者窮子」では、父親と息子は、理由は書かれていませんが、幼いときに離ればなれになってしまい、父親はずっと息子をさがしつづけていたという設定です。息子は、放蕩三昧の末に落ちぶれ果てたわけではなく、いくら頑張っても生きていくのがやっとで、うだつが上がらなかったと書かれています。

いちばん大きな違いは、帰還した息子にたいする父親の対応です。「放蕩息子のたとえ」では、帰ってきた放蕩息子をすぐ、父親が無条件であたたかく迎え入れます。それにくらべ、「長者窮子」では、父親は息子のようすを、長い期間にわたり、注意深く観察したうえで、ようやく迎え入れます。「放蕩息子のたとえ」の父親にくらべると、いささか冷たいと考えられがちですが、そうではありません。

違いが生まれた原因は、「放蕩息子のたとえ」の場合、息子はもう大人になってから家を出て行ったので、たがいを認知し合っていますが、「長者窮子」の場合は、幼くして離ればなれになってしまったので、息子は父親の顔を知らないことにあります。おまけに、父親は事業に大成功をおさめて、巨万の富をもっています。それにたいし、息子は、さきほどもふれたとおり、生きていくのがやっとの貧乏人です。性質もすこぶる下劣です。

ようするに、なにもかもが天地ほども違うのです。息子にすれば、長者は畏れ多い赤の他人にすぎないのです。現に最初、父親は息子を、使用人をつかって邸宅に連れてこようとしましたが、息子は自分が無実の罪で捕らえられると誤解して、失神してしまいました。この失敗に懲りて、父親は長い時間をかけて、息子の心を成長させてから、自分のもとにひきよせることにしたのです。

まずは邸内の汚物処理の仕事をあたえました。父親はときどきボロボロの衣服をわざと身にまとい、顔や体に泥を塗りたくって、あたかも汚物処理を担当する老人のように変装して、息子の働きぶりを観察します。息子が一生懸命に仕事をしているようすを見て、担当する仕事の内容をすこしずつ上げていき、ついには財産の管理までゆだねます。そして、最後には自分が父親であることをあかし、自分の全財産を息子に譲って、引退したのでした。

このたとえ話は、いくつかの重要な主題を描き出しています。その一つは、私たち衆生の心は下劣なので、いきなり仏乗という最高の教えをあたえたところで、持ち重りがするだけで、とうてい受けいれられません。この実状をふまえ、釈迦牟尼如来は声聞乗から縁覚乗へ、さらに菩薩乗というプロセスをへて、最後に仏乗をあかしたのだという主張です。

仏教学の専門家からは、このたとえ話に触発されて、中国における法華経信仰を大成した天台智顗《ちぎ》が、「五時教判」という独自の法華経理解をきずきあげたという指摘があります。智顗によれば、成道直後の釈迦牟尼は華厳経を説きましたが、その内容があまりに難解だったために、だれも理解できませんでした。そこで、しかたなく声聞乗・縁覚乗の阿含経《あごんぎょう》を説き、ついで方等経《ほうとうきょう》(一般的な大乗仏典)を説き、般若経を説き、最後に最高ランクの法華経を説いたというのです。むろん、この解釈は歴史的な事実とは合致しませんが、東アジアに法華経が広められるうえで、絶大な影響をあたえたことは、まさに歴史的な事実です。

窮子みたいな冴えない人でも如来になれる、という主張も見逃せません。もちろん、そのためには、それなりの時間をかける必要はありますが、すべての人々に如来となる道が開かれているという教えは、まさに法華経の独壇場にほかなりません。日本の宗教史において法華経が抜群の人気を誇ってきた理由は、この点にもとめられます。

たとえ話の語り手がだれかという点も、注目にあたいします。譬喩品では、釈迦牟尼如来が弟子の声聞である舎利弗を相手に、語っていました。ところが、この信解品では、須菩提・摩訶迦旃延・摩訶迦葉・摩訶目犍連の四大声聞が、釈迦牟尼如来にむかって、このたとえ話をするという設定になっています。つまり、通常とは逆なのです。

この設定には前提があります。経文を引用すると、「(前章の譬喩品において釈迦牟尼如来が) 舎利弗に、あなたはこのうえない正しい悟りを得るだろうと予言なさったことを、まのあたりにして、……わたしたちは、いままさに尊きお方の前で、声聞であっても、このうえなく正しい悟りを得られると予言されたのを聞いて、心は躍るばかりに喜びに満ち、かつてない思いにひたっています。……わたしたちに、この喜びを、譬喩を使って、表現させてください」といって、「長者窮子」のたとえ話をはじめるのです。こういうぐあいに、師である釈迦牟尼如来と弟子たちとのあいだに相互に交流する関係がみられるのも、法華経ならではの特徴といっていいでしょう。

5 薬草喩品

この薬草喩品にも、タイトルに「喩品」とあるくらいですから、たとえ話が語られます。それが「三草二木」のたとえです。

「三草二木」のたとえ話は、如来の説法についての説明です。「三草」は薬草に小・中・大があること、「二木」は樹木に小・大があることを意味します。この場合、薬草の小・中・大も、樹木の小・大も、生きとし生けるものにはさまざまな種類があり、それぞれにふさわしい成長の仕方があることを象徴しています。

伝統的な解釈では、三草の小・中・大は声聞・縁覚・菩薩であり、二木の小・大は修行の未熟な菩薩、修行の進んだ菩薩ともみなされてきました。また、小の薬草は人天乗(理想的な人間や神々になるための教え)、中の薬草は声聞乗と縁覚乗、大の薬草と小の樹木と大の樹木は三段階の菩薩乗とみなす考え方もあります。

いっぽう、如来の説法は、ちょうど大きな雲が全世界をつつみ、いたるところに同時に、かつ平等に雨を降らすのと同じだと説かれます。すなわち、わけへだてはまったくないのです。

しかし、薬草や樹木にはさまざまな種類があり、それぞれにふさわしい成長の仕方がありますから、同じ雨をうけても、全部が同じ成長の過程をたどるわけではありません。衆生が宗教的な真理をうけとめる力も、変わりません。みながみな、同じではありません。如来はこの点をよく承知していますから、衆生それぞれの資質に応じて、説き方を変えるというのです。これが「智の方便」とよばれる方法です。

法華経の成立地として有力な西北インド地方はおおむね乾燥地帯で、寒暖の差もひじょうに大きいのです。こういう厳しい自然環境では、雨はまさに「干天の慈雨」となりますから、この「三草二木」のたとえ話はつよい現実感をもってうけとめられたはずです。

また、この薬草喩品では、一雲、一雨、一地、一相、一味という言葉がしきりとつかわれ、「一」を強調する傾向が見られます。この「一」の強調は、究極の真理にほかならない「一乗」を主張するための方便といっていいでしょう。

もう一つ、薬草喩品で注目すべき点があります。それは「空」の強調です。「如来の教えが同じ味がするということを正しく認識しているのは、如来であるわたししかいません。すなわち、その味とは、生死の苦しみからの離脱という味、貪欲からの解放という味、完璧な悟りという味、究極の涅槃という味、自分がつねに悟りの境地にあるという味であり、最終的には空に帰るものです」とか「ありとあらゆる真理の王であるわたしは、森羅万象は実在しているという考え方を打ち破る者として、この世に出現しました」という文言は、まさに空を表現しています。

「森羅万象は実在していない」という空の思想は、最初の大乗仏典とされる八千頌《はっせんじゅ》般若経がとなえ、八千頌般若経をもとに龍樹（一五〇ころ～二五〇ころ）がその著書の中論において理論化して以来、大乗仏教の思想的な根幹をなしてきました。

しかし、法華経と空という取り合わせは、ほとんど注目されてきませんでした。法華経というと、とかく「森羅万象はあるがままに真実の相である」と主張する「諸法実《しょほうじっ》相《そう》」が強調されがちで、「森羅万象は実在していない」という空の思想は重要視されてこなかったのです。ところが、このたび私が法華経を現代語訳してみて気づいたのは、法華経にはおもいのほか空にまつわる記述が多いという事実です。

考えてみれば、法華経も大乗仏典なのですから、空が語られていてもなんら不思議ではありません。ただし、空をあまり強調しすぎると、虚無的な傾向になりがちで、おまけに話がやたらと難しくなってしまう傾向があり、法華経がめざすすべての衆生の救済から逸脱してしまう恐れがあります。おそらく、先人たちはそのあたりに配慮して、法華経では空をとりあげなかったとおもわれます。

6　授記品

授記品の「授記」は、「予言をさずける」という意味です。もう少し具体的にいえば、遠い将来において、修行を完成したあかつきに、「如来になるという予言をさずける」ことを意味しています。

なお、「受記」という表現が、第八章にあたる五百弟子受記品に登場します。授記と受記の違いは、さずけるがわと、さずかるがわの違いです。つまり、さずける如来からすれば「授記」であり、さずかる弟子からすれば「受記」になるのです。この点は、戒律をめぐる「授戒」と「受戒」の違いと同列です。

ここで注意しなければならないのは、釈迦牟尼如来が授記したから、如来になれるという話ではない点です。授記はあくまで予言にすぎず、修行者みずからの努力によってのみ、如来になれるかどうかが決まるのです。わかりやすくいうなら、釈迦牟尼如来の力にすがって、如来になるわけではないということです。このあたりは、ひたすら神の救いを願う一神教とはまったく異なります。釈迦牟尼如来は弟子たちを教えさとすだけで、そのあとの結果は弟子たちの努力いかんにかかっているのです。

法華経における授記はとても重要な課題でした。その証拠に、第六章にあたるこの授記品から、第七章の化城喩品をへて、第八章の五百弟子受記品と第九章の授学無学人記品まで、四つの章にわたって、授記・受記にまつわる記述がなされています。

なぜ、ここまで授記が重要視されたのかをめぐっては、いろいろな説があります。よく主張されるのは、舎利弗をはじめ、声聞たちに授記することによって、声聞であっても、一仏乗の道を歩めば、いつかは如来になれることを保証し、一仏乗が絶対の真理であるむねをあきらかにするためという説です。

別の説もあります。かつて歴史上に実在した舎利弗などの直弟子に、釈迦牟尼如来がじかに授記するというかたちを採用することによって、法華経が成立した二世紀ころに実在していた初期型仏教の出家僧、すなわち阿羅漢たちを完全に無視し、かれらの後援者だった在家の信仰者を、法華経信仰へと誘導しようとしたのではないか、という説（菅野博史『法華経入門』〈岩波新書〉）です。

たしかに、すでに授記されていた舎利弗につづき、授記品では摩訶迦葉・須菩提・大迦旃延・大目犍連という、まさに錚々たる直弟子たちが授記されていきます。舎利弗が最初で、つづいて摩訶迦葉・須菩提・大迦旃延・大目犍連が授記されるという順番は、仏弟子たちのランクを、それとなくしめしているのです。

もちろん、これは法華経の論法であって、歴史的な事実ではありません。とはいっても、歴史上に実在した釈迦牟尼の入滅からはるかな時間をへて、いわゆる「無仏の時代」の二世紀という時代状況を考えれば、どうやっても釈迦牟尼からじかに授記されるはずがない阿羅漢やその後援者たちにとって、大きな衝撃だったことはじゅうぶんに想像できます。

すでに述べたとおり、二世紀の段階ですと、インドの仏教界では初期型の仏教勢力が依然として強力で、大乗仏教を信奉する勢力はまだまだ微弱だったようです。そのなかでも、法華経を信奉する人々の数はごくかぎられていたと推測されています。このことを考えると、これくらい強烈な主張でもしないと、埋没してしまう可能性すらあったのでしょう。

授記の内容は多岐にわたります。いつ如来になれるのか。その如来の名は何というのか。治める仏国土の名は何というのか。その時代の名は何というのか。如来の寿命はどのくらいなのか。仏国土の様相はどのようなものなのか……などが詳しく説かれます。

いつ如来になれるのか。いいかえれば、如来になるにはいったいどれくらいの期間にわたって修行を積めばよいのか。この問いにたいする答えは、人間的な尺度をはるかに超えています。たとえば、摩訶迦葉の場合、未来世において三百万億もの如来たちにお仕えして、その間ずっと修行しつづけなければ、如来にはなれないと授記されます。

話が途方もなく大きくなりがちなインドとはいえ、いくらなんでも長すぎますが、この点は、不思議なことに特に問題とされていません。もっとも、法華経のあちこちで如来の出現はすこぶる稀だとか、如来にお会いできる機会はめったにないことが強調されていますから、これくらいの時間がかかるのは当然と考えられたのかもしれません。それよりなにより、これまで如来にはなれないとされていた阿羅漢でも立派に如来になれるということに意義があるので、かかる時間の多寡は問題にならなかったのでしょう。

さらに興味深いのは、如来にも寿命が設定されている点です。つまり、如来といえども、原則として、永遠不滅の存在ではないのです。むろん、人間的な尺度からすれば、ほぼ無限大ですが、それでも限界があることは見逃せません。

また、仏国土の様相はだいたい共通しています。どこもかしこも真っ平らで、凹凸がまったくありません。地面はラピスラズリをはじめ、貴重きわまりない宝石のたぐいでできていて、不浄なところは全然ないのです。そして、宝樹が立ち並んでいるといいますから、地球上にあるような自然はないらしく、完璧な人工環境とみなしてよいようです。このあたりは、仏国土のなかでいちばん有名な極楽浄土も同じです。

7　化城喩品

すでに述べてきたとおり、法華経では、説法の対象となる人々の資質や能力におうじ、「三周説法」といって、法説・譬喩・因縁という三つの説き方を採用しています。ここまでの説法で、究極の真理である一仏乗の教えを、まず舎利弗は法説、すなわち理論的な説明をうけて理解しました。ついで須菩提・摩訶迦旃延・摩訶迦葉・摩訶目犍連の四大声聞が譬喩、つまりたとえ話によって、一仏乗を理解しました。

しかし、全員を合わせても、まだたった五人にすぎません。そこで、さらに多くの弟子たちのために、釈迦牟尼如来は因縁、つまり理由や原因、もっと具体的にいうと釈迦牟尼如来とかれらとのあいだにひそむ過去世からのつよいきずなを説明することで、一仏乗を理解させようとところみるのです。この説き方を、伝統的な用語では「宿世《しゅくせ》因縁《いんねん》説」といいます。

「宿世因縁説」の主人公は大通智勝如来です。この如来は三千塵点劫《さんぜんじんてんごう》もの昔に出現したという設定になっています。三千塵点劫とは、経典のなかで説明されるように、膨大きわまりない時間です。これほど膨大な時間は、やたら話が大きくなるインドでもなかなか見出せません。

おもしろいのは、膨大な時間を表現するのに、ほかの箇所にしきりと出てくる千万億阿僧祇劫みたいに、数字をつかってはいないところです。そのかわりに、三千大千世界をすりつぶして原子にしてしまい、その原子を一つずつ運ぶ……というぐあいに、物語風に語っています。こうすることで、たんに数字で示すよりも、はるかに強い印象を、聴衆にあたえられるとふんだのかもしれません。なにかにつけて効率を重んじ、寸刻でも失うことを嫌う現代人の感覚では、いささかならず冗長ですが、神秘的で希有壮大な話を好んだ古代インド人の聴衆には、きっとおおいにうけたことでしょう。

「……塵点劫」の表現は、如来寿量品でもつかわれています。ただし、如来寿量品の場合、世界の数が「五百千万億那由佗阿僧祇」となっていて、化城喩品の三千大千世界とはまったく比べものにならないほど、大きいことになっています。

化城喩品の主人公、大通智勝如来は出家前は国王であり、そのときにもうけた十六人の王子がいました。かれらもまた、父親にならって出家して、年少の出家者を意味する沙弥《しゃみ》となり、法華経を八千劫の長きにわたり説法してもらいます。やがて、大通智勝如来が八万四千にわたる長い瞑想状態に入ると、その間、十六人の沙弥たちが如来の代わりに法華経を説法します。その後、この十六人の沙弥たちは八方において悟りを開き、如来となります。そのなかには、釈迦牟尼如来もいれば、阿弥陀如来もいました。ちなみに、十六番目の沙弥が娑婆世界で成道して、釈迦牟尼如来になったといいますから、いちばん最後に成仏したことになります。

肝心なのは、法華経が説かれている法座にあつまっている弟子たちは、今生で初めて釈迦牟尼如来の弟子になったのではなく、三千塵点劫の過去ですでに、釈迦牟尼如来の前身だった沙弥から法華経の説法を聞いていたという設定です。すなわち、いま弟子となっている者たちと釈迦牟尼如来とのえにしは、いわゆる一期一会ではないのです。まったく反対に、ほとんど無限に近い過去からずっと、釈迦牟尼如来はかれらを教化しつづけてきて、いまもまた教化しているというわけです。

こういう深いえにしを知って、多くの弟子たちはやっと一仏乗の教えを理解することができたのです。あえていうなら、理論やたとえ話ではうまくいかなかったので、いわば情に訴えるかたちで、究極の真理を伝えることに成功したといってよいでしょう。

この化城喩品でも、章のタイトルに「喩」が入っているくらいですから、有名なたとえ話が説かれます。このたとえ話の主題は、涅槃です。悟りへの乗り物がほんとうはたった一つしかないのと同じく、ほんとうの涅槃もたった一つしかないのですが、資質に劣る者たちのために、かれらにも受けいれやすいかたちで、仮の涅槃を説くこともあるという話です。

この場合、仮の涅槃は、案内人に仮託された釈迦牟尼如来がつくりだした幻の都城として、表現されています。法華経が成立した当時、まさに一攫千金をめざして、危険をもかえりみず、あまたの商人たちが難路難所を往来していました。古代や中世の商業は、現代の商業に比べると、冒険主義的な傾向がとても強く、成功すれば莫大な富が手に入るかわり、失敗して元も子もないどころか、生命すら失いかねないような事態も少なくありませんでした。それをおもうと、化城喩品のたとえ話を聞いて、身につまされる人々がたくさんいたはずで、現代人が想像するよりもはるかにリアリティがあったことでしょう。

8　五百弟子受記品

この章は、弁舌で名高い富楼那が、釈迦牟尼如来の巧みな方便を駆使する説法を、ほめたたえる場面からはじまります。それにたいし、釈迦牟尼如来は富楼那が過去世においてあまたの如来にお仕えし、正しい教えを身につけて、四種の智恵や菩薩の神通力を獲得したことを述べ、あわせてこれからも説法の第一人者として多くの人々を悟りへみちびき、将来は法明如来とよばれる如来になるだろうと予言します。

このとき、釈迦牟尼如来は富楼那が「空《くう》」の理解において卓越しているともたたえます。薬草喩品でもふれたとおり、法華経にはおもいのほか、「空」にまつわる記述が多いのです。

また、富楼那はほんとうは菩薩なのに、方便によって声聞のすがたをとっていることを、釈迦牟尼如来があかします。この設定も興味深いといわざるをえません。いわゆる小乗仏教の僧侶のなかにも、じつは大乗仏教の菩薩がひそんでいるという意味です。これは当時の僧院内における実状を反映している可能性があります。

五百弟子受記品で授記される者の数は、富楼那＋一千二百の阿羅漢たちですから、合計すると一千二百一人になり、章のタイトルにある「五百」という数と合いません。にもかかわらず、五百弟子受記品という理由は、一千二百人の阿羅漢たちのうち、五百人は「普明」という名を共有する如来になると授記されるからです。

この五百人の筆頭が阿若憍陳如《あにゃきょうじんにょ》です。この人物は、ガウタマ・シッダールタが出家した際に、父王から命じられて跡を追い、修行仲間になったとも最初の弟子になったとも伝えられる五人の比丘たちの一人です。

授記されたことを喜んだ五百人の阿羅漢たちは、法華七喩の一つ「衣珠のたとえ」を説きます。このたとえ話は、友人からせっかく高価な宝玉をもらっていながら、その存在に気づかず、貧窮の果てにわずかな食物を得て満足している人物が主人公です。この主人公の生きざまに託して、過去世において如来がせっかく菩提心を起こさせてくれたのに、それに気づかず、次元の低い悟りに満足していた阿羅漢たちのありようを、わかりやすく語るのです。

9 授学無学人記品

この章も、前の章にひきつづき、授記が主題です。授記される対象は、阿難と羅睺羅をはじめ、二千人の声聞たちです。

阿難は成道前のガウタマ・シッダールタの従兄弟、羅睺羅は同じく成道前のガウタマ・シッダールタの実子です。つまり、血縁関係からすれば、釈迦牟尼如来にいちばん近い人物ですが、授記の順番はややあとになっています。これは、血縁関係を重視しないという姿勢と、この二人がまだ若年で修行が未熟だったという点がかかわっているともわれます。

この章では「無学・有学」という言葉が登場します。いま世間一般では、無学といえば、無知無教養を意味しますが、こと仏教の用語としては、まったくちがいます。無学は「もう学ぶべきことが無い」という意味で、「まだ学ぶべきことが有る」を意味する有学とは比べものにならない高い境地を指しているのです。

こういう有無の使い方は、無分別の場合と同じです。仏教の用語としては、小賢しい人間の知恵であれこれ差異を見出す分別より、あらゆる対象に差別をみとめず、ひとしなみに平等に見る無分別のほうが、ずっと高尚な態度なのです。

阿難が授記されたとき、新発意《しんぼっち》すなわち新米の菩薩たち八千人が、偉大な菩薩に先んじて、声聞にすぎない阿難が授記されたことに疑問をいだきます。その心中を察知した釈迦牟尼如来は過去世からの因縁を明らかにして、なにゆえに阿難が授記されたかを説明するくだりがあります。こういう説明の仕方は、前章の五百弟子受記品における富楼那と同じく、声聞のなかにもひじょうにすぐれた者がいるという、法華経の認識を語っているようです。

もう一人の羅睺羅は、ラーフラもしくはラゴーラの漢字による音写で、その意味をめぐって古来、いろいろな説が取り沙汰されてきました。有力なのは「妨げ」を意味するという説で、羅睺羅が生まれたとき、まだ出家前で太子だったガウタマ・シッダールタが「修行のラーフラ（＝妨げ）が生まれた！」と叫んだという伝承が根拠です。結果的にガウタマ・シッダールタは妻子を捨てて出家してしまったので、この「ラーフラ＝妨げ」説がとくに有名になりましたが、自分の子どもにそんな意味をもつ名前を付けるのは、あまりに不自然とみなす人もいます。

また、古代インドでは、後継者がまだいない場合は出家できないという不文律がありました。とすれば、羅睺羅という後継者ができたので、ガウタマ・シッダールタはやっと出家できたとも考えられますから、不吉な意味をもつ名前を付けるはずがないという説もあります。

なお、初期の仏教教団では、律蔵の大品によれば、出家するには事前に両親の許可を得ることが必要だと規定されていました。ところが、ガウタマ・シッダールタ自身は周囲の反対を押し切って出家してしまったので、この規定に従わなかったことになります。もちろん、律蔵の規定はガウタマ・シッダールタの出家からはるか後になって作成されたものですから、文句をいう筋合いはないかもしれません。しかし、釈然としない感じがのこることもまた、たしかです。

いずれにしても、方便品からはじまった「三乗方便・一（仏）乗真実」という教えの開示は、法説→譬喩説→宿世因縁説という三つの段階をへて、この章で幕を閉じます。この間、あまたの声聞たちに、「あなたは未来世において必ずや如来になれる」という授記が繰り返し釈迦牟尼如来からおこなわれ、みなが歓喜するなかで次の章へとつづいていくことになります。

10 法師品

この法師品から従地涌出品までは、釈迦牟尼如来が涅槃に入ってしまったあと、いったいだれが法華経を受持し、広めるのか、が主題になっています。そして、その筆頭が「法師」なのだという話です。

また、釈迦牟尼如来による説法の対象が、これまでは声聞が中心だったのにたいし、これからはもっぱら菩薩になる点も、目につきます。これは、法華経が説く信仰の実践者が、現実には初期型仏教を象徴する声聞や縁覚ではなく、やはり大乗仏教の菩薩中心だったことを、それとなく物語っているのかもしれません。
日本で「法師」というと、きよらかなおこないの出家僧のことですが、法華経では「真理を語りひろめる者」、つまり法華経の宣教者という意味でつかわれています。そして、その具体的な方法が、法華経にまるで決まり文句のように登場する「受持《じゅじ》読誦《どくじゅ》解説《げせつ》書写《しょしゃ》」です。つまり、法華経をおぼえ、読み聞かせ、解きあかし、書き写すことです。

「受持」という言葉の本来の意味は「記憶すること」（菅野博史『法華経入門』四八頁）です。しかし、日本の法華経信仰では、伝統的に「いちずに信じつづける」という意味に解釈されてきた歴史があります。

「受持読誦解説書写」はすなおに読めば、二字ずつが熟語になっていますから、全体では四つの項目で構成されていることになります。ところが、伝統的に、読誦を読と誦にわけ、読を「経典を見ながら読む」、誦を「経典を見ないで暗唱する」と解釈してきました。こうすると、法師には、受持法師・読経法師・誦法師・解説法師・書写法師の五種があることになります。仏教では、五が往々にして聖なる数字とされるので、こうしたのでしょう。

この章では、法華経の一字一句でも聞いて喜ぶものには、将来、悟りを開く可能性があると予言されています。また、詩句を一つでもおぼえている者は、過去世において、如来を供養したことがあり、如来とみなされていいとも説かれています。

逆に、法華経を説く者に対し悪口を言う者は、如来を誹謗するよりも罪が重いと強調されています。法華経を聞く機会がなければ、絶対に悟れないとも説かれています。

これは、下世話な表現をするなら、法華経宣布にまつわる飴と鞭にほかなりません。こういう自己主張の強烈さは、ほかの経典にはあまり例がなく、法華経にたいする好き嫌いを分ける要素になっているともいえます。

法師品には、ひじょうに興味深い記述もあります。仏塔の建立にまつわる件です。仏教では、釈迦牟尼の遺骨を納める仏塔を建立することが、最高の功徳として、よく勧められます。近年では、発掘調査の結果、紀元前三世紀から基壇の直径が五〇メートル内外にもおよぶ巨大な仏塔がいくつも建立されていた事実があきらかになっていて、いわゆる初期仏教の段階から仏塔崇拝がひじょうに盛んだったことがわかってきています。

とりわけ、釈迦牟尼の遺骨はたんなる遺物ではなく、生命ある聖なる存在であり、それを納める仏塔は、生身の釈迦牟尼そのものとみなされていた事実が判明しています。

さらに、その仏塔は、熱心な信仰者の目には、文字どおり生前の釈迦牟尼そのひとに映っていた可能性すら指摘されています。いいかえれば、釈迦牟尼の遺骨を納めた仏塔に参拝することは、いまもなお生きている釈迦牟尼そのひとにお目にかかることにほかならないと信じられていたのです。それくらい、仏塔崇拝は重要な位置を占めていました。

なお、インドの仏塔はいわゆる土饅頭型です。いいかえると、法隆寺の五重塔を典型とする日本の塔のように細く高いものではありません。これは、現存するサーンチーの仏塔を見れば、一目瞭然です。

法師品でも、同じように、仏塔の建立が勧められています。ただし、仏塔を建立しても、そのなかに釈迦牟尼の遺骨を納める必要はないというのです。なぜなら、法華経を信奉する者が建立した仏塔には、すでに「如来の全身」があるからだと主張します。これは、従来の仏塔崇拝とはあきらかに一線を画しています。

ここでいう「如来の全身」が、具体的になにを意味しているのかをめぐっては、いろいろな説があります。通常は、ブッダが説いた最高の教えである法華経を意味していると解釈されています。

問題は、なぜ、こんな文言がわざわざしるされているのか、です。一説には、法華経の編纂にかかわった人々は、当時の仏教界では超少数派にすぎなかったので、本物の遺骨はとても手に入らなかった。そこで、一気に反転して、「わずかばかりの遺骨をありがたがるのはもうやめにしよう。ブッダの真精神を語る法華経を、文字どおり『如来の全身』としてあがめ、仏塔に納めよう」と呼びかけたのではないか……といいます。

さらに、この章では、大乗仏教の真髄も語られています。それは、法華経を真に理解する者は、このうえなく正しい悟りを開いても、それに安住することなく、この世の生きとし生けるものを哀れむがゆえに、あえてこの汚れた娑婆世界に、何度でも生まれ変わって、苦にあえぐ者たちを救うという文言です。この考え方は、まさに大乗仏教の独壇場であり、大乗菩薩道の極致ともいわれるものです。

法華経にあつく帰依した宮澤賢治が、その著書の『農民芸術概論綱要』において、「世界がぜんたい幸福にならないうちは個人の幸福はあり得ない」と書きしるしたゆえんも、このあたりにもとめられそうです。

11 見宝塔品

見宝塔品は、あまたの宝石で絢爛豪華に装飾された超巨大な塔が、忽然として大地から涌出し、虚空に浮揚する場面から始まります。法師品ですでにふれたとおり、釈迦牟尼の遺骨をそのなかに納める塔は、インドではいわゆる土饅頭型で、日本の塔のように細く高いものではありません。

この見宝塔品でも、高さ五百由旬、縦横二百五十由旬ですから、高さと基壇の比率は二：一になります。私たちの身のまわりにある物にたとえれば、卵を立てた感じに近いかもしれません。

涌出した塔の大きさが想像を絶する規模とされている点は、とかく話が大きくなりがちなインドのことですから、いまさら驚くまでもないでしょう。それよりずっと重要な点は、塔のなかから「釈迦牟尼如来が説いた法華経は真実である」という声が聞こえてきたことです。

この声の主は、多宝如来でした。釈迦牟尼如来の説明によれば、多宝如来ははるかな過去に悟りを開いた如来です。そして、まだ菩薩だったころ、もし自分が如来になったならば、法華経が説かれるところであれば、どこにでも自分の仏塔を出現させて、法華経の正しさを証明するという誓願を立てました。その誓願のとおり、いま、多宝如来は釈迦牟尼如来が法華経を説いている場に、仏塔に入ってあらわれ、法華経の正しさを証明するという筋書きです。

法華経にはほかの経典には登場しない如来があまた登場しますが、この多宝如来もその例に漏れません。いいかえると、正体や起源がまったくわからない如来なのです。日本の真言密教界では、福徳をつかさどる宝勝如来・宝生如来と同じ如来とみなしてきたようですが、ほんとうにそうかどうか、よくわかりません。

仏塔のなかにいる多宝如来に会うのは、簡単ではありません。多宝如来が立てた誓願によって、めんどうな手続きが要求されています。それは、釈迦牟尼如来が、全宇宙に法華経をひろめるために、神通力をつかって自分の身体からつくりだして派遣している無数の分身をすべて集めることです。

しかも、分身を集めるためには、それに先だって、娑婆世界を浄化しておく必要があるのです。私たちがいる娑婆世界は穢土ですから、浄化は一度では済みません。釈迦牟尼如来は三度も浄化します。こうして分身はすべて集められ、多宝如来に会う条件がやっと整いました。

では、なぜ、こんなにめんどうな手続きが必要だったのでしょうか。その答えは、釈迦牟尼如来ただ一人を崇める初期型仏教とちがって、大乗仏教が多仏、つまりあまたの如来が存在するという立場をとったことに求められます。

如来があまたいれば、救いの手も多くなって、けっこうな話です。しかし、その反面、それぞれの如来が占める重要性や価値は低下せざるをえません。これは困った話です。この難題を解決するには、あまたの如来を再統合するしかありません。

法華経は、大乗仏教が想定する多仏を、ことごとく釈迦牟尼如来が神通力をつかって派遣した分身だとみなすことで、あまたの如来を再統合しようと試みたのです。そして、そうすることによって、法華経の釈迦牟尼如来が究極の存在であることを主張しようとしたのです。この発想は、密教が主張する、すべての仏菩薩はみな大日如来の化身という考え方と、よく似ています。

ようやく条件が満たされ、釈迦牟尼如来が虚空にのぼり、宝塔の扉を開けると、そこには、遺骨ではなく、全身をたもったまま、坐している多宝如来のすがたがありました。多宝如来は釈迦牟尼如来に、自分がそれまで坐していた席を半分ゆずり、二人の如来は仲良くならんで坐すことになります。これを「二仏並坐」といいます。

この「二仏並坐」は、時代により、また人により、さまざまな解釈を生んできました。いずれにせよ、ここで時間と空間という制約がとりはらわれ、絶対の真理があきらかにされるというのが、法華経の意図にほかなりません。

象徴的なのは、ここで説法の場が、霊鷲山から虚空に変わる点です。さらに法華経を読みすすんでいくと、もう一度、説法の場が霊鷲山にもどってきます。すなわち、地上→虚空→地上になるのです。伝統的な用語でいうなら、「二処三会」です。これもひじょうに意味深い点です。説法の場の変遷はおそらく、法華経において、時間と空間の制約を超える最高の真理があきらかになるとともに、その実践の場が現実世界に設定されていることを、物語っているとおもわれます。

重要なことはまだあります。釈迦牟尼如来が自分は遠からず涅槃に入るので、もうこの娑婆世界で法華経を説くことはできない。そこで、法華経の宣布を「付嘱」、つまり委嘱したい、だれかいないか、とその場に集まっている者たちに呼びかけます。

ところが、釈迦牟尼如来が涅槃に入ってしまった時点において、法華経の宣布は容易ではありません。それをしめす譬えが「六難九易」です。この譬えには、実行するのが不可能としかおもえないことがらばかりが羅列されています。

ようするに、法華経をひろめようとするならば、必ず迫害を受けるという話です。でも、それに耐え抜いて、法華経をひろめる者はいったいだれか。このあたりから、法華経はこの問いをずっと提示しつづけていきます。

12　提婆達多品

この提婆達多品は、鳩摩羅什が漢訳した妙法蓮華経には含まれていませんでした。漢訳仏典のデータベースともいうべき開元釈教録には、西暦四九〇年に、法献という僧侶が当時の于闐《うてん》、いまの新疆ウイグル自治区ホータンで手に入れたサンスクリット本に含まれていた提婆達多品を、外国人僧侶の達磨菩提といっしょに漢訳したと書かれています。こうして漢訳された提婆達多品が、六世紀の後半ころまでに、鳩摩羅什訳の妙法蓮華経に編入されたようです。

不思議なのは、鳩摩羅什訳よりも百年以上も前に漢訳された竺法護の正法華経には、提婆達多品に相当する内容が含まれている事実です。となると、鳩摩羅什が漢訳するにあたり用いたサンスクリット本にだけ、この部分が欠けていたことになります。

さらに推測すれば、提婆達多品はほかの二十七品から遅れて成立したことになります。つまり、鳩摩羅什がもちいたサンスクリット本が成立した時点では、提婆達多品はまだ成立していなかったというわけです。現に、中央アジアから出土したサンスクリット本のなかには、提婆達多品が欠けている事例があります。また、提婆達多品が、独立の品として、別に立てられている事例も見つかっています。

先に述べたように、日本の法華経信仰の歴史では、提婆達多品の主題は「悪人成仏」と「女人成仏」を説く章として、格別の扱いを受けてきました。

「悪人成仏」の「悪人」とは、提婆達多（デーヴァダッタ）です。この人物は、長い仏教の歴史において、悪人の筆頭にあげられてきました。血筋からすると、釈迦牟尼の従兄弟で、阿難（アーナンダ）の兄と伝えられます。そして、仏弟子でありながら、釈迦牟尼を嫉妬し、殺害しようとして失敗し、地獄に堕ちたとも伝えられます。

ただし、これらの伝承は事実とだいぶ異なるようです。実際の提婆達多はひじょうにまじめな人物で、修行生活において徹底的な禁欲を求めていました。そのあげく、釈迦牟尼がひきいる教団全体にも禁欲の徹底を求めたものの、現実家の一面をもつ釈迦牟尼にすげなく拒否されてしまいます。そこで、自分にしたがう弟子たちをつれて離脱し、別の教団をつくったと考えられています。

提婆達多がすぐれた人物であったことは、かれが創始した教団が千年以上もの長きにわたり存続した事実から、あきらかです。なにしろ、中国からインドへ仏教を学ぶために留学した法顕（三三七〜四二二）や玄奘（六〇二〜六六二）が「提婆の徒」、すなわち提婆達多教団の人々と会っているのです。提婆達多教団の人々は、あいかわらず提婆達多がさだめた禁欲的な戒律をきちんと守っていたと法顕や玄奘が書きとめています。

では、そんなに立派な人物だった提婆達多が、なぜ仏教史上、ほかに例を見ない極悪人とされてきたのでしょうか。その理由はおそらく、提婆達多が釈迦牟尼の教団を分裂させたからでしょう。今も昔も、既存の組織を分裂させる者は、既存の組織を維持することを金科玉条とする人々から、ほとんど例外なく、極悪人というレッテルを貼られます。提婆達多もその例に漏れなかったという話です。

ところが、この提婆達多品には提婆達多が悪人だという表現がありません。それどころか、過去世においては釈迦牟尼の師であり、未来世においては悟りを開いて如来になるとまで語られています。

このように、なぜ法華経だけが提婆達多を悪人扱いしないのか、をめぐっては、いろいろな説があります。なかには、法華経の編纂にかかわった人々と、提婆達多教団とのあいだに、なんらかの関係があったのではないか、という説もありますが、それを実証するに足るものはなく、いまだ謎のままになっています。

提婆達多品のもう一つの主題「女人成仏」については、最近の研究成果をうけて、画期的な展開がみられます。法華経が他の仏典をしのいで、圧倒的な支持を受けてきた原因の一つは、まちがいなく「女人成仏」にあります。というより、ありとあらゆる仏典のなかで、「女人成仏」を積極的に説く例は、法華経をおいてはないのです。

たとえば、日蓮は著書の『開目抄』において、「龍女が成仏此れ一人にはあらず、一切の女人の成仏をあらはす、法華已前の諸の小乗経には女人の成仏をゆるさず、諸の大乗経には成仏往生をゆるすやうなれども、或は改転の成仏にして、一念三千の成仏にあらざれば、有名無実の成仏往生なり、挙一例諸と申して、龍女が成仏は末代の女人の成仏往生の道をふみあけたるなるべし」と主張しています。

ところが、提婆達多品には「女身垢穢非是法器」、すなわち「女性は汚れた存在で、仏となる器ではない」という文言もあるのです。これは矛盾です。

しかし、この「女身垢穢非是法器」という文言は、漢訳されるにあたり、中国で書き加えられた可能性がきわめて高いことがわかってきました。根拠は、どのサンスクリット本にも、この文言に該当する部分が見当たらないという事実です。つまり、提婆達多品を漢訳した法献たちが、そのころの男尊女卑の風潮に沿って、こういう文言を勝手に書き加えてしまったらしいのです（戸田裕久「法華経提婆達多品龍女成佛譚の一解釈」）。これは大問題です。

ですから、この「女身垢穢非是法器」という文言を削除すべきではないか、との意見すら出ています。そもそも提婆達多品は鳩摩羅什が訳出していませんので、全体の整合性の観点から考えて、むげに否定できない意見です。それは極端にすぎるかもしれませんが、「女身垢穢非是法器」を無視してもいっこうにかまわないとおもいます。

なお、提婆達多品に説かれている女人成仏は、「変成男《へんじょうなん》子《し》」といって、女性の身体そのままではなく、いったん男性の身体に変身してから、悟りを開いて仏になるというパターンにうけとられがちです。現に、これが通説でした。

しかし、この点も法華経の研究がすすんだ結果、最近はじつはそうではないことがわかってきました。ほんとうは、沙竭羅龍王の娘は、すでに女性の身体のままで、すみかの海中で成仏していたのです。

ところが、舎利弗や智積菩薩のような頭の堅い連中はそれをどうしても理解できません。そこで、かれらにも成仏が真実であることが理解できるように、わざわざ男性の身体に変身してみせたにすぎないのです。

論拠は序品の記述にあります。序品には、文殊師利菩薩が過去世において法華経を説いて、日月燈明如来の八人の王子たちを成仏させたと書かれています。つまり、文殊師利菩薩が法華経を説くとき、成仏する者が必ずあらわれるのです。

提婆達多品でも、文殊師利菩薩は海中で法華経を説いたと書かれています。ですから、その時点で、沙竭羅龍王の娘はすでに成仏していたのです。

ちなみに、沙竭羅龍王の娘が女性から男性に変身するプロセスは、漢訳では、「龍王の娘は、そこにつどっていた者たち全員が見守るなかで、あっという間に、男性に変容しました」としか書かれていませんが、サンスクリット本ではもっと具体的かつ露骨に描写されています。このあたりは、性にまつわるインドと中国の価値観の相違にゆらいするのでしょう。

13　勧持品

勧持とは「法華経の受持を勧める」という意味です。もう少しかみくだいていえば、法華経にたいする信仰を人々に勧めるということになります。

この章では、まず釈迦牟尼如来が涅槃に入ったのちの世の人々は、とても次元が低く、法華経をひろめるのは至難の業だという認識がしめされます。したがって、教化にはたぐい稀な忍耐の力が欠かせません。文字どおり、「不惜身命」の覚悟が必要となるのです。

それにもかかわらず、五百人の阿羅漢たちが法華経の布教を誓います。ついで、八千人の声聞たちが法華経の布教を誓います。これらの阿羅漢たちと声聞たちは、いずれも釈迦牟尼如来から授記、すなわち未来世において如来になるという予言を授けられていますから、法華経をひろめる資格は十分にあります。

ただし、阿羅漢や声聞が法華経を説くと誓ったのは、娑婆世界以外の仏国土においてです。いいかえると、肝心要の娑婆世界では、法華経を説かないのです。というより、法華経を説けないのです。なぜなら、娑婆世界に居住する人々は、まことに愚劣きわまりなく、阿羅漢や声聞では対処できないからです。

つまるところ、釈迦牟尼如来が涅槃に入ったのち、娑婆世界において法華経を説けるのは、阿羅漢や声聞ではないという話になります。消去法でいけば、釈迦牟尼如来が涅槃に入ったのち、娑婆世界において法華経を説けるのは菩薩しかないという話になりますが、この勧持品ではまだそこまではあきらかにされていません。

つぎに、出家前の釈迦牟尼の育ての母、すなわち義母の摩訶波闍波提（マハープラジャーパティー）と妻だった耶輸陀羅（ヤショーダラー）をはじめ、比丘尼たちにたいして、未来において如来になるだろうという授記がなされます。これらの比丘尼たちが法華経を説ける場所も、娑婆世界以外の仏国土と指定されています。

この章の最後は、菩薩たちがいかなる艱難辛苦をものりこえて、法華経をひろめるという誓いの文言です。釈迦牟尼如来が涅槃に入った後の世が、いかにひどい状態になるかを詳しく述べたうえで、それにもめげず法華経をひろめますという内容です。とにかく、人心の荒廃は甚だしくなるばかりであり、法華経をひろめようとすると、凄まじい迫害が加えられるという認識が表明されるのです。

こういうぐあいに、自分たちの行為が正しいからこそ、邪悪な人々から酷く迫害される。あるいは、迫害されるのは、自分たちの行為が正しいからであり、ひいては迫害されることによって、むしろ自分たちの正しさが証明されるという発想は、法華経以外ではめったに見られません。

ようするに、叩かれれば叩かれるほど、法華経にたいする信仰はなおいっそう強くなるという構造です。このあたりが法華経信仰の強さの秘密であると同時に、一部の人々から忌み嫌われる原因ともなってきました。

14　安楽行品

この章は、釈迦牟尼如来が涅槃に入ったのちの末世の娑婆世界において、法華経をひろめる者が順守すべき四つの安楽行を説くので、この名があります。こんにちではあまり強調されませんが、かつては方便品・如来寿量品・観世音菩薩普門品とならび、「四要品」の一つとして、法華経のなかでも特に重要な四つの章の一つに数えられてきました。

法華経信仰の歴史を見ても、末世の娑婆世界における法華経の宣布はひじょうに大きな課題でした。なにしろ、末世の娑婆世界は、法華経をひろめるには最悪の環境とみなされていたからです。安楽行品が「四要品」の一つに選ばれた理由も、そこにあったとおもわれます。

安楽行とは、法華経をひろめるうえで不可欠な実践行を意味します。あるいはもう少し具体的に、行動するときの規定もしくは方針と考えてよいかもしれません。読んでいただくとおわかりのように、とても懇切丁寧な指導であり、すこぶる実際的な内容です。

この四つの安楽行については古来、いろいろな説がありますが、中国における法華経信仰を大成した天台智顗によれば、身と口と意と誓願、すなわち身体と言葉と心と誓願から構成されています。仏教ではよく「身口意」の三業《さんごう》とか三密《さんみつ》というかたちで、人間の全活動を象徴させます。この三業ないし三密に、大乗菩薩道を象徴する誓願という要素を加えて、四つの安楽行が成立しているのです。

身体的な活動領域は、善い行いと交際範囲という二つの要素から構成されています。善い行いの具体的な内容は、忍耐力にあふれ、心優しく、従順で、しかもありとあらゆる存在を如実に観察して、けっして実体視しないことと規定されています。

交際範囲は、さらに交際範囲の限定ならびに「空」の正しい把握という二つの要素から構成されています。問題は交際範囲です。国王などの権力者や他の宗教の指導者に近づくなという規定は理解できますが、特定の職業に従事する人々や差別された人々に近づくなという規定は、生きとし生けるものすべてが如来になれると説く法華経の主張とあいいれません。また、女性に説く際の注意事項なども、差別的な意識が感じられ、気になります。このあたりは、古代インドの一般的な風潮から、さすがの法華経ですら、完全には解き放たれていなかったことをうかがわせます。

「空」の正しい把握が強調されている点は、私たちが法華経にたいしていだきがちな印象とは異なっています。しかし、鳩摩羅什の漢訳に見える「一切の諸法は空にして所有なし……不生不出……不動不退」などの文言は、般若心経の「照見五蘊皆空……不生不滅不増不減」という文言とたしかに通じます。「空」の把握は、法華経全体からすれば、けっして主題ではありませんが、大乗仏典であるからには、「空」の正しい把握はどうしても欠かせないということなのでしょう。

言葉にまつわる規定は、これがなにかにつけ強烈な法華経とはおもえないくらい、ひじょうに穏当で、いささか拍子抜けするほどです。たとえば、他人の過失をあえて指摘してはならないとか、法華経以外の経典に見られる誤りをああだこうだと非難してはならないとか、ほかの法師を軽蔑してはならない、他人の欠点をあげつらってはならないというわけです。たしかに、相手にわざわざ喧嘩を売る必要はないのですから、当然の規定ですが、それにしてもあの法華経が……という感がなくもありません。やはり、「口は災いの元」ということなのでしょうか。

心にまつわる規定は、いわゆる心構えにとどまらず、発言する際の注意事項も含まれています。ようするに、真摯かつ正直であれ！　という話です。まかりまちがっても、嫉妬やへつらいや欺瞞の心をいだいてはならないと書かれています。また、教えはつねに減らしも増やしもせずに説くことが求められ、相手次第で説く量を変えてはならないとも書かれています。論争することも厳しく禁じられています。これも、法華経全般から受ける印象からすると、やや意外な規定です。

最後の誓願の安楽行として、釈迦牟尼如来が涅槃に入ったのちの末世の娑婆世界において、法華経をいちずに信じ、かつひろめようとする者がいだくべき誓願について述べられています。対象が出家であろうと在家であろうと関係なく、大いなる慈悲の心を生じ、また対象が菩薩ではない人々にあっても同じように大いなる慈悲の心を生じなさいという内容です。

これらの人々は如来の教えを聞く機会を得ず、法華経にふれることも絶えてありません。ですから、このままでは永遠に救われません。だからこそ、あなたは大いなる慈悲の心を生じて、如来になったあかつきには、たとえどこにいようとも、これらの人々を、みずからの神通力と智恵の力を駆使して救おうと誓願すべきだと説かれています。まさに大乗菩薩道の真骨頂といってよいでしょう。

この章の最後のところで説かれるのが、法華七喩の一つとして知られる「髻中明珠」です。髻中明珠とは、武力によらず仏法によって世界を統治する理想の帝王とされる転輪聖王の髻のなかに秘められた宝珠です。転輪聖王は配下の兵士が手柄を立てると、その手柄にしたがってさまざまな報酬をあたえていましたが、髻のなかに秘められた宝珠だけは、だれにもあたえませんでした。なぜなら、みだりにあたえると、その価値を人々は理解できず、驚き怪しむからです。

この場合、いままで転輪聖王から兵士にあたえられてきた報酬とは、法華経以外の仏典であり、転輪聖王の髻のなかに秘められた宝珠とは、いうまでもなく法華経です。ようするに、最高の教えはそうやすやすとあたえられないのです。

しかし、涅槃に入る直前の今、釈迦牟尼如来はいまこそ法華経を説くべきときが来たと宣言します。いま説かなければ、救える者も救えない。いま説かなくて、いつ説くのだというわけです。

15　従地涌出品

従地涌出品というタイトル、その名のとおり、無数の菩薩たちが大地から涌出してくることにゆらいしています。法華経を真にになう者たちの登場が語られ、ここから法華経の方向性が大きく転換していくのです。

すでに述べたように、天台智顗が提唱して以来、法華経の教学では、前半の十四章を「迹門」、後半の十四章を「本門」とよんで、大きく二つに分け、おのおののもつ意味が論じられてきました。おおむねの見解は、「本門」の優位を認めます。その「本門」がこの従地涌出品からはじまるのです。いいかえれば、「本門」の最初の章です。そして、「本門」の中心に位置する如来寿量品をすぐあとにひかえて、その準備をする役割を演じています。

この章の冒頭は、娑婆世界以外の仏国土から訪れたガンジス河の八本分の砂の数に等しい菩薩たちが、釈迦如来が涅槃に入ったのちの娑婆世界において、法華経をひろめたいと申し出たのにたいし、釈迦牟尼如来が拒絶する場面からはじまります。

では、なぜ、せっかくの申し出を釈迦牟尼如来は拒絶したのでしょうか。その理由は娑婆世界にはすでに膨大な数の菩薩が、法華経を広めるために待機しているからでした。

釈迦牟尼如来の言葉どおり、大地に裂け目ができて、そこから無数の菩薩たちが涌出します。涌出した菩薩たちは空中に浮揚し、釈迦牟尼如来と多宝如来が坐している宝塔を取り囲みます。この場面は、法華経のなかでももっとも劇的といってよいでしょう。まさに視覚効果は満点で、「本門」の開始にふさわしい演出ぶりです。

しかも、これらの菩薩たちは、菩薩であるにもかかわらず、如来と同じように金色に輝く身体をもち、如来の三十二相をことごとくそなえていました。つまり、同じ菩薩といっても、通常の菩薩とは比べものにならないくらい、次元の高い菩薩たちばかりなのです。おまけに、物凄い数の配下、すなわち実動部隊の面々まで引き連れていました。これでは、娑婆世界以外の仏国土から訪れた菩薩たちの出る幕はありません。

この章では、膨大な数の菩薩たちのなかに、指導的な立場にある四人の菩薩がいることも明らかにされます。上行菩薩・無辺行菩薩・浄行菩薩・安立行菩薩です。このうち、上行菩薩は、日蓮が自分をなぞらえていたと伝えられます。

もちろん、膨大な数の菩薩たちの涌出を目の当たりにして、だれしもが疑問をいだきます。悟りを開いて如来になってからまだ四五年ほどしかへていない釈迦牟尼如来が、これほどの数の菩薩たちを指導できたはずがないというのです。この疑問にたいする答えは、次章の如来寿量品で明かされることになります。

ちなみに、いま述べた疑問を代表して釈迦牟尼如来に問う役割は、弥勒菩薩が担当しています。この配役は序品と同じです。ここにも、この従地涌出品から新たな展開がはじまることが、それとなくしめされています。

なお、釈迦牟尼如来が法華経の宣布を託した菩薩たちは、これまで娑婆世界の下にある虚空界にいたと説明されています。大地の下に虚空界があるという説明は、現代人が常識的に知っている地球や宇宙の構造からすると、理解できません。

インド仏教の宇宙観を代表する倶舎論《くしゃろん》の記述によれば、私たちが今いる世界は金輪・水輪・風輪という三つの円筒形をした超巨大な基盤の上にあります。さらに、これら全体は虚空に浮いていると考えられていました。ですから、大地の下に虚空界があるという構造は、おおむねこの宇宙観に沿ってはいます。

しかし、法華経の文言は、大地のすぐ下に虚空界があるように読めますが、倶舎論が述べる金輪・水輪・風輪は、とんでもなく大きな規模なので、そこを突破して地上に涌出するのは、どう考えても無理です。

しかも、菩薩たちがいたと書かれていますから、そこが真空で、際限のない虚空とはおもえません。とすると、超巨大な地下空間ということになるのでしょうか。

もっとも、この問題は詮索しても、あまり意味はないのかもしれません。なぜなら、法華経の立場からすれば、だれひとり予想もしなかった大地から膨大な数の菩薩たちが涌出したという事態こそ重要なのであり、宇宙の構造など、どうでもよかったとおもわれるからです。そもそも、法華経は、華厳経などとちがって、宇宙の構造にほとんど関心をしめしていません。

大地から涌出した菩薩たちは、古くから「地涌の菩薩」とよばれ、法華経信仰の実践者として、とりわけ民衆運動の担い手として、たびたび言及されてきました。たしかに、四人の指導的な立場にある菩薩が設定されているとはいえ、この四人をのぞけば、みな無名です。しかし、釈迦牟尼如来がみずから指導し、成熟させた真の弟子たちです。

こういうふうに、無名でありながら、法華経の真髄を体現する者たちが、そこここに、それこそ無数に存在するというイメージは、法華経信仰を実践していくうえで、絶大な力となってきたのです。なぜなら、私もまたその一人にちがいない、あるいはその一人かもしれないという思いをいだかせるからです。たとえば、宮澤賢治がその晩年に、農耕指導をしながら自炊生活を送るために設立した羅須地人会の「地人」は、この「地涌の菩薩」にゆらいするといいます。

16　如来寿量品

如来寿量品は、法華経のなかで、古来、もっとも人気の高い章です。そして、メインテーマは、その名がしめすとおり、釈迦牟尼如来の寿命です。

歴史に実在したブッダ、俗名ガウタマ・シッダールタは、八十歳で入滅しました。わかりやすくいえば、お亡くなりになりました。

以後、この世に如来はあらわれていません。次にあらわれるとすれば、それは五十六億七千万年後の弥勒を待たなければなりません。この間は「無仏」の時代とよばれます。なお、古代の「億」は、いまより一桁小さく、千万を意味していたので、五十六億七千万年後はほんとうは五億六千七百万年後という説もありますが、どちらにしても、人間の尺度からすれば、あまりに長すぎます。

釈迦牟尼如来がこの世からいなくなったあとの時点で、弟子たちをはじめ、のこされた人々が味わわざるをえなかった絶望感、空虚感は想像にかたくありません。法華経でもしきりに強調されるように、釈迦牟尼如来みたいな偉大な人物に出会える機会は、じつに稀、というより限りなくゼロに近いのですから。「もうお会いできない。もうお話を聞けない」という無念の思いは、私たちが想像もできないくらい強かったにちがいありません。

そんなとき、たしかに釈迦牟尼如来の肉体は失われてしまったが、その働きや姿は、まだどこかにありつづけているのではないか。釈迦牟尼如来が説かれた真理は永遠のものだったのだから、釈迦牟尼如来もまた永遠の存在なのではないのか。そう、考える人がいたとしても、不思議ではありません。

如来寿量品は、以上のような疑問にたいする法華経の答えです。釈迦牟尼如来は無限の寿命をもつのです。法華経にいわせれば、釈迦牟尼如来は「五百塵点劫」、すなわちほとんど無限の過去世において、すでに悟って、如来になっていました。いまから二千四百年＋αほど前に誕生して、出家し、修行して、三十五歳くらいで悟って、如来になったわけではないのです。

八十歳で亡くなったというのも、まさに方便です。ほんとうは永遠の寿命の持ち主なのですが、それをあきらかにしてしまうと、多くの者たちは「釈迦牟尼如来はこの世にいつまでもいらっしゃるのだから、いつでも指導していただける。いますぐに修行することはない。そのうち、気が向いたら、すればいい」というぐあいに、緊張感をなくし、だれてしまう可能性がすこぶる高い。そこで、八十歳という年限をくぎって、いったんこの世からすがたを消したというのです。下世話な表現をおゆるしいただけば、「いつまでもあると思うな、親と金」です。

方便については、俗に「嘘も方便」ともいわれます。ほんとうは永遠の寿命の持ち主なのに、八十歳で亡くなったとみせかけたのは、真実か嘘かといえば、立派な嘘です。しかし、如来寿量品は、たとえ嘘であっても、嘘をつく動機や目的が正しければ、もしくは嘘でもつかなければ救えないという状況下では、嘘も許されるという立場をとります。

このとき使われる譬えが、法華七喩のいちばん最後に位置する「良医治子」です。このたとえ話では、子どもたちの命を救うことがなによりも優先され、そのためには、父親の医者がつく嘘は、文字どおり「嘘も方便」として、正当化されています。いいかえると、バカ正直だけが能ではないという話です。

では、なぜ、嘘も使いようによっては正当化されるのでしょうか。法華経のみならず、どの仏典もつねに「正直であれ、素直であれ」と説いてきたはずです。矛盾しないのでしょうか。

そこには、法華経がこれまで説いてきたような、釈迦牟尼如来が涅槃に入ったのちに訪れるであろう娑婆世界の悲惨きわまりない状況があります。「良医治子」の表現を借りれば、「毒薬を飲んでしまい、……動転して尋常ではない精神状態」の人々は、もはや尋常な手段では救えないという認識です。

歴史上に実在した釈迦牟尼は、近年の研究によれば、一面でたいへんなリアリストだったようです。つまり、単純な理想主義者ではなかったのです。法華経もまた、その精神を受け継いだのです。

ようするに、法華経が説く釈迦牟尼如来は永遠の生命の持ち主なのです。こうなると、人間というよりはもはや神に近い存在です。学術の領域では、人間を、人間以上の存在にまつりあげることを神格化といいますが、法華経が説く釈迦牟尼如来は神格化が極限まで進んでいるとみなしていいでしょう。

大乗仏教の如来たちは、みな神格化の所産です。阿弥陀如来も薬師如来も毘盧遮那如来も、歴史上に実在した釈迦牟尼如来をモデルに、それぞれ異なった方向で神格化された結果とみなすことができます。

これらの別の名前をもつ如来たちにたいし、法華経の「久遠実成《くおんじつじょう》の釈迦牟尼如来」は、当初の名前を変えず、そのまま受け継いでいます。この点はこれまであまり注目されてきませんでしたが、考えてみれば、大きな差です。ほかの大乗仏典のように、もはや釈迦牟尼如来という名前を使わずに神格化を進める方向に比べ、法華経のように、釈迦牟尼如来という名前を維持したまま真っ向から神格化する方向は、当時のインド仏教界では、どう受けとられたのでしょうか。かえって抵抗が大きかった気がしないでもありません。

如来寿量品の末尾には、「自我偈」とよばれる詩句が付いています。この「自我偈」は、日本の仏教界でいちばんよくとなえられる偈の一つです。「じーがーとくぶつらい……」と自分でとなえてみるとよくわかりますが、とてもリズミカルで、しかも力強く、となえているうちに元気になってきます。これも、法華経の功徳の一つといってかまいません。

熱烈な法華経信者だった宮澤賢治は、法華経の数ある章のなかでも、とりわけこの如来寿量品を尊びました。それは、自分が短命だと覚悟していたからです。かれは自分の一族が、そのころ死病と恐れられていた肺結核にかかりやすい傾向をもっていたことから、早くも十代で自分の寿命がそれほど長くないと自覚していたのです。そして、自分の短い寿命ゆえに、如来寿量品が説く釈迦牟尼如来の永遠の生命に、希望を見出したのです。

賢治は自分の作品に法華経をそのままのかたちで出すことを、可能な限り、避けていました。しかし、その数少ない例外が、この如来寿量品です。弟を吹雪で失ってしまう兄の心象風景を描いた『ひかりの素足』という作品には、「にょらいじゅりょうぼん第十六」という言葉とともに、賢治が思い描いていた釈迦牟尼如来が、登場してきます。そこに書かれた釈迦牟尼如来や霊山浄土の様相は、法華経の描写にとても忠実です。ぜひ、お読みいただきたいとおもいます。

17 分別功徳品

第十七章の分別功徳品から第十九章の法師功徳品までの三つの章は、そのタイトルにあるとおり、釈迦牟尼如来がじつは永遠の生命をもつことを信じる者たちの得られる功徳について、くわしく語られます。

この場合の「功徳」は、善い行為にたいしてあたえられる報酬を意味します。わかりやすくいうなら、ご利益です。信仰することによって、なんらかの報酬が得られるという発想は、ほとんどの宗教で見られます。ただし、例外がないわけではありません。キリスト教のプロテスタントでは、こういう考え方に否定的です。

もちろん、ひとくちに功徳といっても、内実はさまざまです。大きく分けると、宗教的な領域の功徳と世俗的な領域の功徳の、二つになります。

分別功徳品の場合、まず最初に列挙されるのは、釈迦牟尼如来がじつは永遠の生命をもつことを信じる菩薩の得られる十二段階の功徳です。ここでの功徳はおおむね宗教的な領域の功徳であり、世俗的な領域の功徳には言及されていません。

つぎに、弥勒菩薩を相手に釈迦牟尼如来が衆生、つまり生きとし生けるものすべてが、釈迦牟尼如来がじつは永遠の生命をもつことを信じたときに得られる功徳について、くわしく語ります。ここでは、功徳にあたいする行為は、具体的にはどのような行為なのか、が列挙されています。そのなかには、修行にまつわる行為もあれば、仏弟子たちにたいする布施にまつわる行為もあります。

仏教史の立場から興味深いのは、功徳のなかに、仏菩薩や浄土のありさまをありありと見ることができるということがあげられている点です。歴史上に実在した釈迦牟尼が涅槃に入ってしまったのちの、いわゆる「無仏の時代」において、そのすがたをありありと見ることは「見仏」といわれ、仏教信仰にとってきわめて大きな意味をもっていました。

たとえば、般舟三昧経《はんじゅざんまい》という大乗仏典があります。法華経よりも一世紀くらい前に成立したとみなされている経典です。タイトルになっている「般舟三昧」は、十方の諸仏が瞑想状態にある修行者の眼前に出現するという意味です。般舟三昧経には、七日七夜にわたり、阿弥陀如来を対象に思念を凝らしていくと、阿弥陀如来をありありと見られると説かれています。この方向は、浄土三部経の一つとして知られる観無量寿経において完成され、阿弥陀如来や極楽浄土の様相が微に入り細に入り語られています。

このように仏菩薩や浄土のありさまをありありと見ることは、その後も仏教にとって、すこぶる重要な要素でありつづけました。そして、密教の段階になると、ただ見るだけにとどまらず、出現した仏菩薩と修行者が融合する方法まで開発されることになります。

分別功徳品も終わり近くになると、どんな行為よりもずっと大きな功徳を得られる行為は、法華経を「受持読誦解説書写」することだと説かれます。得られる功徳は、仏塔を建立したり僧院を造立する者が得られる功徳よりも、はるかに大きいと強調されるのです。すなわち、法華経を広めることに勝る行為は存在しないというわけです。これがこの章の結論と言ってよいでしょう。

18 随喜功徳品

この章も、前章の分別功徳品につづき、法華経を信仰する者が得られる功徳について、語られます。より正確を期せば、法華経を聞いて随喜する、つまり心の底から感動する者が得られる功徳が主題になっています。随喜功徳品というタイトルが付けられている理由も、そこにあります。

説かれている功徳もいろいろありますが、いちばん有名な功徳が、章の冒頭で説かれる「五十展転」です。法華経を聞いて随喜した人が、他人のために、自分の力に応じて、法華経を説くと、それを聞いた人がまた随喜して、他人のために、自分の力に応じて、法華経を説くということを、五十回くり返していくとします。こうして五十番目の人が、法華経のなかのたった一つの偈（詩句）を聞いて随喜する功徳は、四百万億阿僧祇の世界の六道の生きとし生けるものすべてに、八十年間にわたり、ありとあらゆる財宝を布施したうえで、さらに四種類の阿羅漢の境地を得させ、八種類の解脱を実現させる功徳よりも、はるかに大きいというのです。

五十番目の人が、法華経のなかのたった一つの偈（詩句）を聞いて随喜する功徳ですら、これほど大きいのですから、最初に法華経を聞いて随喜した者の功徳は、たとえようもありません。

また、法華経を聞く功徳は、世俗的な領域にも及ぶと説かれます。法華経を聞くために僧院に出かけていき、実際に法華経を聞いて随喜する者は、象や馬や財宝などの物質的な果報も得られるといいます。あるいは、他人に法華経を聞くようにすすめた人は、死後、帝釈天や梵天や転輪聖王のすぐそばに生まれ変わるとも説かれています。

では、せっかく法華経を聞いても、心の底から感動しない者には、功徳は得られないのでしょうか。どうやら、そんなことはないようです。なぜなら、ほんのわずかな時間でも、法華経を聞いた人にはそれなりの功徳が得られると説かれているからです。

こういう場合に得られる功徳の内容が傑作です。徹底的に世俗的なのです。いいかえれば、現世利益に徹しているのです。

つぎに生まれ変わるときには、口臭がない。舌の病がない。口の病もない。歯が汚れて黒くなったり黄色くなったりしない。歯と歯のあいだが開いていたり、抜けたりしない。鼻はぺちゃんこにならない。顔の色は黒くならない……。ようするに、悪相の条件はなにひとつなく、口唇も舌も歯もすべて理想的になるというぐあいに、じつにこまかく述べています。つまり、法華経をほんのちょっとでも聞けば、来世ではみんな美男美女になれるという話です。

ここまで現世利益に徹してよいのか！　とおもわず言ってしまいそうです。しかし、こういうご利益が約束されてこそ、法華経の宣布がはじめて可能になった現実があったのにちがいありません。

というより、法華経が成立した二世紀ころのインドに限らず、いまもなお、この種の現世利益は大きな意味をもっています。たとえば、チベットやブータンやミャンマーにある巡礼の聖地で、巡礼者の意識調査をおこなったときのことです。「なぜ、そんなに苦しい思いまでして、聖地を巡礼するのか」という質問にたいして、巡礼者たちはほとんど異口同音に、こう答えました。「来世で、いまよりも良い境遇に生まれ変わりたいから。できれば、いまよりもお金持ちで、美男美女になりたいから」というのです。悟りを開きたいからとか解脱したいから、という答えは、絶えてありませんでした。

知的なレベルの高い人々はいざ知らず、圧倒的多数を占める、必ずしも知的とはいえない人々に法華経をひろめようとするならば、この種の功徳が欠かせないことを、法華経の編纂者たちはよくわかっていたのです。間口はできるだけ広く、敷居はできるだけ低く。これは古今東西、布教の鉄則にほかなりません。現世利益から入って、深い精神性へと導く回路を無視して、布教は不可能なのです。

19　法師功徳品

この章では、法華経を「受持読誦解説書写」する法師、すなわち法華経の布教者が得られる功徳について語られます。法師については、すでに法師品の解説で、受持法師・読経法師・誦法師・解説法師・書写法師の五種が、伝統的に設定されてきたことを述べました。

その法師が得られる功徳の内容は眼・耳・鼻・舌・身・意の、いわゆる六根の浄化です。伝統的な用語でいえば、「六根清浄《ろっこんしょうじょう》」です。

六根の「根」は、サンスクリットのインドリヤ、すなわち「力をもち、強く作用するもの」という言葉の意訳です。男性器を男根というのも、ここにゆらいしています。通常は、知覚作用をつかさどるという意味から、感覚器官ないし感覚機能を指します。

そのうち、色（物質）からできている眼・耳・鼻・舌・身の五つが五根。ちなみに、身は身体そのものや身体全体ではなく、身体表面の皮膚を意味しています。この五根に、色でできていない意（心）、つまり知覚器官ないし知覚能力を加えると、全体で六根となるのです。

六根は感覚器官ないし感覚機能ですから、それぞれ対象をもちます。それが「六境」です。「境」は、サンスクリットのヴィシャヤー、すなわち「境界」という言葉の意訳です。

六境は、六根のそれぞれに一つずつ対応しています。眼根は色境、耳根は声境、鼻根は香境、舌根は味境、身根は触境、意根は法境です。最後の法境の「法」は、法律や真理という意味ではなく、存在もしくは外界を意味しています。ようするに、六根六境は、六つの認識器官ないし認識機能とその六つの対象を指しているのです。

そして仏教の仏教たるゆえんは、六境が「六塵」ともよばれるところにあります。「塵」、つまりゴミとよばれるということは、それがけっし良いものではないことを示唆しているのです。仏教では、知覚されたり認識されたりする対象は、人間の心を汚し、あやまった方向へ導くとみなされ、文字どおり否定の対象となるからです。

まして六根が汚れた状態にあるとすれば、六境はゴミだらけになるに決まっています。これでは、どうしようもありません。ここに六根を浄化しなければならない理由があるのです。

六根を浄化していくと、常人では得られない特別な感性がはぐくまれ、その感性が悟りへの糸口になる可能性はたしかにあるようです。しかし、そのためには、生死の境をさまよいかねないような、想像を絶する厳しい修行が欠かせないとされます。ところが、法師功徳品によれば、法華経を「受持読誦解説書写」する法師には、厳しい修行は必ずしも必要ないのです。これは大きな利点です。

しかも、こと法師功徳品の場合、六根の浄化とはいっても、ただたんに六根が浄化されるだけにとどまりません。その結果として、神通力としか表現できない、特殊な力まで獲得できると強調します。現代人の感覚からすると、あまりに凄すぎて、とうてい信じられないような内容です。

しかし、悪世のきわみとされる無仏時代の娑婆世界において、さまざまな迫害に耐えて、法華経宣布の最前線をになう法師にたいしては、それくらい大きな報酬が必要と考えられたのでしょう。見方を変えれば、無仏時代の娑婆世界における法華経宣布が、どんな厳しい修行よりもはるかに苦しくつらい行為と認識されていた証拠ともいえます。

20 常不軽菩薩品

この章のタイトルは、主人公の菩薩の「常不軽《じょうふきょう》」という名にゆらいしています。「常不軽」とは、鳩摩羅什の漢訳では、だれであろうと、相手を「常に軽んじなかった菩薩」という意味です。それにたいし、サンスクリットからの訳では、だれであろうと、相手から「常に軽んじられた菩薩」となっています。じつは、鳩摩羅什の漢訳でも、だれであろうと、相手を常に軽んじなかったために、かえってだれからも常に軽んじられたというニュアンスがあります。

常不軽菩薩の物語も、遠い過去世の話です。その時代は、正法がすでに失われた時代でもあります。

かれはお坊さんでありながら、まったく経典を読みません。ただひたすら他人を礼拝するのです。そして、仏教の信者を見つけると、わざわざ近寄ってきて、礼拝しほめたたえ、あなたは大乗仏教の菩薩の道を実践して、将来きっと悟りを開き、仏になると予言しつづけたのです。

そう言われたほうは、常不軽菩薩を、よけいなことをする奴とおもって、バカ扱いします。棒で叩いたり、石をぶつけたりします。それでも常不軽菩薩は、めげずに同じ行為を繰り返します。さすがに暴力をふるわれるのは怖いので、ときには逃げますが、またもどってきて、相手を礼拝しては、予言しつづけたのです。

常不軽菩薩が実践した行為は、法華経信仰では「但行礼拝」、つまり「ひたすら礼拝すること」といって、いまもひじょうに重視されます。すべての人に如来になる可能性があることをみとめる行為は、大乗仏教の根幹だからです。

常不軽菩薩の礼拝している対象が、ほんとうは悟っていないのに、勝手に自分は悟ったと思い込んでいる人々だという点も、興味を引きます。この設定は、序品からはじまって、法華経のそこかしこに見られます。おそらく、法華経が編纂されたころの状況が、そうだったのでしょう。

この常不軽菩薩は臨終のとき、虚空から響きわたる声によって、法華経を聞き、このうえなく正しい悟りを開きます。しかも、人間の次元をはるかに超える長さまで、寿命をのばし、膨大な数の生きとし生けるものを救ったというのです。

そして、物語の最後に、二つの秘密が、釈迦如来から明かされます。一つは、この常不軽菩薩こそ、釈迦牟尼如来の前身だったということです。いいかえれば、釈迦牟尼如来もかつてデクノボーとよばれ、ほとんどすべての人々から、常に軽んじられていた体験があるという話です。

もう一つは、いま釈迦牟尼如来の前で説法を聞いている者たちことごとくが、かつて常不軽菩薩を軽蔑し、罵倒し、嘲笑していた当人たちであり、それにもかかわらず、常不軽菩薩のおかげで、いままさに正しい悟りへの道を歩んでいるというのです。

お経も読まず、難しい話もせず、ただひたすら相手をあがめつづける行為によって、如来になれる。俗にいうバカの一つ覚えでも、悟りは開ける。このあたりに、宮澤賢治をはじめ、多くの日本人を法華経が魅了してきた理由がありそうです。

宮澤賢治といえば、かれがのこした詩の数々のなかでも、とくに名高い詩は「雨ニモマケズ」です。この詩に登場する「デクノボー」のモデル、それがこの章の主人公、常不軽菩薩と考えられています。

賢治は常不軽菩薩に特別な思いをいだいていたようです。その証拠に、「雨ニモマケズ」が書かれた、いわゆる「雨ニモマケズ手帳」には、「雨ニモマケズ」の詩が書かれたページのあとにも、この菩薩にまつわるメモがつづられています。

一二一〜一二二頁には「あるいは瓦石さてはまた／刀杖もって追*れども／見よその四衆〈のなかにして〉／に具われる／仏性なべて／拝をなす／不軽菩薩」。同じく、一二三〜一二四頁には「菩薩四の衆を礼すれば／〈あるひは瓦石〉／衆はいかりて罵るや／この無智の比丘いづちより／来りてわれを礼するや／我にもあらず衆ならず／法界にこそ立ちまして／たゞ法界ぞ法界を／礼すと拝をなし給ふ」とあります。（*追は迫の誤記と考えられます）

タイトルが「常不軽」という詩もあります。

「あらめの衣身にまとひ／城より城をへめぐりつ／上慢四衆の人ごとに／菩薩は礼をなしたまふ／（われは不軽ぞかれは慢／こは無明なりしかもあれ／いましも展く法性と／菩薩は礼をなし給ふ）／われ汝等を尊敬す／敢て軽賤なさざるは／汝等作仏せん故と／菩薩は礼をなし給ふ／（こゝにわれなくかれもなし／たゞ一乗の法界ぞ／法界をこそ拝すれと／菩薩は礼をなし給ふ）」（『宮澤賢治全集』４〔ちくま文庫〕二九一〜二九二頁）。

以上の詩のなかに出てくる「仏性」という言葉は、悟りを開いて、「仏になれる可能性」を意味しています。わかりやすくたとえるなら、私たち全員のなかには、生まれつき「仏の胎児」が宿っているので、修行次第で仏になれるというわけです。ところが、日本仏教では万人に、「仏になれる可能性＝仏の胎児」ではなく、「仏そのもの」が宿っているという見解が有力になりました。じつはこの問題は、現代の仏教界でも議論の的なのです。

賢治自身がどちらの見解に立っていたか、いまひとつはっきり読みとれませんが、「汝等作仏せん（あなたがたは将来、仏になるでしょう）」という表現をしている点から察すると、「仏になれる可能性＝仏の胎児」説のような気がします。法華経の立場からすると、これが正解のはずです。

そもそも、生まれつき「仏そのもの」が宿っているならば、なにも修行する必要はないことになってしまいます。

また、「法界《ほっかい》」は「真理の領域」を意味します。ただし、ここでは「真理」という意味でも使われているようです。つまり、「(だれでも仏になれるという) 真理」を、常不軽菩薩は礼拝していると賢治は述べているのでしょう。

ちなみに、「雨ニモマケズ手帳」の七一～七四頁からは、賢治が「雨ニモマケズ」の詩を戯曲にしようと考えていたことがうかがえます。このこころみは、残念ながら、賢治に残された時間があまりに少なく、実現しませんでしたが、常不軽菩薩という人物像に、賢治がいかに強い思いをいだいていたか、よくわかります。

21　如来神力品

この章は、従地涌出品において大地の裂け目から涌出してきた無数の菩薩たちが、釈迦牟尼如来に「あなたの入滅後、法華経を広めます」と誓う場面から始まります。この誓いにむくいるため、釈迦牟尼如来がすばらしい神通力を発揮します。

神通力を発揮するのは、釈迦牟尼如来だけではありません。見宝塔品で、仏塔のなかにいる多宝如来に会うための条件にしたがい、釈迦牟尼如来によって集められ、宝樹の下の獅子座に坐している無数の分身の如来たちも、釈迦牟尼如来とまったく同じ神通力を発揮するのです。

その神通力は吐舌相・通身放光・謦咳・弾指・地六種動・普見大会・空中唱声・咸皆帰命・遙散諸物・通一仏土という十項目からなるので、「如来の十大神力」といわれています。もちろん、この章のタイトルもここにゆらいします。

これらの神通力は、口から長い舌を出して、天上界にまで到達させ、全身の毛穴から、数えきれない量と種類の光を放って、全宇宙をあまねく照らし出す、指をパチッと鳴らす、大地が六種類の震動を生じるといったぐあいで、現代人の感覚からすると、あまりに荒唐無稽です。とりわけ、口からとてつもなく長い舌を出して、天上界にまで到達させるという描写などは、化け物じみてさえいます。

ところが、こういうど派手なパフォーマンスが、古代インド人にとっては、如来の偉大さをあらわすために、欠かせない描写だったのです。つまり、私たちの常識や想像力をはるかに超える、まったく別次元の力をもたなければ、如来と崇められる資格はなかったということです。

しかし、意外なことに、この章の主題は「如来の十大神力」ではありません。これほどの神通力を発揮しても、法華経の功徳は説き尽くせないと釈迦牟尼如来が述べているところに、この章の主題があります。そして、「要約するならば、如来が体得した真理のすべて、如来がもつ自在な神通力のすべて、如来の秘密のすべて、如来の深遠な立場のすべて、これらがみな、この経典のなかに説かれているのです」と結論するのです。

そのうえで、釈迦牟尼如来は地涌の菩薩たちに法華経を付嘱、すなわちゆだねます。法華経を「受持読誦解説書写」し、法華経に説かれているとおりに修行しなさいと命じるのです。

このことを受けて、日本の法華経信仰では、そこに法華経さえあれば、どこであろうと、そこが悟りを開くための修行の場、道場になるという点が強調されてきました。

たしかに、神力品には「庭園のなかでも、林のなかでも、樹木の下でも、お寺のなかでも、在家の者の家でも、宮殿でも、山中や荒野であっても、そこに仏塔を建立して、法華経を供養しなさい。なぜならば、そういう場所は即、道場となるからです。そこで、如来たちはこのうえない悟りを体得され、如来たちは真理の法をお説きになり、如来たちは涅槃にお入りになるからです」と説かれています。

たとえば、曹洞宗の開祖、道元にその実例を見ることができます。もともと道元は熱烈な法華経信者でした。その証拠に、主著の『正法眼蔵』の「道心」巻には、「又、この生のうちに、法華経つくりたてまつるべし。かきもし、擢写もしたてまつりて、たもちたてまつるべし。つねにいただき、礼拝したてまつり、華、香、みあかし、飲食、衣服もまゐらすべし。つねにいただきをきよくして、いただきまゐらすべし」と書いています。また、そのタイトルが「法華転法華」という巻もあります。

また、こういう事実があります。道元は、その最晩年、重い病を得て永平寺を去り、治療のため、いまの京都市下京区高辻通西洞院西入にあった俗弟子覚念の屋敷に身を寄せました。

永平寺十四世の建撕《けんぜい》が編集した道元の伝記『永平開山行状建撕記』によれば、臨終も間近に迫ったころ、道元は病床から起きあがり、室内を静かに歩き、低い声で如来神力品の「若於園中。若於林中。若於樹下。若於僧坊。若白衣舎。若在殿堂。若山谷曠野。是中皆応起塔供養。所以者何。当知是処即是道場。諸仏於此得阿耨多羅三藐三菩提。諸仏於此転於法輪。諸仏於此而般涅槃」、すなわちさきほど指摘した「庭園のなかでも、林のなかでも、樹木の下でも、……」という文言を誦しました。ついでこの文言の題を面前の柱に書きつけ、さらに「妙法蓮華経庵」と書きとめたと伝えられます。

22 嘱累品

前章の神力品において、地涌の菩薩たちにたいする法華経宣布の付嘱がおこなわれたのにつづき、この章では地涌の菩薩たち以外の菩薩たち全員にたいする法華経宣布の付嘱がおこなわれます。嘱累品というタイトルも、ここにゆらいします。

嘱累品そのものはごく短く、法華経のなかでももっとも小さな規模しかありません。ただし、法華経の構成や成立をめぐり、しばしば論議の対象となってきた章でもあります。それは、この章で説かれている内容からすると、法華経のいちばん最後に配置されるべきだからです。事実、鳩摩羅什訳をのぞけば、ほかのサンスクリット本もチベット訳本も漢訳本も、ことごとくこの嘱累品が末尾に位置しています。

その理由をめぐってはさまざまな説がありますが、とても煩瑣な話になるので、ここではふれません。ただ、嘱累品からあとの六章は、各章の主人公が薬王菩薩・妙音菩薩・観世音菩薩・普賢菩薩というぐあいに、まさに種々雑多であり、法華経が成立したころに西北インドあたりで盛んにあがめられていた、神にも等しい菩薩たちの羅列になっています。薬王菩薩本事品では、法華経の功徳によって、なんと阿弥陀如来の極楽浄土へ往生できるとまで主張されています。

説かれている内容も、現世利益を中心とするものに大きく変わります。これらの点から、本来の法華経は嘱累品までだったのではないか、という説が有力です。ようするに、嘱累品からあとの六章は付録というわけです。

しかし、付録だからといって、軽んじてはなりません。歴史上、これらの付録のおかげで、法華経信仰の道に入った人々が少なくなかったからです。とりわけ、観自在菩薩を主人公として、現世利益に徹する観世音菩薩普門品の影響力は、絶大だったと言わざるをえません。法華経を広めるためなら、利用できるものは何でも利用する。そんな、したたかな戦略さえ、感じられます。

この章の終わりでは、多宝如来が入っている宝塔の扉を開ける条件として、釈迦牟尼如来が全宇宙から呼び集めた分身たちに、ふたたびそれぞれの担当する世界へ帰りなさいと勧めます。多宝如来にもまた、塔の扉を閉じてもとの世界へ帰っていただくように、勧めます。これらの行為は、この章で法華経が終わることを示唆しているのでしょう。

ところが、多宝如来の宝塔は帰らなかったらしく、あとの妙音菩薩品や観世音菩薩普門品にふたたび登場します。この点も、あとの六章が、嘱累品までとは異なる位置づけにあることを物語っているようです。

23 薬王菩薩本事品

この章のタイトルにある「本事」とは、過去世の因縁や行跡の物語を意味します。したがって、薬王菩薩本事品は「薬王菩薩の過去世の物語の章」という意味になります。

内容は過激です。なにしろ、薬王菩薩は過去世で一切衆生喜見菩薩という名であったとき、師の日月浄明徳如来によって説かれた法華経の功徳のおかげで「現一切色身三昧」、すなわち「布教の対象にあわせて、ありとあらゆる姿に変身できる」とよばれる境地を実現できたことに感謝し、師の日月浄明徳仏と法華経を供養するために、「焼身供養」を実践したのです。つまり、自分の身体を香油漬けにしてから火をともし、みずからを燈明として喜捨し、千二百年間にわたって全世界を照らし出そうとしたのですから、凄まじいというしかありません。

千二百年後、一切衆生喜見菩薩はいったん死を迎えますが、すぐにまた日月浄明徳如来の仏国土に生まれ変わり、ふたたび日月浄明徳如来を師として修行にはげみます。そして、日月浄明徳如来が涅槃に入るにあたり、法華経の宣布をゆだねられたのでした。

日月浄明徳如来が涅槃に入ったのちは、如来の遺体を荼毘に付し、その遺骨を、八万四千の塔をつくって、祀りました。さらに、その遺骨を供養するために、今度は自分の臂に火を付けて燈明とし、七万二千年間にわたってともしつづけたと語られます。

この物語はたんなる物語では終わりませんでした。この物語を、現実の世界で、文字どおり実践した事例がいくつもあるのです。それくらい、大きな影響を後世にあたえたのです。

かつて、ベトナム戦争の真っ最中、時の政権に抗議するため、当時の南ベトナムの首都サイゴン（いまのホーチミン）の路上で、何人かの僧侶や尼僧が焼身供養を実践しました。その根拠がこの薬王菩薩本事品だったといわれます。

焼身供養は、薬王菩薩本事品を知らない圧倒的多数の人々の眼から見れば、焼身自殺でしょうが、普通の自殺とはまったく異なります。あくまで宗教的な意味をもつ行為であり、捨身行の極致とみなすべきなのです。ですから、焼身自殺という表現はまちがっています。

日本でも奈良時代、東大寺の大仏造立に貢献した行基の弟子たちのなかに、自分の臂や指を焼いた者がいました。『続日本紀』によれば、養老元年（七一七）四月壬辰（二三日）に出された元正天皇の詔には、こう書かれています。「小僧行基。并弟子等。零畳街衢。妄説罪福。合構朋党。焚剥指臂……」。「焚剥指臂」といいますから、指や臂に火をつけて焼いたり、その皮膚を剥いだりしたのです。ちなみに、皮膚を剥いだのは、剥いだ皮膚に経文を書くためだったと伝えられます。いずれにせよ、激烈な行為です。

また、薬王菩薩本事地品は、釈迦牟尼如来が法華経の偉大さやすばらしさを、さまざまな譬喩や表現をもちいて、延々と語ることでも知られています。とくに有名なのは「諸経の中の王」という表現です。いわば、自画自賛の極です。どの仏典でも、自分がもっともすぐれていると主張されるものですが、ここまで徹底している例は、ほかにはありません。このあたりも、法華経にたいする好き嫌いを分ける一因でしょう。

興味深いのは、「もし、釈迦牟尼如来が完全な涅槃に入ってから五百年ののち、女性がこの法華経を聞いて、説かれているとおりに修行するならば、この世の寿命が尽きたのち、極楽浄土の阿弥陀如来が菩薩たちといっしょにおられる場所のすぐ近く、蓮の花にしつらえられた宝座のうえに生まれ変わるでしょう」と、法華経による極楽往生が説かれている事実です。

法華経信仰と阿弥陀信仰は本来、まったく別系統です。時系列からすると、阿弥陀信仰のほうが少し先行していたようです。ただ、法華経と阿弥陀信仰を説く仏典の成立地がわりあい近かったらしく、両者が接触していた可能性はかなりあります。そこで、先行する阿弥陀信仰をなんとか取り込もうと、法華経による極楽往生を、功徳の一つにあげたと考えられます。

法華経信仰と阿弥陀信仰が両立する事例は、日本でもあります。たとえば、天台宗では、「朝題目に夕念仏」といって、法華経の読誦と阿弥陀経の読誦や念仏が並行しておこなわれてきました。現に比叡山の西塔には、法華経信仰にもとづき法華三昧（法華経を読誦し、懺悔し、滅罪生善をねがう修行）をおこなう法華堂と、阿弥陀信仰にもとづき常行三昧（九十日間にわたり、阿弥陀如来の周囲を念仏を唱えつつ、また心に阿弥陀如来を念じながら歩きつづける修行）をおこなう常行三昧堂が並び立ち、そのあいだが廊下でむすばれています。

24　妙音菩薩品

この章のタイトルにある妙音菩薩は、正体がよくわからない菩薩です。密教では文殊師利菩薩と同じとみなされてきましたが、妙音菩薩品を読むと、妙音菩薩は文殊師利菩薩と会っていますから、少なくとも法華経に登場する妙音菩薩と文殊師利菩薩が同一の菩薩であるはずはありません。法華経には、多宝如来をはじめ、ほかの仏典にはまったく登場しない仏菩薩がたくさんいて、この妙音菩薩もその一例に入ります。

法華経に妙音菩薩は、その名のとおり、音楽を得意とすると書かれていることや、日本の真言密教が尊崇する大日経の注釈書の大日経疏《だいにちきょうしょ》に、妙音楽天は弁才天であるとか、妙音天と弁才天は夫婦とか書かれていることから、弁才天との関係を指摘する説もあります。しかし、論拠としては薄弱で、あまり信用できません。

妙音菩薩の住処は、浄華宿王智如来がおさめる浄光荘厳世界です。そこから、大勢の菩薩たちといっしょに、娑婆世界にやってきます。すると、釈迦牟尼如来は妙音菩薩が三十四種類に変身して、法華経を説き、生きとし生けるものを救うと語ります。

この三十四種類に変身できる境地こそ、薬王菩薩本事品で、薬王菩薩の過去世における前身だった一切衆生喜見菩薩が成就した「現一切色身三昧」にほかなりません。

じつは、この「現一切色身三昧」は、次の章にあたる観世音菩薩普門品の主人公である観世音菩薩も成就しています。ですから、この「現一切色身三昧」にまつわる物語は、薬王菩薩本事品・妙音菩薩品・観世音菩薩普門品の三つの章にわたって、重要なテーマの位置を占めていることになります。

その理由は、実際に法華経をひろめようとするならば、相手の資質や境遇に臨機応変に対処する必要があるからです。そのために必須とされた条件が、「布教の対象にあわせて、ありとあらゆる姿に変身できる」とよばれる境地だったというわけです。

そして、釈迦牟尼如来がこういう説法を終えたとき、妙音菩薩といっしょに来た菩薩たちも、娑婆世界の菩薩たちも、みなそろって「現一切色身三昧」を得て、めでたし！めでたし！となります。ということは、娑婆世界に住む生きとし生けるもののなかには、じつは菩薩が変身した者がたくさんいて、法華経をひろめていることになります。

面白いのは、妙音菩薩が変身できるのが三十四種類にたいし、観世音菩薩は一つ少ない三十三種類という点です。数の上からすると、妙音菩薩の勝ちです。ところが、観世音菩薩が絶大な人気を獲得してきたのに、妙音菩薩はほとんど無名です。原因は、観世音菩薩は法華経に登場する前に、あちこちの仏典に盛んに登場して、すでに超有名だったのにたいし、妙音菩薩にはそうした履歴がまったくなかったからだとおもわれます。これでは勝負になりません。

ところで、妙音菩薩は娑婆世界におもむくにあたり、浄華宿王智如来から懇々と言い聞かされたことがあります。「浄光荘厳世界に住む者たちに比べると、娑婆世界に住む者たちは、身体の大きさ、容姿容貌、資質など、あらゆる面においてひどく劣っている。如来や菩薩ですら、その身体は卑小である。しかし、だからといって、かれらを軽蔑してはならない」というのです。

このように、娑婆世界がほかの仏国土に比べ、とても劣った世界であるという認識は、法華経にとどまらず、他の大乗仏典でも説かれています。また、同じ娑婆世界でも、往古はもっと良かったのに、時代とともにどんどん悪くなっていったという認識も、いろいろな大乗仏典に見られます。この傾向は、法華経をはじめ、大乗仏典が成立した地域や時代の状況を物語っているのかもしれません。

25 観世音菩薩普門品

観世音菩薩普門品は、古来、法華経のなかでももっとも重要な位置を占め、方便品・安楽行品・如来寿量品とともに、いわゆる「四品」に数えられてきました。とりわけ、鳩摩羅什訳のこの章は独立して観音経とよばれ、ありとあらゆる仏典中、いちばん有名なものとされてきた歴史があります。

この章の主人公は、タイトルにあるとおり、観世音菩薩です。観世音菩薩は、少し略して、観音菩薩ともよばれます。また、観自在菩薩という別名もあります。たとえば、日本では法華経とならんで有名な般若心経に登場するのは、観世音菩薩ではなく、観自在菩薩のほうです。このように名前はいろいろありますが、みな同じ菩薩を指しています。

ちなみに、仏典に登場する観世音菩薩はみな男性です。女性という記述はまったく見当たりません。そもそも、菩薩を意味するサンスクリットのボーディ・サットヴァは男性名詞なので、女性であるわけがないのです。八世紀以降に展開したインド後期密教には、ターラー菩薩みたいな女性の菩薩があらわれてきますが、あくまで例外にすぎません。

観世音菩薩にはたくさんの種類とたくさんの起源があります。日本仏教でも「三十三観音」といって、三十三種類あるとされています。たとえば、聖観音、十一面観音、千手観音、如意輪観音、不空羂索観音、馬頭観音というぐあいに、さまざまです。ネパール仏教では「百八観音」といって、なんと百八種類もあるとされています。

起源も複雑です。法華経研究でも有名な岩本裕氏は、イランのアナーヒター女神、もしくはこの女神がガンダーラ地方で受容されてやや変貌したナナイアとかアルドフショーとかよばれる女神が、観世音菩薩の起源だった可能性について言及しています。観世音菩薩が女性っぽい印象をもたれがちな理由は、このへんにあるのかもしれません。

十一面観音や千手観音のように、顔や腕がたくさんあるタイプは「変化《へんげ》観音」とよばれます。この「変化観音」の起源は、ヒンドゥー教のシヴァ神という説が有力です。また、不空羂索観音は、額に第三の眼がありますが、これもシヴァ神の特徴です。

では、観世音菩薩普門品に登場する観世音菩薩は、どういうタイプでしょうか。この問題を考えるうえで注目すべきは「普門」という言葉です。これは「あらゆる方向に顔を向ける者」を意味しています。

ということは、少なくとも東西南北の四方向に顔がなければなりません。つまり、四面です。しかし、法華経信仰とつながりがありそうな四面の観世音菩薩像の作例は存在しません。

四面の観世音菩薩がないとすれば、残された候補は十一面の観世音菩薩です。日本流にいえば、十一面観音です。これなら「普門」という条件を立派に満たします。

ところが、問題があります。十一面観音の作例は、インドではきわめて乏しいのです。しかも、法華経が成立した二世紀ころの作例はまったくないのです。いちばん古い作例でも、西インドのムンバイ近郊に位置するカーンヘリー遺跡の石刻像で、それは六世紀につくられました。これでは時間的なギャップが大きすぎて、話になりません。

では、日本の法華経信仰では、観世音菩薩普門品に登場する観世音菩薩はどう描き出されてきたのでしょうか。その答えは二種類。一面二臂の聖観音か、十一面観音です。

このうち、聖観音は「普門」という条件と矛盾します。十一面観音の登場は法華経の成立年代からすればはるかに後のことであって、これまた矛盾します。しかし、昔の人はそのあたりは気にしていなかったようです。

考えてみれば、「あらゆる方向に顔を向ける者」を、顔は一つでも、その顔を求めに応じてあらゆる方向に向けると解釈すれば、よいのです。だから、聖観音でもかまわないことになります。十一面観音の場合も、当時の知識水準では、十一面観音の登場と法華経の成立年代とのあいだに時間的なギャップが少なからずある事実など、知りようもなかったので、まったく問題にならなかったのでしょう。

この観世音菩薩普門品は、お読みになればすぐにわかるように、徹底的な現世利益の章です。とにかく、「念彼観音力」ととなえれば、すなわち「観世音菩薩の力を心に思い描けば」、すべての苦難困難をたちどころに乗りこえられるというのです。

その内容たるや、現代人の感覚からすれば、荒唐無稽かもしれません。なにしろ、火が燃えさかる大きな穴に投げ落とされようが、大海原に漂流して龍のような魚やさまざまな鬼神に襲われようが、残虐無道な盗賊に刀で殺されそうになろうが、首かせ手かせ足かせされようが、呪詛や毒薬で殺されそうになろうが、獰猛な獣たちの鋭い牙の餌食になりそうになろうが、なんであれ苦境の極みにあるときに、「観世音菩薩の力を心に思い描けば」、あっという間に救われるのです。

逆にいうと、この章には、難しい思想や哲学の話はまったく出てきません。しかし、この章があるおかげで、法華経がひろく人々の信仰をかちえてきたことは、疑いようのない事実です。もし仮に、法華経に観世音菩薩普門品がなかったとすれば、法華経信仰はこれほどひろがらなかったかもしれません。

合理的な思考を重んじる私たち現代人は、ともするとこの種の傾向を、前近代的とか原始的といって、バカにしがちです。しかし、ご自分で、声に出してとなえてみれば、観世音菩薩普門品が法華経に組み込まれている理由がわかるとおもいます。なんだか元気になってくるのです。とりわけ、偈の部分に繰り返しあらわれる「念彼観音力」という文言には不思議な作用があって、心と体の両方を高揚させる働きがあるのです。

これもまた、お経が秘める「経力」といっていいでしょう。そして、この観世音菩薩普門品こそ、法華経のなかで最高の「経力」が発揮される章なのです。

26　陀羅尼品

この章のタイトルになっている陀羅尼は、サンスクリットのダーラニーを、漢字で音写した言葉です。意訳すると、

「総持」とか「持」になります。ほんらいはヨーガの行法の一つにゆらいし、心を一定の場所にむすびつけること、つまり精神の集中統一を意味していました。仏教でも、精神の動揺を静め、三昧（瞑想）に入る手段として採用されたと考えられています。

よく似たものに真言（マントラ）と明呪《みょうしゅ》（ヴィディヤー）があります。いずれも特定の言葉の一節を、くり返しくり返し唱えつづけ、その行為に意識を集中する点で、共通しています。注目すべきは、三昧の境地が実現できると、この境地が記憶力の飛躍的な向上をもたらすとされたことです。陀羅尼が総持とか持と意訳された理由は、この記憶の保持とふかくかかわっています。法華経では随所に陀羅尼にまつわる記述が出てきますが、おおむねこの記憶の保持にかかわる意味でつかわれています。

さらに、真言・明呪・陀羅尼の三者は次第に統合され、統合されることでさらに大きな機能をもつことになりました。ヨーガの境地と大乗菩薩道実践の関係を論じた大著、瑜伽師地論菩薩地《ゆがしじろんぼさつじ》の「菩提分品」には、以下のように、四つの機能がしたためられています。ちなみに、瑜伽師地論菩薩地は四〜五世紀ころの成立とされますから、法華経より二百から三百年ほど後になります。

①経典の章句を構成する言葉を忘れない機能。
②経典の内容を忘れない機能。
③呪術的な機能。
④空を体現する機能。

このうち、①②③が最初から設定されていた機能で、④はかなり後になってから設定された機能です。したがって、法華経の場合は①②③の機能を考えればよいとおもいます。問題は③の呪術的な機能です。陀羅尼品に説かれる陀羅尼は、法華経の信仰者を守護するために唱えられるのですから、この機能が中心です。

呪術というと、なにやらいかがわしいイメージをもたれがちですが、古代や中世に生きた人々は、現代人が科学技術に寄せる期待に近いおもいを、呪術にいだいていました。その呪術に欠かせない要素が呪文です。

そもそも、インドに限らず、近代化以前の社会ではひろく、特定の聖なる言葉を呪文として設定し、その呪文を唱えることで、神々をはじめ、聖なる存在から特別な加護が得られるという発想がありました。日本の言霊もその典型例です。

初期仏教は、バラモン教の呪文を否定した反面、蛇よけなどの護身を目的に、パリッタとよばれる呪文の使用を許していました。また、究極の智恵を、呪文のかたちで表現することもよくありました。たとえば、般若心経の末尾で提示される「羯諦、羯諦……」という呪文が、それにあたります。

さらに、大乗仏教も後期になると、いわゆる密教が成立し、呪文を駆使する呪術的な行為をさかんに実践するようになります。日本でも、弘法大師空海が開いた密教の宗派が「真言宗」を名乗るのは、ご存じのとおりです。陀羅尼品に説かれる呪文の機能にも、密教的な傾向が見て取れます。

なお、日本仏教の伝統では、真言はやや短めの呪文、陀羅尼は真言よりも長い呪文というぐあいに、呼び分けてきた歴史があります。また、呪文は音の響きやリズムやイントネーションこそ大切であり、言葉そのものの意味は問わないという原則があります。したがって、翻訳されることはまずありません。

しかし、ぜひとも意味を知りたいという要望も少なからずあるようです。そこで、本書ではあえて意味を明らかにしています。そして、意味を明らかにすることで、初めてわかったこともありました。

陀羅尼品に説かれる陀羅尼のなかで、私が特に注目するのは持国天王が唱える陀羅尼です。これは「アキャネイ・キャネイ・クリ・ケンダリ・センダリ・マトウギ・ジョウグリ・フロシャニ・アンチ」と唱えられます。意味は、坂内龍雄『真言陀羅尼』(平河出版社)を参考に和訳すると、「無数の鬼神たちよ。ガネーシャー女神よ。ガウリー女神よ。ガーンダーリー女神よ。チャンダーリー女神よ。マータンギー女神よ。ジャーグリー女神よ。言え、行け、縛るぞ、縛るぞ」です。

じつはこの呪文に登場する女神たちの大半は、特殊な階層出身です。ということは、持国天王が、特殊な階層出身の女神たちに、法華経の信仰者を守護しろ！　と命じていることになります。

とりわけ、センダリ(旃陀利)＝チャンダーリーは、賤民を意味するチャンダーラの女性形です。チャンダーラは、漢字で表記すれば、「旃陀羅」です。日蓮はみずからの出自を「海辺の旃陀羅が子なり」(『佐渡御勘気抄』)と語っています。ですから、持国天王の陀羅尼のなかに「旃陀羅」の字があることに、気づかなかったはずはありません。

インド学・仏教学の大家として知られる立川武蔵先生によれば、差別意識がひじょうに強いヒンドゥー教では、この種の女神たちは忌み嫌われてきたそうです。大乗仏教でも、正統派を任じる般若経の系統には、けっして出てこないそうです。

では、なぜ、法華経に登場するのか。そのわけはまだよくわかっていませんが、謎解きの鍵がないわけではありません。それは、同じ陀羅尼品に登場する十羅刹女《じゅうらせつにょ》の出自です。彼女たちも、南インドの原住民たちをはじめ、ヒンドゥー教とは縁の薄い人々が信奉していた女神たちだそうです。そして、十羅刹女たちは、法華経を信仰することで救われるという設定になっています。

とすれば、持国天王の呪文に登場する女神たちもまた、法華経を信仰することで救われると考えられます。つまり、旃陀羅はもとより、どのような階層に生まれようとも、法華経を信仰すれば、すべての者が救われるということを、この呪文は示唆しているのではないでしょうか。

27 妙荘厳王本事品

タイトルにある「本事」とは、過去世の因縁や行跡の物語を意味します。すでに薬王菩薩本事品でも使われていましたから、おぼえておいでの方も多いでしょう。

早い話が、過去世の物語に登場する人物を、現世の人物に同定するのです。「この人ははるかな昔はこうだったけれど、今はこうです」、あるいは「この人は今はこうだけれど、はるかな昔はこうだった」という論法です。こういう論法は、法華経にとどまらず、あまたの仏典が採用しています。なぜなら、輪廻転生を前提とする場合、かなりの説得力が期待できたからです。

同じ仏教圏でも、現代日本のように輪廻転生をほとんど信じていない社会では、この種の論法は意味をもちません。しかし、現在でも輪廻転生が前提になっている地域、たとえばチベットやブータンやミャンマーなどでは、今もなお、大きな意味をもっています。

タイトルにあるとおり、この章の主人公は妙荘厳王です。もちろん、妙荘厳王は過去世における名であり、今は華徳菩薩とよばれています。その夫人は今の光照荘厳相菩薩であり、二人の王子は薬王菩薩と薬上菩薩です。

主人公の妙荘厳王は、今は華徳菩薩とよばれているのですから、仏教に帰依していますが、過去世ではバラモン教に執着していました。夫人と二人の王子はすでに雲雷音宿王華如来を師として、仏教に帰依していたので、家族のあいだで帰依する宗教の違いがあったのです。

外道の教えに心を寄せる夫を案じた夫人は、二人の王子に、かれらが菩薩の修行に励んだ結果、得られた神通力を使って、父王を仏教に引き寄せなさい、と命じます。この命にこたえて、二人の王子はさまざまな超常現象を起こします。空中浮揚からはじまって、身体から水と火を出す、空中いっぱいに身体を拡大したかとおもうと肉眼では見えないくらい縮小したりする、水みたいに地中にしみ込んだり、水の上を歩いたり、というぐあいです。

ようするに、超能力を餌にして帰依をすすめたわけです。こんな手段が仏教の本義にかなっているとはとても思えませんが、こんな手段でしか帰依させることのできない人々が現実に少なからずいたのでしょう。このあたりは、薬王菩薩本事品において、法華経信仰による阿弥陀如来の極楽浄土往生が説かれていることと同断で、法華経のしたたかきわまりない布教戦略が読みとれます。

とにかくも、こういう手段によって、二人の王子は父王を仏教に引きつけることに成功しました。かれらは母から出家を許されると、今度は両親に、ぜひ如来にお会いして供養すべきだとすすめます。その理由を、如来に直接、お目にかかるのは、三千年に一度しか咲かないとされる優曇華の開花に出会うのと、片方の眼しかない亀が大海をただよう樹木の穴にすっぽり入る確率のごとく、すこぶる稀だからと語ります。

ちなみに、この譬喩表現は落語の「仇討ち」に、「やあやあ、珍しや大野典膳よな。十年以前国元において、我が父を討って立ち退きし大悪人。ここであったが百年目、盲亀の浮木、優曇華の花、待ち得たる今日の対面。親の仇、いざ尋常に勝負、勝負……」とあるとおり、有名になりました。似た表現は原始仏典の阿含経などにもありますが、日本における仏典の流通を考えると、法華経からの引用とみなしたほうがよいはずです。

かくして、妙荘厳王の一家は雲雷音宿王華如来のもとへとおもむきます。如来は王のために法を説いたのみならず、未来世において如来になるだろうという授記までします。たった一回、説法を聞いただけで授記されるというのは、いささかならず甘い気がしますが、法華経の宣布に、それくらい懸命だったのでしょう。なにしろ、一国の王が帰依すれば、その国に住む人々が同じ宗教にこぞって帰依する傾向は否めませんでしたから、文字どおりシャカリキになるのも無理はなかったのです。

28　普賢菩薩勧発品

法華経もいよいよこの章をもって、終わりを迎えます。

普賢菩薩は、その名がしめすとおり、「普遍の賢（法門）」をつかさどる菩薩です。また、その姿や功徳を、あまねくしめすことにもっともすぐれた菩薩とみなされます。そして、文殊菩薩が「智」を象徴するのにたいし、「行」を象徴するともいわれます。現に、「法華経をいちずに信じ、読誦し、正しく記憶し、その意味を理解し、説かれているとおりに修行しようとするならば、こう知るべきです。自分はいま普賢菩薩の修行を実践しているのだ」と説かれています。

普賢菩薩は、華厳経をはじめ、さまざまな仏典に登場しますが、こと日本に限って、この菩薩の知名度があがったのは、ほとんど法華経のおかげといってよいでしょう。日本史上、最高の仏画と評価される「普賢菩薩像」（国立博物館所蔵）も、その例に漏れません。

いっぽう、「勧発」は激励する、鼓舞するという意味です。ですから、タイトルの「普賢菩薩勧発」とは、法華経にもとづく修行を激励することと解釈できます。

この章の筋書きはこうです。釈迦牟尼如来が霊鷲山において法華経を説いているのを、はるか東方の宝威徳上王仏の国で聞いた普賢菩薩が、膨大な数の菩薩たちとともに、やって来ます。そして、仏滅後の濁悪の世に、法華経をいちずに信じ、修行しようとする者があれば、必ずや六牙の白象に乗ってあらわれ、守護することを誓います。

普賢菩薩は、守護のための聖なる呪文（陀羅尼呪）も説きます。この呪文は、なにしろ目的が守護なので、「刑罰用の杖を打ち破る者よ。刑罰用の杖の持ち主よ。刑罰用の杖を旋回させる者よ。刑罰用の杖を巧みにあつかう者よ……」というぐあいに、かなり物騒な文言を含んでいます。

さらに普賢菩薩は、みずからの神通力を使って、法華経を守護し、ひろく流布し、けっして断絶させないと誓います。もちろん、法華経を、いちずに信じ、読誦し、正しく記憶し、説かれているとおりに修行する者が得られる功徳も、列挙されます。

なかでも特筆すべきは、死後に弥勒菩薩がいらっしゃる兜率天に往生できるという文言です。これは、薬王菩薩本事品において、法華経信仰によって、阿弥陀如来の極楽浄土へ往生できると説かれているのと、同じ論法です。兜率天への往生は、西暦一世紀以降の時点で、中央アジアのイラン系遊牧民のあいだに強まっていたという指摘（宮治昭『仏像学入門』）があることを考えれば、その当時、西北インドから中央アジアを席巻していたかれらを、法華経信仰へとみちびこうとする意図があったのかもしれません。

普賢菩薩による法華経守護の口上が終わると、釈迦牟尼如来は普賢菩薩をほめたたえたうえで、自分も神通力を駆使して、法華経信仰者を守護すると宣言します。ここで強調されるのは、仏滅後においては法華経こそ生ける釈迦牟尼如来にほかならない、と解釈するしかないような表現のかずかずです。

しかも、その功徳たるや、釈迦牟尼如来のお姿が肉眼で見える、釈迦牟尼如来のお口から直接教えが聞ける、釈迦牟尼如来に頭を撫でていただける、釈迦牟尼如来の衣で覆っていただけるなどと、いたってリアルなのです。現代人の感覚では、この種のリアルさは荒唐無稽です。しかし、古代や中世に生きた人々にとっては、むしろとても魅力的な要素だったにちがいありません。

つづいて、釈迦牟尼如来は法華経を信仰する功徳を説きます。そのなかには、現代の日本では厳しい批判にさらされる、差別的な内容も見られます。

功徳を説き終えると、今度は法華経信仰者を誹謗する者が、その報いとして受ける罪が説かれます。ここにも、現代の日本では厳しい批判にさらされる、差別的な内容がいくつも見られます。

こういう具体的な報酬と懲罰の組み合わせは、世界中の宗教で見られますが、輪廻転生を前提とするインド型の宗教にとりわけ顕著なことは否めません。なぜなら、現世における不幸の原因を過去世における行為に求めるという発想が、生まれやすいからです。この点は、真摯に向かい合い、謙虚に反省する必要があります。

こうして釈迦牟尼如来による説法が終わりを迎えると、聴衆たちは歓喜したのち、聖なる呪文や修行の完成を、いわばお土産にして、それぞれもとの場所に帰っていきます。考えてみれば、序品において説法が始まったときから、膨大な時間が経過しているはずですが、そんなことはだれも気にしていません。このあたりは、いかにもインド的です。

あとがき

鳩摩羅什が漢訳した法華経を、自分が現代日本語訳するとは、夢にも思いませんでした。なにしろ法華経といえば、日本でもっとも人気があり、もっとも深く日本の精神文化に影響をあたえてきた経典です。それだけでも畏れ多いのに、すでにいくつも訳が出ています。なにを、いまさら、わたしが……というのが正直な気持ちでした。

しかし、こうして現代日本語訳を完成してみると、やはり挑戦してほんとうによかったと感じています。すべての者が必ず如来になれる、仏になる、と説いてやまない法華経を、なんの予備知識もなしに読めることは、法華経の真意に照らして、ひじょうに意味があると確信できたからです。

そして、もう一つ、確信できたことがあります。キリスト教の聖書に匹敵する仏教の書物は、法華経をおいてはないという事実です。主張の一貫性、たとえ話のすばらしさ、読む者をわくわくさせる高揚感、これらは他の経典には求めがたいものです。

全二十八品を一冊にまとめてしまったのも、じつは聖書のひそみにならったからです。これまでの訳本はどれも二冊ないし三冊に分冊されていました。でも、分冊されると、最初の巻しか読まれないという傾向があります。法華経は全巻を読み通してみないと、理解できないところが多々あります。そのためには、どうしても一冊にまとめてしまいたかったのです。

いま申し上げたことと矛盾するようですが、どこを読むと決めずに、ぱっと開いたページを読んでみるという読み方も、一冊にまとめてしまえば、できます。現に聖書にはそういう読み方もあり、日々の心の糧を得るという意味では、この読み方も絶対に無視できません。法華経もそれが十二分に可能な、ほとんど唯一の仏教経典なのです。

本書の編集は、ながいお付き合いのある、春秋社編集部の桑村正純さんにお願いしました。四〇〇字詰め原稿用紙にすると約一一〇〇枚という膨大な分量を、正確かつ的確に編集していただいたことには、どんな感謝の言葉もおよびません。

編集長の佐藤清靖さんと高梨公明さんには、企画の段階からいろいろお世話になりました。また、営業部の鎌内宣行部長さん、片桐幹夫さん、吉岡聡さんのお三方からは格別のご支援をいただきました。みなさん、ほんとうにありがとうございました。

最後になりますが、神田明会長と澤畑吉和社長には、いつもながらご助力いただき、御礼の言葉が見つかりません。

平成二十七年四月十二日

正木　晃

【著者紹介】
正木　晃（まさき　あきら）
1953年、神奈川県生まれ。筑波大学大学院博士課程修了。専門は宗教学（チベット・日本密教）。特に修行における心身変容や図像表現を研究。独自のマンダラ塗り絵を考案し、15年以上前から大学の講義などに取り入れている。
主著に『あなたの知らない「仏教」入門』『お坊さんのための「仏教入門」』『お坊さんなら知っておきたい「説法入門」』『再興！　日本仏教』『現代日本語訳　浄土三部経』『現代日本語訳　日蓮の立正安国論』『現代日本語訳　日蓮の観心本尊抄』『現代日本語訳　空海の秘蔵宝鑰』『「空」論——空から読み解く仏教』『「ほとけ」論——仏の変容から読み解く仏教』『カラーリング・マンダラ』（いずれも春秋社）、『密教』（講談社）、『マンダラとは何か』（NHK出版）、『チベット史』（角川ソフィア文庫）、訳書に『マンダラ塗り絵』『世界のマンダラ塗り絵100』（春秋社）など、多数の著書がある。

現代日本語訳　**法華経**

2015年5月28日　第1刷発行
2025年5月30日　第11刷発行

著　　者　　正木　晃
発 行 者　　小林公二
発 行 所　　株式会社 春秋社
〒101-0021　東京都千代田区外神田2-18-6
電話　03-3255-9611（営業）
03-3255-9614（編集）
振替　00180-6-24861
https://www.shunjusha.co.jp/
装 幀 者　　伊藤滋章
印刷・製本　萩原印刷株式会社

ISBN978-4-393-11319-6　　定価はカバー等に表示してあります

正木 晃

現代日本語訳 浄土三部経

浄土宗・浄土真宗の基本経典である『阿弥陀経』『無量寿経』『観無量寿経』の三経を難解な仏教用語を避け誰でもわかるよう現代語訳。経典の成立過程や信仰の実態等の解説も付す。　２７５０円

正木 晃

現代日本語訳 日蓮の観心本尊抄

唱題することについて理論的に実証した代表作を、難解な仏教用語を避けて誰でもわかるよう現代語訳。執筆の動機と各問答の要約も載せ、難解な議論もすっきり理解。　３０８０円

正木 晃

現代日本語訳 空海の秘蔵宝鑰

真言密教の真髄である十住心を説く弘法大師空海の名著を難解な仏教用語を避け、できるだけ平易に現代語訳。第Ⅱ部では『秘蔵宝鑰』の目的や天皇との関係、影響も解説。　２０９０円

正木 晃

「ほとけ」論 仏の変容から読み解く仏教

仏教の根幹ともいえる「仏」の概念の展開を、その前提となるバラモン教から始め、釈迦、部派仏教、大乗仏教、密教、日本仏教までを網羅した「仏」から読み解く仏教史。　３８５０円

正木 晃

「空」論 空から読み解く仏教

仏教を代表する空の思想を、ブッダに始まり龍樹を経て中観派へと至るインドの変遷から、チベット、中国、日本における展開まで網羅し、わかりやすく解説した画期的な仏教入門。　２７５０円

＊価格は税込（10％）